教育部新世纪优秀人才支持计划资助项目（NCET-08-0384）

○ 干胜道 ＼ 领 著

股东特质与
企业财务行为研究
第二版

GUDONG TEZHI YU
QIYE CAIWU XINGWEI YANJIU

西南财经大学出版社
Southwestern University of Finance & Economics Press

图书在版编目(CIP)数据

股东特质与企业财务行为研究/干胜道领著. —2 版. —成都:西南财经大学
出版社,2015.3
ISBN 978 - 7 - 5504 - 1707 - 6

Ⅰ.①股… Ⅱ.①干… Ⅲ.①股份有限公司—股东—研究②股份有限公
司—企业管理—财务管理—研究 Ⅳ.①F276.6

中国版本图书馆 CIP 数据核字(2014)第 288197 号

股东特质与企业财务行为研究(第二版)
干胜道 领著

责任编辑:林 伶
封面设计:何东琳设计工作室 张姗姗
责任印制:封俊川

出版发行	西南财经大学出版社(四川省成都市光华村街 55 号)
网 址	http://www.bookcj.com
电子邮件	bookcj@foxmail.com
邮政编码	610074
电 话	028 - 87353785 87352368
照 排	四川胜翔数码印务设计有限公司
印 刷	北京业和印务有限公司
成品尺寸	170mm × 240mm
印 张	22
字 数	345 千字
版 次	2015 年 4 月第 2 版
印 次	2015 年 4 月第 1 次印刷
印 数	1—3000 册
书 号	ISBN 978 - 7 - 5504 - 1707 - 6
定 价	66.00 元

领著者简介

干胜道，字悦之，男，汉族，1967 年生，安徽天长人，经济学博士，四川大学商学院教授、博士生导师。现任四川大学会计与财务研究所所长，四川大学金融研究所副所长，兼任中国会计学会理事、四川省会计学会常务理事、四川省审计学会理事、中国民主建国会中央委员、四川省政协委员、西南财经大学会计学博士生导师等职。以独著、第一作者在《会计研究》、《审计研究》、《经济学家》、《光明日报》（理论版）等报刊发表论文 100 多篇，出版《所有者财务论》、《公司财务战略》、《企业融资财务》、《创业财务规划》、《企业资金安全性控制研究》、《基于预期的绩效管理》、《自由现金流量专题研究》等著作 24 本；主持国家社科基金 1 项；主持国家自然科学基金项目 2 项，主持教育部课题 2 项；获得四川省科技进步二等奖 1 项，四川省哲学社会科学优秀科研成果二等奖 2 项，三等奖 4 项，中国会计学会年度优秀论文三等奖 2 项，四川省会计学会优秀科研成果一等奖 8 项，四川省财务成本研究会优秀科研成果一等奖 2 项，四川省社会科学界联合会社科优秀成果奖 3 项，并被授予"教育部新世纪优秀人才"、"四川省有突出贡献的优秀专家"、"四川省做出突出贡献的博士学位获得者"等光荣称号。在学术界首次提出"所有者财务"范畴并构建了较为严密的理论体系，在财务分层监控、财务管理再造、财务质量评价、财务安全控制和财务行为优化等领域取得了富有特色的科研成果。

前 言

经济学上有一句名言：股东所有企业，企业所有资产。目前的财务教科书除在财务目标、利润分配、发行股票融资时提及股东，其他地方则将股东甩在一边。本书在所有者财务理论基础上，尝试将股东特质与企业财务行为相联系进行研究。众所周知，我国的股东除自然人股东和法人股东外，还有国务院国有资产监督管理委员会（以下简称：国资委）这一特殊股东，它是如何影响下属中央企业、地方国有企业的财务预算、财务监督、财务决策、财务评价、管理层变更、利润分配、再融资、投资决策等行为的，值得学术界深入研究。本书仅起抛砖引玉之作用，期待同行专家学者及读者的批评指正！

本书分为八章。第一章为基本理论研究，为后面七章提供理论支持。第二章讨论不同特质股东下劳资财务关系是否协调，国有背景下是否存在"工资侵蚀利润"现象，民营背景下是否存在"利润侵蚀工资"现象。第三章研究股东特质与社会责任承载问题，国有企业与民营企业在社会责任承载的额度、方向等方面是否有差异，央企在社会责任承载方面是超载还是不足。第四章探索控制权转移过程中，不同股东特质是否会采取盈余管理手段，其程度如何，差异性如何等问题。第五章对不同股东特质下的收益分配差异性进行分析，以揭示分红连续性、稳定性等方面存在的问题。第六章揭示不同股东特质下，上市公司亏损扭转的主要依赖手段的差异性，比如在政府政策、盈余管理、主观努力等方面。第七章重点讨论国有控股上市公司在财务监督方面的组织建设、有效性、存在的问题及对策等。第八章重点讨论不同股东特质下并购财务决策上的差异性。

本书的主要学术创新是：

1. 在所有者财务理论的基础上，首次提出股东特质范畴，并结合我国特殊的国资委股东研究其对国有企业财务行为的影响，具有重要的学术价值和应用价值。

2. 研究了股东特质在企业薪酬上的具体表现，将拉克尔系数尝试性地应用到我国上市公司中的中央企业、地方企业和民营企业的分析之中，拓展了财务分析的内容，对维护员工和中小股东的财务权益具有重要的实践意义和理论意义。

1

3. 从我国资本市场中大股东变更的现实背景出发，通过实证研究，揭示了不同特质的大股东之间控制权转移中的盈余管理动机、方式、方向、幅度及对控制权溢价的影响力，具有重要的创新性。

4. 考察了国资委股东对下属国有企业财务监督、社会责任承载、现金分红、亏损扭转、并购决策等管理方式，提出了优化国资委所有者财务主体监管的具体建议，对深化国有资产管理体制改革和国有企业治理结构改革具有重要的现实价值。

本书由四川大学商学院博士生导师干胜道教授负责策划、总体构思，以四川大学博士生、硕士生为主体完成。各章的撰写分工是第一章干胜道，第二章段华友（海南师范大学、四川大学博士生）、杜荣飞，第三章田超（中国远洋运输集团总公司高级会计师，四川大学博士生），第四章刘博博士（安徽财经大学副教授），第五章郑蓉（西华大学讲师，四川大学博士生），第六章杜勇博士（西南大学副教授），第七章李越冬博士（西南财经大学讲师），第八章李田香（广西民族大学讲师、四川大学博士生）。最后由干胜道教授对全书进行总纂、修改、定稿。

特别感谢教育部新世纪优秀人才支持计划资助项目的厚爱和经费支持！十分感谢四川师范大学副研究员梁勇（四川大学博士生）对本书初稿的审阅！诚挚感谢西南财经大学出版社董事长冯建教授的关心与支持！由衷感谢汪森、李佩燊、庄军、欧琼、陈谊、龚勋、杨舒、干洁等多年来对我学术事业的关注与鼓励！同行专家北京大学王立彦教授、上海财经大学潘飞教授、厦门大学刘峰教授对拙著给予了充分肯定与高度评价，也一并致谢。由于水平、时间、精力的制约，本书难免有错漏之处，恳请读者批评指正！

干胜道

目 录

第一章　概论

第一节　所有者财务与财务分层理论

近年来，随着我国资本市场的发展和社会主义市场经济的大力推进，公司财务理论也获得了长足的发展。其中，财务分层理论便是一例。

一、所有者财务的提出

提到财务分层理论不能不提及老一辈财务学家郭复初教授。郭复初教授在1988年《财经科学》第3期发表的《社会主义财务的三个层次》一文中，明确提出了社会主义财务体系包括国家财务、部门财务和企业财务。郭教授从本金和基金的资金性质区分上出发，将国家为主体的理财区划为国家财务与国家财政，这是一个重大的理论创新。虽然郭教授的财务分层理论是基于计划经济条件提出的，但只要国有资本没有完全淡出竞争性领域，国家财务理论仍然有存在的必要。当前国家正在大力构建国有资本的运营和监督体系，致力于国有资本的整合，建立国有控股和独资企业的董事会，这些举措正是国家财务理论的应用。市场经济下的部门财务虽无存在的必要，但对企业集团财务体系的构建、行业协会管理具有指导作用。

受国家财务是从所有者角度考察财务活动的启发，干胜道于1995年明确提出所有者财务理论，并根据现代企业制度两权分离的实际，将公司财务分层为所有者财务与经营者财务。发表于《会计研究》1995年第6期的《所有者财务：一个全新的领域》一文，从历史、现实和逻辑角度创造性地提出了与经营者财务（或受托者财务）相对应的所有者财务（或委托者财务）这一新范畴，并对二者的关系及财务的本质做了全新的诠释。所有者财务理论的诞生是由改革开放大环境所决定的，是基于现代企业制度的必然需要，基于保护所有者权益的现实需要，也是财务学纵深发展的必然结果。俗话说"你不理财，财不理你"。所有者不行使财务权力，不注意解决信息不对称问题，不建立激励与约束机制，必然面临权益被侵犯的问题。近年来，国有资产的大量流失问题，国有控股企业的经营者骇人听闻的贪污、浪费、随意决策等问题都与所有者财务监控不力紧密相关。在随后的系列论文《试论创建所有者财务学》（见《财经科学》1997 年第 6 期）、《对所有者财务的若干理论问题研究》（见《经济学家》1997 年第 6 期）及专著《所有者财务论》中形成了关于所有者财务的较为严密的理论体系。

二、所有者财务的发展及财务分层理论进展

将财务分层为所有者财务与经营者财务，最初并未被学界重视。所有者财务提出一年后，《会计研究》1996 年第 8 期发表了杜胜利的《现代企业制度下的产权资本管理》一文，其中引用了有关所有者财务的观点，并列入了参考文献。1997 年《会计研究》同时刊登了北京商学院（现更名为北京工商大学）会计系谢志华、汤谷良（现就职于对外经贸大学）、王斌三位教授关于现代财务管理理论探讨的文章，分别从出资者财务、经营者财务、财务经理财务三个层次，讨论了现代企业财务分层管理的构架等财务问题。可以说，此种"三层次说"与所有者财务论者 1995 年提出的财务分化为所有者财务与经营者财务或称委托者财务与受托者财务（以下简称"二层次论"）有异曲同工之妙。谢志华博士在论文中使用的"出资者财务"与"所有者财务"的大意相同。但出资者一般理解应包括贷款提供者，所有者财务对应于资产负债表的所有者权益，使用"所有者财务"更为合适。《出资者财务论》中对所有者财务论有不少发展，如：在两权分离的过程中会出现出资者系列和经营者系列等。赵德武教授在其博士论文中提出了另一种"三层次说"——"与财务资源的所有权结构相适应，财务问题包括债权人财务、出资者财务和企业财务"。需要说明的是，我国的经营者往往指的是企业高级管理人员，是一个团队，具体包括总经理、副总

经理、总会计师（或财务总监）及董事会秘书，是集体领导体制；而美国等市场经济发达国家往往是职业经理人，崇尚"个人英雄主义"。之后，一些学者对所有者财务做了深化研究和应用研究，如：王建星在其《现代企业制度下财务管理问题探讨》（见《财会月刊》1998 年第 7 期）一文中，提出所有者财务应分为国家终极所有者财务与国有资产授权投资（经营）所有者财务。高严等学者在《论财务主体与财务改革》（见《财务与会计》1998 年第 3 期）一文中认为："资本缔造了财务，财务活动……进入高级阶段，相应出现了两个财务主体，两个层次的财务活动。资本终极所有者财务层次高于资本法人所有者财务层次。"胡振兴在其《试论国家所有者财务》（见《财会月刊》1999 年第 5 期）一文中提到："所有者财务具有一般性。通常所有者分为两类：一类是原始所有者或终极所有者，如国家所有者和自然人所有者；二类是派生所有者或中间所有者。"罗飞教授等人认为："研究国家作为出资者对国有企业的财务管理当然应属于国有企业构建所有者财务机制的范畴，因此应借鉴所有者财务管理理论的研究成果，""那种认为所有者财务只是一种监控机制的观点实质上是对所有者财务管理的目的和内容的混淆。"（《论国家作为出资者对国有企业的财务管理》，《会计研究》2001 年第 4 期）

沿着财务分层的分析思路，一些学者提出了"利益相关者财务"，将"三层次说"扩展为"五层次说"。李心合教授于 2003 年在《会计研究》第 10 期上发表了《利益相关者财务论》一文，文中指出："财务层次包括外部利益相关者财务（含出资者财务、债权人财务和政府财务）、经营者财务、职能部门财务（或财务经理财务）、分部财务、员工财务等 5 个层次，""经营者财务处于核心地位。"

由此可见，所有者财务理论的提出和发展引发了从财务主体角度对财务进行分层研究，形成了不少观点及理论成果。从某种意义上讲，财务分层理论的提出在财务理论界掀起了一场革命，它直接带动了财务起点、财务主体、财务本质、财务职能、财务理论体系、国有资本管理路径依赖等问题的重新思考，这对中国财务理论的发展与繁荣具有重要的推动作用。

三、关于所有者财务的争论

所有者财务提出时间不长，自身也需要有个完善的过程。目前对所有者财务赞同的有之，质疑的声音也不少。围绕所有者财务的争论主要有以下几场：

第一场争论发生在 1998—1999 年，主题是所有者财务有无特殊性，研究的意义何在。争论的发起者是解群鸣（见《评所有者财务》，《四川会计》1998年第 9 期）和伍中信（见《产权与会计》，立信会计出版社，1998 年）。他们明确指出，所有者财务没有特殊性，财务的精华在经营者财务上，因此，财务分层研究没有多大意义。而应对者认为（见干胜道：《所有者财务再探——兼与解群鸣、伍中信商榷》，《四川会计》1999 年第 5 期）："在现代企业制度下，所有者与经营者作为矛盾的双方既有对立的一面，也有统一的一面……正因为要制约'内部人控制'局面，才需要所有者财务发挥其监督和调控作用。""所有者运行的是虚拟资本，经营者运行的是实体资本，这就使得所有者财务有不少特殊规律需要探索。"比如：2010 年 4 月 14 日，国务院国资委要求中央企业按季上报对外捐赠情况，就是行使所有者权力，引导央企积极参与社会公益事业，规范开展对外捐赠活动，合理合法履行社会责任，明确对外捐赠支出限额和权限，列入年度预算管理，以有效维护股东权益，防止经营者慷国家股东之慨，行个人获取名利之实。再如：国务院国资委 2010 年发文要求各央企及其子公司 6 月底前将 2004—2009 年对外投资细节上报，重点检查并购是否有利于突出主业、是否存在投机性并购事项、是否符合国家产业政策和宏观调控政策、是否履行了必要程序、是否并购价大于评估价、并购后是否存在资产负债率居高不下或盈利水平低下等情况。以上两条举措，从所有者角度是其财务监督（目前更多的是事后财务监督）职能的行使，而推动央企的整体上市、海内外招聘职业经理人、要求部分央企退出房地产行业、对央企实行经济增加值考核评价、要求垄断国有企业将每年利润 15% 上缴等举措则属于所有者调控职能的履行。将股东架空，试图脱离股东控制，所有者是不会答应的。与美国的上市公司股权极端分散不同，中国大多数上市公司明确存在大股东，所有者财务明显存在而且有现实意义。

第二场争论发生在 2001—2002 年，发起人是伍中信教授，争论的主题是所有者财务与经营者财务的边界。伍教授在《试论股份公司财务主体的一元性》（见《财会月刊》2001 年第 24 期）一文中指出：股份公司财务主体的二元性（即财务主体分为两个层次）会"使出资者容易损害其他利益相关者的利益"或者"任意插足股份公司日常事务的管理"。所有者财务论者认为（见干胜道《两权分离与财务主体的二元性研究》，《财会月刊》2002 年第 4 期）："所有者与经营者的权利、义务通过公司章程来限定，在《中华人民共和国公司法》（以下简称《公司法》）等法律的约束下进行各自的财务活动。任何一方的越权行为都会遭到对方的阻击，但经营者想搞'个人帝国'也是办不到的。两者的关系应是，经营者财务必须接受所有者的合法监控，所有者财务目标的实现要依赖于经营者的有效经营。合理的财权划分，完善的规章制度，有效的治理结构加上适当的激励约束机制是处理所有者财务与经营者财务的基点。"

第三场争论发生在 2003 年，争论的主题是常态下所有者财务存在有无必要。杨君伟在《动态的财务主体观》（见《财会月刊》2002 年第 9 期）一文中指出：所有者只有在其认为"经营者经营不善时"，才能"成为所有者财务主体"。所有者财务论者对这种"动态财务主体观"进行了回击（见刘阳、干胜道等《所有者财务运行的新思路》，《四川会计》2003 年第 5 期）：认为"动态财务主体观"过于消极，所有者在是否需要取代经营者，转而自己亲自上阵时需要做财务决策，事前、事中也要行使所有者对于资本的各种权利，像经营者财务一样，所有者财务也是一个完整的财务系统。在常态下所有者财务与经营者财务同时并存，各自进行自身的财务活动。在分析中，还运用了四象限分析法，指出所有者与经营者之间强弱对比有四种情况，既反对经营者搞"个人帝国"架空所有者，也反对大股东"一股独大"非法获取控制权私利，理想的模式是所有者与经营者都理性、成熟、守法、行为能力强，共同维护股东与利益相关者的合法权益。

第四场争论发生在 2005—2006 年，争论的主题是财务主体二元性还是财权主体多元性。王跃武在《财会月刊》（会计）2005 年第 10 期的《论财务主体的一元性与财权主体的多元性》一文中指出：企业外部利益相关者都是财权主体，财权主体具有多元性，但财务主体是一元的。所有者财务倡导者认为（见干胜道《论财权分割与财务主体二元性》，《财会月刊》（理论版）2006）：财权是特指概念，是指资本价值运动的控制权，它根植于产权；财权是由资本派生出来的，只能在所有者与经营者之间进行分割，利益相关者对企业没有财权，不能因为工人领取工资、债权人收回本息、政府收取税收就称他们对企业拥有财权。在两权分离的条件下，所有者拥有的财权是对企业的重大决策权和监督权等，经营者拥有日常财务管理权等财权，对法人财产权进行完整管理，确保其增值。财权没有绝对的独立性，财权分割是相对的，是基于法律和公司章程的。

从我国的资本市场来看，优质上市公司所有者之间控制权争夺十分激烈，部分上市公司的大股东"掏空"现象也时有发生，国有控股上市公司经常被曝光经营者巨额职务消费，这些都是所有者财务的现实案例。有关所有者财务的争论也不会停止。是否存在财务经理财务、利益相关者财务呢？所有者财务论者认为，财务经理受经营者制约，没有独立的财权，是不能成为一个独立的财务主体的。公司的所有者与其他利益相关者是完全不同的，所有者从公司获得的收益事先完全无法确定，而其他利益相关者与公司签订的是固定或相对固定收益合同，因此其他利益相关者的经济行为只能称为理财活动，与将钱存入银行获取活期或定期利息收益是类似的，不能称为财务活动。这涉及对财务本质的理解，财务投资从整体上来说是一种风险投资（公司可以将暂时闲置的资本用于购买其他公司发行的股票、债券及国债，甚至存入银行，但股东是不允许公司将所有资本都投资于固定收益证券的，因为股东自己在家就可以做这些事）。因此，所谓的债权人财务、债务人财务、劳动者财务等范畴是不能成立的。经营者财务要为所有者财富最大化而工作，不可能有利益相关者利益最大化之类的目标。因为，公司创造的收益总是有限的，如果员工利益最大化、债权人利益最大化、政府利益最大化、环境利益最大化、债务人利益最大化，那么降低采购成本、控制工资水平、进行纳税筹划等就毫无意义了，最终所有者获得剩余收益是根本不可能的。这样的话，剩余索取权就完全被架空了，谁还愿意冒险办公司？进一步说，党的十六届三中全会报告中的"谁投资、谁决策、谁收益、谁承担风险"的原则就只能是空谈了。

四、所有者财务理论展望

所有者财务及相应的财务分层理论这棵幼苗能够苗壮成长，离不开财务前辈们的关心、扶持和高度评价。当然，持不同看法的学者的批评意见也使这一理论不断完善。所有者财务理论倡导者感谢财务学界众多学者从不同角度对这一理论的发展所做的贡献。中国人民大学王庆成等在《我国近期财务管理若干理论观点述评》（见《会计研究》2003 年第 6 期）一文中提到："这一理论（指财务分层理论）的提出，是我国财务学者的一个创造，对完善我国公司财务治理结构，构建我国财务管理理论体系都有重要的意义。"上海财经大学孙铮教授认为（见《国家出资者财务管理研究》，《会计研究》2004 年第 9 期），干胜道（1995）提出所有者财务的概念将讨论的范围扩大到全部所有者，其贡献在于将所有者财务从经营者财务中分离出来，明确提出所有者财务的目标是本金最大增值，并且特别强调了分配活动的重要性。他们还认为，出资者和所有者的概念完全一致。中国海洋大学罗福凯教授认为（见《财务理论专题》，第16 页，经济管理出版社，2004）："干胜道……在我国首次发现和提出所有者财务问题，同时相应地提出经营者财务的概念，创造性地开辟了财务理论研究的新领域。"应该说，在我国不断推进社会主义市场经济的进程中，财务分层理论尚有很多课题等待研究，期待更多的学者关注。本书试图对所有者的不同特质如何影响公司财务行为展开研究，深化所有者财务内容。

五、所有者权利行使

股东权利有广义和狭义之分。广义的股东权利泛指股东得以向公司主张的各种权利，包括股东依据合同，侵权行为、不当得利和无因管理对公司享有的债权；狭义的股东权利则仅指股东基于股东资格而享有的，从公司获取经济利益并参与公司经营管理的权利。我国《公司法》第四条规定："公司股东依法享有资产收益、参与重大决策和选择管理者等权利。"所以从立法的角度来讲，公司法规定的股东权利一般指狭义的股东权利。

我国《公司法》对股东权利的规定有哪些内容呢？从权利行使的目的角度

来看，股东权分为自益权与共益权。所谓自益权，是指股东以从公司获得经济利益为目的的权利，易言之，是股东为维护自己的权益而行使的权利。其往往体现为经济利益，但并非限于直接接受金钱的形式。自益权主要包括股利分配请求权、剩余财产分配请求权、新股认购优先权、退股权、股份转让权、股东名册变更请求权、股票交付请求权等。所谓共益权，是指股东以参加公司经营为目的的权利，或者说是以股东个人利益为目的兼为公司利益而行使的权利，该种权利行使所获得的利益使股东间接受益。共益权主要包括表决权、代表诉讼提起权、临时股东大会召集请求权、临时股东代表大会自行召集权以及主持权、提案权、质询权、股东会和董事会决议无效确认请求权和撤销请求权、公司合并无效诉讼提起权、累积投票权、会计账簿查阅权、公司解散请求权等。

从财务角度研究，所有者的权利包括单独行使的权利、合并行使的权利。单独行使的权利指单个股东就可以行使的权利，比如上市公司的流通股股东对未来不看好或者认为股价高于其认定的合理价格因而转让其股票的权利、依法获取股息红利等收益的权利、公司破产时获取剩余财产的权利、在股东大会上对各项议案投票的权利等。所有者在行使某些特殊权利时是受到一定限制的，比如查询公司账簿需要提出书面申请、说明目的、有适当的理由并取得同意。合并行使的权利，指多个股东（一般通过征集投票权来进行）或者某股东持有表决权的股份达到一定比例以上才可以行使，一般限于特殊权利，比如请求解散公司的权利、异议股东请求股票被收购的权利、起诉公司高管董事监事侵犯公司利益或损害股东权益等。小股东从成本的角度考虑，一般都不会行使投票权（即"用手投票"），喜欢"搭便车"；机构投资者一般信奉价值投资、长期投资等理念，有可能积极行使投票权，对上市公司的重大决策积极参与，从而对公司的财务产生重大影响，当然，小股东也分享或分担"用手投票"的结果。

在《所有者财务论》一书中（见第91页），所有者的权利被归纳为经营者选择权、重大决策参与权、收益获取权、财务监督权、资产最终处置权等。所有者财务具有两大基本职能：一是监督，二是调控。这两个职能都建立在所有者权利的基础上，是由资本派生出来的，其对象是经营者财务活动（见第35页）。

汤谷良教授在《现代企业财务的产权思考》（见《会计研究》1994 年第 5 期）一文中认为：财权是法人财产权中与产权资本化运动相关的权能，是法人财产权的核心，它在企业内部具有明显的层次划分，是企业其他经营权的保证和前提，它具体包括筹资决策权、投资决策权、资金使用权、成本费用开支权、定价权、收益分配权等权能。伍中信教授在《现代财务理论的产权基础》（见《财政研究》2000 年第 7 期）一文中认为：财权表现为某一主体对财力所拥有的支配权，包括收益权、投资权、筹资权、财务预决策权等权能。并认为，这一支配权起源于原始产权主体，与原始产权主体的权能相依附、相伴随。在财权归于产权的内容中，主管价值形态的权能，并构成法人财产权的核心。郭复初教授在《中国财务改革实践与理论发展》（见《财会通讯》2000 年第 5 期）一文认为：1999 年 9 月，党的十五届四中全会做出《中共中央关于国有企业改革和发展若干重大问题的决定》，标志着我国经济体制改革进入一个新的阶段。预计到 21 世纪初叶，将形成比较完善的社会主义市场经济体制，要对国有企业基本完成战略性调整与改组，建立比较完善的现代企业制度，建立以社会主义公有制为主体、多种所有制经济共同发展的基本经济制度。与较完善的社会主义市场经济体制相接应，也必须构建起企业财务自理、自负盈亏的现代财务管理体制。这一体制的基本内容是：从财权分割看，在符合国家宏观调控要求和所有者重大决策要求的前提下，企业拥有进行自主经营的筹资权、投资权、成本开支权（财务成本与纳税成本分离）、工资决定权、定价权和留用利润分配权等，企业财权大为扩大；从财务责任划分看，企业要承担投资责任、筹资责任、资产损失责任、弥补亏损责任和清偿债务责任（以法人财产承担有限责任），真正实行破产法；从利益分配看，企业按国家税法纳税，税后利润由企业分配。企业在遵守国家关于工资增长的宏观调控政策的条件下，自行决定工资总额与工资形式。企业财务自理、自负盈亏的体制将从根本上解决国家统收统支、统负盈亏体制的问题，全面促进生产力的发展。

从上市公司来看，所有者与经营者财权分割主要体现在公司章程中，股东大会、董事会、总经理分割了所有财权。常见的情形是：经营者在投资额占净资产 10% 以下的有决策权，10% 以上由董事会起草，股东大会决定；经营者拥有利润分配草案的起草权，所有者拥有否决权和另行决定权；公司并购、分立、股票发行、债券发行等权力归于股东大会，银行贷款（在一定额度内）及相关担保事宜由总经理相机决定。

在我国，机构投资者有社保基金、保险基金、开放式基金、封闭式基金、合格境外机构投资者等形式，目前处于发育阶段，所有者权利行使偶尔为之，有时他们也像散户一样不行权。国有资产管理监督委员会及其所属的国有资产中介经营公司作为国有企业的股东，会行使所有者的基本权利，比如经营者选择权、财务监督权（大多是事后性质）、收益分配权等，在重大决策方面更多地授权给经营者。所有者有时通过发出信号要求国有企业在金融危机下尽量不裁人，在通货膨胀时尽量不率先提价，国有企业效益增长下员工工资有适当增长，经营者的薪酬应该不超过员工平均工资的 20 倍等方式来影响其财务决策。在国有企业陷入财务困境时，所有者会通过政府隐形担保帮助其获得四大国有控股银行的银行贷款，提供政府补贴、出口退税、资产重组等多种方式对其加以形式"溺爱"，从而影响国有企业的财务决策。

第二节　股东特质与企业财务行为

经济学上有句名言：股东所有企业，企业所有资产。现有的财务教科书似乎忘了股东的存在，只在财务目标、利润分配及股票分类等少数地方提到股东及其权利。股东被架空了！企业的财务管理似乎没有股东什么事。果真如此吗？最近的国美控制权之争给大家上了精彩的一课。即使在牢房里，黄光裕也要在特别股东大会上对撤销陈晓董事会主席、取消增发股份授权等 5 项决议投赞成票。由于股东掌管企业的重大财务决策，直接影响企业的财务行为（比如并购、发行股票与债券、决定分红与否等），所以，股东与企业财务行为之间的关系是一个绕不开的话题，值得深入研究。本章抛砖引玉，拟首先对股东特质与企业财务行为之间的关系展开讨论。

一、特质与股东特质；行为与财务行为

所谓特质，英文 Traits，是指用来描述个人人格特点的描述词。股东有两种

基本形态：自然人和法人。自然人也好，法人也罢，都是有特质的。笔者理解的特质是特点、性质、行为能力、风险偏好的综合词。

由于股份制的具体组织方式以及融资要求存在差异，股东实际上有很多种。可以从不同的角度对股东进行分类：

按照股东是否是发起人可以分为发起人股东与非发起人股东。发起人股东对企业的成立和上市承担较多的责任和风险，其股票在上市后往往有一定的锁定期。

按照股东的权利不同可以将股东区分为普通股股东和优先股股东，有时普通股股东表决权还有差异。另外还有潜在的可转换股东。

按照股权转让自由度可将股东分为股权自由转让股东和股权转让受限制股东。

按照股东是否是人格化代表可将股东区分为自然人股东和法人股东。根据我国上市公司法人股东现状，可以细分为基金投资者、保险资金投资者、社保投资者等。

按照投资的目的来分，股东可分为投资型股东和投机型股东，其在持股时间长短上有明显差异。

我国特有的分类：国有股东、非国有股东。

不同类型的股东，其特质不一样，关注的受资公司侧重点也不一样。比如，在股权分置条件下，非流通股东由于其股票不能流通，不能获得资本利得，他们比较关注受资公司的净资产和再融资资格，在行权方式上通过用手投票，追求的利益是控制权私有收益，在公司治理上积极参与（安排代表自己利益的人进入董事会、管理层），与受资公司信息对称，对受资公司产生强势影响，有可能通过严重有失公允的关联交易等方式侵犯流通股股东利益。

行为是生物适应环境变化所做的行动和作为，有目的性。对人而言，行为受主、客观因素影响，受主体意识支配，有相应的心理活动。在人们从事经济活动时，行为受到主体风险偏好、行为能力、思考能力等制约。财务行为，包括投资、筹资、分配、预算、控制、评价等，均会受到主体的心理活动、风险偏好等制约。

二、股东特质对企业财务行为的影响

在两权分离的现代企业制度里，股东远离了企业，但并非完全不管企业事务，只管坐享其成。在西方发达国家，特别是美国，上市公司的股权很分散，职业经理人控制着公司。但即使是这样，股东也并非任人宰割的羔羊，他们通过各种方式影响着公司的财务决策，甚至直接行动起来罢免经理人。1992 年机构投资者迫使通用汽车的首席执行官斯坦普尔（Robert Stempel）下台。国际商用机器公司（IBM）、美国电报电话公司（AT&T）的首席执行官在 20 世纪 90 年代中期都迫于股东的压力而辞职。在过去的 10 年中，对公司经营感到不满的机构投资者逐渐成了有发言权的行动主义者。不管这些机构是想更换公司的高层管理者，还是压迫影响经营决策，他们现在都不会静静地坐在一边等待管理者来实现"最大化股东财富"目标了。实际上，他们在公司的经营决策中已变成了积极的参与者。

日本的股份制企业与欧美的股份制企业在股权特征上有明显的差异。在日本，经营者持股比例一般很低，股份大量为主办银行和关联企业持有。这些股东在特质上讲，对受资企业的情况比较熟悉，信息不对称程度低，持股目的是为了与对方保持长期连续性的业务伙伴关系，对投资收益关注度低，一般不轻易转让股份。这种股东被称为"安定投资者"（Stable Investors），也叫"准内部人"（Semi-insiders）①。在我国，家族控制的上市公司、国有控股的上市公司的大股东往往是集团公司，一般也不会轻易转让股份，实际上也是"准内部人"。

从股东的权利来讲，股东有经营者选择权、重大决策权、收益获取权、财务监督权、剩余财产分配权、转让股票权等。除了转让股票权（一般称为"用脚投票"），其他权利行使称为"用手投票"。中小股东更为看重"用脚投票"，大股东、机构投资者等主要通过行使投票权来影响受资公司的财务决策。在黄光裕与陈晓的对决中，与其说第一大股东输给了管理层，不如说败给了其他股

---

① 罗琦. 日本企业的股权特征与现金持有量 [J]. 中大管理研究，2006（1）：139.

东。机构投资者一般信奉价值投资、长线投资、理性投资，他们更关心管理层是否稳定，经营者能力是否强大，公司盈余是否稳定，是否按期分发现金股利，激励机制是否有效，经营者是否偷懒、偷窃，公司治理是否适宜，内部控制是否有效，风险是否可控等一系列问题。

以国资委这种特质的国有股东为例，它是为了改变国有企业内部人控制而产生的。然而，由于国有企业数量庞大，国资委对国有企业的管理难免粗放，难免采取一些行政或财政的思路。以利润分配为例，从财务上讲，应该根据企业的营利水平与稳定性、流动性、投资机会等情况来做决策。国资委未能根据各国有企业的具体情况和财务规律进行"一企一策"的利润分配管理，而采取的被简单化的"三刀切"办法，即按10%、5%和0%对所管辖国有企业进行强制性的利润分配或者暂不分配。2010年实施的第三届任期考核中，国资委对央企负责人全面推行经济增加值办法进行业绩评价，其中的"资本成本率"也被简单化为三种：对于承担国家政策性服务较重的、资产通用性较差的央企，资本成本率定为4.1%；对于资产负债率在75%以上的工业企业和80%以上的非工业企业，资本成本率上浮0.5个百分点，即为6%，以引导央企控制财务风险，尽可能稳健经营；其他大量的央企则按5.5%计算资本成本率。理论上讲，资本成本率应该有行业差异，这里就淡化了。2010年4月14日，国资委要求央企按季上报对外捐赠情况，要求6月底前将2004—2009对外投资细节上报，则属于事后财务监督。

可以这样说，国资委这种特质的股东对其所辖国有控股企业在财务上采取间接管理、事后管理、分类管理的办法，而对私人控股的上市公司，家族成员及其一致行动人股东一般采取直接管理、全程监控、适当分权的财务管理模式。

公司的重大财务决策背后必然有所有者的影子，经营者的财务行为在很多方面受到所有者的左右。与其说在股权分置下上市公司偏好股权融资，追求净资产最大化，还不如说这是控股股东的财务意志的体现。目前，大多数上市公司的经营者对股价变动不感兴趣，其原因自然是所有者未能建立与股价相关的激励制度。经营者之所以进行盈余管理，其原因更多地与所有者对经营者的考核评价与盈余关联度大有关系。本书认为，研究企业的财务行为或者说经营者的财务行为，不能脱离股东特质，而纯粹去研究经营者的心理。结合股东特质研究企业财务行为才能使研究纲举目张，标本兼顾。

就风险偏好而言，国有企业所处行业大多带有垄断性质，其所有者属于风险厌恶型，希望公司不要面临法律风险，不要面临假账风险，管理层不要凌驾内部控制制度之上存在操作风险；希望公司具有较强的系统风险防范能力，公司经营风险低，财务风险适度；致力于核心能力提高反对公司多元化经营，投资要适度，反对过度投资和投资不足。在行为能力上，国务院国资委一般强于地方国资委，私人控股大多能力也强。当然国资委这种特质所有者有时采取行政或财政思路对所属公司进行管理，但财务思路尚未能得到熟练使用。

三、第一大股东与上市公司的财务关系

根据第一大股东持股比例的情况，可以将其与上市公司的财务关系分为绝对控股、相对控股和分散控股三类控股模式。第一大股东可以根据自身需要增持或减持股份，因此这三类控股模式是动态调整的，不是一成不变的。

（一）绝对控股模式

第一大股东如果持股超过50%以上，其他股东就无法动摇其控制权。这种"一股独大"可以让上市公司安心生产经营，不必担心控制权争夺。董事会、监事会、股东大会几乎形同虚设，重大决策、财务监督、人事安排等全部被第一大股东所控制，当然第一大股东可能有机会侵犯其他股东的财务利益，掏空上市公司。在这种情况下，经营层的职业能力、敬业精神、管理水平等因素成为影响上市公司发展前途的唯一因素。第一大股东拥有绝对的控制权，对于支持公司发展，激励和约束经营者肯定上心，这些都是有利于企业发展的。但如果第一大股东战略失误、行为能力弱、决策水平低、意欲掏空上市公司、独断专行，完全忽视其他股东的建设性意见，对公司的发展将造成致命性的损害。2010年3月11日，在海南椰岛的股东大会上，第一大股东海口市国有资产经营有限公司对董事会提交的要求涉足房地产的议案投了弃权票，就是一个非常典型的案例。第一大股东应该掌握企业的发展方向，其他股东一般是"搭便车"。如果第一大股东也"搭便车"，则企业将陷入"无人驾驶"的处境，非常危险！

在我国，存在大量的国有企业，国资委或国有资产经营公司是其第一大股东，这种第一大股东现象是由中国国情历史演变下来的，但如果不提高第一大股东的行为能力、管理水平，其不演练成专业化、职业化、企业化和市场化的竞争主体，肆意挥霍拥有的经营者选择权、重大决策权、财务监督权等资本派生的财务权利，极有可能的情况将是内部人员将把控这些公司，股东将被架空，经营层有可能偷懒，甚至偷窃公司财产、盲目投资、肆意挥霍公司财产等，这是值得所有者警惕的！

（二）相对控股模式

一般而言，第一大股东持股比例为 20% ~ 50%，则属于相对控股。对第一大股东来说，如果企业业绩不好，可以撤退，降低持股比例，放弃控制权。如果公司控制权受到威胁，而第一大股东不想失去控制权，则会发生类似国美电器的控制权争夺战。在这种模式下，第一大股东与上市公司管理层关系比较微妙，与前几大股东关系也很微妙。上市公司的交易成本高，各方关系处理不好对企业长期发展不利。相对控股模式下，控制权会面临来自外部市场并购的压力，经理层如果经营不力，可能面临被替换的压力。

（三）分散控股模式

如果第一大股东持股比例在 20% 以下，相当数量的股东持股非常接近，单个股东的作用非常有限，则属于分散控股模式，企业的实质控制权可能转移到经理层手中。股权的高度分散使恶意接管的潜在危险随时都存在，从而对管理层形成了较强的制约作用。侯德尼斯等（Holderness et al.）在 1999 年发现：美国企业董事和执行官整体持有的普通股比例的平均值从 1935 年的 13% 上升到 1995 年的 21%[①]。所以，在分散控股模式下，不可忽视管理层持股对公司控制权的现实影响。股东由于信息不对称和对行权成本的考虑，往往对公司的财务监督和财务决策不重视，管理层偷懒、盗窃、滥用等增加自身效用的行为经常发生，股东与管理层之间的代理成本往往很沉重。

---

① HOLDERNESS C. G. Were the good old days that good? Changes in managerial stock ownership since the Great Depression [J]. The Journal of Finance, 1999, 54: 435 - 69.

笔者认为，研究股东特质对企业财务行为具有重要的理论价值和现实意义，对于加强国有资产管理，降低第一大股东、中小股东、管理层之间的交易成本和代理成本，维护资本各方的合法权益，提高企业的效益具有重要的价值。

主要参考文献

【1】干胜道. 所有者财务论［M］. 成都：西南财经大学出版社，1998.

【2】林乐芬. 中国上市公司股权集中度研究［M］. 北京：经济管理出版社，2005.

【3】王洪伟. 公司股利分配法律制度研究［M］. 北京：中国民主法制出版社，2009.

【4】赵德武. 资本市场与公司财务有关问题的理论分析与实证研究［M］. 成都：西南财经大学出版社，2006.

【5】赵德武. 财务经济行为与效率分析［D］. 成都：西南财经大学，1998.

第二章　股东特质与劳资财务关系

第一节　国内外研究现状

一、国外研究现状

国外的相关研究首先是建立在西方所有制及西方资本主义市场特点的基础上的，不存在区分国家股、法人股、流通股的问题。在股权比较分散的背景下，对股东特质的关注非常少，有部分文献关注机构投资者与上市公司分红的关系，研究管理者薪酬与绩效关系的论文比较多，涉及基础的劳资财务关系的成果鲜见。

代理理论是现代研究管理者薪酬的起源，它要求管理者薪酬设计的原则是要使管理者利益与股东利益取得一致，以最大限度地减少代理成本。詹森（Jensen）和梅克林（Meckling，1976）是研究管理者与股东之间利益冲突的先驱，他们将伯利·米恩斯（Berle Means，1932）最先提出的"所有权与控制权分离"的问题模型化，并定义了"代理成本"，同时确定了包括股权所有制、资本结构、债务契约和薪酬激励在内的能够减少这些代理成本的各种制度安排。这些工作奠定了高管薪酬与公司绩效相关性研究的理论基础，开创了关于管理者薪酬直观上的认识。[1]

马森（Masson，1971）是首位尝试确立薪酬绩效敏感度与企业绩效之间联系的研究者，在对航空、化学、电子行业中39个公司的薪酬数据进行分析后，

---

[1]　莫冬艳，邵聪. 高管薪酬、股权激励与公司绩效的相关性检验［J］. 科学决策，2010（7）.

他总结出：有较高的薪酬绩效相关性的企业，其将来的绩效表现会更好。

墨菲（Murphy，1985）研究了 1964—1981 年美国的 73 家制造商样本，对其 500 名管理人员的报酬数据与股票收益之间的关系进行研究，研究结果发现其总报酬和现金报酬都与股票收益存在正相关性。此外，他还发现管理者的薪酬随着营业收入的增加而增加，但股东的收益却维持不变。

科赫兰和施密特（Coughlan，Schmidt，1985）选取了《福布斯》公布的 1978—1982 年间 149 个公司的执行总监（CEO）薪酬数据，研究 CEO 的现金薪酬变化与企业绩效之间的关系，他们得到了一个与 Murphy（1985）相一致的结论——薪酬变化与股票价格绩效呈正相关。

詹森和墨菲（1990）对美国 7 600 多位企业高管人员的薪酬和企业绩效的关系予以研究，发现企业高管薪酬与绩效之间存在着显著的正向关系。

罗森（Rosen，1992）总结了关于薪酬与绩效关系的理论研究和实证研究成果，并分析了管理者薪酬文献中最典型的现象：CEO 的现金薪酬相对企业规模的弹性，在不同的时期、企业和国家之间具有一致性。[①]

赫尼曼（Heneman，1994）在总结了大量的研究文献后指出：绩效评定结果与工资水平的变化二者之间存在着某种特定关系，在员工绩效等级一定的前提下，将个人实际工资与市场工资比对来调整工资可以适当地控制劳动成本。[②]

科尔等（1999）通过研究公司治理结构、CEO 报酬以及公司绩效之间的关系，发现在治理结构不完善的公司中存在 CEO 报酬偏高的现象，二者具有较大的相关性。

丹尼尔和托马斯（Daniel，Thomas，2003）对高管薪酬与盈余管理之间的关系做了检验，结果发现：当高管的潜在收益与他们所持有公司的股票或期权收益关系密切时，出现盈余管理的几率更大。具体表现为：当公司的盈利增长良好时，高管会大幅度行权获利，随之带来的却是公司收益的大幅下降。[③]

可见，在职业经理人制度下，国外的研究关注焦点在经理与业绩的关系上，

---

① 杨珂. 上市公司 CEO 薪酬决定研究文献综述 [J]. 中国集体经济，2010（5）.
② 徐忠艳. 工资结构、公平感与组织绩效的关系研究 [D]. 杭州：浙江大学，2004.
③ 莫冬艳，邵聪. 高管薪酬、股权激励与公司绩效的相关性检验 [J]. 科学决策，2010（7）.

因为国外的学者大多持管理创造价值之观点，不赞同剩余价值理论。当然一些学者从企业可持续发展的角度十分关注劳资关系问题。拉克尔（R. W. Rucker）在分析了美国长达50年的有关统计资料之后，发现工人工资与增值额是两个极为相关的经济变量，即工资应占全部增值额的39.395%。如果某个企业的工人工资高于这一比例，应采取措施提高劳动生产率；若低于这个比例，则应增加工人工资。否则，企业不会达到最佳经营的境地。这就是所谓的"拉克尔法则"。

二、国内研究现状

国内关于劳资财务关系的研究文献非常稀缺。近年来，包容性经济增长理论、利益相关者理论、可持续发展理论的涌现，使学术界越来越关注劳资财务关系。从我国的实际情况出发，研究重点不仅包括高管薪酬对企业绩效的影响，还包括股权性质特别是国有股对企业绩效的影响。对我国的企业而言，这些研究更贴近我国的实际情况，也更具有参考价值和借鉴意义。

（一）高管薪酬对企业绩效的影响

魏刚（2000）在分析了1999年813家上市公司的数据后发现：高管人员的薪酬与公司绩效之间不存在显著的正相关关系，高管人员的持股数量与公司绩效之间也无显著的正相关关系，但高管人员的薪酬水平会受到企业规模、管理层持股和行业的影响。[①]

李增泉（2000）以1999年4月30日前披露年报的848家上市公司中的799家、748家公司为样本，分别对经理人持股情况、经理人薪酬与公司绩效关系进行研究，得出的结论是：我国上市公司经理人薪酬并不与公司的绩效相关联，持股制度虽然对提高公司绩效有利，但我国大部分的公司经理人持股比例都较低，因此不能发挥其应有的作用。

林晓婉（2001）通过纵向比较上市公司1998—2000年的经营者薪酬和持股状况发现：经营者薪酬呈增长趋势，但经营者持股的比例偏低，发挥股票期权

---

① 魏刚. 高级管理层激励与上市公司经营绩效［J］. 经济研究，2000（3）.

激励作用的条件尚不成熟。

黄映辉（2001）认为完善薪酬机制和组织文化的引导对于解决组织内部的不公平现象具有非常大的作用，因而很有必要。

陈志广（2002）以沪市上市公司为样本，对高管人员的薪酬情况进行了研究，发现高管人员薪酬与公司绩效、企业规模、法人股比例等呈显著正相关关系。

宋增基、张宗益（2002）通过研究 1999 年度上市公司年报的相关数据发现，经理人持股对经理人薪酬没有影响。

李长江等人通过研究 2002 年公布的 1 167 家上市公司的年报数据发现在实施年薪制、利润分享制和所有权制的公司中，公司绩效都与高管人员的薪酬呈显著正相关关系。

林俊青、黄祖辉、孙永祥（2003）的研究表明：影响我国公司薪酬差距的主要因素在于公司的治理结构，而不是公司的外部市场环境因素或是企业自身经营运作的特点。[①]

胡铭（2003）通过分析上市公司 2002 年年报中披露的相关信息发现我国上市公司高管人员薪酬、持股比例与公司绩效之间无正相关关系。

张俊瑞、赵进文、张建（2003）研究上市公司 2001 年年报中的相关数据发现高管人员的薪酬与公司规模之间存在稳定的正相关关系。

谌新民、刘善敏（2003）从对 2001 年上市公司相关数据的实证研究结论中发现经营者的持股比例与企业绩效呈显著弱相关关系。

李锡元、倪艳（2004）在对 2002 年上市公司数据做的截面分析中发现，以 EVA 为标准的上市公司绩效与总经理报酬之间显著相关。

胡婉丽、汤书昆、肖向兵（2004）通过对 2002 年生物医药类 63 家 A 股上市公司年报的相关数据进行统计分析，得出结论：高管持股的增加会导致主营业务收入的减少，从而引起企业绩效的减少。

杨汉明（2004）的研究结论：高管人员的平均薪酬与国有股持股比例呈较

---

① 林俊清. 高级管理层团队内薪酬差距、公司绩效和治理结构 [J]. 经济研究, 2003 (4).

显著的负相关关系，为我国的减持国有股提供了实证依据。

王海波、韩素萍、杜兰英（2006）的研究结论从侧面说明了是公司治理结构的不完善导致了高管薪酬差距无法起到激励作用。

刘斌、刘星、李世新、何顺文（2003）利用我国上市公司1997—2000年的相关数据进行分析研究，提出了增加高管薪酬对扩大企业规模和绩效都有一定程度的促进作用，反之则会产生负面影响。

闫丽荣、刘芳（2006）对上市公司2001—2004年的相关数据进行了研究，发现公司规模对经营者薪酬存在着显著影响，但经营者持股对经营者薪酬则没有显著影响。

（二）国有股对企业绩效的影响

在国有股对企业绩效的影响方面，我国学者通过研究分析得出的结论并不能达成一致，虽然大多数学者赞成国家股与企业绩效呈正相关关系，但仍有其余学者通过实证研究的方式得出国家股与与企业绩效之间呈负相关关系，甚至是没有关系的结论。

许小年（1997）通过对1993—1995年间300多家上市公司股权结构与绩效关系的分析研究，证明了国家股与企业绩效呈负相关关系，也就是说企业的国有股比例越高，相应的绩效就越差。

许小年和王燕（1997）通过对沪、深两市1993—1995年间300余家企业的股权结构和公司绩效进行分析研究，研究的结果表明：国有股比例越高，公司绩效越差。

周业安（1999）从1997年年底的745家上市公司中随机抽取160个样本做实证研究，得出国有股对净资产收益率有显著正面影响的实证结论。[①]

陈晓和江东（2000）对来自电子电器、商业和公用事业三个行业的数据进行回归分析，研究发现只有在竞争较强的电子电器行业中才出现了国有股比例与企业绩效呈负相关关系，而在其他两个行业中都没有得出该结论。[②]

① 周业安. 金融抑制对中国企业融资能力影响的实证分析 [J]. 经济研究, 1999 (3).
② 杨文婷. 中国上市公司股权结构与公司绩效关系的实证研究 [D]. 哈尔滨: 哈尔滨工业大学, 2008.

施东晖（2000）以1999年沪市公布财务报告的484家企业作为研究样本，以净资产收益率和市净率作为衡量指标，通过研究分析总结出法人控股型公司的绩效要优于国有控股型公司；同时他的研究还得出了国有股比例与公司绩效之间的关系不显著的结论。①

刘国亮和王加胜（2000）在以净资产收益率、总资产收益率和每股收益为解释变量的基础上进行了实证研究，结果表明国有股比例与企业绩效呈负相关关系。②

陈小悦和徐晓东（2001）研究发现非国有控股公司相比国有控股公司而言，具有更高的价值和更强的盈利能力。

朱武祥和宋勇（2001）对家电行业20家上市公司进行实证研究，结果表明家电行业的国有股比例对公司绩效缺乏影响力。③

于东智（2003）对国有股与净资产收益率两个指标进行了相关性分析，分析结论支持国有股比例与企业绩效呈正相关关系的观点。④

姚俊和昌源（2004）以我国593家上市公司为研究样本，分析公司多元化程度、股权结构与绩效之间的关系，结果发现国有股比例与多元化公司的绩效之间无显著相关关系。

孙菊生、李晓俊（2006）以深交所上市公司为研究对象，实证分析股权构成和股权集中度对公司绩效的影响，研究结果表明：国家股比例与公司绩效呈显著的负相关关系。⑤

可见，学术界对业绩的研究涉及高管及股权结构，但不同的股东特质下企业内部高管与普通员工薪酬差距是否过大，是否侵犯了员工财务利益（利润侵蚀工资）或股东利益（工资侵蚀利润），业绩是否受到过高薪酬阻碍？这方面

① 曹新昌. 中国上市公司股权集中度与公司绩效关系实证研究［D］. 成都：西南财经大学，2009.

② 刘国亮，王加胜. 上市公司股权结构、激励制度及绩效的实证研究［J］. 经济理论与经济管理，2000（6）.

③ 朱武祥，宋勇. 股权结构与企业价值——对家电行业上市公司实证分析［J］. 经济研究，2001（12）.

④ 于东智. 资本结构、债权治理与公司绩效：一项经验分析［J］. 中国工业经济，2003（1）.

⑤ 孙菊生，李晓俊. 上市公司股权结构与经营绩效关系的实证分析［J］. 当代财经，2006（1）.

的研究几乎空白。与此同时，现金流量表在我国诞生于 1998 年，目前学术界对其利用主要是用于收益质量分析、支付能力分析，几乎没有将之用于与劳资关系是否协调的分析。本章拟介绍开展这方面的研究，以促进企业的可持续发展。

第二节　国有企业与国资委

一、国有企业

(一) 国有企业的含义与特征

在国际上通常认为国有企业就是指一个国家的中央政府或联邦政府投资或参与控制的企业。然而在我国，由于自身情况的特殊性，在国有企业的定义中还包括了由地方政府投资参与控制的企业。股东的特质决定企业的行为，因此国家和政府的意志和利益决定着国有企业的行为。国有企业经营行为的独特之处在其经营目标上得以明显体现：不仅具有一般企业的营利目的，更具有国有企业独具的公益性目的；也就是说不仅要追求国有资产的保值增值，还要协助国家实现调节经济、调和国民经济各方面发展的目标，具有行政性的特征。

国有企业作为多种企业经营形式中的一种，自然具有所有企业的基本特征，即：从事生产经营活动；由多数人共同组成的组织体；依法设立，并由法律确认一定的权利及义务。

然而国有企业又是一种特殊的企业，因为它的股份全部或主要归国家所有，因此它还具有一些自身独特的特点：

1. 国有企业兼具营利性和非营利性双重目的

一般企业都以利润最大化为经营目标，即营利性目的是其经营的唯一目的，但国有企业要担负国家经济政策、肩负调节社会经济的职能，因此不能以营利性目的作为其经营的唯一目的。在一些特殊情况下，为了行使国家经济管理职能，对一些明知不能营利的行业，国家也要投资开办企业来维持整个社会经济的良好运行。

2. 国家是国有企业唯一或主要出资人

在这一点上，国有企业显然与一般企业有很大区别。国家虽然是企业的出资人，却并不由最高国家权力机关或中央政府直接参与企业具体的经营管理活动，而是按照"统一领导，分级管理"的原则，由国家授权的各级机关或部门代表国家负责具体的经营管理工作。

3. 国有企业与一般企业适用的法律不同

国有企业虽然也适用一般企业相关法律的许多一般性规定，但其运营主要参照的法律是有关国有企业的法律法规。这些法律法规同一般涉及企业的法律法规相比，在国家对企业的管理关系、企业设立程序、企业权利义务等方面的规定均有所不同：国家对一般企业的管理主要是制订其组织活动的一般规则，要求其遵纪守法、照章纳税；而对国有企业，国家则需要以政权和所有者的双重身份进行管理。有关国有企业的法律法规的设立程序更为严格、复杂，国有企业往往享有许多国家的优惠政策和特权，但同时也会受到国家和有关部门的一些政策性限制，承担很多特别的义务。

4. 国有企业作为法人同一般企业法人相比也有所不同

企业法人是具有国家规定的独立财产，有健全的组织机构、组织章程和固定场所，能够独立承担民事责任、享有民事权利和承担民事义务的经济组织。一般企业对其财产享有所有权，而国有企业（这里指国有独资企业）对其财产只享有经营管理权，无所有权。此外，在所属法人类型上，国有企业法人也较为特殊。法人类型通常可分为私法人与公法人、社团法人与财团法人、营利法人与公益法人等，一般企业法人都属于私法人、社团法人和营利法人，而国有企业法人则兼具私法人与公法人、社团法人与财团法人、营利法人与公益法人的多重特性。

(二) 国有企业发展改革史

第二次世界大战以后，一般垄断资本主义逐渐向国家垄断资本主义转变，新科技浪潮也在不断推动着企业生产规模的扩大，纯粹依靠自由竞争维系的市场经济运营体系开始显露出其造成社会不稳定的劣势，此时资本主义国家开始了对经济生活的全面干预和调节。从 1945 年开始，英国将一系列基础工业和英格兰银行收归国有；法国将能源、保险、金融部门和一些大公司收归国家接管；日本政府设立的国有企业数量从战争结束时的 7 个激增至 20 世纪 70 年代中期的 114 个；美国政府也集中在基础设施部门、能源部门和科技开发部门创办了一些国有企业。此后，广大发展中国家也紧随其后掀起了两次国有化高潮。

20 世纪 50 年代后期至 60 年代中期的第一次国有化高潮是紧随民族解放运动的高涨出现的，实际上也是民族解放运动在经济领域上的延续，国有化的目标主要包括银行、税务机构、海关和一些原殖民者拥有的足以操纵国计民生的大企业。20 世纪 70 年代的第二次国有化高潮产生于发展中国家收回自然资源主权的浪潮中。一些国家将实际操纵本国经济关键部门的外资企业收归国有，而发展中国家国有经济的发展也在维护国家主权、争取经济独立、维护社会经济正常运行、奠定国民经济发展基础、推动科技进步等方面起到了巨大作用。但与此同时，国有经济发展的弊端也在实践中逐渐暴露了出来，例如产权不清、政企不分、高度垄断、管理混乱，等等。

我国在新中国成立初期，为了稳定政权，优先发展重工业和加快实现国家工业化成为党和国家的头等任务。以苏联经验为依据，通过轰轰烈烈的社会主义三大改造，国有资产和国有企业全面取代了个体和私营经济，发挥着自身巨大的优势和作用，成为国家财政的主要收入来源和主要支出渠道。在这个时期，国有企业被称为国营企业，也就是由国家或政府直接来经营的企业，国家来具体执行投资、经营、管理职能。但是随着它的弊端在实践中不断暴露，它的不合时宜随着时间的推移愈发明显。到了 1977 年前后，传统计划经济体制下的国有企业的经营管理模式已走到极限，国有企业改革之势已是迫在眉睫，可谓"箭在弦上不得不发"。

我国国有企业改革的历程始于 1978 年党的十一届三中全会以后，迄今为止这段艰难的旅程已走过了 33 年。相对于人类历史，区区 33 年是弹指一挥间，可相对于新中国成立的 60 多年而言，它却延续了一半的时间，是我国经济建设发展过程中的主要矛盾。对于这 30 多年的阶段性划分，理论界存在几种不同的方法，每一种都有各自的划分标准，也都有各自的合理性，但从根本上来说它们是大同小异的。总体说来，国有企业改革经历了 1978—1992 年的计划体制下的调整阶段，1993—2003 年的制度创新阶段，2004 年至今的战略调整阶段。每一阶段都有其标志性的主题和事件，也有各自的成功与失败，它们共同铸就了我国国有企业的改革之路。

从 2005 年起，以股权分置改革方案的出台为标志，我国的股权分置制度改革正式起步，中国的资本市场进入了一个全新的发展阶段。

2005 年 2 月，国务院发布了《关于鼓励支持和引导个体私营等非公有制经济发展的若干意见》，该政策给予了非公有制经济更大的发展空间，也化解了人们对非公有制经济去向问题的担忧，为非公有制经济在我国的正常发展打开了门路。

2005 年 4 月，中国证券监督管理委员会（简称：中国证监会）正式启动了股权分置改革的试点工作。

2005 年 6 月 16 日，中国证监会公布了《关于上市公司控股股东在股权分置改革后增持社会公众股份有关问题的通知》，该通知明确规定了上市公司的控股股东在股东大会上通过股权分置改革方案后，可以通过二级市场将不上市的国有股转变为上市的流通股。[①]

2006 年国家进一步明确了国有企业改革的主要目标——使国有资本向关乎国家安全和国民经济命脉的重要行业和关键性领域集中（国有资本将在军工、石油石化、电网电力、电信、民航、海运和煤炭七大行业绝对控股），加快速度形成一批具有国际竞争力的优势企业……

截至 2006 年年末，我国的股权分置改革已经基本完成，资本市场的功能逐渐得以回归。

股权分置改革成功以后，随着资本市场的不断发展壮大，国有企业也都加快了整合上市的脚步，借助这个不断完善的资本市场平台，国有企业的资产规模和资产质量都有了翻天覆地的变化。在 2008 年公布的世界 500 强企业中，我国国有企业共有 25 家，较 2002 年的 6 家增加了 19 家之多；而在这 25 家公司之中，有 17 家是 A 股上市公司或者旗下拥有 A 股上市公司，由此可见股权分置

---

① 宋养琰. 国企改革 30 年 [J]. 经济研究导刊，2008（12）.

改革的成功让国有企业乃至整个中国经济都获益良多。

二、国资委

(一) 含义

国资委是国务院国有资产监督管理委员会的简称，是根据第十届全国人民代表大会第一次会议批准的国务院机构改革方案和《国务院关于机构设置的通知》设置的，为国务院直属的正部级特设机构。国务院授权国有资产监督管理委员会代表国家履行出资人（即股东）职责。

(二) 发展历程

早在 1988 年，党中央和国务院就决定设立国家国有资产管理局，以便统一行使国有资产所有权的管理职能，这是国有资产监管体制的一个历史性突破。国有资产管理局的设立，对加强国有资产的监督管理起到了一定的积极作用，但由于职能的不到位，影响了监管力度。

2002 年，党的十六大会议中明确指出要建立中央政府和地方政府分别代表国家履行出资人职责的国有资产管理体制。

2003 年 3 月，国家颁布《企业国有资产监督管理暂行条例》，中央和地方国有资产监督管理委员会相继成立，即新国资委，分别代表国家履行出资人的职责，而中央和地方两级监督的体制也第一次从法律上得到确认。此后，党的十六届三中全会又提出要建立健全国有资产管理和监督体制，国资委所管辖的大型国有企业要吸引外资和社会资金，可以上市募集资金，而且鼓励整体上市。

至此，新国资委的成立克服了国有资产所有者缺位的弊端，明确了国有资产的监督管理和运营责任，实现了国有资产由行政手段向经济手段，由实物形态管理向价值形态管理的重要转变。

(三) 中央国资委所引领的央企与地方国资委所引领的地企之间的关系

2006 年 4 月，中央国资委颁布了《地方国有资产监管工作指导监督暂行办法》，要求各地方国资委根据中央国资委的规定来制定当地具体的执行法规和准则。2007 年 9 月，中央国资委进一步声明要建设统一的国资委监管网络系统，与各地方国资委监管系统实时链接。这实质上也就是在要求各地方国资委要更加严格地按照中央国资委的规章行事，地企要全面效仿央企。然而实际上，这种全面效仿的改革调整方针是值得商榷的，地企与央企在很多方面都存在差异。

1. 战略地位不同

央企肩负着国家战略发展、国计民生等重大责任，因此央企理应向一些重要的、关键性的产业领域集中。此外，鉴于我国现阶段非国有企业的实力尚且不足，还需要一定数量的央企分布在一些核心竞争产业领域，来抵御来自国际巨头的冲击和竞争。而地企则一般情况下不担负关乎国家战略发展、国计民生的重大责任，更不会承担国与国之间战略性竞争的重任。地企的首要使命只是为所在地区的民生、地方经济发展等提供所需的支持，因此地企通常主要集中在水、煤、电、热、气、粮油、交通等基础性、公用性、民生性产业领域。

2. 发展情况不同

同样身为国有企业，央企的发展态势良好，上市的基础雄厚。然而地企除了在山东和江浙沿海一带的少数省份发展状况相对较好以外，其他绝大部分省份特别是西部地区的地企的发展都是相当困难的。

3. 产权改革的进展程度不同

央企的改革进展速度远远慢于地企，因为央企的规模和复杂程度都远大于地企，改革也不宜过速进行，地企则相对灵活很多，启动的阻力也小。

4. 发挥功用的程度不同

央企在其应有的功用上为国家所做出的贡献是毋庸置疑的，然而地企的功用则总体上发挥较弱。长期的实践结果表明，某地区国有经济比重的高低与当地经济发展的程度呈负相关关系，最突出的是西部地区，国有经济的比重过高，国有企业中国有产权的比重过高，非国有经济发展缓慢，与之相对应的是地区经济落后、经济运行效果不佳的后果。

5. 调整改革的急切性不同

央企具有独特的优势，例如规模大、资金雄厚、政策支持、所处的领域多具有垄断性等，总体呈现良好的发展态势，因此对于调整改革偏向于稳妥的态度；而地企多为规模较小、实力较弱、处于竞争性领域的企业，整体发展态势不容乐观，因此对于调整改革的需求比较急切。①

综上理由，地企的调整改革不能也不该机械地套用、盲目地模仿央企的模式，对二者有区别地加以对待才是科学合理的处理方法。

第三节 股东特质在企业薪酬制度上的反映

一、劳资关系和劳动生产率

随着改革开放及国有企业改革的不断推进，我国已经逐步形成了以公有制为主体、多种所有制经济共同发展的所有制结构。在此期间，非公有制经济不仅吸纳了大量的企业下岗职工，为维护社会稳定做出了巨大贡献，而且对发展社会生产力、促进国民经济的快速发展发挥了重要作用，非公有制经济已经成长为社会主义市场经济中最具活力的组成部分。各种非公有制经济的迅速发展、国有经济改革朝向资产资本化方向迈进以及城市化进程导致农民的大规模迁移这三方面原因，共同促成了劳资矛盾的不断扩张。加之经济全球化的进程不断加快，我国亦融入全球资本化的巨浪之中，更使劳资矛盾加剧日深，劳资矛盾已然成为影响我国经济发展与社会和谐的重要因素之一。

（一）劳资关系

劳资关系是指劳工和资方之间权利和义务的关系，这种关系依托于劳资双方所签订的劳动契约和团体协约而成立。劳资关系的双方一方是受雇主雇佣从事劳动而获得劳动报酬者，另一方是雇佣劳工工作并支付其劳动报酬者，双方所构筑的关系即为劳雇关系，也称劳资关系。

劳资关系笼统地表现为雇员与雇主之间的冲突与合作，在我国目前的几类企业经营实体中则具体表现为：

1. 国有企业

国有企业的运营机构主要有管理部门、党组织、职工代表大会和工会。因其

---

① 蓝定香. 国企改革 30 年的纷争焦点与深化改革的取向 [J]. 四川行政学院学报，2008（5）.

具有归国家所有的特殊企业性质，包括经理、厂长在内的一大批干部管理人员都是国家这个大雇主的雇员，因此他们和普通工人一样享有同等的参加工会的权利。

2. 民营企业

在民营企业中，雇员与企业雇主的关系完全依靠雇佣合同来维系，工会起到的作用很微小。特别是在中国这种劳动力供大于求的经营环境中，企业雇主一方拥有压倒性的讨价还价能力，在劳资谈判中占据绝对优势，因此劳方利益很难得到保障和实现。

3. 外资企业

外资企业有两种表现：一种是以欧美合资或独资企业为代表的外资企业，它们与工会和中方经理结成统一战线，雇主与雇员的关系并非是对抗性的，而是共谋发展、共求利益；另一种是以东亚、东南亚企业为代表的外资企业，这类企业的雇员工资报酬很低，工作条件也相对较差，劳资矛盾较为突出。

虽然在各类企业中劳资矛盾的情况各不相同，但是无论在哪种性质的企业里，雇员与雇主在履行劳资关系的过程中触发劳资矛盾都是无法避免的：双方各自作为独立的个体，进行劳动生产工作，都期望获取自身利益的最大化，然而企业获取的利润总额有限。通俗地讲，雇员获取的多，雇主剩下的就少，反之亦然。因此雇员获取自身利益最大化的行为势必会导致雇主利益的减少，如果不能够寻求到一个可以平衡双方利益的临界点，那么产生矛盾就在所难免。

(二) 劳动生产率

追本溯源，劳动生产率才是"劳"和"资"产生矛盾的症结点，是决定"资"的关键。之所以这样说，是因为："劳"是获取"资"的基础，"资"是给予"劳"的回报，劳方获取工资依靠的是劳动生产率，予资方给予工资的评价标准亦是劳动生产率，当劳资产生矛盾时必是因为双方对于劳方的劳动生产率给予的认定程度不同——劳方认为己方的劳动生产率换来的资酬有失偏颇，予资方认为劳方的劳动生产率不足以求得更高的资酬。所以，矛盾的关键点就在劳动生产率。

劳动生产率是指劳动者在一定时期内创造的劳动成果和与其相对应的劳动消耗量的比值。目前我国的全员劳动生产率是将工业企业的工业增加值除以同一时期全部从业人员的平均人数来计算的。计算公式为：

全员劳动生产率＝工业增加值/全部从业人员平均人数

即单位时间内生产的产品数量越多则劳动生产率越高，或生产单位产品消耗的劳动时间越少则劳动生产率越高。劳动生产率状况是由整个社会的生产力发展水平决定的。影响劳动生产率高低水平的因素主要有：

（1）劳动者的平均熟练程度。这里主要包括了劳动者的实际劳动操作技术和接受新的生产技术手段、适应新的工艺流程的能力。

（2）科学技术的发展水平。科学技术越是发展，越是被广泛地应用于劳动生产过程中，劳动生产率就越高。

（3）生产过程的组织和管理。主要包括劳动生产过程中劳动者的分工协作和劳动组合，以及与之相适应的工艺流程和经营管理方式。

（4）生产资料的规模和效能。主要是指能够有效使用劳动工具的程度和对原材料、动力燃料等合理利用的程度。

（5）自然条件。这里主要是指与社会生产相关的资源分布、气候条件、土壤肥沃程度等因素。

劳动生产率分为个别劳动生产率和社会劳动生产率。顾名思义，按照个别劳动者的劳动效率计算出来的劳动生产率就是个人劳动生产率，按照全社会的平均劳动效率计算出来的劳动生产率就是社会劳动生产率。社会劳动生产率才是衡量整个社会生产力先进落后水平的根本尺度。如果某个雇员的个别劳动生产率高于社会劳动生产率，则其单位时间内生产出来的产品数量就多于社会平均数量，相应地就该获得较丰厚的薪资回报，如果他获得的薪资回报与个人的预期值有较大出入，而这种出入又无法得到合理解决，劳资矛盾就极易触发。

二、现阶段我国劳资状况及薪酬制度

（一）现阶段我国劳资状况的主要表现

劳资关系的核心是劳方与资方权利义务的辩证关系：一方的权利是另一方的义务，一方的义务又是另一方的权利。在市场经济环境下，劳资双方的关系天生是不对称的，雇主凭借其享有的资本权利占据了劳资关系中的主导地位，但双方各自代表的资本权与劳动权之间的较量又永远无法息止。资方追求的是利润的最大化和企业的永续存在，因此会以利润最大化的经营理念作为行动指导，尽可能地压缩劳方的实际收入以节约成本，劳资双方的贫富差距不断加大，矛盾也愈发明显。我国自 1978 年实行改革开放以来，劳资矛盾日益凸显、不断升级，雇员与雇主之间力量对比的不平衡主要源于以下几个方面的原因：

（1）我国劳动力市场长期处于供大于求的状态，雇主常凭借这种主导地位压低薪资价格、压榨雇员。自由主义经济学理论的原理也说明了这一点：工资水平是由劳动力市场决定的，只要劳动力市场存在供过于求的状况，工资水平就无法得到提高。

（2）雇员组织形同虚设，不具备与雇主谈判的条件。各类企业都不重视工会等雇员组织的建设，雇员本身更是缺乏这方面的意识，自身维权意识薄弱，皆是采用一对一的形式同雇主进行谈判，而不能形成一个有效、有力度的组织来同雇主进行平等的谈判协商，这样雇员显然处于弱势地位，加大了劳资双方力量的差距，即便是提倡所谓的平等也不过是一句空话罢了。

（3）政府对于劳资关系的协调力度不够。这不仅表现在政府乃至整个社会在态度上都以物质资本为尊，人力资本未受到足够重视。各级政府从扩大就业角度招商引资，对资方有事实上的迁就行为，因此在处理劳资矛盾时对资方"护短"行为就在所难免。

（4）社会舆论指引了错误的导向。为我国经济高速发展做出巨大贡献的无疑是勤劳的广大劳动者，然而社会舆论却过于夸大物质资本的作用，导致人力资本受到过度压榨。

党和国家早已认识到构建和谐劳资关系的重要性，并在国家政策中将这一认识不断升级、制度化：党的十四大提出收入分配的原则是要"以按劳分配为主体、其他分配方式为补充"；党的十四届三中全会提出了"允许属于个人的资本等生产要素参与收益分配"；党的十五大提出了"允许和鼓励资本、技术等生产要素参与收益分配"；党的十六大巩固了劳动、资本、技术和管理等要素按照贡献大小参与分配的原则；党的十七大又将十六大所巩固的原则进一步健全和深化。党和国家从制度和法律的层面上为劳资关系的正当性做出了根本保障，这是保证劳资关系和谐的一项重要基础。①

（二）薪酬制度

劳资矛盾的难题将社会的目光都吸引到如何去构建和谐的劳资关系上来了，各类企业作为雇主和资方，在如何对待雇员、给予雇员公平的薪酬方面受到了社会各界的广泛关注，而雇主给雇员的劳动报酬最主要就是体现在企业的薪酬制度上。

1. 薪酬制度的作用

随着科学和经济的不断发展，人事管理的理论也在与时俱进，新型的人力资源管理理念已经发展为将支付给工人的工资视作劳动者基于个人自由意志而向企业出售劳力和智力所应当获取的对价，并将其看作一种吸纳人才、调动人员积极性的重要手段，而不是简单地把薪酬看作劳动用工所应当支付的报酬。合理的薪酬制度对企业的健康发展有着多方面的重要意义：

（1）科学合理的薪酬制度能够帮助企业吸纳员工、激励员工、留住员工、减少劳资纠纷，员工从合理的薪酬制度中能够获得自我价值的实现感和被尊重的喜悦感，从而增加对公司的归属感。

（2）科学合理的薪酬制度是企业实施成本控制的重要手段，这一点对于企业来讲极其关键，因为它直接与企业的经营目标挂钩。企业为了留住员工，可以采取的报酬手段有很多种，并不仅仅局限于最传统的给付金钱报酬这一种。如果员工只能获得足够的金钱报酬，而声誉、职业技能培训、职位升迁、公司入股等方面的需求无法得到满足，他们一样会离职。相反，如果企业能够平衡好各种报酬方法，以其他层面上的给予代替一些不必要的现金支出，反而能收到最佳的效果——企业减少了现金支出，提高了资金利用率和企业利润率；员工获得了各方面需求的满足，更好更高效地为企业继续创造价值。

（3）科学合理的薪酬制度本身就是企业制度建设的重要环节，关乎企业的声誉和形象。薪酬制度科学合理的企业，它们声名在外，能够吸引并留住大量的人才。

---

① 李春奉，万永霞. 从辩证法谈谈如何构建和谐劳资关系［J］. 金卡工程：经济与法，2010（4）.

2. 合理的薪酬制度及其制定方法

那么怎样的薪酬制度才可谓合理呢?

企业员工和企业所有者作为两类不同的利益相关方,不管是投入人力还是投入财力,都希望通过自己的投入尽可能多的获取利润分配。假设用 A 来代表员工获得的利润分配额,B 代表企业所有者获得的利润分配额,C 代表公司的经营利润总额,则 $A + B = C$,C 是相对固定的,A 和 B 就存在着一个此消彼长的矛盾关系:如果 A 值大,B 值就小,反之若 B 值大,那 A 值就小。权衡 C 在 A 和 B 之间的分配问题也就成了制定薪酬制度中的关键,能够科学妥善地解决这个分配问题的薪酬制度即为合理的薪酬制度。

在利润分配上,A 与 B 是竞争关系,但在利润生成上,A 和 B 却是合作关系。企业的员工与所有者在为企业创造利润价值的过程中,相互依赖、相互合作、优势互补。同时,创造利润和分配利润组成了一个利润循环周期,在一次利润分配完成后紧接着是下一周期的利润创造,A 和 B 经历着合作—竞争—合作这样循环的关系变化,因此在利润分配过程中员工与所有者关系的核心是:竞争是合作下的竞争。利润分配只要能实现以下两个目的,即可称为合理:要体现利润分配过程中的公平合理性,利润的分配要以能够促进下一轮利润创造过程的效率的提高为前提。企业只要把握住这两个前提,再结合当前的经济环境特点和企业自身的实际情况,就能够制定出合理的薪酬制度。

虽然每个企业都有各自不同的特点,对于各自薪酬制度的制定也有自己特殊的考量,但是制定薪酬制度都会无一例外地要经历如下几个步骤:

(1)依据企业自身的特点和要求,确定其薪酬制度制定的原则与策略。

(2)结合企业的经营目标进行职位分析,以此明确各部门的职能和职位之间的关系。

(3)通过严谨的职位评价来解决薪酬的内部公平问题。

(4)通过广泛有效的市场薪酬调查来解决薪酬的外部公平问题。

(5)通过薪酬结构的设计为不同的职位确定相应的薪酬标准。

(6)薪酬制度的实施与修订。

3. 我国现阶段薪酬制度的种类及其优缺点

科学有效的激励机制能够激发员工更大的潜能，促使他们为企业创造尽可能多的价值。激励有很多种方法，薪酬制度是这些方法中最重要、最无可替代、也是最易使用的一种。它是企业对员工对企业所付出的时间、学识、经验、技能、创新等所给予的最直接的回报和答谢；它的主要任务是将有限的薪酬资源尽可能公平、合理、有效地进行配置，以激发员工的工作热情；它的核心是科学、量化地根据员工对企业的贡献来确定员工的薪酬差别，制定公平、公开、公正的薪酬制度。[①] 对员工来说，企业给予自己的薪酬不仅仅是自己的劳动回报，它更在某种程度上代表着企业对自身工作的认同，代表着自身价值、代表着自身的发展前景，[②] 因此薪酬对于员工个人而言意义非常重大。企业的管理层为了缓解劳资矛盾，引导员工以积极健康的心态为企业的发展多做贡献，势必要在薪酬制度的制定上多花工夫。迄今为止，在各类企业中应用率最高的薪酬制度主要有岗位工资制、绩效工资制、混合工资制、年薪制四类，它们各自的含义、特点以及优缺点如表 2-1 所示：

表 2-1   四种薪酬制度的含义、特点以及优缺点对比表

薪酬制度名称	含义	特点	优点	缺点
岗位工资制	岗位工资制是以员工在企业中担任的职位和岗位为基础来确定工资等级和工资标准，进行工资支付的工资制度。	①对岗不对人，工资水平的差异来源于员工岗位的不同；②其下存在多种细分制度，但在每种细分制度下岗位工资的比重都应占到整个工资收入的70%；③岗位划分严格，按岗位确定工资，调度弹性小。	①能够较为准确地反映员工工作的质量和数量，操作简便；②有利于贯彻同工同酬的原则，能够在一定程度上调动员工的劳动积极性；③有利于按照职位进行工资管理，将责、权、利有机结合起来。	①无法反映出同岗上因技术、能力、责任心等不同而引起的贡献差异；②容易激起由于职位缺乏而得不到晋升的员工的不满情绪。

---

① 侯玉娟. 国企薪酬制度浅议 [J]. 今日科苑，2007（18）.
② 彭雨. 国企薪酬制度设计浅议 [J]. 科技信息，2009（4）.

表2－1(续)

薪酬制度名称	含义	特点	优点	缺点
绩效工资制	绩效工资制是以员工的工作业绩为基础支付工资，支付的主要依据是工作业绩和劳动效率，员工工资与绩效直接挂钩，随绩效而浮动。	①将雇员的薪酬收入与个人业绩挂钩；②包括基本工资、奖金和福利等几项主要内容，彼此之间不是独立的，而是有机地结合在一起的。	①用激励机制将企业目标和个人业绩联系在一起，有利于将雇员的工资与可量化的业绩挂钩；②有利于工资向业绩优秀者倾斜，提高企业效率，节约不必要的工资成本；③有利于突出团队精神和企业形象，增加激励力度和对雇员的凝聚力。	①容易造成对绩优者激励有方，对绩劣者约束欠缺的现象；②容易造成雇员为获取高薪而瞒报业绩，对业绩的准确考核和监督造成障碍；③绩效评价缺乏科学依据和规范操作，且主观随意性大。
混合工资制	混合工资制也称结构工资制，是指由几种职能不同的工资结构组成的工资制度。	对不同的工作人员进行科学分类，加大了工资中活的部分，各个工资单元分别对应体现劳动结构的不同形态和要素。	较为全面地反映了按岗位、按技术、按劳分配的原则，对调动员工的积极性、促进企业生产经营的发展和经济效益的提高，起到了积极的推动作用。	难以确定工资结构以及各部分的相对权重。

表2-1(续)

薪酬制度名称	含义	特点	优点	缺点
年薪制	年薪制是以年度为单位,依据企业的生产经营规模和经营业绩,确定并支付经营管理者年薪的分配方式。经营管理者年薪由基本年薪和风险年薪两部分组成。	①年薪制的主要对象是企业的经营管理人员;②确定年薪的依据通常有三种:依照利润指标、依照股票市场、依照所有者的评估。	①能够有效促使管理人员从公司战略高度出发,为企业长远发展制定政策,在一定程度上避免出现短视行为和急功近利的心理;②对高层管理者来说,年薪制代表了身份和地位,能够促进人才的建设,同时提高年薪者的积极性;③可以起到限制灰色收入和冰山薪酬的作用。	①高级管理人员年薪的上下限没有客观标准;②年薪制的普遍推行需要企业内部和外部条件的全方面配合,对于不具备推行条件而强行推行年薪制的企业来说弊大于利。

以上四种薪酬制度是企业实际应用中最为常见的,然而同样的薪酬制度在不同的企业中实施,激励效果会存在很大差异。每个企业都有自身的个性特征,不能千篇一律地套用某一种或几种薪酬制度,企业只有根据自身的实际情况量身设计最适合自己的薪酬制度,才能达到最优的激励效果。

(三) 股东特质差异在薪酬制度上的体现

股东的特质决定了企业各方面的性质和行为,这一点也突出体现在薪酬制度的制定方面——股东的特质不同,企业的薪酬制度就会有很大差异。

我国的企业从所有权的归属上主要分为国有企业和非国有企业两大类,其中国有企业一直以来都是国民经济的重要支柱,按照政府的管理权限划分可以分为由中央政府监督管理的央企和由地方政府监督管理的地企。而除了国有独资、国有控股企业以外,其他类型的企业都属于非国有企业,主要是人们通常所说的民企。

1. 央企

广义上的央企包括三类:

(1) 由国资委监督管理的企业,包括提供公共产品的军工、电力、电信等行业，提供自然垄断产品的石油、天然气、矿产等行业，提供竞争性产品的一般行业。

（2）由中国银行业监督管理委员会（以下简称银监会）、中华人民共和国保险监督管理委员会（以下简称保监会）、证监会管理的金融行业的企业。

（3）由国务院其他部门或群众团体管理的属于运输、广播、电视、出版、烟草、黄金等行业的企业。

央企的特点是：

（1）央企由国务院国资委直接监督管理，在关系国计民生的行业中占有垄断地位，得到国家政策的大力支持，具有其他企业无可比拟的优势。

（2）央企对社会所做的贡献与其享有的资源和政策优势相比，并不相称，而且央企创造利润的 80% 以上来自于中国石油天然气集团公司（中石油）、中国石油化工集团公司（中石化）、中国海洋石油总公司（中海油）、中国移动通信公司（中移动）、中国联合网络通信集团有限公司（中联通）、中国电信集团公司（中电信）等不到 10 家垄断性企业，除此之外的央企整体盈利能力和竞争力并不强。

（3）中央政府作为央企的大股东虽然仍有侵占中小股东利益的可能性，但由于其担负着特殊的责任和使命，中央政府会自我约束这种侵害行为，且约束力度较大。

大股东风险偏好：国有股东资本雄厚、投资较为分散、抵御风险的能力较强，对风险的态度是中性的。[①] 特别是央企，实力更加雄厚，抵御风险的能力更强，从这些方面来看央企对风险的态度应该是喜好的，属于风险喜好者；然而实际运营中，由于央企肩负的重大使命和特殊责任，因此要顾全平衡多方利益因素，这又限制了央企对风险的偏好取向，使之对风险的态度维持在一个中性的水平上。

央企的薪酬在国资委的引导安排下，其特点是：

（1）薪酬中固定部分所占比例较高。国有企业素来以稳定著称，央企更是

---

① 张喜海. 所有者财务行为的比较分析与政策建议 [J]. 技术与市场，2006（4）.

典型，薪酬中固定部分的比例高会让员工有安全感，这也是薪酬激励发挥作用的基础。

（2）工资整体水平高，增幅较大。央企中有一半以上都处于垄断行业，特别是电力、电信、石油等垄断行业的职工整体工资水平很高，是全国平均工资水平的3倍以上，而且工资的增长速度和增长幅度也都是其他类型企业所无法比拟的。

（3）薪酬中对员工绩效部分的考核比较模糊，且所占比重较小，同时非常看重出勤率，并将之视为发放薪酬最主要的衡量标准之一。

2. 地企

地企一般包括：

（1）以地方骨干企业为主组建的行业企业集团公司。组建基础是当地有一大批同行业的中小型企业，又有一两家经营管理较好的龙头企业，地方政府出于整体发展的考虑运用行政手段，以优质企业带动中小企业的发展，形成规模优势、壮大地方经济实力。

（2）以地方骨干企业为中心，以产业关系为原则，组建混合企业集团。组建形式是以地方骨干企业为中心，把与之有生产联系的关联企业拉入地方企业集团，形成跨行业的混合企业集团，以发挥协同优势。

（3）以地方骨干企业为中心，组建复合多元化的地方企业集团。此种组建形式打破了行业之间的区划，通常面临较大的经营风险，而且集团内部的整合难度较大，耗时也较长。

地企的特点是：

（1）地企由当地的各行政部门和地方国资委监督管理，在其组建过程中地方政府主要考虑的是地方的整体利益和政府的意愿，企业自身的利益与意愿并不被重视。相对于央企而言，地方政府在运营过程中对地企的干涉更多，因此地企较难按照市场化机制运行，股权分离给地企带来的好处也更为明显。

（2）由于各级政府对于利益的考量不同，作为地企的控股股东，地方政府比中央政府更倾向于侵占公司利益。地方政府一方面大力推进地企上市，同时配以各方面的支持和优惠政策，另一方面又无可避免地要侵占公司利益，而且由于地方政府所面临的支出压力更大、收入来源更少，因此侵占的程度可能更重。①

（3）地方保护主义色彩在地企参与竞争的领域体现得尤为明显。虽然相比较而言，央企所依靠的中央政府和国务院国资委更具有权力，但在参与地方竞争时也是"强龙难压地头蛇"，地方政府会支起一把地方保护主义的大伞，来保证地企在竞争中的优胜。

大股东风险偏好：同属于国有控股的企业，但相对于央企而言，地企无论是资本雄厚程度还是投资分散程度都要弱一些，因此对风险的态度相对保守。

地企的薪酬特点：

（1）"论资排辈"的现象尤为严重。"论资排辈"是大多数国有企业的通病，但是在地企中这种现象尤为严重。央企虽然在很多关系国计民生的重要行业中占据垄断地位，但是仍需肩负参与和抵御国际竞争的重任，因此企业的核心竞争力至关重要，制定薪酬制度时必然要考虑尽可能充分发挥其激励效果来留住人才。地企则不然，没有竞争的压力，官僚主义较为严重，薪酬分配多以资历为首要参照，个人贡献的影响作用反而比较小。

（2）重保障功能，轻激励功能。② 由于地企特有的企业性质，在制定薪酬制度时并不会很在意对员工的工作热情和积极性的调动，而能够起到调动员工工作热情和积极性作用的就是薪酬制度的激励功能。大部分地企在设计薪酬方案时激励部分所占的比例很低，这样的薪酬制度也使得地企的薪酬给付在市场经济条件下丧失竞争力，无法吸引和留住高水平、高能力的员工。

（3）薪酬差距较小、层次区分不明显。国有企业普遍有"平均主义"的弊病，地企在这方面承袭得尤为明显：员工的薪酬数额较为平均，薪高者与薪低者的薪酬差距不大，薪酬层级扁平，且层级之间的差别也较小。这样的薪酬制度虽然照顾了绩效落后者的感受，却给优秀员工带来了负面激励效应。

（4）激励手段较为单一，绝大部分的激励都以物质形式来实现，对员工的

---

① 彭冰. 中央和地方关系中的上市公司治理 [J]. 北京大学学报：哲学社会科学版, 2008 (11).
② 彭雨. 国企薪酬制度设计浅议 [J]. 科技信息, 2009 (4).

心理需求则关注较少。

3. 民企

民企是与国有企业相对的一类企业的总称，它是指在中国境内除国有企业、国有资产控股企业和外商投资企业以外的所有企业，包括：个人独资企业、合伙制企业、有限责任公司和股份有限公司。

民企的特点是：

（1）民企的股东多为自然人或私人企业，公司的资产归少数大股东所有，而且家族企业经营模式较为普遍。

（2）民企在发展过程中一般没有国有企业享有的优惠政策和资金支持，资金成为制约其发展的主要瓶颈，因此上市融资的需求较为强烈。[①]

（3）民企与有政府支持的国有企业相竞争在起点上就处于劣势，因此想要在竞争中不被淘汰甚至胜出，对自身的要求就格外严格，这种要求体现在预算、支出、收益、效率等方方面面。

民企大股东风险偏好：民企的大股东资本相对较少、投资又很集中、抵御风险的能力较弱，因此对风险持厌恶的态度，属于风险厌恶者。

民企的薪酬特点：

（1）薪酬分配直接与绩效挂钩。民企的薪酬分配形式主要有三种：一是底薪＋提成制（或效益奖）；二是底薪＋提成＋年底分红制（或赠股份）；三是无底薪，完全采取业绩提成制。形式虽然不同，但核心却一样，就是以绩效为根本出发点。民企的薪酬机制非常灵活，一切用绩效说话，讲究效率，优质才能优价。

（2）自主性强。由于不存在上级主管部门，民企受到的牵绊和制约相对较少，因此在决定雇员薪酬时可以不考虑他们的身份、资历等因素，依据自身条件和市场行情自主决定发放的薪酬数目。

（3）随意性较大。这也是民企薪酬制度中比较明显的一个缺陷，特别是在

---

① 王鹏，秦宛顺. 控股股东类型与公司绩效——基于中国上市公司的证据［J］. 统计研究，2006（7）.

一些中小型的民企，缺乏规范性的管理制度，也在薪酬发放方面表现出了较大的随意性，老板或经营者"一言堂"的现象较普遍。

（4）保障性较差。民企在管理和薪酬分配等方面的随意性较大，因此必然会影响到雇员获取薪酬的保障性，当前在民企中无故拖欠、克扣工资奖金的现象较为常见。

第四节　不同股东特质下的上市公司劳资财务关系的实证研究

一、研究背景

根据前文对三类企业所具有特征的分析情况可知，以政府作为控股股东的国有上市公司与以其他非政府控股的上市公司有不同的追求目标。政府股东首先是一个政治组织，其次才考量作为上市公司股东的商业性质。非政府股东则是一个纯粹的商业化组织，商业组织的唯一目标就是追求利润的最大化。兼具政治性质和商业性质的政府股东却需要保持并平衡其多元化的目标，包括扩大就业、收入平等、环境保护、维护社会稳定等，而利润最大化也就只能是政府众多的考虑因素之一。[①] 根据曾庆生、陈信元（2006）对1999—2002年健康运营的上市公司雇员人数的研究发现，国家控股的上市公司比非国家控股的上市公司雇佣了更多员工，超额雇员和高工资率共同导致了国家控股公司比非国家控股公司承担了更高的人力支出成本。[②] 加之在前文中提及的虽然同为国有企业，地企与央企相比，在经营目标、扶持力度、资金来源等方面均有相当程度的差别，与民企的差别就更大了，因此地企在劳资财务关系方面差异性显著。下面以企业人力性支出与绩效作为反映劳资财务关系的指标展开分析，提出如下假设：

假设相比央企和民企而言，地企呈现出三者之中劳动生产率最低下，绩效

---

① 彭冰. 中央和地方关系中的上市公司治理 [J]. 北京大学学报：哲学社会科学版，2008 (11).
② 曾庆生，陈信元. 国家控股、超额雇员与劳动力成本 [J]. 经济研究，2006 (5).

产出率最差，人力性支出与企业绩效关系最为不合理的特点。

为了验证上述假设，在构建人力性支出与公司绩效的合理关系这个视角上给国有企业改革，特别是地企改制提供一个有力的证据和深入思索的平台，现进行如下的实证研究检验。

二、实证研究

1. 指标选取

透析人力性支出与企业绩效的关系，涉及两个变量——薪酬支出和绩效，以量化方式考核需要将这两个变量转以量化的数据表示，那么在上市公司年报的众多报表和数据中选取哪些数据最为合理，得出的结论最有说服力呢？在代表薪酬支出的数据选取上，笔者认为现金流量表中"支付给职工及为职工支付的现金"一项最为可取，因为现金是企业经营存活的命门，而企业在一个会计期间内支付给职工及为职工支付的现金最能反映该时期企业在薪酬方面的直接支出。对于另一个变量绩效，可供选取的考量指标更多，考虑到虽然净利润最能反映企业的经营效果，但是净利润中通常包含了一些非经常性的、与企业主要生产经营项目无关的损益，且影响程度较大，因此笔者选取了年报中"属于上市公司股东的扣除非经常性损益后的净利润"一值来代表企业绩效，这也是在笔者看来偏颇最小、满意度最高的选择。此外，为了落实个人劳动生产率以及劳资关系的具体情况，笔者从上市公司年报中找到了全公司在岗总人数与需公司承担的离退休人员总数二者之和作为总薪酬的支付整体。这样就产生了两个考查指标——上市公司为单个职工支付薪酬的平均值（简称人均薪酬）和上市公司单个职工产生的扣除非经常性损益后的净利润的平均值（简称人均净利润），作为评定上市公司人力支出与企业绩效关系的关键性指标（Key Indictor）。此外，由人均薪酬和人均净利润又引申出了一个新的指标——人工成本投入产出率，即投入的人工成本与获取的净利润之间的比值，用以进一步反映目标样本给付薪酬的生产效率的高低。

2. 样本选取

鉴于地企在中国的资本市场上占据了大半壁江山，被视为国企改革的核心对象，身处央企和民企之间的尴尬境地，自身发展又是问题重重，因此选取地企作为实证研究的主要对象，辅以央企和民企作为地企的对比对象，三者共同构成了样本总体，来研究地企、央企和民企在人力性支出与绩效关系方面的不同表现。为了消除行业因素对公司绩效的影响，又鉴于制造业这一行业在国内市场上竞争程度最高，且最能代表上市公司的整体业绩，因此本书选取制造业作为样本的来源行业。考虑到信息的相关性和时效性原则，也为了增强数据的说服力，本研究选取2007—2009年的相关数据加以实证研究分析。在沪、深两个股票交易市场中，笔者又进一步从沪市A股上市公司中遴选样本企业。在剔除了一些 * ST、ST公司和数据极端或信息含糊不清的企业后，笔者总共选取了地企169家、央企63家、民企113家作为实证研究的样本总体。特别值得注意的是，所选取的样本中有些企业的年度属于上市公司股东的扣除非经常性损益后的净利润值为负数，这样得到的年度人均净利润值及人工成本投入产出率值亦皆为负数。在分别统计各类型上市公司人均净利润和人工成本投入产出率的平均值时，如不将这些负值剔除在外，将会对最终结果产生非常大的影响，而这些企业的人均薪酬值又是有效且有研究价值的，因此在计算人均薪酬的平均值时含括了所有样本企业的相关数据。而在计算人均净利润的平均值以及人工成本投入产出率的平均值时则将那些相应数据为负值的样本信息予以剔除，求取算术平均数值时也相应地将分母中的样本数目予以同等减少，这样算得的数据信息最具相关性和有效性。

本章实证研究中所涉及的所有相关指标或变量的含义如表2-2所示：

表2-2　　　　　　　　相关指标、变量的含义

指标或变量	含义或计算方法
人均薪酬	支付给职工及为职工支付的现金/（全公司在岗总人数 + 需公司承担的离退休人员总数）
人均净利润	属于上市公司股东的扣除非经常性损益后的净利润/（全公司在岗总人数 + 需公司承担的离退休人员总数）
人工成本投入产出率	人均净利润/人均薪酬
人均薪酬的平均值	同类企业同一年度人均薪酬总数的算术平均数

表2－2（续）

指标或变量	含义或计算方法
人均净利润的平均值	剔除所有负值的同类企业同一年度人均净利润总数/相应的人均净利润值为正数的企业数目
人工成本投入产出率的平均值	剔除所有负值的同类企业同一年度人工成本投入产出率值总数/相应的人工成本投入产出率值为正数的企业数目

表2－3、2－4、2－5 分别为统计出的样本中沪市 A 股制造业 169 家地企、63 家央企和 113 家民企在 2007—2009 年三年间的人均薪酬、人均净利润和人工成本投入产出率数值：

表 2－3　　　　沪市 A 股制造业地企 2007—2009 年人均薪酬、

人均净利润及人工成本投入产出率值统计表

股票代码	年度	人均薪酬（元）	人均净利润（元）	人工成本投入产出率	股票代码	年度	人均薪酬（元）	人均净利润（元）	人工成本投入产出率
600010	2009	71 527.73	(54 276.18)	(0.76)	600468	2009	50 432.88	8 771.04	0.17
	2008	69 369.17	31 586.92	0.46		2008	44 505.56	9 218.47	0.21
	2007	37 834.08	53 559.14	1.42		2007	50 619.23	16 381.18	0.32
600022	2009	71 507.65	2 356.23	0.03	600470	2009	55 155.81	38 398.68	0.70
	2008	72 403.20	21 352.06	0.29		2008	62 191.80	44 930.40	0.72
	2007	88 470.49	91 101.45	1.03		2007	38 718.38	76 715.01	1.98
600059	2009	36 871.33	26 342.44	0.71	600475	2009	96 339.01	60 086.99	0.62
	2008	38 671.34	40 827.15	1.06		2008	98 685.90	66 089.72	0.67
	2007	36 805.68	29 711.30	0.81		2007	96 428.21	72 175.45	0.75
600060	2009	54 780.94	30 400.97	0.55	600479	2009	81 920.25	76 358.11	0.93
	2008	54 051.09	16 262.35	0.30		2008	67 202.76	58 244.22	0.87
	2007	51 864.98	11 087.25	0.21		2007	68 778.77	53 160.94	0.77
600063	2009	44 240.15	16 338.61	0.37	600483	2009	23 857.11	2 854.34	0.12
	2008	45 817.37	25 277.33	0.55		2008	25 089.51	(1 116.05)	(0.04)
	2007	38 098.17	30 566.43	0.80		2007	26 463.34	(5 543.15)	(0.21)
600069	2009	25 910.29	6 377.96	0.25	600486	2009	58 024.31	129 497.15	2.23
	2008	21 069.80	10 925.11	0.52		2008	52 229.38	166 992.36	3.20
	2007	22 520.63	33 337.33	1.48		2007	56 455.67	93 846.15	1.66
600070	2009	31 493.46	9 098.60	0.29	600488	2009	69 559.77	43 978.85	0.63

表 2 - 3（续）

股票代码	年度	人均薪酬（元）	人均净利润（元）	人工成本投入产出率	股票代码	年度	人均薪酬（元）	人均净利润（元）	人工成本投入产出率
	2008	33 274.74	3 203.80	0.10		2008	52 265.55	27 391.26	0.52
	2007	33 428.93	5 240.67	0.16		2007	45 611.04	14 317.76	0.31
600071	2009	25 618.06	6 147.86	0.24	600507	2009	56 485.61	8 243.34	0.15
	2008	32 752.82	4 470.52	0.14		2008	41 001.07	898.20	0.02
	2007	25 132.05	5 229.18	0.21		2007	39 482.73	18 442.86	0.47
600073	2009	34 928.78	(35 532.34)	(1.02)	600513	2009	39 595.87	39 848.01	1.01
	2008	35 088.39	(18 674.40)	(0.53)		2008	33 996.43	21 327.48	0.63
	2007	37 769.45	(6 270.10)	(0.17)		2007	35 110.63	6 378.33	0.18
600085	2009	122 060.86	72 472.00	0.59	600520	2009	37 572.00	(48 747.21)	(1.30)
	2008	113 642.09	68 523.55	0.60		2008	37 128.73	2 658.17	0.07
	2007	106 091.91	61 575.84	0.58		2007	31 676.37	(18 651.95)	(0.59)
600096	2009	54 129.67	6 221.72	0.11	600526	2009	45 873.57	3 195.89	0.07
	2008	52 724.15	76 256.39	1.45		2008	66 176.11	4 318.05	0.07
	2007	132 237.34	259 468.28	1.96		2007	71 574.55	(1 318.10)	(0.02)
600102	2009	51 562.72	6 734.37	0.13	600529	2009	27 070.66	31 981.43	1.18
	2008	51 157.24	14 105.58	0.28		2008	26 218.03	24 552.44	0.94
	2007	49 808.07	60 013.77	1.20		2007	20 502.18	19 451.02	0.95
600103	2009	45 382.38	(66 094.22)	(1.46)	600531	2009	34 601.08	39 612.57	1.14
	2008	37 187.63	249.60	0.01		2008	44 649.06	13 072.17	0.29
	2007	34 493.81	13 467.84	0.39		2007	28 898.99	77 050.12	2.67
600104	2009	779 002.03	1 334 935.62	1.71	600532	2009	16 112.67	(20 398.84)	(1.27)
	2008	634 708.58	(87 273.93)	(0.14)		2008	14 017.69	(36 366.28)	(2.59)
	2007	321 015.51	407 936.54	1.27		2007	21 380.22	4 773.26	0.22
600111	2009	97 854.81	3 386.17	0.03	600539	2009	14 553.33	188.90	0.01
	2008	71 733.88	42 582.22	0.59		2008	16 449.41	521.46	0.03
	2007	46 858.25	105 923.07	2.26		2007	12 118.40	703.03	0.06
600113	2009	70 056.39	193 812.79	2.77	600549	2009	47 393.98	26 673.00	0.56
	2008	73 055.35	288 815.02	3.95		2008	38 477.83	24 773.80	0.64
	2007	62 755.53	71 117.96	1.13		2007	33 572.28	23 410.04	0.70
600117	2009	53 599.44	1 265.31	0.02	600553	2009	29 775.85	24 881.03	0.84
	2008	44 523.55	1 757.91	0.04		2008	24 820.87	4 991.87	0.20
	2007	46 899.03	37 023.77	0.79		2007	23 903.61	16 330.57	0.68
600126	2009	95 567.46	18 001.05	0.19	600558	2009	66 950.48	43 292.61	0.65

表 2 - 3（续）

股票代码	年度	人均薪酬（元）	人均净利润（元）	人工成本投入产出率	股票代码	年度	人均薪酬（元）	人均净利润（元）	人工成本投入产出率
	2008	85 605. 83	4 850. 31	0. 06		2008	65 744. 37	40 791. 70	0. 62
	2007	78 416. 57	56 376. 16	0. 72		2007	56 822. 45	15 457. 18	0. 27
600129	2009	34 235. 19	1 137. 44	0. 03	600559	2009	33 489. 52	11 026. 48	0. 33
	2008	62 936. 29	552. 61	0. 01		2008	28 514. 22	12 041. 63	0. 42
	2007	43 443. 19	4 398. 50	0. 10		2007	20 021. 92	5 808. 49	0. 29
600132	2009	65 890. 76	45 147. 45	0. 69	600567	2009	101 824. 64	19 856. 14	0. 20
	2008	64 869. 01	42 812. 20	0. 66		2008	78 035. 60	1 081. 50	0. 01
	2007	64 937. 76	45 916. 57	0. 71		2007	48 870. 18	34 176. 91	0. 70
600141	2009	29 346. 10	32 049. 35	1. 09	600569	2009	37 358. 31	3 454. 54	0. 09
	2008	31 228. 48	87 537. 85	2. 80		2008	40 163. 31	2 987. 11	0. 07
	2007	24 123. 55	16 051. 29	0. 67		2007	45 083. 42	37 715. 28	0. 84
600156	2009	18 053. 17	(4 575. 21)	(0. 25)	600573	2009	54 194. 08	42 256. 04	0. 78
	2008	18 394. 50	(4 506. 13)	(0. 25)		2008	47 095. 88	31 308. 67	0. 66
	2007	18 542. 51	(2 273. 24)	(0. 12)		2007	42 673. 45	22 501. 04	0. 53
600159	2009	81 033. 08	1 308 249. 22	16. 14	600585	2009	37 240. 92	115 905. 95	3. 11
	2008	75 590. 80	8 625. 46	0. 11		2008	37 948. 41	101 273. 54	2. 67
	2007	73 195. 40	150 947. 25	2. 06		2007	30 955. 27	110 105. 20	3. 56
600160	2009	50 633. 66	12 327. 34	0. 24	600587	2009	55 239. 73	29 120. 89	0. 53
	2008	60 003. 93	5 847. 75	0. 10		2008	46 957. 94	18 459. 94	0. 39
	2007	53 155. 29	17 831. 56	0. 34		2007	39 687. 96	10 881. 97	0. 27
600163	2009	25 017. 19	(117 174. 40)	(4. 68)	600592	2009	62 035. 47	41 842. 52	0. 67
	2008	25 783. 20	(31 564. 62)	(1. 22)		2008	85 173. 61	94 745. 44	1. 11
	2007	25 140. 03	(16 090. 67)	(0. 64)		2007	74 526. 65	68 878. 26	0. 92
600165	2009	32 888. 16	379. 98	0. 01	600597	2009	165 410. 79	34 926. 21	0. 21
	2008	29 326. 42	(510. 93)	(0. 02)		2008	173 200. 23	(154 932. 53)	(0. 89)
	2007	23 129. 83	(5 834. 46)	(0. 25)		2007	198 055. 38	(63 761. 25)	(0. 32)
600166	2009	45 625. 54	34 073. 19	0. 75	600600	2009	51 716. 61	33 029. 3	0. 64
	2008	41 490. 54	4 868. 11	0. 12		2008	43 006. 60	16 707. 48	0. 39
	2007	31 044. 58	14 698. 15	0. 47		2007	34 841. 83	13 175. 97	0. 38
600169	2009	94 029. 04	70 872. 17	0. 75	600612	2009	118 126. 81	63 328. 66	0. 54
	2008	75 711. 76	59 128. 93	0. 78		2008	93 176. 07	37 585. 54	0. 40
	2007	86 655. 53	50 603. 82	0. 58		2007	78 600. 59	46 600. 76	0. 59
600186	2009	22 343. 45	1 386. 21	0. 06	600618	2009	53 174. 41	(54 234. 93)	(1. 02)

表2-3（续）

股票代码	年度	人均薪酬（元）	人均净利润（元）	人工成本投入产出率	股票代码	年度	人均薪酬（元）	人均净利润（元）	人工成本投入产出率
	2008	17 088.19	971.42	0.06		2008	38 305.37	(22 940.56)	(0.60)
	2007	17 302.83	707.29	0.04		2007	37 136.07	(7 546.80)	(0.20)
600191	2009	20 638.52	(37 724.91)	(1.83)	600623	2009	62 722.66	20 562.56	0.33
	2008	15 397.63	(71 999.56)	(4.68)		2008	63 231.15	(49 305.64)	(0.78)
	2007	24 680.19	28 943.35	1.17		2007	65 422.28	19 270.41	0.29
600192	2009	28 008.83	3 000.91	0.11	600626	2009	82 100.17	12 450.38	0.15
	2008	24 845.62	(4 126.59)	(0.17)		2008	62 090.74	27 643.78	0.45
	2007	15 676.59	6 185.78	0.39		2007	59 973.47	14 481.51	0.24
600197	2009	56 926.52	65 374.84	1.15	600629	2009	111 609.09	(59 811.20)	(0.54)
	2008	55 529.58	59 921.72	1.08		2008	74 209.80	130 477.39	1.76
	2007	50 245.29	60 444.78	1.20		2007	48 012.98	67 446.27	1.40
600199	2009	28 884.89	30 408.97	1.05	600630	2009	76 010.04	(33 741.78)	(0.44)
	2008	20 748.63	9 208.84	0.44		2008	77 952.70	(19 949.82)	(0.26)
	2007	11 004.23	6 329.91	0.58		2007	108 180.22	(49 756.81)	(0.46)
600202	2009	58 717.07	146 175.52	2.49	600636	2009	167 720.35	(3 025.47)	(0.02)
	2008	52 310.78	284 440.65	5.44		2008	173 870.18	(135 006.92)	(0.78)
	2007	40 740.71	239 949.92	5.89		2007	156 799.01	23 582.12	0.15
600203	2009	28 645.96	(161 570.78)	(5.64)	600651	2009	41 152 05	16 222.55	0.39
	2008	40 454.62	(83 995.01)	(2.08)		2008	36 231.26	10 839.24	0.30
	2007	30 750.60	(92 476.40)	(3.01)		2007	35 240.28	(1 382.60)	(0.04)
600213	2009	39 638.41	(70 201.24)	(1.77)	600664	2009	45 002.49	41 157.52	0.91
	2008	36 860.50	(1 809.31)	(0.05)		2008	51 851.90	36 523.36	0.70
	2007	32 482.49	3 717.73	0.11		2007	42 693.06	24 216.88	0.57
600218	2009	35 335.52	14 806.18	0.42	600666	2009	35 295.53	14 738.21	0.42
	2008	31 260.40	2 160.70	0.07		2008	33 895.17	13 674.61	0.40
	2007	20 006.73	(2 135.55)	(0.11)		2007	24 383.70	9 497.30	0.39
600219	2009	18 139.04	69 092.81	3.81	600667	2009	52 803.39	12 698.00	0.24
	2008	17 129.77	64 371.74	3.76		2008	35 937.04	21 437.44	0.60
	2007	15 722.34	131 125.25	8.34		2007	244 059.69	(734.55)	(0.01)
600222	2009	23 653.88	20 216.36	0.85	600668	2009	33 565.91	8 801.79	0.26
	2008	25 402.98	17 214.91	0.68		2008	32 588.77	(1 490.22)	(0.05)
	2007	15 954.56	11 945.49	0.75		2007	58 081.38	(22 495.83)	(0.39)
600226	2009	44 199.25	52 864.69	1.20	600676	2009	85 589.52	20 036.23	0.23

表 2 - 3（续）

股票代码	年度	人均薪酬（元）	人均净利润（元）	人工成本投入产出率	股票代码	年度	人均薪酬（元）	人均净利润（元）	人工成本投入产出率
	2008	43 405.69	61 302.18	1.41		2008	48 998.66	7 826.99	0.16
	2007	28 637.32	28 652.58	1.00		2007	52 502.04	9 914.09	0.19
600227	2009	70 152.66	90 476.52	1.29	600679	2009	27 266.79	(3 473.66)	(0.13)
	2008	76 716.01	99 273.91	1.29		2008	32 867.28	(10 492.97)	(0.32)
	2007	77 500.55	121 523.81	1.57		2007	41 920.00	(17 078.38)	(0.41)
600228	2009	43 253.92	(46 501.92)	(1.08)	600686	2009	65 649.38	14 309.09	0.22
	2008	45 242.77	886.48	0.02		2008	81 204.24	15 039.70	0.19
	2007	41 751.96	6 277.03	0.15		2007	77 526.75	32 470.58	0.42
600229	2009	45 640.02	(71 907.56)	(1.58)	600689	2009	49 822.83	(31 303.35)	(0.63)
	2008	51 620.10	11 455.88	0.22		2008	59 862.42	(18 908.87)	(0.32)
	2007	48 242.41	15 166.18	0.31		2007	374 210.04	(294 207.54)	(0.79)
600231	2009	47 812.58	37 225.07	0.78	600702	2009	26 788.41	16 403.00	0.61
	2008	52 642.00	801.46	0.02		2008	23 307.46	12 267.23	0.53
	2007	62 457.03	81 097.82	1.30		2007	16 871.37	9 946.04	0.59
600235	2009	45 764.11	45 512.55	0.99	600713	2009	44 876.14	2 660.87	0.06
	2008	62 838.28	6 614.87	0.11		2008	41 979.43	3 492.40	0.08
	2007	58 235.80	12 895.95	0.22		2007	289 404.53	12 881.69	0.04
600238	2009	105 394.76	6 385.93	0.06	600720	2009	48 178.45	74 029.39	1.54
	2008	105 974.25	(418 476.83)	(3.95)		2008	37 941.90	35 525.33	0.94
	2007	54 462.89	45 827.40	0.84		2007	20 799.47	4 272.61	0.21
600243	2009	39 113.63	2 037.21	0.05	600725	2009	61 602.99	28 597.15	0.46
	2008	35 729.94	5 366.72	0.15		2008	85 444.93	49 720.89	0.58
	2007	25 037.94	6 680.28	0.27		2007	59 053.24	111 011.25	1.88
600249	2009	79 224.32	(49 578.64)	(0.63)	600731	2009	21 218.79	(3 118.12)	(0.15)
	2008	55 380.96	(29 552.65)	(0.53)		2008	24 577.41	(2 275.30)	(0.09)
	2007	47 663.04	(84 007.24)	(1.76)		2007	25 263.14	(105 270.74)	(4.17)
600266	2009	258 131.47	1 566 551.36	6.07	600741	2009	203 707.79	185 942.26	0.91
	2008	220 898.23	485 761.27	2.20		2008	59 539.75	(4 740.92)	(0.08)
	2007	172 713.97	483 783.09	2.80		2007	51 023.01	1 917.00	0.04
600267	2009	65 101.03	68 615.75	1.05	600746	2009	27 414.99	22 592.69	0.82
	2008	57 831.49	54 604.62	0.94		2008	28 659.45	(16 536.78)	(0.58)
	2007	63 296.76	52 568.72	0.83		2007	27 136.01	15 168.42	0.56
600272	2009	133 336.30	(12 516.95)	(0.09)	600747	2009	134 004.55	7 973.71	0.06

表2-3（续）

股票代码	年度	人均薪酬（元）	人均净利润（元）	人工成本投入产出率	股票代码	年度	人均薪酬（元）	人均净利润（元）	人工成本投入产出率
	2008	127 625.54	75 625.74	0.59		2008	99 584.26	(256 707.76)	(2.58)
	2007	80 813.87	(15 969.98)	(0.20)		2007	91 753.27	(320.64)	(0.01)
600281	2009	29 974.90	(38 538.38)	(1.29)	600750	2009	37 420.68	61 477.36	1.64
	2008	29 497.78	2 498.19	0.08		2008	35 451.90	60 756.35	1.71
	2007	30 679.59	9 749.30	0.32		2007	39 863.03	46 260.97	1.16
600285	2009	34 471.70	13 370.35	0.39	600761	2009	55 876.66	17 468.67	0.31
	2008	31 883.47	5 517.42	0.17		2008	59 274.87	30 114.74	0.51
	2007	22 148.64	10 862.93	0.49		2007	55 990.48	63 998.43	1.14
600293	2009	25 807.20	13 271.91	0.51	600782	2009	35 557.91	5 949.17	0.17
	2008	25 721.58	(23 233.74)	(0.90)		2008	35 997.32	26 369.24	0.73
	2007	19 593.78	2 173.25	0.11		2007	13 039.10	8 486.65	0.65
600298	2009	110 893.01	202 427.10	1.83	600783	2009	27 286.78	(15 266.31)	(0.56)
	2008	97 626.49	115 867.24	1.19		2008	31 287.71	(214.83)	(0.01)
	2007	90 062.93	91 250.21	1.01		2007	36 625.71	749.77	0.02
600302	2009	53 175.43	(26 105.35)	(0.49)	600784	2009	43 343.49	9 546.24	0.22
	2008	55 415.04	247.79	0.01		2008	36 574.90	6 503.62	0.18
	2007	56 094.23	52 661.97	0.94		2007	25 944.81	6 748.94	0.26
600305	2009	55 104.74	16 056.86	0.29	600789	2009	37 050.81	5 293.90	0.14
	2008	59 533.77	(44 521.27)	(0.75)		2008	38 363.79	5 226.84	0.14
	2007	53 087.84	15 360.47	0.29		2007	31 774.50	4 817.66	0.15
600307	2009	114 775.46	7 656.27	0.07	600796	2009	43 436.15	(3 896.02)	(0.09)
	2008	73 774.25	31 473.02	0.43		2008	46 624.59	(61 300.29)	(1.31)
	2007	97 924.76	239 310.77	2.44		2007	42 703.81	(23 791.92)	(0.56)
600312	2009	53 149.31	36 980.93	0.70	600802	2009	26 328.53	(48 812.46)	(1.85)
	2008	47 888.07	57 951.72	1.21		2008	27 797.11	(10 956.37)	(0.39)
	2007	37 982.58	46 981.67	1.24		2007	30 877.92	11 093.90	0.36
600315	2009	167 183.71	164 733.53	0.99	600806	2009	76 373.61	73 397.28	0.96
	2008	136 894.97	130 745.94	0.96		2008	74 207.90	91 748.04	1.23
	2007	130 608.59	86 728.97	0.66		2007	47 594.15	70 817.54	1.49
600319	2009	33 310.80	(58 458.01)	(1.75)	600809	2009	38 320.77	72 738.82	1.90
	2008	28 708.71	(9 773.19)	(0.34)		2008	34 190.26	58 229.15	1.70
	2007	31 537.06	6 463.86	0.20		2007	35 396.69	77 156.53	2.18
600329	2009	63 577.34	31 031.38	0.49	600810	2009	59 881.63	2 173.12	0.04

表 2 - 3（续）

股票代码	年度	人均薪酬（元）	人均净利润（元）	人工成本投入产出率	股票代码	年度	人均薪酬（元）	人均净利润（元）	人工成本投入产出率
	2008	52 050.53	14 752.39	0.28		2008	53 393.13	(24 449.31)	(0.46)
	2007	35 003.71	(19 460.85)	(0.56)		2007	42 650.70	12 614.60	0.30
600332	2009	114 954.77	28 147.40	0.24	600812	2009	32 506.80	(20 769.34)	(0.64)
	2008	76 768.87	10 932.19	0.14		2008	31 084.91	15 779.66	0.51
	2007	102 708.15	36 792.83	0.36		2007	25 955.77	3 741.07	0.14
600336	2009	36 346.79	8 082.33	0.22	600815	2009	59 064.83	24 737.39	0.42
	2008	43 838.54	(23 188.18)	(0.53)		2008	49 926.18	37 277.75	0.75
	2007	30 314.69	(148 271.44)	(4.89)		2007	69 256.77	60 880.86	0.88
600339	2009	70 688.14	(37 527.20)	(0.53)	600829	2009	49 125.35	59 804.56	1.22
	2008	48 904.36	7 095.73	0.15		2008	52 014.27	61 250.57	1.18
	2007	43 340.93	7 076.44	0.16		2007	44 720.77	62 367.83	1.39
600346	2009	40 084.07	1 470.50	0.04	600839	2009	32 346.91	642.03	0.02
	2008	38 526.63	1 609.54	0.04		2008	35 137.31	566.54	0.02
	2007	33 047.30	1 658.53	0.05		2007	33 314.35	409.72	0.01
600351	2009	45 738.96	39 414.00	0.86	600841	2009	111 913.82	17 956.13	0.16
	2008	41 846.26	27 679.81	0.66		2008	102 157.21	(1 642.09)	(0.02)
	2007	32 211.55	18 496.84	0.57		2007	105 873.91	(2 581.23)	(0.02)
600356	2009	35 994.03	53 004.94	1.47	600843	2009	334 107.55	(160 675.63)	(0.48)
	2008	35 386.36	34 125.04	0.96		2008	273 464.68	(22 966.32)	(0.08)
	2007	33 195.65	18 793.94	0.57		2007	270 042.16	(25 715.15)	(0.10)
600362	2009	56 708.26	97 029.72	1.71	600844	2009	10 515.94	(31 997.66)	(3.04)
	2008	56 452.06	124 800.47	2.21		2008	54 579.20	(27 511.77)	(0.50)
	2007	79 013.97	292 236.99	3.70		2007	44 750.46	119 777.09	2.68
600363	2009	30 944.09	4 686.57	0.15	600848	2009	79 720.94	997.31	0.01
	2008	29 946.22	6 764.39	0.23		2008	78 063.34	3 382.57	0.04
	2007	41 785.21	11 932.84	0.29		2007	60 696.76	2 582.06	0.04
600367	2009	25 963.11	(3 225.69)	(0.12)	600862	2009	40 835.70	12 719.02	0.31
	2008	27 752.82	8 609.02	0.31		2008	29 895.54	(14 694.70)	(0.49)
	2007	21 678.48	14 103.03	0.65		2007	42 155.97	4 431.88	0.11
600375	2009	45 696.25	65 220.48	1.43	600866	2009	38 863.37	77 078.93	1.98
	2008	43 130.67	18 710.11	0.43		2008	26 953.66	12 172.93	0.45
	2007	35 236.34	32 919.00	0.93		2007	23 938.38	(52 471.86)	(2.19)
600397	2009	31 420.64	(1 736.15)	(0.06)	600889	2009	25 293.22	322.45	0.01

表2-3（续）

股票代码	年度	人均薪酬（元）	人均净利润（元）	人工成本投入产出率	股票代码	年度	人均薪酬（元）	人均净利润（元）	人工成本投入产出率
	2008	30 332.94	(13 371.66)	(0.44)		2008	32 349.14	(37 540.53)	(1.16)
	2007	33 243.80	166.90	0.01		2007	37 938.86	15 952.32	0.42
600398	2009	29 689.39	11 049.46	0.37	600894	2009	46 969.04	3 920.68	0.08
	2008	30 966.68	16 110.18	0.52		2008	47 911.08	(124 852.37)	(2.61)
	2007	24 112.60	24 185.53	1.00		2007	44 465.41	2 242.98	0.05
600399	2009	43 121.83	3 137.21	0.07	600960	2009	40 248.00	14 249.93	0.35
	2008	41 524.37	4 201.67	0.10		2008	42 760.75	8 677.05	0.20
	2007	34 538.82	2 791.83	0.08		2007	37 352.34	10 960.51	0.29
600416	2009	67 887.95	22 930.95	0.34	600961	2009	37 215.08	8 742.98	0.23
	2008	58 774.42	531.53	0.01		2008	40 505.22	(12 453.97)	(0.31)
	2007	54 443.38	11 037.75	0.20		2007	40 742.45	(2 952.33)	(0.07)
600418	2009	62 114.69	27 019.76	0.43	600963	2009	43 658.78	18 723.88	0.43
	2008	52 549.21	3 800.79	0.07		2008	42 318.15	29 552.35	0.70
	2007	59 530.42	31 650.84	0.53		2007	40 583.41	18 986.21	0.46
600423	2009	49 886.11	4 586.65	0.09	600983	2009	124 782.19	125 793.63	1.01
	2008	42 336.04	35 105.38	0.83		2008	112 680.38	115 198.13	1.02
	2007	44 952.66	53 708.53	1.19		2007	54 356.31	89 038.67	1.64
600425	2009	47 738.27	57 391.71	1.20	600985	2009	123 368.95	69 310.46	0.56
	2008	38 339.69	32 113.73	0.84		2008	78 507.03	40 078.04	0.51
	2007	52 387.18	32 203.38	0.61		2007	68 617.71	12 658.89	0.18
600426	2009	52 031.81	152 952.91	2.94	600987	2009	30 011.75	19 917.88	0.66
	2008	50 472.09	173 176.53	3.43		2008	29 110.91	15 808.98	0.54
	2007	44 725.08	163 646.44	3.66		2007	24 556.62	12 755.12	0.52
600429	2009	24 916.97	(10 612.28)	(0.43)	600991	2009	53 086.04	3 747.53	0.07
	2008	30 987.48	6 574.57	0.21		2008	41 314.86	16 963.62	0.41
	2007	23 978.16	4 929.82	0.21		2007	38 161.28	33 408.87	0.88
600432	2009	44 194.16	19 098.68	0.43	600992	2009	41 931.46	8 571.50	0.20
	2008	48 100.49	51 310.03	1.07		2008	35 714.07	10 231.29	0.29
	2007	42 790.11	168 609.58	3.94		2007	30 103.04	13 850.99	0.46
600436	2009	55 129.21	134 001.30	2.43	601003	2009	89 836.04	28 310.60	0.32
	2008	56 486.05	116 637.17	2.06		2008	80 241.06	8 731.72	0.11
	2007	80 037.82	160 613.77	2.01		2007	93 023.91	102 397.58	1.10
600456	2009	64 068.25	3 694.07	0.06	601005	2009	53 282.56	5 438.72	0.10

表 2 - 3（续）

股票代码	年度	人均薪酬（元）	人均净利润（元）	人工成本投入产出率	股票代码	年度	人均薪酬（元）	人均净利润（元）	人工成本投入产出率
	2008	55 524.60	102 322.91	1.84		2008	74 991.16	52 081.43	0.69
	2007	43 234.21	232 774.11	5.38		2007	58 897.03	40 040.80	0.68
600459	2009	99 340.43	19 907.39	0.20					
	2008	60 921.23	(110 729.45)	(1.82)					
	2007	62 241.80	106 798.85	1.72					

表 2 - 4　　**沪市 A 股制造业央企 2007—2009 年人均薪酬、**

人均净利润及人工成本投入产出率值统计表

股票代码	年度	人均薪酬（元）	人均净利润（元）	人工成本投入产出率	股票代码	年度	人均薪酬（元）	人均净利润（元）	人工成本投入产出率
600005	2009	89 872.27	34 843.40	0.39	600391	2009	55 793.62	21 041.42	0.38
	2008	81 214.42	153 614.84	1.89		2008	46 884.60	29 450.62	0.63
	2007	79 519.69	207 930.11	2.61		2007	44 227.41	27 127.90	0.61
600006	2009	73 167.99	27 070.92	0.37	600420	2009	157 310.55	125 665.84	0.80
	2008	62 724.64	36 286.91	0.58		2008	132 182.57	85 871.31	0.65
	2007	60 382.81	62 596.30	1.04		2007	100 867.03	151 721.23	1.50
600019	2009	178 268.10	129 141.26	0.72	600435	2009	57 528.94	57 471.01	1.00
	2008	161 988.59	158 898.35	0.98		2008	55 415.05	30 588.23	0.55
	2007	163 309.48	313 163.08	1.92		2007	109 508.11	(27 770.44)	(0.25)
600038	2009	49 862.54	23 634.95	0.47	600448	2009	24 434.59	(42 245.02)	(1.73)
	2008	45 539.13	30 624.24	0.67		2008	32 793.25	(2 763.31)	(0.08)
	2007	30 405.32	26 716.96	0.88		2007	28 740.39	(27 810.37)	(0.97)
600055	2009	83 831.27	26 765.24	0.32	600458	2009	69 459.88	57 816.66	0.83
	2008	87 206.38	18 906.91	0.22		2008	73 643.18	42 228.46	0.57
	2007	63 251.59	19 064.59	0.30		2007	72 031.35	44 791.82	0.62
600061	2009	37 660.94	(817.89)	(0.02)	600469	2009	31 662.82	48 211.66	1.52
	2008	36 351.85	(2 087.60)	(0.06)		2008	35 548.20	(20 558.63)	(0.58)
	2007	27 811.05	946.21	0.03		2007	32 329.45	25 410.03	0.79
600062	2009	47 757.96	38 796.02	0.81	600480	2009	150 787.61	170 749.98	1.13
	2008	45 911.72	33 969.74	0.74		2008	138 626.66	104 042.95	0.75
	2007	33 897.44	24 863.81	0.73		2007	112 201.43	73 059.70	0.65
600072	2009	105 297.06	51 235.14	0.49	600482	2009	25 177.92	5 820.98	0.23

表 2 - 4（续）

股票代码	年度	人均薪酬（元）	人均净利润（元）	人工成本投入产出率	股票代码	年度	人均薪酬（元）	人均净利润（元）	人工成本投入产出率
	2008	89 815. 74	46 152. 15	0. 51		2008	20 187. 17	(43 272. . 87)	(2. 14)
	2007	88 800. 85	48 912. 54	0. 55		2007	25 557. 10	20 669. 86	0. 81
600081	2009	35 495. 37	6 383. 19	0. 18	600495	2009	236 699. 80	47 047. 92	0. 20
	2008	32 448. 08	(12 718. 04)	(0. 39)		2008	151 884. 75	108 145. 14	0. 71
	2007	32 990. 56	(835. 53)	(0. 03)		2007	150 357. 38	93 583. 16	0. 62
600099	2009	23 541. 37	(3 156. 84)	(0. 13)	600501	2009	88 910. 14	15 812. 49	0. 18
	2008	28 771. 93	4 729. 98	0. 16		2008	85 859. 07	14 269. 77	0. 17
	2007	39 757. 91	13 392. 81	0. 34		2007	68 576. 79	11 853. 28	0. 17
600107	2009	23 508. 12	3 077. 89	0. 13	600550	2009	91 597. 72	198 978. 63	2. 17
	2008	23 298. 17	3 605. 33	0. 15		2008	89 761. 51	406 926. 75	4. 53
	2007	18 087. 38	1 859. 41	0. 10		2007	66 033. 68	199 008. 40	3. 01
600135	2009	43 122. 02	(3 092. 63)	(0. 07)	600552	2009	62 671. 59	22 038. 83	0. 35
	2008	39 353. 74	(2 918. 60)	(0. 07)		2008	43 893. 07	(37 575. 94)	(0. 86)
	2007	46 174. 98	768. 35	0. 02		2007	45 820. 26	23 326. 37	0. 51
600148	2009	35 854. 70	(28 291. 07)	(0. 79)	600560	2009	106 163. 18	67 636. 54	0. 64
	2008	32 781. 40	7 094. 48	0. 22		2008	103 850. 96	54 557. 61	0. 53
	2007	32 517. 79	5 230. 24	0. 16		2007	75 514. 88	44 545. 72	0. 59
600150	2009	110 101. 36	191 399. 11	1. 74	600581	2009	56 299. 64	13 234. 35	0. 24
	2008	115 665. 90	357 513. 60	3. 09		2008	50 592. 90	37 332. 68	0. 74
	2007	102 231. 25	150 634. 71	1. 47		2007	54 779. 36	82 578. 79	1. 51
600151	2009	63 401. 60	2 891. 25	0. 05	600582	2009	98 714. 61	64 197. 72	0. 65
	2008	92 507. 90	9 231. 00	0. 10		2008	86 901. 19	71 078. 61	0. 81
	2007	82 095. 55	11 921. 19	0. 15		2007	83 640. 33	84 929. 45	1. 02
600161	2009	96 216. 33	64 758. 97	0. 67	600685	2009	114 558. 84	75 399. 88	0. 66
	2008	83 005. 69	73 167. 38	0. 88		2008	108 373. 50	120 235. 87	1. 11
	2007	76 845. 47	77 866. 46	1. 01		2007	64 992. 08	136 059. 23	2. 09
600171	2009	134 383. 00	(270 269. 41)	(2. 01)	600707	2009	32 953. 34	(143 430. 21)	(4. 35)
	2008	145 873. 64	(36 273. 32)	(0. 25)		2008	27 538. 02	3 989. 13	0. 14
	2007	96 910. 85	2 887. 14	0. 03		2007	19 719. 31	(8 290. 00)	(0. 42)
600178	2009	51 632. 31	62 752. 95	1. 22	600710	2009	63 609. 82	52 645. 94	0. 83
	2008	42 822. 98	25 022. 61	0. 58		2008	63 868. 69	37 824. 95	0. 59
	2007	32 796. 14	28 508. 26	0. 87		2007	57 587. 59	65 470. 33	1. 14
600184	2009	52 764. 58	4 523. 04	0. 09	600737	2009	47 639. 74	34 007. 65	0. 71

表2-4（续）

股票代码	年度	人均薪酬（元）	人均净利润（元）	人工成本投入产出率	股票代码	年度	人均薪酬（元）	人均净利润（元）	人工成本投入产出率
	2008	44 357.66	5 945.52	0.13		2008	43 478.54	41 187.86	0.95
	2007	34 724.68	1 634.90	0.05		2007	20 333.87	21 796.86	1.07
600195	2009	114 347.53	105 652.29	0.92	600742	2009	42 297.43	66 242.89	1.57
	2008	98 506.96	83 665.32	0.85		2008	40 615.91	35 003.68	0.86
	2007	107 489.34	94 700.88	0.88		2007	31 140.46	7 389.81	4.21
600206	2009	57 593.73	(62 522.89)	(1.09)	600760	2009	28 557.61	20 017.97	0.70
	2008	70 830.49	107 306.68	1.51		2008	23 862.53	(8 897.89)	(0.37)
	2007	69 372.21	90 638.03	1.31		2007	17 778.49	2 603.08	0.15
600262	2009	77 972.27	34 221.94	0.44	600765	2009	50 233.09	18 110.42	0.36
	2008	76 235.11	32 616.34	0.43		2008	35 861.82	11 269.32	0.31
	2007	57 529.75	25 738.43	0.45		2007	27 505.82	13 963.24	0.51
600263	2009	84 056.85	24 348.07	0.29	600855	2009	65 415.20	(25 481.20)	(0.39)
	2008	75 244.20	20 927.01	0.28		2008	63 225.26	(24 672.44)	(0.39)
	2007	69 479.23	21 154.51	0.30		2007	52 950.26	(812.83)	(0.02)
600268	2009	101 310.15	25 115.75	0.25	600875	2009	74 394.99	48 868.59	0.66
	2008	80 464.84	25 523.07	0.32		2008	65 331.74	49 704.08	0.76
	2007	104 993.33	30 870.63	0.29		2007	59 302.68	30 915.92	0.52
600316	2009	45 759.47	32 210.48	0.70	600877	2009	52 807.42	(20 064.93)	(0.38)
	2008	37 556.12	21 032.49	0.56		2008	61 049.66	(132 532.55)	(2.17)
	2007	34 120.23	22 200.09	0.65		2007	38 357.28	(226.73)	(0.01)
600320	2009	285 659.70	144 935.31	0.51	600879	2009	72 405.68	21 853.01	0.30
	2008	230 615.12	302 938.64	1.31		2008	69 653.39	28 154.41	0.40
	2007	273 029.58	581 124.31	2.13		2007	57 789.71	32 363.68	0.56
600328	2009	45 666.72	2 087.16	0.05	600882	2009	20 339.90	(5 538.33)	(0.27)
	2008	43 583.85	19 402.19	0.45		2008	12 751.68	(26 546.89)	(2.08)
	2007	37 270.01	18 234.52	0.49		2007	14 263.27	(706.05)	(0.05)
600335	2009	70 197.96	(95 161.12)	(1.36)	600893	2009	65 226.39	14 516.50	0.22
	2008	51 086.55	(9 826.90)	(0.19)		2008	66 339.55	10 870.83	0.16
	2007	60 304.66	8 526.57	0.14		2007	237 596.19	35 848.72	0.15
600343	2009	27 683.45	7 735.56	0.28	600967	2009	127 365.86	31 743.27	0.25
	2008	20 948.88	7 244.23	0.35		2008	106 471.22	25 407.63	0.24
	2007	25 277.74	15 683.11	0.62		2007	33 725.40	8 978.25	0.27
600378	2009	77 290.38	27 041.06	0.35	600980	2009	116 171.45	(189 627.70)	(1.63)

表2-4（续）

股票代码	年度	人均薪酬（元）	人均净利润（元）	人工成本投入产出率	股票代码	年度	人均薪酬（元）	人均净利润（元）	人工成本投入产出率
	2008	77 530.09	36 921.21	0.48		2008	93 082.63	(94 586.71)	(1.02)
	2007	79 593.91	23 616.24	0.30		2007	96 898.37	(133 025.01)	(1.37)
600389	2009	58 214.74	(41 451.41)	(0.71)	601600	2009	54 886.37	(46 759.40)	(0.85)
	2008	38 903.18	65 639.45	1.69		2008	56 610.10	(1 139.57)	(0.02)
	2007	39 585.75	27 104.54	0.68		2007	58 421.87	105 194.88	1.80
600390	2009	139 212.21	(207 967.43)	(1.49)					
	2008	130 760.02	54 456.88	0.42					
	2007	102 647.23	65 924.80	0.64					

表2-5　　沪市A股制造业民企2007—2009年人均薪酬、

人均净利润及人工成本投入产出率值统计表

股票代码	年度	人均薪酬（元）	人均净利润（元）	人工成本投入产出率	股票代码	年度	人均薪酬（元）	人均净利润（元）	人工成本投入产出率
600031	2009	41 861.51	92 105.37	2.20	600408	2009	24 197.84	(89 960.39)	(3.72)
	2008	48 881.22	85 521.61	1.75		2008	26 418.78	2 823.57	0.11
	2007	60 009.26	127 899.31	2.13		2007	21 987.67	42 545.68	1.93
600066	2009	135 343.62	126 741.53	0.94	600409	2009	48 045.64	5 924.57	0.12
	2008	97 283.95	96 976.18	1.00		2008	57 441.83	35 440.03	0.62
	2007	109 140.50	92 968.73	0.85		2007	48 612.55	63 000.35	1.30
600067	2009	260 466.75	1 156 285.01	4.44	600422	2009	46 255.88	19 352.18	0.42
	2008	212 380.13	531 629.04	2.50		2008	87 948.05	19 519.84	0.22
	2007	144 553 09	478 853.46	3.31		2007	71 704.03	15 799.38	0.22
600074	2009	36 441.90	(142 286.21)	(3.90)	600439	2009	29 183.64	10 897.72	0.37
	2008	35 600.81	(104 714.32)	(2.94)		2008	23 135.87	21 504.88	0.93
	2007	35 810.33	(97 611.04)	(2.73)		2007	17 476.89	18 906.20	1.08
600078	2009	25 402.51	9 571.32	0.38	600449	2009	43 287.65	127 822.92	2.95
	2008	24 226.15	45 091.02	1.86		2008	38 975.10	86 149.67	2.21
	2007	20 100.20	19 531.32	0.97		2007	28 864.93	29 343.63	1.02
600079	2009	41 182.71	30 369.23	0.74	600466	2009	38 046.58	10 928.19	0.29
	2008	35 847.24	25 155.07	0.70		2008	34 218.54	9 074.68	0.27
	2007	31 815.53	25 639.40	0.81		2007	27 498.44	(13 670.80)	(0.50)
600086	2009	34 330.72	36 839.91	1.07	600478	2009	23 051.68	2 016.67	0.09

表 2-5（续）

股票代码	年度	人均薪酬（元）	人均净利润（元）	人工成本投入产出率	股票代码	年度	人均薪酬（元）	人均净利润（元）	人工成本投入产出率
	2008	38 326.65	24 587.87	0.64		2008	25 285.98	817.72	0.03
	2007	29 951.01	4 044.84	0.14		2007	69 574.17	51 263.06	0.74
600089	2009	58 056.19	145 129.30	2.50	600481	2009	48 104.09	187 619.08	3.90
	2008	54 715.75	98 383.07	1.80		2008	49 853.04	58 480.93	1.17
	2007	44 098.35	55 717.01	1.26		2007	39 009.09	71 824.51	1.84
600090	2009	45 214.38	8 385.54	0.19	600493	2009	24 080.23	2 240.88	0.09
	2008	37 685.04	22 714.18	0.60		2008	23 786.00	3 334.34	0.14
	2007	24 658.01	13 602.30	0.55		2007	33 797.67	11 158.23	0.33
600095	2009	24 720.82	(75 820.70)	(3.07)	600499	2009	44 403.06	50 917.32	1.15
	2008	23 754.62	2 999.55	0.13		2008	53 029.20	54 645.08	1.03
	2007	20 687.70	21 736.82	1.05		2007	44 356.60	37 336.77	0.84
600110	2009	28 500.00	263.22	0.01	600516	2009	48 176.87	4 825.06	0.10
	2008	39 806.48	27 722.68	0.70		2008	44 388.93	81 319.18	1.83
	2007	22 774.21	50 174.51	2.20		2007	29 958.25	46 664.42	1.56
600112	2009	46 342.33	57 909.86	1.25	600517	2009	53 329.25	201 724.16	3.78
	2008	59 946.39	54 447.56	0.91		2008	44 147.95	199 809.50	4.53
	2007	50 835.44	22 790.73	0.45		2007	54 718.77	255 169.92	4.66
600137	2009	19 202.46	40 075.77	2.09	600518	2009	24 315.58	220 391.33	9.06
	2008	21 032.96	58 693.02	2.79		2008	25 461.88	196 885.50	7.73
	2007	15 837.65	30 569.21	1.93		2007	22 440.69	135 625.12	6.04
600143	2009	56 865.81	104 154.05	1.83	600521	2009	42 179.31	49 315.26	1.17
	2008	51 436.48	100 512.50	1.95		2008	36 593.61	57 886.98	1.58
	2007	44 918.77	152 696.71	3.40		2007	35 081.34	54 067.05	1.54
600146	2009	83 361.83	(364 210.17)	(4.37)	600525	2009	39 260.89	35 526.80	0.90
	2008	99 179.53	(90 370.33)	(0.91)		2008	50 950.92	30 682.52	0.60
	2007	73 279.69	(102 523.97)	(1.40)		2007	32 248.92	38 258.30	1.19
600152	2009	31 182.13	(2 630.52)	(0.08)	600527	2009	26 491.62	154 421.78	5.83
	2008	28 020.60	(4 083.62)	(0.15)		2008	29 405.11	141 139.56	4.80
	2007	26 085.76	2 984.83	0.11		2007	26 703.94	163 830.88	6.14
600172	2009	21 167.06	6 374.59	0.30	600535	2009	76 002.69	90 357.07	1.19
	2008	26 416.34	9 724.59	0.37		2008	70 753.66	78 338.53	1.11
	2007	22 100.27	11 886.53	0.54		2007	46 892.15	44 102.71	0.94
600173	2009	43 026.21	395 037.02	9.18	600537	2009	78 964.33	(30 038.44)	(0.38)

表 2 - 5（续）

股票代码	年度	人均薪酬（元）	人均净利润（元）	人工成本投入产出率	股票代码	年度	人均薪酬（元）	人均净利润（元）	人工成本投入产出率
	2008	46 580. 78	376 752. 44	8. 09		2008	89 712. 46	(15 706. 75)	(0. 18)
	2007	69 126. 23	334 267. 61	4. 84		2007	102 222. 05	8 640. 66	0. 08
600176	2009	34 740. 46	(26 709. 95)	(0. 77)	600543	2009	17 732. 62	21 887. 31	1. 23
	2008	33 008. 02	21 514. 15	0. 65		2008	20 457. 49	32 801. 26	1. 60
	2007	22 481. 56	20 886. 64	0. 93		2007	14 652. 43	17 274. 87	1. 18
600177	2009	32 022. 84	34 870. 77	1. 09	600557	2009	57 714. 91	48 185. 33	0. 83
	2008	32 358. 03	19 461. 15	0. 60		2008	63 738. 41	52 579. 68	0. 82
	2007	35 150. 35	32 526. 56	0. 93		2007	48 474. 30	37 620. 85	0. 78
600196	2009	45 776. 75	37 842. 66	0. 83	600563	2009	45 616. 27	47 264. 92	1. 04
	2008	41 937. 53	37 272. 42	0. 89		2008	57 344. 36	56 202. 26	0. 98
	2007	40 877. 13	38 704. 65	0. 95		2007	32 373. 63	45 932. 27	1. 42
600200	2009	33 605. 58	(12 448. 68)	(0. 37)	600565	2009	51 620. 45	31 238. 91	0. 61
	2008	30 576. 49	(17 242. 94)	(0. 56)		2008	54 628. 27	142 311. 71	2. 61
	2007	26 415. 73	(25 240. 26)	(0. 96)		2007	43 231. 29	64 852. 50	1. 50
600210	2009	46 328. 75	76 859. 65	1. 66	600566	2009	21 594. 07	8 387. 29	0. 39
	2008	39 112. 61	23 216. 65	0. 59		2008	21 207. 25	10 305. 98	0. 49
	2007	332 629. 43	406 260. 31	1. 22		2007	20 434. 27	7 040. 47	0. 34
600211	2009	33 121. 47	7 322. 59	0. 22	600572	2009	28 767. 62	17 832. 84	0. 62
	2008	28 551. 86	4 011. 36	0. 14		2008	30 474. 06	13 121. 93	0. 43
	2007	35 704. 17	(116 923. 75)	(3. 27)		2007	29 428. 29	15 652. 60	0. 53
600216	2009	43 802. 42	293 834. 82	6. 71	600576	2009	29 376. 40	(11 458. 65)	(0. 39)
	2008	45 381. 97	236 316. 96	5. 21		2008	25 614. 04	7 514. 01	0. 29
	2007	35 090. 05	5 599. 16	0. 16		2007	20 285. 56	24 308. 96	1. 20
600220	2009	52 967. 39	15 288. 25	0. 29	600577	2009	40 366. 01	35 796. 20	0. 89
	2008	45 597. 49	14 294. 75	0. 31		2008	41 217. 75	74 490. 72	1. 81
	2007	42 065. 88	21 908. 51	0. 52		2007	32 963. 22	62 407. 27	1. 89
600233	2009	22 413. 89	12 532. 09	0. 56	600580	2009	30 475. 53	38 197. 86	1. 25
	2008	31 443. 00	8 113. 47	0. 26		2008	27 227. 12	27 065. 26	0. 99
	2007	30 027. 89	8 301. 51	0. 28		2007	21 124. 94	22 964. 79	1. 09
600237	2009	37 610. 79	(63 547. 30)	(1. 69)	600584	2009	63 399. 83	4 215. 09	0. 07
	2008	38 982. 61	(9 110. 75)	(0. 23)		2008	65 834. 91	15 834. 69	0. 24
	2007	38 337. 48	(24 086. 24)	(0. 63)		2007	52 895. 30	29 772. 52	0. 56
600255	2009	29 108. 72	21 174. 07	0. 73	600586	2009	92 531. 27	96 467. 87	1. 04

表 2 - 5（续）

股票代码	年度	人均薪酬（元）	人均净利润（元）	人工成本投入产出率	股票代码	年度	人均薪酬（元）	人均净利润（元）	人工成本投入产出率
	2008	32 661.44	(35 111.05)	(1.08)		2008	52 948.49	106 814.33	2.02
	2007	28 399.11	30 946.71	1.09		2007	33 193.92	181 687.53	5.47
600260	2009	27 331.72	17 282.07	0.63	600589	2009	9 058.39	83 820.93	9.25
	2008	31 229.74	33 259.65	1.06		2008	8 086.99	82 650.27	10.22
	2007	15 872.12	37 197.38	2.34		2007	8 706.46	107 988.75	12.40
600261	2009	25 701.54	12 772.09	0.50	600590	2009	62 684.84	32 786.75	0.52
	2008	27 031.99	15 266.52	0.56		2008	77 896.76	36 706.28	0.47
	2007	27 312.71	14 410.11	0.53		2007	71 658.26	34 238.89	0.48
600273	2009	18 439.04	(9 693.35)	(0.53)	600595	2009	28 960.92	44 831.67	1.55
	2008	23 814.13	547.01	0.02		2008	26 059.16	35 148.71	1.35
	2007	20 894.72	3 284.50	0.16		2007	25 373.09	180 449.45	7.11
600276	2009	48 419.38	150 592.69	3.11	600596	2009	162 840.98	134 082.98	0.82
	2008	51 216.48	169 907.44	3.32		2008	164 044.11	894 943.13	5.46
	2007	36 713.49	94 710.26	2.58		2007	127 566.94	225 342.65	1.77
600277	2009	47 088.00	26 814.48	0.57	600599	2009	59 321.30	41 299.19	0.70
	2008	47 078.39	18 350.19	0.39		2008	56 454.15	34 596.31	0.61
	2007	23 514.01	11 338.33	0.48		2007	22 410.63	124 361.99	5.55
600282	2009	80 891.38	19 916.35	0.25	600614	2009	25 976.17	27 244.17	1.05
	2008	73 866.94	17 394.97	0.24		2008	21 444.31	(6 650.69)	(0.31)
	2007	61 979.64	156 379.94	2.52		2007	26 845.40	13 667.39	0.51
600290	2009	39 467.50	72 186.82	1.83	600615	2009	82 716.96	70 111.42	0.85
	2008	43 906.83	76 625.20	1.75		2008	80 887.02	144 071.31	1.78
	2007	29 913.05	83 739.04	2.80		2007	32 191.91	36 450.46	1.13
600295	2009	26 682.08	13 105.12	0.49	600660	2009	31 615.41	111 139.87	3.52
	2008	25 448.47	22 122.37	0.87		2008	33 135.44	19 062.70	0.58
	2007	17 492.11	21 516.51	1.23		2007	27 711.25	84 753.19	3.06
600297	2009	41 845.69	10 338.21	0.25	600671	2009	37 959.40	(50 436.76)	(1.33)
	2008	32 982.40	15 094.31	0.46		2008	28 082.74	(6 753.99)	(0.24)
	2007	33 062.48	9 321.28	0.28		2007	27 491.48	(9 049.37)	(0.33)
600300	2009	91 885.64	(20 686.74)	(0.23)	600673	2009	22 919.41	8 888.92	0.39
	2008	58 506.10	6 776.65	0.12		2008	24 584.59	7 194.80	0.29
	2007	66 661.67	32 287.19	0.48		2007	2 888.58	7 614.54	2.64
600308	2009	26 700.75	23 126.66	0.87	600735	2009	25 432.41	6 602.51	0.26

表2-5（续）

股票代码	年度	人均薪酬（元）	人均净利润（元）	人工成本投入产出率	股票代码	年度	人均薪酬（元）	人均净利润（元）	人工成本投入产出率
	2008	34 634.01	36 925.46	1.07		2008	23 362.95	1 230.97	0.05
	2007	33 262.00	62 720.18	1.89		2007	13 968.23	3 492.60	0.25
600311	2009	12 439.45	(67 019.15)	(5.39)	600777	2009	30 202.03	(15 108.80)	(0.50)
	2008	17 655.78	(15 260.38)	(0.86)		2008	33 215.13	8 474.50	0.26
	2007	8 124.07	11 302.90	1.39		2007	24 577.78	(43 671.36)	(1.78)
600318	2009	32 499.54	(16 519.76)	(0.51)	600779	2009	58 087.73	208 100.00	3.58
	2008	24 089.24	(55 824.45)	(2.32)		2008	58 801.68	213 773.62	3.64
	2007	24 368.30	3 243.49	0.13		2007	35 307.05	119 096.15	3.37
600321	2009	15 687.69	18 279.78	1.17	600781	2009	23 493.94	18 653.37	0.79
	2008	14 353.29	18 296.08	1.27		2008	18 089.09	25 224.39	1.39
	2007	22 104.63	32 040.19	1.45		2007	12 027.70	21 579.97	1.79
600330	2009	49 959.08	(89 672.39)	(1.79)	600803	2009	30 511.94	(17 270.93)	(0.57)
	2008	63 486.58	(20 701.41)	(0.33)		2008	26 588.93	159.70	0.01
	2007	28 664.87	16 022.93	0.56		2007	22 194.91	2 695.86	0.12
600331	2009	47 958.53	19 729.49	0.41	600818	2009	35 638.40	(22 671.27)	(0.64)
	2008	42 660.34	(51 805.59)	(1.21)		2008	24 126.32	(14 212.23)	(0.59)
	2007	38 830.86	55 707.41	1.43		2007	25 635.21	272.86	0.01
600337	2009	107 232.78	10 738.52	0.10	600836	2009	43 787.20	5 224.41	0.12
	2008	107 287.13	10 770.52	0.10		2008	42 268.34	(3 219.50)	(0.08)
	2007	88 313.92	30 821.23	0.35		2007	32 173.37	2 307.38	0.07
600352	2009	38 797.19	83 072.19	2.14	600867	2009	21 787.62	28 688.43	1.32
	2008	42 502.55	69 643.92	1.64		2008	23 875.50	20 427.64	0.86
	2007	26 365.51	66 590.19	2.53		2007	17 396.34	13 471.24	0.77
600353	2009	18 822.05	7 012.15	0.37	600869	2009	27 018.31	(35 520.27)	(1.31)
	2008	18 384.42	4 357.20	0.24		2008	27 513.70	(39 083.70)	(1.42)
	2007	37 217.36	5 038.74	0.14		2007	23 989.84	(463.93)	(0.02)
600360	2009	54 201.59	(4 796.44)	(0.09)	600873	2009	37 587.96	5 961.57	0.16
	2008	50 718.60	24 135.29	0.48		2008	29 554.79	3 801.37	0.13
	2007	40 858.36	70 016.15	1.71		2007	26 035.25	5 598.49	0.22
600365	2009	18 561.73	(58 604.46)	(3.16)	600884	2009	34 102.15	5 164.83	0.15
	2008	17 673.26	3 104.75	0.18		2008	34 755.74	4 898.52	0.14
	2007	19 898.70	(338 827.39)	(17.03)		2007	33 529.00	6 902.96	0.21
600366	2009	38 003.44	17 716.74	0.47	600888	2009	48 438.69	50 272.69	1.04

表2-5（续）

股票代码	年度	人均薪酬（元）	人均净利润（元）	人工成本投入产出率	股票代码	年度	人均薪酬（元）	人均净利润（元）	人工成本投入产出率
	2008	36 741.76	23 383.29	0.64		2008	47 421.00	34 628.53	0.73
	2007	36 103.21	24 771.56	0.69		2007	50 545.87	44 910.71	0.89
600370	2009	22 244.66	26 472.06	1.19	600966	2009	20 388.62	36 944.57	1.81
	2008	26 539.19	5 201.88	0.20		2008	20 948.82	50 923.30	2.43
	2007	15 637.27	36 795.72	2.35		2007	16 612.14	36 501.00	2.20
600380	2009	36 239.36	36 564.45	1.01	600976	2009	49 484.82	23 598.67	0.48
	2008	36 129.97	24 899.78	0.69		2008	37 773.08	(5 247.35)	(0.14)
	2007	44 728.42	31 579.56	0.71		2007	42 294.08	4 971.99	0.12
600382	2009	16 251.06	29 088.21	1.79	600978	2009	19 047.51	85 096.41	4.47
	2008	18 489.70	44 122.68	2.39		2008	20 514.70	68 674.14	3.35
	2007	20 050.72	34 696.22	1.73		2007	16 201.53	119 446.84	7.37
600388	2009	47 051.93	63 084.69	1.34	600993	2009	74 047.54	91 235.93	1.23
	2008	38 141.47	40 856.19	1.07		2008	66 558.40	57 396.30	0.86
	2007	33 333.42	34 539.10	1.04		2007	59 822.92	33 256.48	0.56
600400	2009	17 761.84	4 772.41	0.27	601002	2009	44 709.76	(3 021.03)	(0.07)
	2008	17 418.79	8 291.03	0.48		2008	41 835.19	40 926.47	0.98
	2007	14 083.13	12 102.15	0.86		2007	31 195.72	13 856.10	0.44
600405	2009	64 285.36	28 687.71	0.45					
	2008	58 972.04	3 581.18	0.06					
	2007	51 224.09	(2 078.00)	(0.04)					

　　如果仔细分析表2-3中地企的人均薪酬、人均净利润数据，不难发现其中有可循之规律：

　　（1）地企中人均薪酬较高的企业绝大多数属于上海、北京这两个全国经济最发达的直辖市国资委控股。

　　（2）高薪企业除了在分布地点上有规律可循以外，在行业分布上也较为集中，从事钢铁、医药等行业的企业大多都有较高的年人均薪酬。

　　（3）在人均薪酬与人均净利润的大小对比关系中，对样本中的三类企业进行了统计。在排除了三年人均净利润全部为负值的企业的情况下，三类企业中年人均薪酬大于人均净利润的企业所占比重分布分别为：地企和央企占80%左右，而民企则不到 60%。

为了便于更为清楚、直观地了解三类企业在人力支出与绩效关系方面的特点和差别，通过对表 2-3、2-4、2-5 中数据的分析整理和算术平均数的求值计算，分别得出了 2007—2009 年地企、央企、民企的人均薪酬平均值、人均净利润平均值和人工成本投入产出率平均值，如表 2-6 所示：

表 2-6　　　沪市 A 股制造业各类企业 2007—2009 年人均薪酬平均值、人均净利润平均值及人工成本投入产出率平均值统计表

上市公司类型	年度	人均薪酬平均值（元）	人均净利润平均值（元）	人工成本投入产出率平均值
地企	2009	62 732.15	66 055.02	0.80
	2008	57 128.10	40 470.85	0.71
	2007	55 961.91	50 279.56	0.93
央企	2009	77 186.98	50 420.24	0.60
	2008	70 000.69	64 387.00	0.74
	2007	66 059.55	61 229.15	0.84
民企	2009	41 831.95	71 582.49	1.47
	2008	42 759.02	62 706.58	1.36
	2007	38 832.76	57 283.81	1.60

为了更直观地透视表 2-6 中所反映的现象，更便于对比地企、央企及民企在人力性支出与绩效关系方面的不同特征，我们用图 2-1、图 2-2、图 2-3、图 2-4 和图 2-5 加以更直观的展现：

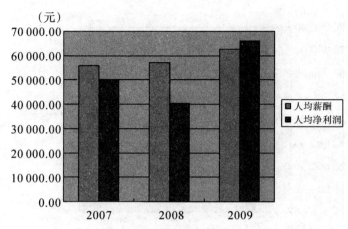

图 2－1 沪市 A 股制造业地企 2007—2009 年人均薪酬

及人均净利润统计图

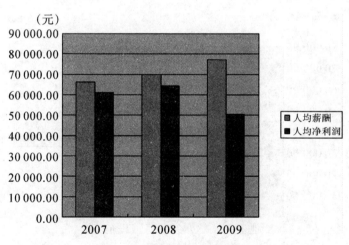

图 2－2 沪市 A 股制造业央企 2007—2009 年人均薪酬

及人均净利润统计图

（元）

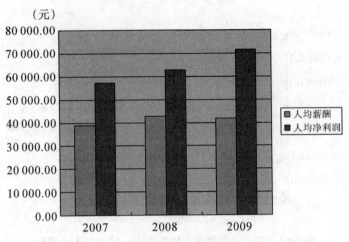

图2-3 沪市A股制造业民企2007—2009年人均薪酬
及人均净利润统计图

（元）

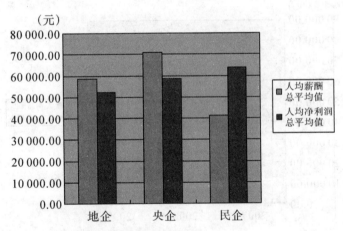

图2-4 沪市A股制造业地企、央企、民企2007—2009年人均薪酬总
平均值及人均净利润总平均值统计图

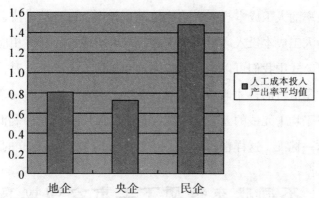

图 2－5　沪市 A 股制造业地企、央企、民企 2007—2009 年

人工成本投入产出率平均值统计图

最后，计算整理出地企、央企、民企 2007—2009 年人均薪酬、人均净利润和人工成本投入产出率值三年总的平均值，如表 2－7 所示：

表 2－7　地企、央企、民企 2007—2009 年人均薪酬、人均净利润和

人工成本投入产出率值三年总的平均值

上市公司类型	人均薪酬总平均值（元）	人均净利润总平均值（元）	人工成本投入产出率总平均值
地企	58 607.39	52 268.48	0.81
央企	71 082.41	58 678.80	0.73
民企	41 141.24	63 587.63	1.48

三、结论

由图 2－1～图 2－5 可以看出，将人均薪酬值由高到低降次排列，这三类企业的排列顺序为：央企、地企、民企；再将人均净利润值由高到低降次排列，这三类企业的排列顺序为：民企、央企、地企。有地方政府扶持、国家政策照顾的地企，拿着远高于民企人均薪酬数目的工资，却产出了最少的人均利润；相反民企却支付着最少的人均薪酬，产出着最高的人均利润。这样的结论说明了在人力性支出与企业绩效的关系方面，民企表现最优，央企次之，地企表现最差。而在人工成本投入产出率的对比中同样能够印证上述结论：在代表着给

付薪酬生产效率的人工成本投入产出率值的比较中，民企的比值远远高于地企和央企。因为人工成本投入产出率代表着投入人工成本和获得相应产出之间的关系，从计算公式中我们可以知道只有当这个比值大于等于 1 时，企业在人力方面的投入才是值得的，才能获取利润，而这三类企业中只有民企的数据达到了这一点——平均 1 元钱的人工成本投入能够获取 1. 48 元的净利润，地企和央企都达不到这一标准。这样也就检验了前文所提出的假设是成立的。

第五节　不同股东特质下上市公司拉克尔系数的研究

一、拉克尔系数

拉克尔法则在我国国内的知名度不高，学界对它的相关研究也少之又少。拉克尔法则是一个衡量职工收入水平是否合理的准则，由其引申出来的指标，我们予之定义为拉克尔系数。

拉克尔法则的核心就在于增值额的界定，这也是其之所以没有在我国普遍使用的关键因素——长期以来，我国国内一贯沿用的是用净利润额衡量工人工资带来的效益，而增值额的计算则与之略有差异。

增值额 = 企业销售收入 - 外购商品及劳务 - 折旧

以增值额为基础进行利益分配存在多方面的现实意义。第一，从经济关系来看，职工是国家和企业的主人，不将人工成本当做费用支出正体现了社会主义的这种经济关系。第二，从经营权责来看，职工作为经营管理者应该对其经营成果负责，他们获利的多少应与其创造的价值成正比。第三，从控制论的角度来看，将企业目标定位为增值额的增长而不是利润额的增长，就不会将人工成本视为一种支出，就不会靠压榨工人工资来增加利润，有利于提高企业长远的经济效益。[①] 因此，依据拉克尔法则，以增值额为核定基础的拉克尔系数对

[①]　熊楚熊. 增值会计学 ［M］. 北京：中国财经经济出版社，1995.

于衡量工人工资合理与否具有非常高的参考价值。

根据拉克尔法则的定义，拉克尔系数即为同期工人工资总额与增值额之间的比值，即：

拉克尔系数 = 工人工资总额/增值额

二、数据分析

本节继续使用上节中所挑选的沪市 A 股制造业 169 家地企、63 家央企和 113 家民企 2007—2009 年三年的数据作为研究样本，以现金流量表中销售商品、提供劳务收到的现金减去购买商品、接受劳务支付的现金，再减去固定资产折旧、油气资产折耗、生产性生物资产折旧，即得到当期增值额总值；同样以现金流量表中支付给职工以及为职工支付的现金获取当期工人工资总额，这样就可得到 2007—2009 年三年间样本企业的拉克尔系数值，如表 2-8、表 2-9、表 2-10 所示：

表 2-8　　沪市 A 股制造业地企 2007—2009 年拉克尔系数值统计表

股票代码	年度	拉克尔系数（%）	股票代码	年度	拉克尔系数（%）	股票代码	年度	拉克尔系数（%）	股票代码	年度	拉克尔系数（%）
600010	2009	42.158	600231	2009	79.188	600468	2009	65.269	600679	2009	71.355
	2008	58.110		2008	26.649		2008	46.633		2008	76.112
	2007	22.814		2007	—		2007	35.586		2007	108.618
	均值	41.027		均值	52.919		均值	49.163		均值	85.362
600059	2009	24.698	600235	2009	28.495	600475	2009	22.807	600686	2009	24.646
	2008	17.404		2008	35.486		2008	60.833		2008	57.580
	2007	22.621		2007	27.523		2007	38.423		2007	—
	均值	21.574		均值	30.501		均值	40.688		均值	41.113
600060	2009	27.815	600238	2009	11.772	600479	2009	20.402	600702	2009	23.715
	2008	27.299		2008	19.896		2008	21.608		2008	15.677
	2007	—		2007	17.490		2007	17.585		2007	457.507
	均值	27.557		均值	16.386		均值	19.865		均值	19.696
600063	2009	50.773	600243	2009	121.909	600483	2009	57.673	600713	2009	43.024
	2008	39.860		2008	69.685		2008	57.420		2008	45.276
	2007	33.196		2007	33.556		2007	280.203		2007	42.485

表2-8（续）

股票代码	年度	拉克尔系数（%）	股票代码	年度	拉克尔系数（%）	股票代码	年度	拉克尔系数（%）	股票代码	年度	拉克尔系数（%）
	均值	41.276		均值	75.050		均值	57.547		均值	43.595
600069	2009	52.653	600267	2009	23.388	600486	2009	31.521	600720	2009	18.039
	2008	22.872		2008	30.047		2008	8.293		2008	25.903
	2007	18.095		2007	21.962		2007	20.426		2007	24.791
	均值	31.207		均值	25.132		均值	20.080		均值	22.911
600070	2009	64.224	600272	2009	47.686	600488	2009	18.396	600725	2009	71.804
	2008	49.349		2008	45.887		2008	26.336		2008	25.039
	2007	63.904		2007	41.964		2007	31.160		2007	21.396
	均值	59.159		均值	45.179		均值	25.297		均值	39.413
600071	2009	54.624	600281	2009	420.772	600507	2009	—	600731	2009	45.493
	2008	65.710		2008	41.756		2008	21.829		2008	43.316
	2007	52.476		2007	44.593		2007	48.258		2007	—
	均值	57.603		均值	43.175		均值	35.044		均值	44.405
600085	2009	27.156	600285	2009	14.008	600513	2009	12.066	600741	2009	24.722
	2008	28.484		2008	17.313		2008	12.257		2008	105.563
	2007	37.519		2007	21.758		2007	14.794		2007	80.610
	均值	31.053		均值	17.693		均值	13.039		均值	70.298
600096	2009	36.779	600293	2009	23.165	600520	2009	58.652	600746	2009	49.448
	2008	—		2008	42.624		2008	—		2008	28.789
	2007	23.890		2007	95.804		2007	57.053		2007	29.042
	均值	30.335		均值	53.864		均值	57.853		均值	35.760
600102	2009	28.940	600298	2009	22.433	600526	2009	102.195	600747	2009	36.968
	2008	36.860		2008	17.516		2008	19.388		2008	63.675
	2007	27.391		2007	26.497		2007	33.565		2007	104.384
	均值	31.064		均值	22.149		均值	51.716		均值	68.342
600103	2009	52.442	600302	2009	80.285	600529	2009	23.448	600750	2009	12.553
	2008	30.324		2008	61.015		2008	32.956		2008	11.019
	2007	39.133		2007	37.652		2007	27.435		2007	14.032
	均值	40.633		均值	59.651		均值	27.946		均值	12.535
600111	2009	—	600305	2009	15.933	600532	2009	75.585	600761	2009	35.855
	2008	73.126		2008	25.752		2008	103.353		2008	45.075
	2007	21.821		2007	37.189		2007	40.560		2007	—
	均值	47.474		均值	26.291		均值	73.166		均值	40.465
600113	2009	3.763	600307	2009	53.907	600539	2009	41.941	600782	2009	51.757

表 2 - 8（续）

股票代码	年度	拉克尔系数（%）	股票代码	年度	拉克尔系数（%）	股票代码	年度	拉克尔系数（%）	股票代码	年度	拉克尔系数（%）
	2008	33.304		2008	8.154		2008	46.254		2008	41.197
	2007	—		2007	8.645		2007	35.673		2007	97.290
	均值	18.534		均值	23.569		均值	41.289		均值	63.415
600126	2009	44.874	600312	2009	64.260	600549	2009	11.712	600783	2009	70.456
	2008	20.546		2008	26.229		2008	17.628		2008	44.932
	2007	39.136		2007	—		2007	37.972		2007	114.497
	均值	34.852		均值	45.245		均值	22.437		均值	76.628
600129	2009	38.197	600315	2009	13.071	600558	2009	40.603	600784	2009	43.109
	2008	42.690		2008	12.963		2008	34.344		2008	82.104
	2007	39.083		2007	13.421		2007	50.728		2007	22.365
	均值	39.990		均值	13.152		均值	41.892		均值	49.193
600132	2009	18.487	600319	2009	20.528	600559	2009	17.355	600796	2009	61.072
	2008	23.092		2008	48.050		2008	41.202		2008	81.567
	2007	20.486		2007	31.959		2007	12.795		2007	60.435
	均值	20.688		均值	33.512		均值	23.784		均值	67.691
600141	2009	15.523	600332	2009	40.911	600567	2009	31.394	600806	2009	42.061
	2008	12.351		2008	48.553		2008	19.004		2008	40.591
	2007	14.673		2007	—		2007	—		2007	27.107
	均值	14.182		均值	44.732		均值	25.199		均值	36.586
600156	2009	187.088	600336	2009	25.688	600569	2009	55.751	600809	2009	9.814
	2008	—		2008	47.740		2008	37.154		2008	9.350
	2007	201.362		2007	139.930		2007	34.670		2007	13.028
	均值	194.225		均值	71.119		均值	42.525		均值	10.701
600160	2009	48.191	600339	2009	46.552	600573	2009	16.300	600810	2009	806.932
	2008	33.457		2008	47.886		2008	20.864		2008	28.144
	2007	50.110		2007	31.962		2007	18.819		2007	56.497
	均值	43.919		均值	42.133		均值	18.661		均值	42.321
600165	2009	37.621	600351	2009	20.212	600592	2009	—	600815	2009	28.505
	2008	50.828		2008	31.363		2008	34.716		2008	—
	2007	72.845		2007	25.736		2007	41.833		2007	32.025
	均值	53.765		均值	25.770		均值	38.275		均值	30.265
600166	2009	16.650	600356	2009	18.280	600597	2009	—	600829	2009	—
	2008	39.441		2008	18.083		2008	16.837		2008	35.384
	2007	21.836		2007	28.316		2007	17.530		2007	16.875

表2-8（续）

股票代码	年度	拉克尔系数（%）	股票代码	年度	拉克尔系数（%）	股票代码	年度	拉克尔系数（%）	股票代码	年度	拉克尔系数（%）
	均值	25.976		均值	21.560		均值	17.184		均值	26.130
600169	2009	57.918	600363	2009	50.488	600612	2009	44.809	600843	2009	130.369
	2008	40.192		2008	51.418		2008	20.717		2008	92.196
	2007	47.953		2007	59.700		2007	25.135		2007	96.752
	均值	48.688		均值	53.869		均值	30.220		均值	106.439
600186	2009	57.934	600367	2009	35.066	600618	2009	60.789	600844	2009	—
	2008	82.968		2008	35.532		2008	28.995		2008	20.230
	2007	64.326		2007	26.097		2007	41.942		2007	15.071
	均值	68.409		均值	32.232		均值	43.909		均值	17.651
600192	2009	45.295	600375	2009	7.214	600623	2009	25.210	600848	2009	55.934
	2008	43.140		2008	39.074		2008	50.029		2008	59.355
	2007	64.295		2007	393.925		2007	34.918		2007	60.032
	均值	50.910		均值	23.144		均值	36.719		均值	58.440
600197	2009	18.952	600397	2009	44.518	600626	2009	—	600866	2009	21.940
	2008	19.090		2008	50.098		2008	134.280		2008	26.332
	2007	22.752		2007	42.924		2007	212.768		2007	36.737
	均值	20.265		均值	45.847		均值	173.524		均值	28.336
600199	2009	9.211	600398	2009	39.403	600629	2009	208.761	600894	2009	—
	2008	13.175		2008	39.748		2008	21.014		2008	59.459
	2007	13.612		2007	34.380		2007	22.484		2007	80.987
	均值	12.000		均值	37.844		均值	21.749		均值	70.223
600202	2009	82.192	600399	2009	19560.799	600630	2009	53.645	600960	2009	58.855
	2008	9.201		2008	39.814		2008	59.102		2008	41.835
	2007	8.530		2007	24.456		2007	—		2007	67.106
	均值	33.308		均值	32.135		均值	56.374		均值	55.932
600213	2009	104.624	600418	2009	14.815	600636	2009	49.954	600961	2009	—
	2008	88.758		2008	33.197		2008	30.039		2008	20.418
	2007	33.241		2007	24.351		2007	45.631		2007	30.559
	均值	75.541		均值	24.121		均值	41.875		均值	25.489
600218	2009	21.521	600423	2009	58.131	600651	2009	45.250	600963	2009	71.998
	2008	71.772		2008	75.334		2008	41.998		2008	21.180
	2007	52.378		2007	42.019		2007	44.751		2007	—
	均值	48.557		均值	58.495		均值	44.000		均值	46.589
600222	2009	35.470	600425	2009	34.228	600664	2009	23.527	600983	2009	22.686

表 2 - 8（续）

股票代码	年度	拉克尔系数（%）	股票代码	年度	拉克尔系数（%）	股票代码	年度	拉克尔系数（%）	股票代码	年度	拉克尔系数（%）
	2008	39.590		2008	35.074		2008	36.584		2008	26.862
	2007	38.720		2007	41.973		2007	29.636		2007	15.521
	均值	37.927		均值	37.092		均值	29.916		均值	21.690
600226	2009	45.624	600429	2009	49.220	600666	2009	38.862	600985	2009	40.633
	2008	20.696		2008	97.385		2008	68.887		2008	48.041
	2007	41.903		2007	45.181		2007	31.587		2007	55.941
	均值	36.074		均值	63.929		均值	46.445		均值	48.205
600227	2009	22.016	600432	2009	71.072	600667	2009	—	600987	2009	42.396
	2008	23.804		2008	23.940		2008	30.841		2008	42.533
	2007	37.828		2007	20.778		2007	117.635		2007	54.848
	均值	27.883		均值	38.597		均值	74.238		均值	46.592
600228	2009	—	600436	2009	20.365	600668	2009	33.092	601003	2009	43.881
	2008	42.316		2008	31.011		2008	26.243		2008	29.942
	2007	70.348		2007	20.719		2007	62.316		2007	47.705
	均值	56.332		均值	24.032		均值	40.550		均值	40.509
600229	2009	34.367	600459	2009	—						
	2008	25.967		2008	96.896						
	2007	40.618		2007	26.264						
	均值	33.651		均值	61.580						

表 2 - 9　沪市 A 股制造业央企 2007—2009 年拉克尔系数值统计表

股票代码	年度	拉克尔系数（%）	股票代码	年度	拉克尔系数（%）	股票代码	年度	拉克尔系数（%）	股票代码	年度	拉克尔系数（%）
600005	2009	26.382	600161	2009	26.087	600420	2009	27.168	600582	2009	33.790
	2008	15.250		2008	25.513		2008	26.103		2008	37.927
	2007	15.260		2007	32.756		2007	27.396		2007	36.092
	均值	18.964		均值	28.119		均值	26.889		均值	35.936
600006	2009	17.615	600184	2009	59.427	600448	2009	165.664	600685	2009	437.024
	2008	65.953		2008	—		2008	311.596		2008	167.826
	2007	24.974		2007	53.255		2007	84.241		2007	20.928
	均值	36.181		均值	56.341		均值	124.953		均值	208.593
600055	2009	29.979	600195	2009	38.487	600458	2009	—	600737	2009	—
	2008	38.151		2008	18.611		2008	27.466		2008	43.612

表2-9（续）

股票代码	年度	拉克尔系数（%）	股票代码	年度	拉克尔系数（%）	股票代码	年度	拉克尔系数（%）	股票代码	年度	拉克尔系数（%）
	2007	57.295		2007	27.756		2007	27.108		2007	24.113
	均值	41.808		均值	28.285		均值	27.287		均值	33.863
600061	2009	97.430	600206	2009	108.348	600469	2009	20.137	600765	2009	110.864
	2008	39.043		2008	19.486		2008	72.069		2008	74.954
	2007	125.604		2007	40.262		2007	60.349		2007	44.289
	均值	87.359		均值	56.032		均值	50.852		均值	76.702
600062	2009	27.578	600262	2009	25.158	600480	2009	21.243	600855	2009	58.542
	2008	25.362		2008	67.193		2008	26.649		2008	31.920
	2007	24.764		2007	91.849		2007	34.045		2007	—
	均值	25.901		均值	61.400		均值	27.312		均值	45.231
600072	2009	143.093	600263	2009	34.774	600482	2009	38.576	600877	2009	34.745
	2008	353.955		2008	35.323		2008	11.933		2008	35.464
	2007	30.675		2007	65.690		2007	—		2007	36.872
	均值	175.908		均值	45.262		均值	25.255		均值	35.694
600081	2009	62.441	600268	2009	45.366	600495	2009	41.306	600879	2009	60.035
	2008	54.893		2008	43.607		2008	43.171		2008	81.791
	2007	54.724		2007	34.364		2007	519.439		2007	75.242
	均值	57.353		均值	41.112		均值	42.239		均值	72.356
600099	2009	72.712	600378	2009	50.064	600501	2009	49.593	600893	2009	70.090
	2008	55.710		2008	46.059		2008	39.268		2008	78.618
	2007	—		2007	43.705		2007	—		2007	25.827
	均值	64.211		均值	46.609		均值	44.431		均值	58.178
600135	2009	55.055	600389	2009	189.695	600550	2009	26.342	600967	2009	65.385
	2008	64.780		2008	21.900		2008	25.263		2008	52.743
	2007	56.230		2007	35.576		2007	—		2007	75.016
	均值	58.688		均值	28.738		均值	25.803		均值	64.381
600148	2009	41.090	600390	2009	46.282	600552	2009	38.900	600980	2009	91.451
	2008	64.320		2008	37.294		2008	55.331		2008	206.761
	2007	49.660		2007	48.837		2007	35.729		2007	90.206
	均值	51.690		均值	44.138		均值	43.320		均值	90.829
600150	2009	52.601	600391	2009	41.112	600560	2009	45.635	601600	2009	—
	2008	35.006		2008	57.518		2008	38.904		2008	50.065
	2007	17.594		2007	101.890		2007	83.876		2007	18.411
	均值	35.067		均值	66.840		均值	56.138		均值	34.238

表2－10　　沪市A股制造业民企2007—2009年拉克尔系数值统计表

股票代码	年度	拉克尔系数（%）	股票代码	年度	拉克尔系数（%）	股票代码	年度	拉克尔系数（%）	股票代码	年度	拉克尔系数（%）
600031	2009	16.635	600260	2009	20.069	600409	2009	65.076	600586	2009	32.530
	2008	28.857		2008	—		2008	33.727		2008	15.170
	2007	25.669		2007	24.300		2007	—		2007	—
	均值	23.720		均值	22.185		均值	49.402		均值	23.850
600066	2009	43.810	600261	2009	42.636	600422	2009	20.429	600589	2009	—
	2008	18.267		2008	82.180		2008	20.726		2008	5.740
	2007	21.595		2007	64.345		2007	20.192		2007	10.094
	均值	27.891		均值	63.054		均值	20.449		均值	7.917
600078	2009	10.135	600273	2009	—	600449	2009	16.091	600590	2009	45.511
	2008	4.628		2008	54.766		2008	—		2008	34.747
	2007	—		2007	88.094		2007	24.435		2007	35.494
	均值	7.382		均值	71.430		均值	20.263		均值	38.584
600089	2009	15.956	600276	2009	7.184	600466	2009	26.210	600595	2009	30.803
	2008	12.707		2008	8.878		2008	40.726		2008	9.640
	2007	18.709		2007	6.660		2007	30.792		2007	8.082
	均值	15.791		均值	7.574		均值	32.576		均值	16.175
600090	2009	26.835	600277	2009	—	600481	2009	12.504	600596	2009	39.414
	2008	21.805		2008	58.543		2008	40.555		2008	11.279
	2007	20.644		2007	13.003		2007	255.941		2007	19.150
	均值	23.095		均值	35.773		均值	26.530		均值	23.281
600095	2009	61.991	600282	2009	34.075	600499	2009	20.358	600599	2009	—
	2008	76.386		2008	26.405		2008	47.657		2008	13.702
	2007	24.392		2007	14.533		2007	33.128		2007	7.198
	均值	54.256		均值	25.004		均值	33.714		均值	10.450
600110	2009	42.391	600290	2009	18.982	600517	2009	15.492	600615	2009	6.163
	2008	25.105		2008	43.781		2008	8.700		2008	33.885
	2007	23.022		2007	25.875		2007	11.670		2007	—
	均值	30.173		均值	29.546		均值	11.954		均值	20.024
600112	2009	42.440	600297	2009	22.804	600518	2009	15.612	600671	2009	35.704
	2008	—		2008	32.440		2008	22.780		2008	26.965
	2007	36.776		2007	32.391		2007	9.515		2007	76.576
	均值	39.608		均值	29.212		均值	15.969		均值	46.415
600137	2009	16.458	600300	2009	34.296	600521	2009	23.645	600673	2009	73.258
	2008	14.205		2008	33.183		2008	34.334		2008	26.730
	2007	18.419		2007	33.560		2007	25.633		2007	17.033
	均值	16.361		均值	33.680		均值	27.871		均值	39.007
600143	2009	20.538	600308	2009	23.196	600525	2009	—	600735	2009	—
	2008	32.128		2008	33.299		2008	38.269		2008	71.630
	2007	—		2007	17.607		2007	31.885		2007	135.197

73

表 2 - 10（续）

股票代码	年度	拉克尔系数(%)	股票代码	年度	拉克尔系数(%)	股票代码	年度	拉克尔系数(%)	股票代码	年度	拉克尔系数(%)
	均值	26.333		均值	24.701		均值	35.077		均值	103.414
600146	2009	44.494	600318	2009	149.888	600527	2009	18.072	600779	2009	6.383
	2008	154.087		2008	49.936		2008	13.382		2008	9.553
	2007	143.715		2007	34.157		2007	7.980		2007	4.941
	均值	114.099		均值	42.047		均值	13.145		均值	6.959
600173	2009	1.997	600321	2009	14.400	600535	2009	16.913	600781	2009	19.550
	2008			2008	61.596		2008	18.462		2008	34.255
	2007	3.140		2007	—		2007	15.275		2007	53.141
	均值	2.569		均值	37.998		均值	16.883		均值	35.649
600176	2009	—	600330	2009	161.807	600537	2009	56.872	600803	2009	41.431
	2008	87.704		2008	90.330		2008	51.750		2008	34.418
	2007	24.711		2007	121.347		2007	51.741		2007	69.821
	均值	56.208		均值	124.495		均值	53.454		均值	48.557
600177	2009	34.118	600352	2009	72.233	600543	2009	14.177	600818	2009	46.922
	2008	33.598		2008	17.092		2008	22.437		2008	73.272
	2007	13.893		2007	59.218		2007	17.023		2007	55.312
	均值	27.203		均值	49.514		均值	17.879		均值	58.502
600200	2009	54.514	600353	2009	39.500	600557	2009	27.370	600836	2009	66.474
	2008	31.576		2008	37.513		2008	26.590		2008	92.094
	2007	50.264		2007	97.275		2007	20.306		2007	23.029
	均值	45.451		均值	58.096		均值	24.755		均值	59.866
600210	2009	18.526	600360	2009	34.843	600563	2009	45.168	600867	2009	11.686
	2008	22.657		2008	32.234		2008	30.015		2008	15.787
	2007	21.899		2007	29.480		2007	44.014		2007	15.478
	均值	21.027		均值	32.186		均值	39.732		均值	14.317
600211	2009	18.847	600365	2009	33.414	600566	2009	36.591	600869	2009	30.664
	2008	17.083		2008	28.726		2008	30.220		2008	20.748
	2007	24.301		2007	70.479		2007	27.798		2007	39.479
	均值	20.077		均值	44.206		均值	31.536		均值	30.297
600216	2009	9.837	600366	2009	55.424	600572	2009	17.502	600884	2009	55.001
	2008	11.756		2008	47.861		2008	18.297		2008	60.081
	2007	42.673		2007	184.814		2007	15.214		2007	60.430
	均值	21.422		均值	51.643		均值	17.004		均值	58.504
600220	2009	23.150	600382	2009	—	600576	2009	10.642	600966	2009	16.265
	2008	30.110		2008	7.616		2008	21.918		2008	12.762
	2007	—		2007	24.210		2007	8.744		2007	14.441
	均值	26.630		均值	15.913		均值	13.768		均值	14.489
600233	2009	35.576	600388	2009	24.773	600577	2009	16.090	600976	2009	23.466
	2008	51.807		2008	20.872		2008	11.142		2008	14.537
	2007	61.772		2007	342.740		2007	—		2007	36.660

表2-10（续）

股票代码	年度	拉克尔系数（%）	股票代码	年度	拉克尔系数（%）	股票代码	年度	拉克尔系数（%）	股票代码	年度	拉克尔系数（%）
	均值	49.718		均值	22.823		均值	13.616		均值	24.888
600237	2009	68.818	600400	2009	11.145	600580	2009	31.660	600993	2009	17.184
	2008	51.666		2008	84.807		2008	36.305		2008	21.059
	2007	63.975		2007	—		2007	37.262		2007	25.723
	均值	61.486		均值	47.976		均值	35.076		均值	21.322
600255	2009	99.874	600408	2009	18.309	600584	2009	121.419	601002	2009	25.033
	2008	48.360		2008	14.872		2008	38.171		2008	92.552
	2007	12.591		2007	34.748		2007	32.204		2007	—
	均值	53.608		均值	22.643		均值	63.931		均值	58.793

计算说明：

1. 部分样本存在相关数据缺失或是增值额数值为负值的现象，会妨碍获得相对准确的拉克尔系数值，因此没有包含在表2-8、表2-9、表2-10内。含括在表内的某些企业的某些年份也存在上述情况，相应拉克尔系数值就以"—"表示。

2. 在拉克尔系数均值的统计过程中，存在一些特殊情况，处理原则如下：

（1）在所统计的三个年度拉克尔系数数据中仅存在一年有效数据。此时，由于单一数据的偶然性较高，不具有代表性且无法计算平均数，因此视之为无效数据，在总体特征统计分析时不予采用，也不予陈列在表2-8、表2-9、表2-10内。

（2）在所统计的三个年度拉克尔系数数据中存在两年的有效数据。此时，直接取二者的算术平均值，但遇到数值差异悬殊（相差100%以上）的情况时，则视之为无效数据，在总体特征统计分析时不予采用，也不予陈列在表2-8、表2-9、表2-10内。

（3）在所统计的三个年度拉克尔系数数据中，有两年数据较为接近但另一年数据差异很大（相差100%以上），则认为该数据存在的偶然性较大，在计算均值时不包括在内，直接取另两个数据的平均数作为该企业拉克尔系数均值。

依照如上处理方法将表2-8、表2-9和表2-10中的数据做以统计，即可得到 2007—2009 年地企、央企、民企样本的拉克尔系数平均值，如表 2 - 11 所示：

表 2 - 11

上市公司类型	拉克尔系数平均值（%）
地企	42.499
央企	54.693
民企	32.428

三、结论与政策建议

（一）结论

如拉克尔法则中所述，工资占全部增值额的 39.395% 为标准比例，如果某个企业的工资高于这一比例，应采取措施提高劳动生产率，增加劳动绩效；若低于这个比例，则应增加工人工资，避免劳资矛盾恶化。比对 39.395% 这个标杆，我们可以发现地企和央企的拉克尔系数都已超过该数值，即意味着这两类企业都应该采取措施提高劳动生产率；而民企的拉克尔系数低于标准比例近 7 个百分点，空间比较大，应该提高工人工资待遇，使劳资关系更为融洽。此处关于拉克尔系数的实证研究结果也与之前关于人工成本投入产出率的实证研究结论刚好吻合，更加增强了我们所提出假设的可信度。

（二）政策建议

1. 薪酬制度改革方面地企向民企的借鉴

综合以上两节实证研究的结论，较之民企的优良表现，笔者认为地企在薪酬制度方面的改革至少有以下几点可引以为鉴：

（1）避免薪酬分配水平与市场脱节的现象。长期以来，地企员工的薪酬不能反映"优质优价"的市场价值规律，低质员工的薪酬高于市价，而高质员工的薪酬反而低于市价，这种不健康的薪酬给付制度造就了低质员工紧紧依附于企业，高质员工却纷纷离开企业的惨痛局面，进而使企业丧失了吸引高质员工的竞争筹码，出现了薪酬的逆向调节现象。①

（2）充分重视人力资本，提高薪酬分配的公平性。地企应该改变其工龄决定薪酬的恶性规律，使薪酬分配能够真正反映员工的能力；同时，减少平均主义对薪酬体系不合理的致命影响，不简单依靠升职来为员工增加薪酬。薪酬差别能够体现员工业绩贡献大小、岗位职责差异。切忌以简单的出勤考核来掩盖其搞平均主义的落后思想，致使薪酬政策不鼓励员工提高效率，反倒激励偷奸耍滑的懒惰思想滋生。

（3）丰富薪酬结构，增加非货币化的薪酬形式。地企要改变其名义工资＋隐性工资的全货币式薪酬制度，多向聪明灵活的民企学习——懂得用各种非货币形式的奖励来补充员工的薪资收入。员工除了钱之外还能获得多种其他形式的报酬，例如：在职培训、岗位轮换、职位晋升、股票期权。此外还有公费出国深造、旅游，带薪休假，定期免费发送公司产品等非货币薪酬形式。企业选择货币＋非货币的组合薪酬机制，能够充分利用企业自身具有的各种资源，以非货币报酬补充货币收入，不仅满足了员工生理和心理两个层面的需求，而且能够最大限度地调配公司资金，节约支出，实现双赢的局面。

2. 包容性增长引发的思考

由拉克尔系数的实证研究，我们知道虽然国有企业在薪酬制度方面存在明显不合理之处，亟须提高劳动生产率和人工成本的效率，但民企的薪酬制度同样有待改善，就是需要提高工人的薪酬待遇。面对这样的研究结论，笔者提议关注近期的热点话题包容性增长，可以为我们带来一些关于薪酬管理和薪酬制度改革方面的启示。

（1）包容性增长的含义。继 2010 年 9 月 16 日国家主席胡锦涛总书记在第五届亚太经合组织人力资源开发部长级会议开幕式上发表了题为《深化交流合作，实现包容性增长》的致辞后，紧接着在党的第十七届五中全会上，胡锦涛总书记又提倡将包容性增长加入"十二五"规划内。关于包容性增长的话题一时在国内火热了起来，关于这个新名词的研究也蔓延到了各个领域。

---

① 曾爱青，刘智勇. 企业人力资本收益分配基本问题探究［J］. 会计之友，2009（2）.

总的来说，包容性增长即为倡导机会平等的增长。而实现包容性增长的根本目的就在于让经济全球化和经济发展成果惠及所有国家、地区和人群，在可持续发展中实现经济社会的协调发展。① 这一思想的提出也对企业薪酬管理方面产生了很大影响，促使企业进行薪酬设计的优化改革。

（2）民企的薪酬要实现包容性增长。对于需要提高工人工资待遇的民企来说，包容性增长为企业优化薪酬设计提供了提高普通员工的利润分享和工资收入的参考和借鉴：民企现有的薪酬制度中关于利润分享大多是针对中高层管理者和核心技术人员的，普通员工很少能够享有，这样很有可能会增加企业内部的劳资矛盾、紧张劳资关系，从而不利于企业经济效益的提高。因此对民企来说，应该多增加利润分享给普通员工，同时考虑提高员工的工资收入，避免只涨利润不涨工资的现象，实现员工薪酬与企业效益的包容性增长。

（3）国有企业的薪酬要实现包容性增长。对于需要提高劳动生产率、增加劳动绩效的国有企业来说，包容性增长为企业优化薪酬设计提供了参考和借鉴：提高人力资本的使用效率和人工成本的投入产出率。包容性增长的思想要求人力资本的使用效率更高，强调人工成本的投入产出率。国有企业普遍具有高工资低效率的特点，提高员工薪酬，增强其归属感固然是人性化的举措，然而国有企业毕竟是营利性组织，需要保证每一份投资都有合理的回报。因此，国有企业需要通过薪酬设计和制度的改革来提高人力资本的使用效率和人工成本的投入产出率，以期实现高绩效下的高薪酬。

实施全面薪酬管理，避免单纯物质层面激励。全面薪酬的主要精神是认为任何有助于企业吸引、激励、保留员工的措施都属于薪酬范围，② 它拓展了人们对于薪酬的传统理解，也拓宽了管理者对于薪酬管理的视角，使可用的激励方式丰富化、多元化。虽然国有企业给付的工资福利普遍较高，但由于其长期以来较为严重的按资排辈现象，大部分员工都很少有机会获得诸如领导力培训、职业发展、职位晋升机会等激励方式，心理层面的需求得不到关注和满足。这

---

① 田永坡. 加强人力资源开发，实现包容性增长 [J]. 中国人才，2010 (12).
② 乔依杨，李红勋. 包容性增长下的薪酬管理 [J]. 人力资源管理，2011 (3).

样企业虽然支付了大量的人力成本，却无法换来理想的效果，甚至还会由于激励不到位致使人才流失，对企业的经营发展带来负面影响。

主要参考文献

【1】FAMA E. Agency problems and the theory of the firm ［J］. Journal of Political Economy，1980，88（3）.

【2】GROSSMAN，OLIVER HART. Take－over bids，the free－rider problem and the theory of the corporation ［J］. The Bell Journal of Economics，1980，11（1）.

【3】JENSEN M C，MECKLING W H. Theory of the Firm：Managerial Behavior，Agency Cost and Ownership Structure. Journal of Financial Economics，1976，3.

【4】QIAN SUN，WILSON TONG H S，JING TONG. How does government ownership affect firm performance? Evidence from China's privatization experience ［J］. Journal of Business Finance and Accounting，2002，29.

【5】QIAN，YINGYI，ROLAND，GERARD. Federalism and Soft Budget Constraint ［J］. American Economics Review，1998，5.

【6】SHLEIFER A，VISHNY R. Large Shareholder and Corporate Control ［J］. Journal of Political Economy，1986，94.

【7】XU XIAONIAN，WANG YAN. Ownership structure and corporate governance in Chinese stock companies ［J］. China Economic Review，1999，10.

【8】曹书军，刘星，张婉君. 财政分权、地方政府竞争与上市公司实际税负 ［J］. 世界经济，2009（4）.

【9】曹新昌. 中国上市公司股权集中度与公司绩效关系实证研究 ［D］. 成都：西南财经大学，2009.

【10】陈亚飞. 企业薪酬福利制度的完善与发展 ［EB/OL］. ［2007 - 01 - 15］http：//www. hr. com. cn.

【11】陈晓，李静. 地方政府财政行为在提升上市公司业绩中的作用探析

[J]．会计研究，2001（12）．

【12】崔学刚，谢志华，郑职权．终极控制权性质与公司绩效——基于配对样本的实证检验［J］．财贸研究，2007（4）．

【13】邓之玮．浅谈国有企业人力资源激励机制中的薪酬和福利制度［J］．科协论坛，2008（11）．

【14】樊小丽．浅析加强国有企业薪酬管理的必要性［J］．中国煤炭地质，2009（4）．

【15】干胜道，杜荣飞，段华友．拉克尔法则及其在财务分析中的应用［J］．财会学习，2011（5）．

【16】侯玉娟．国企薪酬制度浅议［J］．今日科苑，2007（18）．

【17】黄雷，叶勇，蓝辉旋．股改后国有控股上市公司股权结构与公司绩效研究［J］．统计与决策，2010（10）．

【18】贾存斗．国企改革：漫长的博弈［J］．中国改革，2008（11）．

【19】蒋瑾．控股股东与公司业绩问题研究评述［J］．中国商界，2009（12）．

【20】蓝定香．国企改革30年的纷争焦点与深化改革的取向［J］．四川行政学院学报，2008（5）．

【21】李春奉，万永霞．从辩证法谈谈如何构建和谐劳资关系［J］．金卡工程（经济与法），2010（4）．

【22】李平．构建企业与员工的心理契约，促进劳动关系和谐稳定发展［J］．天津市工会管理干部学院学报，2006（4）．

【23】李荣融．不负重托，不辱使命，开创国有资产管理体制改革新局面［J］．国有资产管理，2005（6）．

【24】李增泉．激励机制与企业绩效［J］．会计研究，2000（1）．

【25】梁绮惠．构建和谐劳资关系的三大思路［J］．佛山科学技术学院学报，2008（7）．

【26】林俊清．高级管理层团队内薪酬差距、公司绩效和治理结构［J］．经济研究，2003（4）．

【27】林毅夫，刘志强．中国的财政分权与经济增长［J］．北京大学学报：哲学社会科学版，2000（4）．

【28】刘国亮，王加胜．上市公司股权结构、激励制度及绩效的实证研究［J］．经济理论与经济管理，2000（6）．

【29】刘芍佳，孙霈，刘乃全．终极产权论、股权结构及公司绩效［J］．经济研究，2003（3）．

【30】莫冬艳，邵聪．高管薪酬、股权激励与公司绩效的相关性检验［J］．科学决策，2010（7）．

【31】纳丽娜．关于我国国有企业改制问题与对策的思考［J］．齐齐哈尔大学学报：哲学社会科学版，2009（9）．

【32】彭冰．中央和地方关系中的上市公司治理［J］．北京大学学报：哲学社会科学版，2008（11）．

【33】彭雨．国企薪酬制度设计浅议［J］．科技信息，2009（4）．

【34】乔依杨，李红勋．包容性增长下的薪酬管理［J］．人力资源管理，2011（3）．

【35】宋养琰．国企改革30年［J］．经济研究导刊，2008（12）．

【36】苏力．当代中国的中央和地方分权［J］．中国社会科学，2004（2）．

【37】孙菊生，李晓俊．上市公司股权结构与经营绩效关系的实证分析［J］．当代财经，2006（1）．

【38】汤发喜，马卓然，孙琳．股权结构与公司绩效的相关性研究——来自我国制造业上市公司的经验证据［J］．金融教学与研究，2009（2）．

【39】田永坡．加强人力资源开发，实现包容性增长［J］．中国人才，2010（12）．

【40】王捷舒．泰勒的科学管理原理之企业内部劳资关系探讨［J］．金卡工程，2010（5）．

【41】王鹏，秦宛顺．控股股东类型与公司绩效——基于中国上市公司的证据［J］．统计研究，2006（7）．

【42】王鹏，周黎安．控股股东的控制权、所有权与公司绩效：基于中国上市公司的证据［J］．金融研究，2006（2）．

【43】王杏芬，刘斌．企业绩效和员工薪酬：社会和谐之源——来自中国上市公司的经验证据［J］．重庆大学学报：社会科学版，2008（6）．

【44】魏刚．高级管理层激励与上市公司经营绩效［J］．经济研究，2000（3）．

【45】夏立军，方轶强．政府控制、治理环境与公司价值：来自中国证券市场的经验证据［J］．经济研究，2005（5）．

【46】萧冬连．国有企业改革的起步及其矛盾［J］．中共党史研究，2008（1）．

【47】熊楚熊．增值会计学［M］．北京：中国财经经济出版社，1995.

【48】徐忠艳．工资结构、公平感与组织绩效的关系研究［D］．杭州：浙江大学，2004.

【49】杨珂．上市公司 CEO 薪酬决定研究文献综述［J］．中国集体经济，2010（5）．

【50】杨其静．国企改革：在摸索与争论中前进［J］．世界经济文汇，2008（1）．

【51】杨文婷．中国上市公司股权结构与公司绩效关系的实证研究［D］．哈尔滨：哈尔滨工业大学，2008.

【52】于东智．资本结构、债权治理与公司绩效：一项经验分析［J］．中国工业经济，2003（1）．

【53】曾爱青，刘智勇．企业人力资本收益分配基本问题探究［J］．会计之友，2009（2）．

【54】曾庆生，陈信元．国家控股、超额雇员与劳动力成本［J］．经济研究，2006（5）．

【55】张军．薪酬体系：国企 VS 民企［J］．经理人，2010（3）．

【56】张喜海．所有者财务行为的比较分析与政策建议［J］．技术与市场，2006（4）．

【57】张兆国，何微风，梁志钢.资本结构与公司绩效——来自中国国有控股上市公司和民营上市公司的经验证据 [J].中国软科学，2007（12）.

【58】赵国雄.国企改革历史的启示 [J].质量与市场，2005（5）.

【59】周克任.国企改革：历史、现实与未来 [J].财经研究，2001（1）.

【60】邹东涛.发展和改革蓝皮书——中国改革开放 30 年（1978—2008）[M].北京：社会科学文献出版社，2008.

【61】朱武祥，宋勇.股权结构与企业价值——对家电行业上市公司实证分析 [J].经济研究，2001（12）.

第三章　股东特质与社会责任承载

随着我国经济发展和社会进步，人们在享受国民收入增长、家庭财富增加、社会物质极大丰富的同时，对企业生产经营活动造成自身生存空间的侵蚀、生命健康和安全的潜在风险等诸多负面现象给予越来越多的关注，对企业积极主动地参与慈善福利事业寄予了较大的期望。特别是近几年，"三鹿毒奶粉事件""双汇瘦肉精事件""万科捐款门事件""富士康跳楼门事件"等一系列有关企业社会责任的事件，更加引发了社会公众和舆论界对企业社会责任问题的热烈讨论。

在国际上，2010 年初日本丰田公司 RAV4 型汽车因油门踏板和脚垫缺陷，造成全球范围内无数起交通事故，给消费者带来生命和财产损失。公司因此在全球召回约 800 万辆汽车，还将承担高达 1 700 万美元的赔偿责任。同时，这一事件也引发了丰田公司 20 年来遇到的最大一次信任危机。在美国，2010 年 4 月 20 日英国石油公司墨西哥湾 "深水地平线" 钻井平台的一声巨响，引发了世界上有史以来最大的漏油灾难，油污给当地生态环境带来灾难性的影响，由此带来的直接和间接损失更是无法估计。英国石油公司也因此承担了上百亿美元的巨额赔偿责任。可见，企业生产经营活动的社会化和全球化趋势使企业与社会进行全方位接触，企业与社会的交互影响已经向纵深扩展。事实表明，对于企业社会责任的思考已经不再是要不要承担的问题，而是如何承担、承担多少的问题。

大量的研究者从不同视角来研究企业社会责任问题，如将企业社会责任与实施过程和战略的进一步研究，发展出了企业社会责任回应的概念；如强调社会责任的决定应该是一个公共参与过程，从而产生公共责任的观点；如注重对企业社会责任实施过程和结果的关注，有了社会绩效及模型的应用；如研究企业究竟应对哪个群体承担责任，引起了利益相关者理论的提出；如以资本来促进企业社会责任的实现，有了社会责任投资（SRI）的观点。

财务与会计方面的研究学者围绕企业社会责任活动与企业价值的相关性展开了一系列实证性研究，对社会责任报告信息披露的内容、结构提出了研究建议。冯巧根（2009）、张兆国（2009）、李心合（2009）等分别从企业社会责任理论对管理会计框架重构、财务管理变革和财务理论扩展等方面的影响提出了看法。

笔者认为，对企业承担社会责任的问题应从企业的性质为切入点进行分析。正如科斯（1937）指出的那样："现代企业实际上是一系列利益相关者组成的契约联合体，"契约性质构成了企业的基本属性。在这个契约体系中，股东与企业经营者间的契约关系决定了企业的行为方式，股东与其他企业利益相关者的契约关系对企业行为产生重大影响。基于这样的认识，本章进一步对股东特质与企业承担社会责任的关系展开研究。

第一节　企业社会责任基本内涵

英国学者奥利弗·谢尔登（Oliver Sheldon）于 1924 年第一次从学术角度提出了企业社会责任的概念，其基本含义是指企业应该为受其影响的其他实体、社会和环境的所有行为负责，他把企业社会责任与公司经营者满足产业内外各种人类需要的责任联系起来，认为企业社会责任含有道德因素（任荣明，朱晓明，2009）。该概念自提出以来就得到不断的发展，国内外权威组织机构和著名学者从不同角度对企业社会责任进行定义，但一直未能达成一致说法。

目前广为接受的观点是卡罗尔（Carroll，1979，1991）提出的包括四个方面内容的企业社会责任定义：企业社会责任是指某一特定时期社会对组织所寄予的经济责任、法律责任、道德责任和慈善责任。他认为：企业是社会基本的经济单位，企业的社会责任由基本的社会责任和高层次社会责任构成。最底层是经济责任，即企业作为经济组织，要生存和要发展就必须有经济保障，必须盈利；第二层是法律责任，即企业作为社会公民，必须遵守有关法律的约束与规定，承担对社会负责的法律义务，在不履行义务或超越法律约束和规定时接受法律的惩戒；第三层是企业的道德责任，即社会期望企业履行的，超出法律、准则等规定的额外的责任，包括企业公平和正义的义务，通过自身的合乎伦理规范的经济行为来服务社会，创造满足社会需要的产品和服务；第四层是企业承担捐赠等慈善责任，即企业从道德角度成为优秀企业公民。

多年来，我国学者和企业人士通过理论研究和实践总结，为企业社会责任概念的把握提供了有益的补充和高度概括。如王明洋（1989）将企业社会责任定义为："企业为所处社会的全面和长远利益而必须关心、全力履行的责任和义务，表现为企业对社会的适应和发展的参与。"吴克烈（1989）指出："要全面探讨企业社会责任的基本含义，必须从企业、社会和责任这三个最基本的范畴出发，一般说来，前两个范畴人们比较熟悉，即所谓企业是指从事生产、流通或服务活动，并有独立经济核算地位的经济组织；所谓社会是指以共同的物质生产活动为基础而相互联系的人们的总体……所谓责任，从法律上讲，是指含义很广的几乎包括各种类型的由契约、侵权行为和法律规定所产生的各种义务、债务、职责或风险的一个术语。"刘俊海（1999）提出："所谓企业社会责任，是指企业不能仅仅以最大限度地为股东们盈利或赚钱作为自己存在的唯一目的，而应当最大限度地增进股东之外的其他所有社会利益。"

总结上述中外学者对企业社会责任的各种定义，可以得到对企业社会责任较为全面的理解。第一，企业社会责任以企业为义务承担主体；第二，股东、消费者、员工、政府、供应商、社区乃至于自然环境等广大利益相关者是企业承担社会责任的权利诉求方；第三，企业社会责任是企业在生产经营和管理中自愿而为或者被强制而为（如迫于舆论压力或者法律规定）的企业行为；第四，企业承担社会责任的目的是通过企业与各利益相关方的协调，促进企业自身和整个社会的和谐和可持续发展。

第二节　股东特质与企业社会责任承载

企业本质上是一系列契约的联结，股东与其他缔约方（特别是经营者的委托代理关系）的契约关系对企业行为起着关键性的作用。因而股东特质的差异也会对企业社会责任承载的内容、额度及形式等方面产生决定性的影响。

一、中央企业与民营企业股东特质差异分析

特质是指事物本身所具有的与其他事物不同的特征。笔者认为股东的特质一方面表现为因股东性质的差异所形成的不同股东间的特殊特征，如中央企业的股东为国家，并由国资委代为行使股东权利；民营企业的股东为出资者个人或者其他法人。股东特质的另一方面表现为股东作为企业契约缔约方，相对于其他缔约方所表现的特征，如股东区别于债权人、雇员以及消费者等。本章主要对第一种类型的股东特质差异进行分析。

在我国《公司法》中，按照企业的资本组织形式划分企业类型，主要有国有独资、国有控股、有限责任公司、股份有限公司、合伙企业和个人独资企业等。因此，可以认为除国有独资、国有控股外，其他类型的企业中只要没有国有资本，均应属于民营企业范畴。中央企业作为国有独资公司，它的全部资本由国家投入，国家是唯一的股东。国家股东的财产属于全体人民共有，它的使用要服从和服务于公共利益。民营企业的股东可以是自然人或者其他法人，也可以是一人或者多人。民营企业股东的财产属于私人财产，它的使用主要为满足股东个人的利益，具有较强的逐利性。

根据国家统计局披露的 2008 年年末数据，在我国企业资产中，国有企业资产占 23%，私营企业资产占 12.3%；在企业法人中，国有企业法人 14.3 万家，民营企业 659.42 万家；企业实收资本中，国家资本占 33.4%，集体资本占 3%，法人资本占 25.5%，个人资本占 22.9%，港澳台资本占 6.1%，外商资本占 9.1%。因此，从资金实力看，国有股东的资产总量远高于私营企业股东的资产总量。此外，民营企业股东数量远多于国有企业股东，但资金实力较为分散，因而民营企业需要股东间较多合作和协调。

经济全球化带来的必然是全球化的竞争。国家的核心竞争力无非是人、财、物的竞争。经济的发展需要利用资源赢得竞争，达到国富民强。可持续的关键就在于资源与发展目标的一致性，或者说资源足以长期支撑发展目标。此外，

既然是经济竞争，一个国家在全球的地位与企业在市场上的地位没有根本差别。衡量一个国家的竞争力，一个重要的标准是国家生产力（即单位劳动力和资本所创造的产值）。因此，中央企业的股东一方面需要推进被出资企业，提高生产效率、实现国有资本的经济效益，为其他企业做出榜样；另一方面又要从国家整体利益考虑来配置经济资源，为各类型企业的发展创造良好的宏观经济环境，并通过自身出资行为引导非国有资本的投向。而且，国有股东的任期远超过民营企业股东，这样国有股东既要立足于当前的经济发展，又要着眼未来的可持续的发展。相比较而言，民营企业股东主要关注短期的私人利益，并在既定的宏观经济环境下着力提升自身的经济效益。

国家代为行使全体人民共有财产的权利，它又通过授权国资委履行国有资本出资人的职责。同时，中央企业又作为国有资本授权投资单位履行国有资本的再次出资。在经营管理方面，各级国有企业经营管理者是通过党组织进行选拔和任命的，并以年度和任期经营业绩责任书的形式确定经营管理者经营管理目标、任务和责任。因此，国有企业的股东是通过授权和委托的形式将经营管理权利和责任转移给经营管理者的，股东并未参与到经营中。这就增加了人们对中央企业履职信息透明性、及时性和客观性的要求。当然，这种层层委托和授权隐藏了腐败和寻租等新的社会问题。对于民营企业股东而言，他们一开始就直接对所出资企业进行经营和管理，对于生产经营中的私人信息，民营企业股东并没有义务对外披露。

此外，作为中央企业唯一的股东——国家，其代表着全体人民的意志，需要保卫国家安全、维持社会秩序、维护社会稳定、加强政治统治。这些政治性职能势必通过其所控制的企业来实现。因此，中央企业也是国家实行政治统治、维护社会稳定和国家安全的重要工具。民营企业股东作为自然人或者其他法人，它的自然属性决定了它的行为动机是自身需求，而它的社会属性决定了它的行为要受到国家法律法规的约束，不得损害公共利益。

二、中央企业与民营企业社会责任承载比较

中央企业股东与民营企业股东上述的股东特质差异决定了被投资单位的经

营领域以及企业社会责任承载的特征。

在经营领域方面：中央企业的股东是国家，拥有最大的资源财富，因而有能力将资金投入到资金需要量大，回报周期长，涉及国计民生、国家安全和公共利益的行业中。截至 2010 年 10 月末，由国资委监管的 127 家中央企业中，石油石化企业 3 家、冶金企业 6 家、机械制造企业 12 家、矿业企业 4 家、电子企业 5 家、军工企业 10 家、电力企业 9 家、化工企业 2 家、建材企业 2 家、建筑企业 8 家、地质勘探企业 2 家、交通运输企业 6 家、仓储企业 2 家、通信企业 3 家、商贸企业 22 家、房地产企业 3 家、旅游企业 1 家、咨询服务企业 5 家、科研设计研究院 10 家、农林牧渔企业 2 家、投资企业 3 家、境外企业（如华润、招商集团等）4 家、其他行业企业 3 家。从资产规模看，资产总额大于 2 000 亿的企业 37 家、资产总额在 500 亿~2 000 亿的企业 31 家、资产总额在 50 亿~500 亿的企业 42 家、资产总额小于 50 亿元的企业 17 家。

而民营资本主要集中在传统产业，从事产品价值链低端的低附加值产品的生产。党的十六大后，我国出台了多项鼓励民营经济发展的政策措施，民营资本开始逐渐向金融、公共事业和部分垄断行业渗透。但是，像军工、石油、战略能源等涉及国家安全命脉的产业，法律法规明令禁止民营资本进入。《中国民营企业 100 强社会责任发展指数报告（2009）》显示：截至 2008 年年底，全国工商行政机关共登记民营企业 659.42 万家，总资产规模超过 1 000 亿元的企业 5 家、总资产规模在 500 亿~1 000 亿元的民营企业 6 家，100 亿~500 亿元的民营企业 89 家。从 100 强的行业分布看，共涉及 19 个行业，其中，金属制造业 21 家、纺织服装业 10 家、电气机械及器材制造业 9 家、食品和石油石化业各 8 家、银行和零售企业均为 6 家、采矿企业 5 家。此外，国家工商局办公厅《2009 年第一季度全国市场主体发展报告》显示：在第一产业的民营企业占全部民营企业的 2.11%、第三产业的民营企业占 67.25%、第二产业的民营企业占 30.64%。

在社会责任承载方面：中央企业处于关系国家安全和国民经济命脉的重要行业与关键领域，它们能够按照国家要求完成生产经营任务，实际上就已经履行了中央企业对社会的基本责任。当然，由于中央企业规模大、综合实力强，其利益相关者分布广泛、数量众多，对经济社会发展具有重要而特殊的社会影响力，并且对其他类型企业起到激励和表率作用。国资委代表国务院履行国有资本出资人职责，它在中央企业履行社会责任方面起着积极的推动和规范作用。自 2008 年新年伊始，国资委正式发布了第一号文件《中央企业履行社会责任的指导意见》、《关于加强中央企业对外捐赠管理有关事项的通知》、《关于印发〈对外捐赠支出季报表〉的通知》，明确了中央企业履行社会责任的要求。此后，国资委先后下发了《中央企业安全生产监督管理暂行办法》、《中央企业节能减排监督管理暂行办法》等具体规范。同时，国资委官网也成为宣传中央企业履行社会责任的平台。

据初步统计，该网站 2009 年披露中央企业履行社会责任信息 382 条，2010 年披露中央企业履行社会责任信息 1 014 条。在所披露的 2009 年中央企业承担社会责任的信息中，涉及履行节能减排和环境保护责任的事件 60 件，占 15.71%；涉及履行生产保障责任的事件 56 件，占 14.66%；涉及国内灾区重建援助事项 44 件，占 11.52%；涉及履行国际援助（如社区建设、灾后建设等）42 件，占 10.99%；涉及企业推进社会责任工作、主动披露社会责任报告、获得外界好评事项 29 件，占 7.59%；涉及扶贫、援建西藏和新疆的事件 21 件，占 5.5%；涉及加强产品质量和服务的事件 17 件，占 4.45%。此外，中央企业还承担了支持地区经济发展、社区建设，支持教育事业、捐资助学，维护社会稳定，承担国家政治任务等社会责任。具体情况如表 3 - 1 所示：

表 3 - 1　　　　　　2009 年中央企业披露社会责任信息分类统计

社会责任内容	报道事件数量（件）	比例（%）
环境保护和节能减排	60	15.71
生产经营和保障民生	56	14.66
灾区捐助	44	11.52
国际援助	42	10.99
推进企业社会责任工作	29	7.59
扶贫、援建西藏和新疆等	21	5.50

表3－1(续)

社会责任内容	报道事件数量（件）	比例（%）
关爱儿童、帮助残疾人事业、拥军	18	4.71
提高产品和服务质量	17	4.45
支持地区经济和社区发展	17	4.45
支持教育事业	15	3.93
关爱员工	14	3.66
服务"三农"	14	3.66
承担国家任务	8	2.09
维护治安稳定	8	2.09
思想政治教育	6	1.57
参加抗险救助	5	1.31
促进就业	4	1.05
加强基础研究	4	1.05
合计	382	100

对于民营企业来讲，企业的资本和收益均为股东的私人财产，企业履行社会责任的方式多为股东自发的行为，其实质是对民营企业股东依法取得的私人权益①的再次分配。因此，民营企业承担社会责任的内容是以股东的偏好、道德素质、信仰等为依据的。教育部2007年《中国民营企业社会责任推进机制研究》课题组对浙江民营企业进行的大型面谈式问卷调查结果显示：74.1%的企业认为能很好体现社会责任行为的事项是为消费者提供优质服务和产品，63.7%的企业认为是为员工提供良好的工作环境，46.4%的企业认为是积极参与社会公益活动，42.7%的企业认为是注重环保减少污染，19.8%的企业认为是向政府纳税。民营企业股东数量庞大且分散、行业影响力不高，这样，民营企业组织、行业自律组织（如工商联等）就成为推动民营企业履行社会责任的

---

①　此处的依法取得的私人权益主要是指民营企业股东按照法律法规要求支付雇员工资，按时足额上缴税费后由自己支配的权益。

主要力量。

三、中央企业社会责任承载的历史与现状

通过对比分析，由于中央企业股东与民营企业股东在特质上的差异，影响了各类企业承担社会责任的行为。中央企业在股东的推动和要求下，承担了更大的社会责任。

（一）国资委成立前，原国家经贸委对中央企业社会责任的要求

国资委成立前，国家经济贸易委员会于 1999 年 8 月颁布的《国有大中型企业建立现代企业制度和加强管理的基本规范（试行）》（下称《规范》）中就对国有企业应承担的责任进行了规范。其中，第一部分第二条明确了企业的经济责任是"依法自主经营、照章纳税、自负盈亏，以其全部法人财产独立承担民事责任"。第三部分要求国有大中型企业加强技术创新。第四部分规范了对雇员承担的责任，如全面实行劳动合同制度，改革用工制度，人事制度和收入分配制度、维护职工合法权益等。第七部分对企业加强质量管理提出规范性要求，如做好产品开发过程的质量控制，强化生产过程质量管理，建立健全售后服务质量体系等。第八部分第五十四条对企业诚信和维护债权人利益提出要求，要求企业"加强资信管理。企业必须强化法律意识，守合同、讲信用，按期交货、不拖欠货款。及时了解和掌握用户资信状况，建立用户资信档案"。第九部分对于国有大中型企业的安全生产和环境保护做了规范。提出了"建立健全安全生产规章制度""改善安全生产条件""防止重特大事故发生""加强职工安全生产教育""依法保护环境""大力推行清洁生产""建立健全环境保护责任制"七个方面的要求。第十部分专门就加强对经营管理者和职工培训工作做了规范。此外，该规范在加强党建、发挥党组织政治核心作用、加强职工民主管理、加强企业精神文明建设方面也提出了具体要求。

（二）国资委成立后，对中央企业履行社会责任的有关规定和要求

1. 通过签订经营业绩责任书，间接提出中央企业应承担的社会责任

国资委成立后，自 2004 年起，国资委主要通过与中央企业经营者签订年度和任期考核责任书的形式，间接地明确了中央企业在生产经营中应承担的责任。

其中，对中央企业领导班子提出"按照科学发展观的要求，推动企业提高战略管理、价值创造、自主创新、资源节约、环境保护和安全发展水平，不断增强企业核心竞争能力和可持续发展能力"的总体要求。将企业实现年度利润和国有资本保值增值作为企业的经济责任，将"不得从事任何损害企业和国有资产利益的活动"作为明确禁止性要求，对于"因违反国家法律法规和规定，导致重大决策失误、重大安全与质量责任事故、严重环境污染事故、重大违纪事件，给企业造成重大不良影响或造成国有资产流失"的行为，规定了相应的惩罚性条款。在考核评价中，国资委对中央企业承担的国家任务、科研投入等社会性责任对考核的影响作了考核，这一政策对中央企业承担社会责任作了肯定。在2011年的考核责任书中，国资委特别对推动中央企业节能减排工作设立了奖励性措施，提出企业在任期末主要产品单位能耗、污染物排放水平达到国内同行业最好水平，接近或者达到国际同行业先进水平的；任期内，企业单位综合能耗降低率、主要污染物排放总量降低率在中央企业居于前列的；任期内，节能减排投入较大，在节能减排技术创新方面取得重大突破，在推动全行业、全社会节能减排方面做出突出贡献的企业，将被授予"节能减排优秀企业奖"。

2. 国资委对中央企业承担社会责任的纲领性文件出台

在推动和规范中央企业履行社会责任工作中，国资委于2008年初下发《中央企业履行社会责任的指导意见》（以下简称《指导意见》），明确了中央企业履行社会责任的要求，该《指导意见》是中央企业履行社会责任的纲领性文件。它顺应国际国内企业履行社会责任的发展趋势，体现了各利益相关方对中央企业履行社会责任的要求和期望。企业履行社会责任就是要自觉遵守法律法规、社会规范和商业道德，在追求经济效益的同时，对股东、职工、消费者、供应商、社区等利益相关者和自然环境负责，实现企业和社会、环境的全面协调可持续发展。由于中央企业是我国国民经济的骨干力量，在经济社会发展中具有重要地位和作用，因此中央企业积极履行社会责任具有十分重要的现实意义。

《指导意见》指出，中央企业履行社会责任是全面贯彻党的十七大精神，深入落实科学发展观的实际行动，是全社会对中央企业的广泛要求，是实现中央企业可持续发展的必然选择，是中央企业参与国际经济合作交流的客观需要。中央企业履行社会责任，要高举中国特色社会主义伟大旗帜，以邓小平理论和"三个代表"重要思想为指导，深入贯彻落实科学发展观，坚持以人为本，坚持可持续发展，牢记责任、强化意识、统筹兼顾、积极实践，发挥中央企业履行社会责任的表率作用，促进社会主义和谐社会建设，为实现全面建设小康社会宏伟目标做出更大贡献。

《指导意见》要求中央企业要增强社会责任意识，积极履行社会责任，成为依法经营、诚实守信的表率，节约资源、保护环境的表率，以人为本、创建和谐企业的表率，努力成为国家经济的栋梁和全社会企业的榜样。在落实履行企业社会责任时，《指导意见》提出了三项原则：一是坚持履行社会责任与促进企业改革发展相结合，把履行社会责任作为建立现代企业制度和提高综合竞争力的重要内容，深化企业改革，优化布局结构，转变发展方式，实现又好又快发展；二是坚持履行社会责任与企业实际相适应，立足基本国情，立足企业实际，突出重点、分步推进，切实取得企业履行社会责任的成效；三是坚持履行社会责任与创建和谐企业相统一，把保障企业安全生产，维护职工合法权益，帮助职工解决实际问题放在重要位置，营造和谐劳动关系，促进职工全面发展，实现企业与职工、企业与社会的和谐发展。

同时，《指导意见》将中央企业履行社会责任主要内容确定为依法经营诚实守信、不断提高持续营利能力、切实提高产品质量和服务水平、加强资源节约和环境保护、推进自主创新和技术进步、保障生产安全、维护职工合法权益、参与社会公益事业八个方面。为了积极推进中央企业履行社会责任，保障此项工作持续有效开展，《指导意见》提出，各中央企业要树立和深化社会责任意识，建立和完善履行社会责任的体制机制，建立社会责任报告制度，加强企业间交流与国际合作，加强党组织对企业社会责任工作的领导。

3. 国资委对中央企业应履行社会责任的具体规范

《指导意见》颁布后，国资委针对中央企业履行企业社会责任中存在的薄弱环节和重点环节，制定并颁发了安全生产、节能减排、企业捐赠等方面的具体规范和要求。

（1）关于中央企业落实安全生产责任的要求

2008 年 9 月份，国资委颁布了《中央企业安全生产监督管理暂行办法》（下简称《暂行办法》）以督促中央企业全面落实安全生产主体责任，建立安全生产长效机制，防止和减少生产安全事故，保障中央企业职工和人民群众财产安全。《暂行办法》明确了出资人（即股东）对中央企业安全生产工作的指导、监督、检查和惩罚的职责，并按照中央企业主营业务和安全生产风险程度对中央企业进行分类和动态管理，中央企业主要负责人是企业安全生产的第一责任人。暂行办法要求中央企业在落实安全生产工作中，建立健全工作组织、制定工作机制、保证企业安全生产投入、加强员工安全培训、建立应急管理体系等具体措施。《暂行办法》还明确提出："中央企业要结合行业和企业实际，建立职业健康安全管理体系，消除或者减少职工的职业健康安全风险，保障职工职业健康。"此外，为动态跟踪中央企业履行安全生产责任，暂行办法设置了安全生产报告制度。如第二十四条规定："中央企业应当于每年 1 月底前将上一年度的安全生产工作总结和本年度的工作安排报送国资委。"第二十五条规定："中央企业应当按季度、年度对本企业（包括独资及控股并负责管理的企业）所发生的生产安全事故进行统计分析并填制报表，于次季度首月 15 日前和次年度 1 月底前报国资委。中央企业生产安全事故统计报表实行零报告制度。"同时，《暂行办法》专门设定了一章的内容，细化了中央企业安全生产监督管理的奖惩制度。

2011 年伊始，国资委针对中央企业安全生产工作中存在的突出矛盾和问题，通过对 2004—2009 年中央企业发生的 135 起较大生产安全事故的归类分析，以及近年来一些中央企业还存在迟报、漏报、谎报和瞒报生产安全事故的现象，以国资委令的形式发布了《中央企业安全生产禁令》，明确提出了安全生产坚决禁止的行为，以防范中央企业安全生产违法违规行为，坚决遏制重特大生产安全责任事故的发生。这九条禁令为：一、严禁在安全生产条件不具备、隐患未排除、安全措施不到位的情况下组织生产。二、严禁使用不具备国家规定资质和安全生产保障能力的承包商和分包商。三、严禁超能力、超强度、超定员组织生产。四、严禁违章指挥、违章作业、违反劳动纪律。五、严禁违反程序擅自压缩工期、改变技术方案和工艺流程。六、严禁使用未经检验合格、无安全保障的特种设备。七、严禁不具备相应资格的人员从事特种作业。八、严禁未经安全培训教育并考试合格的人员上岗作业。九、严禁迟报、漏报、谎报、瞒报生产安全事故。

（2）关于规范中央企业对外捐赠管理的要求

近年来，各中央企业认真履行社会责任，积极参与国家救灾、扶危济困等救助活动，进一步增强了企业凝聚力，提升了企业的社会形象，有效推动了我国公益事业发展，也促进了社会主义和谐社会的建设。随着我国公益事业的快速发展和中央企业履行社会责任意识的不断增强，中央企业对外捐赠支出的范围和规模不断扩大，尤其是 2008 年我国发生雨雪冰冻和地震灾害，企业对外捐赠支出快速增长。但同时也暴露出中央企业捐赠中存在盲目捐赠，企业负责人通过捐赠进行寻租等腐败的现象。根据中纪委《国有企业领导人员廉洁从业若干规定》要求，国有企业捐赠行为应经履行国有资产出资人职责的机构批准。为此，国资委根据国家有关规定，结合中央企业对外捐赠管理实际情况，于 2009 年 12 月 16 日正式发布了《关于加强中央企业对外捐赠管理有关事项的通知》（以下简称《捐赠管理通知》），以实现对中央企业捐赠行为的规范。而后，为及时了解和掌握中央企业对外捐赠支出情况，准确发布中央企业对外捐赠信息，接受社会监督，国资委财务监督与考核评价局，于 2010 年 4 月 13 日发布了关于印发《对外捐赠支出季报表》的通知。

发布《捐赠管理通知》的目的是要进一步引导中央企业积极参与社会公益事业，规范开展对外捐赠活动，正确履行社会责任。中央企业通过制定或完善捐赠管理制度、明确捐赠权限与流程、严格捐赠审批程序、实施预算管理，并及时向国资委备案等措施。这样做一是可以有效避免无序、随意捐赠等行为，有利于提升对外捐赠事项管理的规范性；二是有利于企业聚合内部捐赠资源，更好地支持和保障国家重点公益事业，更好地树立企业集团整体形象；三是有利于国资委及时了解和掌握中央企业对外捐赠的管理与支出情况，更好地引导企业正确履行社会责任，有效维护股东权益。

《捐赠管理通知》对中央企业对外捐赠活动提出了具体管理要求，归纳起来有四大方面：一是明确企业内部管理的程序。要求各中央企业对集团所属各级子企业对外捐赠行为实行统一管理、制定和完善制度，明确管理部门，落实管理责任，明确对外捐赠支出限额和权限；严格审批程序，每年安排的对外捐赠预算支出应当经过企业董事会或类似决策机构批准同意，超出预算规定范围的对外捐赠事项，要求履行相应预算追加审批程序等。二是规范确定对外捐赠范围和规模。企业用于对外捐赠的资产应当是企业有权处分的合法财产，且权属清晰、权责明确；除国家有特殊规定的捐赠项目之外，企业对外捐赠应当通过依法成立的接受捐赠的慈善机构、其他公益性机构或政府部门进行；对外捐赠应当充分考虑自身经营规模、盈利能力、负债水平、现金流量等财务承受能力，坚持量力而行原则，合理确定对外捐赠支出规模和支出标准。三是明确企业须向国资委实行备案管理的事项。包括对外捐赠管理制度、年度预算、重大支出项目以及需紧急安排的项目。四是强调监督检查。要求企业规范核算对外捐赠支出，定期向社会公开，及时组织检查或审计，加强问题整改；国资委开展多种形式的监督检查，并对违法违纪行为进行责任追究。

国资委作为出资人，它对中央企业的对外捐赠管理采用年度预算总额管理与日常重大捐赠项目备案管理相结合的监管方式，通过年度预算管理掌握企业全年捐赠支出的整体安排，通过重大项目备案程序控制企业的大额捐赠支出。对于重大捐赠项目的备案管理额度，《捐赠管理通知》明确中央企业捐赠行为实际发生时，捐赠项目超过以下标准的，应当报国资委备案同意后实施：净资产小于100亿元的企业，捐赠项目超过100万元的；净资产在100亿～500亿元的企业，捐赠项目超过500万元的；净资产大于500亿元的企业，捐赠项目超过1 000万元的。对于突发性重大自然灾害或者其他特殊事项超出预算范围需要紧急安排对外捐赠支出的，规定不论金额大小，应在履行内部决策程序之后，及时向国资委备案。

为及时了解掌握中央企业对外捐赠支出情况，准确发布中央企业对外捐赠信息，接受社会监督，在关于印发《对外捐赠支出季报表》的通知中，国资委要求中央企业按季统计汇总实际发生的对外捐赠支出。

（3）关于推进中央企业履行节能减排责任的规范

节约资源、减少温室气体和主要污染物排放已成为人类维护赖以生存的地球环境最重要的途径。近年来，发达国家纷纷将应对气候变化作为企业转变发展方式的"标杆"。通过加大技术研发和创新等途径，抢占低碳经济和绿色经济的制高点。我国也将节能减排作为国家发展战略，提出在"十一五"期间单位国内生产总值能耗降低 20% 左右，主要污染物排放总量减少 10%，到 2020年单位国内生产总值二氧化碳排放比 2005 年下降 40%～45% 的约束性指标。中央企业在国家节能减排工作中占据十分重要的位置。纳入国家重点监控的千家企业中，中央企业及其所属企业有 197 家，"十一五"期间承诺节能 2 000 多万吨标煤，占千家企业节能总量的近四分之一。中央企业节能减排工作的好坏直接关系到全国节能减排目标是否能如期实现。

为进一步督促中央企业落实节能减排社会责任，建设资源节约型和环境友好型企业，加快经济发展方式转变，国资委于 2010 年 4 月颁布了《中央企业节能减排监督管理暂行办法》（以下简称《节能减排管理办法》），指导监督中央企业在节能减排和转变发展方式中进一步发挥表率作用。在 2011 年中央企业负责人工作会议上，国资委特别提出对企业加强节能减排工作作为 2011 年主抓的重点工作内容。

节能减排管理办法明确提出，对中央企业节能减排工作实行政府主管部门监管和出资人联系制度，强调中央企业应依法接受国家节能减排主管部门、所在地县级以上人民政府节能减排主管部门的监督管理。国资委作为出资人主要督促指导中央企业贯彻落实好国家节能减排方针政策。

国资委对中央企业节能减排工作实行分类管理。依据中央企业实际能耗、污染物排放水平以及所处行业，将中央企业分为重点类、关注类和一般类，并实行动态管理。《节能减排管理办法》的第五章中，将主业处于石油石化、钢铁、有色金属、电力、化工、煤炭、建材、交通运输、机械行业，且具备年耗能超过 200 万吨标准煤，年二氧化硫排放量超过 50 000 吨，年化学需氧量排放量超过 5 000 吨三个条件之一的中央企业划归为重点类企业；对重点类企业之外，具备年耗能在 10 万吨标准煤以上，年二氧化硫排放量在 1 000 吨以上，年化学需氧量排放量在 200 吨以上三个条件之一的中央企业化为关注类企业；其他的中央企业为一般类企业。

《节能减排管理办法》进一步规范了中央企业加强节能减排的重点工作，不仅着眼于解决当前中央企业节能减排工作中存在的突出问题，更着眼于节能减排长效机制建设。第二章明确了企业节能减排工作的负责人，提出中央企业应当建立健全节能减排组织管理体系，根据分类管理要求建立与生产经营相适应的节能减排协调、监督管理机构，并设立相应的工作机制和内部奖惩机制，加强节能减排预算管理和人员培训等工作。第三章对中央企业建立节能减排统计监测与报告制度提出了具体要求。第四章完善了中央企业节能减排考核奖惩制度，将中央企业节能减排目标完成情况纳入中央企业负责人经营业绩考核体系，重点明确了节能减排考核指标和目标的确定原则，考核目标动态监控及考核结果核定程序。第五章细化了节能减排考核处罚措施，规范了奖惩标准。

（4）国资委对中央企业文化建设、员工队伍建设的要求

为深入贯彻"三个代表"重要思想和党的十六大精神，认真落实以人为本，全面、协调、可持续的科学发展观，充分发挥企业文化在提高企业管理水平、增强核心竞争能力、促进中央企业改革发展中的积极作用，国资委于 2005 年 4 月份制定颁发了《关于加强中央企业企业文化建设的指导意见》，分析了中央企业文化建设的重要意义，提出了中央企业文化建设的指导思想、总体目标和基本内容，并对中央企业落实企业文化建设的具体措施等内容提出了意见。

2010 年 5 月，国资委就加强中央企业职工队伍建设，提升企业核心竞争力，培养"四个一流"（一流职业素养、一流业务技能、一流工作作风、一流岗位业绩）职工队伍，制定颁布了《关于中央企业建设"四个一流"职工队伍的实施意见》。明确了中央企业"围绕发展战略和生产经营任务，以建设'四个一流'职工队伍为目标，以尊重职工、激发活力、促进企业与职工共同发展为宗旨，以落实岗位责任制为基础，以培养爱岗敬业、严谨诚实的企业文化为核心，以理论武装、班组建设、职工素质工程、企业文化建设等为载体，切实加强职工队伍的教育、培训、考核、管理、激励和关爱，不断提高职工队伍的思想素质、执行能力、业务技能、知识结构、创新意识和工作理念，着力打造

一支技术精湛、作风过硬的高素质、高层次、现代化的职工队伍”是中央企业的责任。

综上，国资委作为国有资本出资人，代表着广大人民的公共利益诉求，中央企业掌握着国家的经济命脉，关系到国计民生、国家安全和社会稳定大局，社会影响力巨大，因而国资委对中央企业履行社会责任的各个方面都作了要求和规范，在推动中央企业履行社会责任过程中起着重要的作用。

（三）中央企业社会责任承载情况分析[①]

从近年来中央企业的实践看，在国资委的要求和推动下，中央企业经营管理者根据与国资委签订的委托代理契约（即年度和任期经营业绩责任书），妥善处理企业与各利益相关者的契约关系，带领中央企业履行着出资人赋予的责任。

1. 中央企业对股东责任的履行

中央企业对股东的责任表现为：对国有资产负有保值增值的责任、合法经营照章纳税的责任、向股东真实披露经营信息的责任。国资委《关于中央企业履行社会责任指导意见》（以下简称《指导意见》）第八条规定：坚持依法经营诚实守信。模范遵守法律法规和社会公德、商业道德以及行业规则，及时足额纳税，维护投资者和债权人权益……第九条做出了更具针对性的要求：不断提高持续营利能力，完善公司治理、科学民主决策、优化发展战略、突出做强主业、缩短管理链条、合理配置资源，强化企业管理、提高管控能力、降低经营成本、加强风险防范、提高投入产出水平，增强市场竞争力。

从数据看，2002—2007 年中央企业资产总额从 7.13 万亿元增长到 14.79 万亿元，年均增长了 15.71%；销售收入从 3.36 万亿元增加到 9.84 万亿元，年均增长了 23.97%；实现利润从 2 405.5 亿元增加到 9 968.5 亿元，年均增长 32.89%；上缴税金从 2 914.8 亿元增加到 8 303.2 亿元，年均增长 23.29%；总资产报酬率从 4.9% 提高到 8.3%，净资产收益率从 4.3% 提高到 11.9%。2008 年，面对特大自然灾害和国际金融危机，中央企业克服重重困难，资产总额、

---

① 王再文，赵杨. 中央企业履行社会责任报告（2010）［M］. 北京：中国经济出版社，2010.

营业收入、上缴税金同比增长 15.3%、17.9% 和 16.3%，实现利润在扣除自然灾害损失、炼油及火电政策性亏损后，与 2007 年基本持平。2009 年中央企业累计实现营业收入 12.6 万亿元，同比增长 6.2%，累计实现利润 7 977.2 亿元，累计上缴税费总额 10 623.3 亿元。中央企业净资产收益率为 9.2%。2008—2009 年，中央企业营业收入占全部国企的 56%，利润总额占全部国企的 6 成左右，应缴和已缴税金占全部国企的 55% 左右。在 2009 年《财富》公布的世界 500 强中，中央企业占据 24 席。

从数据分析可以看出，中央企业在积极履行对股东的经济责任，经营效益和生产效率有较大的提升，在履行纳税的社会责任方面表现也比较突出，为经济社会的发展做出了积极贡献。

2. 中央企业对雇员的社会责任

雇员是企业最重要、最核心的利益相关者之一，是企业发展进步的重要推动力量。从契约理论观点看，企业作为各方共同订立的契约联合体，应该尊重各方的利益，特别是对于企业的生存和发展起到决定作用的雇员群体。2008 年 7 月 11 日，国资委黄淑和副主任在中央企业社会责任工作座谈会上讲话时谈到，企业履行社会责任，对促进社会主义和谐社会建设具有重要意义：一方面，保障职工合法权益、加强安全生产、保障职业健康、关心员工职业生涯、理顺收入分配关系、丰富职工文化生活，可以实现企业内部的和谐；另一方面，企业依法经营、照章纳税、积极参与社会公益事业，可以促进社会公平正义。中央企业的特殊地位和性质要求中央企业在维护社会稳定和促进社会和谐方面，必须主动承担更多的责任，发挥更大更好的作用，为其他企业做出表率。

中央企业的特殊性质也决定了其所在的行业是生产过程高度危险的行业，其工作内容对雇员的生命安全威胁较大。中央企业维护雇员生命安全是对雇员责任的重要内容。

在国资委下发的《指导意见》中，第十三条和第十四条对中央企业处理劳动关系中应承担的社会责任做了规定。

第十三条规定："保障生产安全。严格落实安全生产责任制，加大安全生产投入，严防重、特大安全事故发生。建立健全应急管理体系，不断提高应急管理水平和应对突发事件能力。为职工提供安全、健康、卫生的工作条件和生活环境，保障职工职业健康，预防和减少职业病和其他疾病对职工的危害。"

第十四条规定："维护职工合法权益。依法与职工签订并履行劳动合同，坚持按劳分配、同工同酬，建立工资正常增长机制，按时足额缴纳社会保险。尊重职工人格，公平对待职工，杜绝性别、民族、宗教、年龄等各种歧视。加强职业教育培训，创造平等发展机会。加强职代会制度建设，深化厂务公开，推进民主管理。关心职工生活，切实为职工排忧解难。"

中央企业对雇员的社会责任具体体现在以下几方面：

（1）在保护雇员生命安全方面。以采矿业为例，采矿业是一个高危行业，其生产过程中的人员伤亡事故很难完全避免。中国煤炭产量占世界煤炭产量的37%左右，但事故死亡人数却占世界煤炭事故死亡总人数的70%左右。中央企业中有4家企业属于该行业，以神华集团为例，该集团2008年全年投入安全生产资金28亿元，主要用于加强信息化和机械化建设。集团下属的非上市企业采、掘机械化率分别由年初的91%、67%提高到94%、76%，神华股份公司采、掘机械化率均达到100%。中煤集团2008年共投入安全生产费用10.8亿元，重点用于矿井"一通三防"（通风，防尘、防瓦斯、防火）、防治水、提升运输、安全设备设施改造和重大隐患治理，并完成了重大技术改造工程。安全投入带来了安全水平的提升。据《神华集团2008年社会责任报告》显示，全国煤炭企业2006年原煤生产百万吨生产死亡率为2.041人，2008年为1.182人。而同期，神华集团2006年原煤生产百万吨死亡率为0.064人，2008年则下降到0.0177人；中煤集团2006年原煤生产百万吨死亡率为0.66人，2008年下降到0.018人。

远洋运输行业也属于危险行业，2008年中远集团船舶遭遇海盗袭击65次。由于集团加强应急管理工作，提高对船员的培训和防海盗演练，成功阻击了海盗袭击，未造成船员伤亡和重大财产损失，有效地保证了中远集团所有船舶安全通过海盗活动猖獗海域，保障船舶和船员安全。

（2）雇员身心健康方面。中央企业将员工的健康权作为重点关心的大事，既重视对雇员身体的健康，又通过开展丰富多彩的文体活动、提供心理咨询等措施提升雇员心理健康水平。在石油石化行业中，中国石油集团积极开展职业健康监护工作，加强企业职防机构、健康体检中心建设，重点抓好员工岗前、岗间和离岗职业健康体检，以及高毒危害作业、放射作业职业健康体检。2008年全年完成职业健康体检22.9万人，体检率达93%；完成作业场所职业病危害检测3.3万余人，检测率达93%。

（3）保障员工合法权益的责任。企业对雇员支付的工资、福利和保险是雇员的劳动收益。雇员依法取得劳动报酬是其最基本权益。中央企业雇佣的员工众多，有的企业自身就拥有员工10多万人。依法支付职工劳动薪酬、建立相应的社会保障等关系到职工自身的生活质量，更关系到社会的稳定。因而，保护雇员依法取得劳动报酬是中央企业的重要社会责任。按照党中央、国务院关于保增长、保民生、保稳定的总体部署，企业工资工作应以着力建立职工工资正常增长机制和支付保障机制为重点，努力促使广大职工工资水平进一步提高，总体保持劳动关系和谐稳定。①

以中远集团为例，集团拥有境内外船岸职工8万多人。2008年，中远集团劳动合同覆盖率、集体合同覆盖率等均达到100%。此外，集团依法为员工建立了各项社会保险，涵盖养老、医疗、工伤、生育和失业保险以及住房公积金等项目。此外，中远集团所在的交通运输业中，农民工占据较大比例。农民工已经成为集团多元化用工的重要组成部分。中远集团一直把农民工工作作为履行国有重要骨干企业政治和社会责任的重要内容，集团领导多次就农民工工作展开专题调研，对做好农民工工作做出了重要的指示和部署，专门制订了《关于做好中远集团农民工工作的指导意见》，对集团农民工权益的维护和具体措施进行规范。

（4）对雇员职业发展和培训的责任。企业雇员不仅有权分享企业成长带来的利润增长，而且自身发展方面，也应有权和企业一同成长。大部分中央企业非常重视员工发展权利，制订职业培养计划，投入大量资金保障对员工的培训，提升员工职业素质。根据中央企业披露的社会责任报告，如大唐集团2008年共

---

① 陈兰通. 中国企业劳动关系状况报告（2009）［M］. 北京：企业管理出版社，2010.

组织培训项目 5 705 个，员工培训率 100%，培训人员 698 300 人次，培训学时 5 231 460 个，人均学时 62 个。中国华电集团 2008 年培训项目 5 170 个，员工培训率达到 84.2%，培训人次达到 258 833 人次。2008 年中远集团对员工培训投入共 4 100 万元，公派培训时间 980 028 小时，自主培训时间 116 847 小时，高、中、基层员工接受培训平均小时数分别为 71.96 小时、25.56 小时和 18.14 小时。

3. 中央企业对消费者的责任

中央企业是国有经济的骨干力量，对众多涉及国民经济命脉的关键行业和重要领域享有独占、垄断地位，其生产经营活动对人民生活的方方面面有着重大的影响。如果发展不力，会直接损害消费者的权益。随着中央企业地位不断提升，作用不断增强，更多的中央企业认识到自身发展与履行消费者责任的关系。国资委《指导意见》第十条规定："切实提高产品质量和服务水平。保证产品和服务的安全性，改善产品性能，完善服务体系，努力为社会提供优质安全健康的产品和服务，最大限度地满足消费者的需求。保护消费者权益，妥善处理消费者提出的投诉和建议，努力为消费者创造更大的价值，取得广大消费者的信赖与认同。"

中粮集团通力打造全产业链粮油食品企业模式，统筹兼顾已有产业规模、竞争态势和未来发展空间等因素，合理布局，巩固了粮食的种植、收储、加工和物流能力和规模，保证市场供应，并借助缜密完善的制度和流程对粮油食品产业链的各环节进行严格控制，强化源头控制和全程监管，建立了可追溯的食品安全管理体系，带动国内食品行业升级换代，确保食品安全。2009 年集团投资建设了中国最大、最安全、最丰富的食品购物网站，努力使更多消费者享受到便捷购物。同年 10 月，集团主办第五届中国国际有机食品和绿色食品博览会，拉近了消费者与有机、高品质食品距离，为改善消费者生活和消费质量起到积极的推动作用。

4. 中央企业对促进就业的责任

中央企业是国企在各行各业中的领军企业，是国企的风向标，具有雄厚经济实力和广泛的社会影响力，因而有能力和义务在担保就业方面起表率作用。

2008 年 12 月召开的中央企业负责人工作会上，时任国资委主任李荣融告诫中央企业负责人："要保持职工队伍的相对稳定，尽力不裁员，做到减薪不减员，歇岗不失业。各级领导要以身作则，带头艰苦奋斗，节约各项开支，业绩降薪酬降，为职工群众做出表率。"

据不完全统计，截至 2009 年 5 月底，国资委所管的中央企业有 99 户招收应届大学生 20.3 万人，比 2008 年增加 7.09%。其中，中石油集团以业务专业化重组为契机，积极引进应届大学毕业生就业，当年接收大学生 13 986 人，比 2008 年增加了 3 796 人。中国铁建 2009 年招收应届大学生 13 000 人，比 2008 年增加了 4 060 人。

此外，2009 年中远集团面对全球金融危机给航运业带来的巨大的不利影响，为保持员工队伍的稳定，集团响应国资委号召最先提出"不减员、不降薪"的承诺。

5. 中央企业慈善捐赠的责任

慈善事业在国民经济中起到第三次分配的作用。在西方国家中，慈善资金的来源主要为个人捐赠、基金会捐赠、遗产捐赠和企业捐赠构成。其中个人捐赠占绝大部分。在我国，中央企业慈善捐赠在第三次分配占 50% 以上，100% 的中央企业参与过慈善捐赠，成为中央企业社会责任的有效表现形式。中央企业捐赠涉及的领域也较为广泛，包括教育、文化、艺术、医疗卫生、扶贫、援藏、援疆等方面。

中央企业的所有者是全体人民，对所有者负责就是对党、国家和人民负责。中央企业履行慈善捐赠的社会责任与对党和国家负责的政治责任、对社会和人民负责的社会责任是辩证统一的。国资委《指导意见》第十五条规定："参与社会公益事业。积极参与社区建设，鼓励职工志愿服务社会。热心参与慈善、捐助等社会公益事业，关心支持教育、文化、卫生等公共福利事业。在发生重大自然灾害和突发事件的情况下，积极提供财力、物力和人力等方面的支持和援助。"

在"5·12"汶川特大地震灾害中，中央企业损失超过 800 亿元，2008 年中央企业经济效益出现 6 年来的首次下滑。然而，在同一年，150 家中央企业捐款捐物合计59亿元，捐款捐物金额1 000万元以上的中央企业有66家。国资委以部分中央企业委托捐款3.5亿元，与中国红十字基金会共同设立"5·12灾后重建中央企业援助基金"用于灾区群众安置和灾后恢复重建工作。此外，地震给中央企业造成直接经济损失414亿元，间接经济损失401亿元。中央企业在积极投入抗震救灾的同时，积极加快自身的灾后重建。灾后两天，原中国航空工业第一集团公司成飞集团全面恢复"歼十"的生产；灾后3天，中国第二重型机械集团恢复生产；灾后13天，中国电信股份公司北川分公司恢复运营；灾后18天，中石油在灾区的加油站开业率达98.2%；灾后29天，国家电网四川省电力公司10千伏及以上电力设施恢复运行。除捐赠物资外，许多中央企业还捐赠服务，仅在汶川地震紧急救援和恢复重建阶段，各类企业提供交通运输、通信、保险等价值约44.36亿元免费服务。

中央企业在慈善捐赠方面还表现为积极投入专项资金设立慈善基金会。截至2010年年底，在民政部登记的非公募基金会中，由企业和企业家创办的基金会有21家，约占总数的51%；其中由央企创办的有6家，约占总数的13%。这6家基金会分别为中远慈善基金会、宝钢教育基金会、南航十分关爱基金会、国寿慈善基金会、人保慈善基金会、中国移动慈善基金会。从注册资金来看，中远和中移动都为1亿元左右，人保、宝钢和国寿分别为5 000万元，最低的南航也有2 000万元。

6. 中央企业在社区服务的社会责任

企业与社区在地域上是相互交叉的，彼此之间是你中有我、我中有你的关系，在功能上是生产经营与生活服务一体化的相互依存、共同发展的关系。企业的社会资本根植于企业所处的社会网络和社会关系之中，是镶嵌于一种社会结构中的企业可以在有目的行动中获取活动元的资源。由于社区与企业存在地理上的重合，因此社区构成企业社区资本的重要组成部分。根据国资委《指导意见》第十五条要求，中央企业要积极参与到对社区建设、社区特殊人群帮扶、社区人员就业服务和社区环保建设等工作中。

中远集团将"始终维持与社区的良好合作关系"为指导集团社区合作的基本原则。在社区进行营运活动期间，积极推进与社区合作，通过为社区的贡献体现企业社会责任理念，履行社会责任。其所属青岛远洋公司 2008 年 7 月派出近千人投入清理海岸线浒苔的活动中，清洁了当地海滩，保障了奥运会奥帆赛的顺利举办。厦门运输公司投入 21 万元建设"中远林"，方便了社区市民的生活。中远物流公司的重大型货物在物流运输过程中会途经数个社区，在运输前，针对货物运输所要涉及的社区环境、道路情况进行有针对性的勘查，与当地的道路管理部门、社区的负责人等相关方进行充分沟通，选择在行人稀少，不扰民的时间段进行运输，将对社区的影响降到最低。对于每年都要承担的大量化工危险品及一些放射性危险品运输业务，中远物流也进行了大量投入。公司一直在不断更新物流设备，包括从国外进口一些设备来满足环境对车辆所提出的特殊要求，以确保运输安全和环境保护。

7. 中央企业在节能减排、环境保护方面的社会责任

环境保护指的是企业在生产性和非生产性的任何经营活动当中都应该有高度的环保意识和行为，对生态环境承担相应的责任，不仅在经济、社会方面，更在环境等领域获得可持续发展能力。它是企业社会责任的重要组成部分。环境资源是企业公民生产的重要因素，也是企业发展的最重要的基础性和约束性条件之一。企业既是经济财富的创造者，同时也是自然资源的消耗者和环境污染的主要角色。企业与社会共生，其行为具有很强的外部性，履行环境保护责任是企业发展的必然要求。中央企业所处行业多为资源性或者资源消耗较大的行业，如采掘、冶金、石化、交通运输等，而且其生产链相对较长、对环境的影响较为广泛。在保护环境和节能减排中，中央企业责无旁贷，应当切实承担起与自己地位和影响范围相匹配的社会责任，并给其他企业树立榜样。

国资委《指导意见》第十一条规定："加强资源节约和环境保护。认真落实节能减排责任，带头完成节能减排任务。发展节能产业，开发节能产品，发展循环经济，提高资源综合利用效率。增加环保投入，改进工艺流程，降低污染物排放，实施清洁生产，坚持走低投入、低消耗、低排放和高效率的发展道路。"

根据国资委 2010 年上半年中央企业节能减排工作情况，2010 年上半年中央企业万元产值综合能耗（可比价）同比下降 5.82%，比 2005 年下降了

18.26%；万元增加值综合能耗（可比价）同比下降 1.86%，比 2005 年下降 11.22%；二氧化硫排放量同比下降 2.53%，比 2005 年下降 50.27%；化学需氧量排放量同比下降 0.69%，比 2005 年下降 38.36%，均超额完成了"十一五"减排目标。

中央企业通过推广应用新技术、新产品、新材料、新工艺，进一步推动节能减排工作。中远集团在船上应用无功功率动态补偿和波滤装置，提高了供配电设备的供电能力和供电末端的电压质量，减少了电费开支，被交通部授予"交通运输系统节能减排示范项目"称号。此外，为了更好地实现降低碳排放的目标，有效地指导节能减排工作的开展，并为客户提供有效的碳排放计算。目前，中远集团所属的中远集装箱运输有限公司碳排放计算器正式投入使用，真正为用户提供了一款精确统计货物在海上运输过程中碳排放总量的工具。其设计理念采用了最先进的动态优化计算模型，得到了第三方权威机构挪威船级社（DNV）的认证。此外，集团采取优化航线以及加船减速等措施，仅 2010 年上半年共节约 18 万吨标准煤。

（四）与西方发达国家国有企业承担社会责任的比较

西方发达国家的企业社会责任运动起步较早、发展较为成熟。与西方发达国家国有企业承担的社会责任相比较，能够为我国国有企业，特别是中央企业履行社会责任提供借鉴。

在 2010 年世界财富 500 强名单中共有 21 家在中国大陆上市的企业，全部为大型国有或者国有控股企业，行业涵盖金融、化工、建筑、运输等。由于美国企业绝大多数为股权多元化的跨国企业，500 强的名单中仅有美国邮政等很少的国有企业。日本入选的企业中也仅有日本邮政一家国有股权背景的企业。这从侧面反映出，国外国有企业并非是该国财富创造的主体，它们承担的社会责任就是为公共事业提供服务。

美国社会资产 90% 为私人拥有，他们的国有企业地位一般，影响甚微，其生产总值仅占全国 GDP 的 5%，而且还要受各方面的诸多约束管制。在美国，其国有企业只允许从事私人无法做、做不好或无利可图的行业，如邮政、公共交通、自来水、污水处理及环保、博物馆、公园森林、航空管制、部分跨州电力水利及公路铁路、部分港口、部分军事工业、航天、老人穷人及退伍军人养老和医疗保险。各级国有企业只向联邦、州和市镇议会负责，其建立与撤销、经营范围及领域、商品及服务价格制订、拨款贷款、高管任免及薪酬，均须由同级议会审查批准，政府只能严格按议会发布的命令（法案）具体执行对所属企业的监管。为体现"公私官民平等和政府不与民争利"的法律原则，国有企业除享受政府经议会批准的固定拨款外，基本没有其他特权。甚至有明文规定，国有企业不得上市融资。比如，美国最大的国企是田纳西河流域管理局，它的资金筹措方式主要是发行债券，其中政府债券占一半左右。政府每年拨款1.3亿美元，但明确规定这些拨款只能用在既定的社会事业上。

尽管欧洲的国有企业的比重比美国高得多，但其国企的定位与美国国企差不多，侧重于控制国防工业和经济命脉（如能源、交通运输、邮政、通信、航空和金融等），并积极发展公益事业（如供水、供电、环卫、市政和文化等社会服务性的部门），这些企业的基本任务就是公共服务，很难盈利，它们不但不是政府财政收入来源，反而多数是政府财政的负担。各国政府绝对控股企业保持正常运转的资金来源通常由国家拨款、企业借债（发行债券）和企业自有资金组成。这些企业必须首先满足政府的社会目标，其次是力争保本经营。一般情况下，政府与这些企业都签有3~5年的目标合同，内容包括落实政府政策目标、企业自身发展目标，以及政府对企业应该承担的财政支持或直接提供的预算资金补贴额，等等。政府对这些企业有权决定其投资计划、投资方向和提供资金的方式，包括发放贷款、提供补助金等。比如，政府控股的企业为实现政府公共政策而发生亏损，政府按合同规定的数额予以补贴，超过亏损的部分由企业用自有资金、发行债券或向银行融资补充，政府不额外承担责任。这些国家的国有企业都按主管部门的指示，以低于市场的价格向市场出售能源、原材料、半成品和运输服务筹，而同时又以市场价格买进商品和劳务。事实上，这些企业由于代表各级政府赋予为居民提供基本公共服务的使命，政府的政策就是保本经营，按成本确定收费标准，基本不留利润空间，甚至该亏损时就亏损。例如，城市中的环境治理、市政、给排水和供电企业，政府的考核指标不是利润，反而是亏损的多少。

以法国为例，该国现有的国有企业大致可以分为三类：一是国有独资公司，国家拥有公司的全部产权；二是国家控股公司（股份占公司全部股份的51％以上）；三是国家参股公司，国家只拥有公司少部分股份。上述三类企业中，第一、二类企业基本上属于公共服务性质公司，如航空、电信、铁路等，第三类企业大多属于竞争领域的企业。在国有企业改革和资本开放过程中，法国主要是减少国有独资企业个数，使国有独资企业成为国有控股公司，国有控股公司则有计划地转变为国有参股公司。而在一般性竞争领域，国有企业则尽可能退出，降低国有企业在一般性竞争领域中的比重。以法国航空公司为例，法航原来是国有独资公司，股权多元化后，公司中国有股的比重下降到56％，成为一个国有控股的公众公司，但公司的效益则由于企业改制的成功而有较大的增长。在扩大企业自主权的同时，也加强了比较有效的分类监督机制。特别是对第一、二类企业实行了严格的监督。政府主要监督措施是：企业主管部门在企业董事会中派驻代表，参与内部决策并监督实施，派驻代表在第一、二类企业的决策执行中拥有否决权；确定企业中期发展的战略规划；财政部财务监督处向每个企业派驻监督员，专门监督企业的财务状况，并及时向主管部门报告企业的经营情况；政府对第一、二类企业的投资、价格、成本等进行较为严格的控制，这两类企业的财政预算、人员招聘和职工报酬等有关事项，都要报主管部门和财政部批准同意。

此外，法国政府尝试通过签订规划合同的方式，放松国家对企业的监管，通过进一步扩大企业经营自主权，为国有企业创造平等的竞争环境，促进企业经济效益提高。具体做法是：国家与企业每四年签订一份规划合同，明确企业经营目标和政府应提供的支持条件，国家不再对企业的日常经营活动进行行政干预，由企业在合同框架内自主参与市场竞争。在公用事业领域，由于市场机制难以充分发挥作用，企业普遍效益较低，因而很少有非国有企业进入，这就造成了公用事业大多被国有企业垄断的局面。在这一领域，如果没有有效的运作规则，就会损害公众利益。对这些自然垄断的企业，法国政府运用行政、法律手段对其进行规划，并先后制定了符合公用事业自身利益和社会利益的行为规范和法律文件，一方面鼓励其提高运营效率，另一方面抑制其可能产生的通过提高价格损害公众的行为。

与上述国家国有企业相比较，挪威国企的定位则有较大不同。在 2010 年联合国公布的人类发展指数（HDI）的排名榜上，挪威名列第一，是世界上 182 个国家中生活质量最好的。挪威的国企所占的比例是相当高的，之所以保持较高的国企成分，和挪威对社会发展所持的价值观有直接的关系。权威的经济合作与发展组织（OECD）曾对挪威的社会经济发展作过一个研究报告，分析了挪威的社会价值观对其公共政策的影响，指出北欧的治理模式和价值体系影响了挪威的政策取向："（挪威）公共政策强调的价值是平等、凝聚、高社会福利的。这些价值促成了较大的公有部门，高税收、多国企、重管制，其目的是要保证全社会都能享受到相似的生活水平。"这个价值体系不仅使挪威有较多的国企，也使挪威的国企有较大的企业社会责任感，而不单纯追求公司利润最大化。譬如，挪威国家石油公司努力使石油和天然气的生产更加"环保"，它在天然气田中把二氧化碳过滤出来，重新泵回地下，虽然增加了公司的生产成本，但是有益全社会的环保；它还建造了两个大型回收碳化物的系统，避免废气污染大气。生产石油要排放二氧化碳，世界上每生产 1 桶石油平均要排放 19 千克的二氧化碳，但挪威国家石油公司只排放 7 千克。另一个挪威大型能源国企，致力于研发各种最先进的清洁能源，如海水中的盐能等。挪威虽然有丰富的石油和天然气能源，但它使用的电能 98% 以上来自清洁的水电，而不是燃烧油气的火电。此外，挪威建立了主权基金，其资金来源主要是国有企业的石油收入。它给自己制订了严格的、理性的投资和消费计划。基金主要用作有利于未来发展的投资，通过将石油资源等不可再生的自然资源带来的财富做长期的、理性的投资，使财富可以在未来由全社会分享。挪威的主权基金对投资有很严格的社会责任要求，设立了专门机构审查投资的公司，不投资那些会危害社会的跨国公司，譬如严重破坏生态环境的公司、生产核武器和生化武器的公司、生产烟草等的公司，尽管这些公司可能给基金带来高利润的回报，但它绝不染指，不因利忘义。

通过上述分析，可以将西方发达国家国有企业承担的社会责任归纳为如下几点：①国有企业首要的责任是提供公共服务。对于这类国有企业，并不以营利为目标。②以挪威模式为例，对于垄断资源形成的国有收益要通过国家主权基金等形式回报社会，并投资于可持续发展的事业中。③国家政府在国有企业承担责任的设定和责任履行过程中起到主导作用。④国有企业的运作必须在公众的监督下进行，需要建立公开、透明的监管机制。

第三节　我国中央企业社会责任承载中存在的问题及政策建议

在国资委的大力推动和中央企业对社会责任问题的日益重视下，近年来中央企业在履行对社会责任方面做了很大的投入，主动自觉地承担社会责任日益成为企业文化的一个重要内容。但是由于内外部环境的影响，与对西方发达国家国有企业社会责任实践比较，我国中央企业在履行社会责任中也存在诸多问题。

一、中央企业社会责任与企业定位和企业发展不协调

中央企业所处的行业既有自然垄断性的，也有大部分是公共服务、基础设施建设的。政府对中央企业的定位是保证国计民生、国家安全和社会稳定，中央企业能够按照要求，保证自身经营生产就是在履行着人民赋予的责任，就是维护着社会的稳定。虽然自然垄断性企业的利润来自于垄断性收益，而处于公共服务和基础设施建设方面的利润率并不是很高，且其雇员较多、人工成本较大，这类企业为满足社会基础设施、交通服务网络建设等项目，对资金需求非常大。如果让中央企业承担过多的社会责任，将占用本应用在国计民生领域、发展生产的资金。为解决资金需求，中央企业要么提高服务产品价格、要么向国有银行借款，这样必将使企业压力传导到社会公众领域，为社会的健康发展和稳定带来影响。因而，政府部门、社会舆论和企业自身都要结合实际情况，综合权衡利弊，将全民的财富合理规划，发挥其使用效率。

二、中央企业社会责任缺乏总体协调

中央企业链条较长，其子公司遍布全国乃至世界各地。由于央企的背景，各级公司往往受所在地方政府重点关注，也是当地群众给予较大期望的企业。但是，由于中央企业及其所属单位的发展并不平衡，有些子企业也仅处于微利或亏损状态。如果让其承担过多的社会责任无疑对企业发展不利、对当地经济和群众不利。鉴于此，中央企业需要从集团整体资源配置的角度，统筹规划、总体协调各级各类企业社会责任方面应承担的义务。同时，中央企业也需要从企业发展战略出发，对应承担的社会责任进行分类管理，明确承担社会责任涉及的当前必要的费用化支出和着眼于未来的作为无形资产的投资支出，并将企业社会责任承担与自身的发展阶段、行业、规模、盈利水平及波动性等相衔接。

三、中央企业社会责任内部控制制度尚需完善

虽然国资委印发了中央企业社会责任的指导意见，但是多数企业并没有将其纳入企业内部控制体系中。按照我国财政部印发的企业内部控制指导意见要求，企业社会责任作为企业内部控制制度的重要组成部分。一方面，需要通过内部控制制度规范企业社会责任行为，建立相关预算、审批和考核制度，规避企业（特别是企业领导）以承担社会责任为由满足个别人的私人利益和随意性支出行为，从而造成企业财产的损失；另一方面，也需要通过内部控制制度，将企业承担社会责任与企业发展战略有机地联系起来，促进企业的科学的可持续的发展。

四、对中央企业社会责任的承担需要加强外部监管

中央企业的运作应该是透明的，既然主人是全民，全民就有权知道企业的运作。美国、英国、瑞典、芬兰等国家政府要求，不论是国有上市公司还是非上市公司，都要建立公开透明的财务报告制度，企业的财务报告都要通过网站等方式按期向社会公开，接受全社会的监督。我国目前虽然有越来越多的中央企业自发地披露社会责任报告或者可持续发展报告，并且通过国资委网站或者

企业网站对企业承担社会责任的诸多事例做宣传。但是这些报告和宣传更多是以树立企业形象为目的，往往是报喜不报忧。因此，需要通过更广泛的社会舆论、权威中介机构、政府部门或非政府机构的外部监督对企业的社会责任行为予以客观的评价，不仅可揭示其已经做了的"好事"，还可揭示其存在的风险。此外，通过加入董事会、股东会等方式参与央企决策程序是从源头监督企业行为带来社会影响的可行的治理方式。

五、中央企业慈善基金会的合规运作应成为关注点

目前，中央企业已经通过设立慈善基金会的形式参与社会福利事业。但是基金会的管理还缺乏透明性，基金会的运作随意性较强，缺乏足够的决策机制。而且中央企业慈善基金会与中央企业基本是一套人马、两块牌子，独立性较差。国资委关于中央企业对外捐赠的管理办法不适用慈善基金会，这样有可能出现中央企业领导者通过慈善基金会来运作对外捐赠，实现自身利益的寻租。因此，相关部门也应将中央企业慈善基金会纳入监管，督促其合法、合规地运作。

针对我国中央企业承担社会责任中存在的问题，为推进我国中央企业社会责任工作健康有序、科学合理地开展，建议中央企业主管部门能够在如下几方面予以关注：

第一，建议主管部门对中央企业社会责任工作进行分类管理。结合我国"十二五"规划，明确各类中央企业战略定位。对于垄断型中央企业，应进一步提高其收益的收缴并用之于全民。对于公共服务和公共安全型的中央企业，要为其提供资源（资金）和政策支持，提高其服务的效率和质量。对于参与国际竞争的企业，要给其压力和动力，而绝非政治资源，让其公平参与市场竞争。同时，也要将中央企业应该承担的社会责任与其发展阶段、行业、规模、盈利水平及波动性等挂钩。

第二，建议主管部门加强对中央企业社会责任制度落实的监督检查，要求中央企业结合自身业务实际，明确社会责任行为的风险点和关键环节，建立自身社会责任内部控制制度。对于此项内控制度的执行情况，应通过公开、透明的方式要求中央企业定期动态地向社会公布。

第三，建议主管部门进一步完善中央企业治理结构、建立合理的决策机制。尝试将外部相关利益人引入企业董事会等决策机构中，以此提高重要社会责任利益方在中央企业经营决策中的话语权。

第四，建议主管部门建立完善社会责任工作体系①，推进中央企业社会责任工作。①中央和地方各级政府部门加强沟通和协调，在鼓励中央企业为国家和地方担当践行社会责任的表率的同时，还要尊重中央企业的意愿和其社会责任规划，避免让中央企业及其各级子企业承担超过自身能力的责任。②在中央企业主管部门内部各职能司局间建立协调沟通机制，对中央企业承担社会责任工作进行统一管理。

第五，建议在国资委与中央企业负责人签订的年度和任期经营业绩责任书中，对企业社会责任承担问题尽量采取明确的量化性描述，以避免企业负责人过多地关注财务绩效指标而忽略社会责任指标。

主要参考文献

【1】AGHION, PHILIPPER, PATRICK BOLTON. An Incomplete Contracts Approach to Financial Contracting [J]. Review of Economic Studies, 1992, 59：473 -494.

【2】ARCHIE B, CARROLL. A Three - Dimensional Conceptual Model of Corporate Performance [J]. Academy of Management Review, 1979, 4 (4)：497 -505.

【3】BAKER G., R. GIBBONS, K. J. MURPHY. Relational Contracts and the Theory of the Firm [J]. Quarterly Journal of Economics, 2002, 117：39 -84.

【4】BERGOLF, THADDEN. Short - Term versus Long - Term Interests：Capital Structure with Multiple Investors [J]. Quarterly Journal of Economics, 1994,

① 2011 年中央企业负责人工作会议上，国资委已经将"积极履行企业社会责任，强化节能减排工作，建立完善社会责任工作体系"作为中央企业 2011 年要着力抓好的八项工作之一。笔者认为，这不应仅仅是对中央企业的要求，也应是对主管部门自身的一项重要要求。

109: 1055 – 1084.

【5】 BOWEN H. Social Responsibility of Businessman ［M］. New York: Harper and Row, 1953.

【6】 CARROLL A. B. The Pyramid of Corporate Social Responsibility: toward the Moral Management of Organizational Stakeholders ［J］. Business Horizons, 1991 (T): 39 – 48.

【7】 C. CROUCH. Modeling the Firm in Its Market and Organizational Environment: Methodologies for Studying Corporate Social Responsibility ［J］. Organization Studies, 2006, 27 (10): 1533 – 1551.

【8】 CHOATE G. M. The Governance Problem, Asset Specificity and Corporate Financing Decisions ［J］. Journal of Economic Behavior and Organization, 1997, 33: 75 – 90.

【9】 COASE, RONALD. The Nature of the Firm ［J］. Economical, 1937, 4 (3).

【10】 Committee for Economic Development. Social responsibilities of business corporations ［J］. Committee for Economic Development, 1971, 15.

【11】 C. W. SMITH, WARNER. On Financial Contracting ［J］. Journal of Financial Economics, 1979, 7: 117 – 161.

【12】 DAVIS K. , BLOMSTROM R. L. Business and Society: Environment and Responsibility ［M］. New York: McGraw – Hill, 1975.

【13】 DEWATRIPONT, MATHIAS, JEWITT, IAN, TIROLE, JEAN. A Theory of Debt and Equity: Diversity of Securities and Manager – shareholder Congruence ［J］. The Quarterly Journal of Economics, 1994: 1027 – 1054.

【14】 DIAMOND, DOUGLAS W. Financial Intermediation and Delegated Monitoring ［J］. Review of Economics Studies, 1984, 51: 393 – 414.

【15】 DRUCK, PETER. Management Challenges for the 21st Century ［M］. New York: Harper – Collins, 1999.

【16】FREEMAN R. , EDWARD, EVAN, WILLIAM. Corporate Governance: A Stakeholder Interpretation [J] . Journal of Behavioral Economics, 1990, 19 (4): 354.

【17】FREEMAN R. , EDWARD. Strategic Management: A Stakeholder Approach [J] . Pitman Publishing Inc, 1984, 46.

【18】GALE, DOUGLAS, HELLWIG, MARTIN. Incentive - Compatible Debt Contracts: The One - Period Problem [J] . Review of Economics Studies, 1985, 52: 647 - 663.

【19】GRAY R, OWEN D, MAUNDERS K. Corporate Social Reporting: Accounting and Accountability [M] . London: Prentice - Hall, 1987.

【20】HANGEN, ROBERT A, SENBET, LEMMA W. New perspectives on Information Asymmetry and Agency Relationship [J] . Journal of Financial and Quantitative Analysis, 1979 (4): 671 - 694.

【21】HART O. , MOORE. Default and Renegotiation: A Dynamic Model of Debt [J] . Quarterly Journal of Economics, 1998, 113, 1 - 41.

【22】Hart, Oliver, Bengt Holmstrom. The Theory of Contracts, in T. Bewley (ed.) [M] . London: Cambridge Univ. Press, 1987: 71 - 155.

【23】HILL, CHARLES W. , JONES, THOMAS M. Stakeholder Agency Theory [J] . Journal of Management Studies, 1992, 29 (2): 131 - 132.

【24】JEAN TIROLE. Corporate Governance [J] . Econometrical, 2001, 69 (1): 1 - 35.

【25】JENSEN M. C. , MECKLING W. H. Theory of the Firm: Managerial Behavior, Agent Cost and Ownership Structure [J] . Journal of Financial Economics, 1976 (3) .

【26】J. HEATH, W. NORMAN. Stakeholder Theory, Corporate Governance and Public Management: What Can the History of State - Run Enterprises Teach Us in the Post - Enron Era? [J] . Journal of Business Ethics, 2004, 53 (3): 247 - 265.

【27】MANNE, HENRY G.. The High Criticism of the Modern Corporation [J]. Columbia Law Review, 1962, 62 (3): 406 - 416.

【28】Margaret M., Blair. For Whom Should Corporations Be Run: An Economic, Rationale for Stakeholder Management [J]. Long range Planning, 1998, 31 (2): 195 - 200.

【29】M. FRIEDMAN. Capitalism and Freedom. Chicago [M]. Chicago: University of Chicago Press, 2002: 1962.

【30】M. FRIEDMAN. The Social Responsibility of Business Is to Increase Its Profits [J]. New York Times Magazine, 1970 (9): 13.

【31】MICTHAEL JENSEN, W. MECKLING. Theory of the Firm: managerial of Behavior, Agency Cost and Capital Structure [J]. Journal of Financial Economics, 1976 (3).

【32】NORTH D. C. Institutional Change and Economic Performance [M]. Chicago: Cambridge University Press, 1990.

【33】ROBBINS S. P. Management [M]. New Jersey: Prentice - Hall, 1994.

【34】SHELDON, OLIVEN. The Social Responsibility of Management, the Philosophy of Management [M]. London: Sir Isaac Pitman and Sons Ltd., 1924.

【35】SMITH, ADAM. The Wealth of Nations [M]. London: Cannan ed., 1930: 420 - 421.

【36】STANLEY BAIMAN, JOHN H. EVANS, NANDU J. NAGARAJAN. Collusion in Auditing [J]. Journal of Accounting Research, 1991, 29 (1): 1 - 18.

【37】STEINER G. A, STEINER J. F. Business, Government, and Society: a Managerial Perspective [M]. New York: Random House Business Division, 1980.

【38】STEVEN N. S. CHEUNG. The contractual nature of the firm [J]. The journal of law and economics, 1983 (4).

【39】TOWNSEND R. Optimal Contracts and Competitive Markets with Costly State Verifications [J]. Journal of Economic Theory, 1978, 71: 417 - 425.

【40】VOGEL, DAVID. The Corporation as Government: Challenges and Dilemmas［J］．Polity，1975，8（1）：5－37．

【41】ZUCKER L. G. Production of trust：Institutional sources of economic structure［M］．Chicago：Cambridge University Press，1986．

【42】蔡刚，干胜道．公司社会责任披露主体特征研究［J］．科学、经济、社会，2010（2）．

【43】蔡刚．我国上市公司社会责任报告披露状况实证研究［D］．成都：四川大学，2010．

【44】冯巧根．基于企业社会责任的管理会计框架重构［J］．会计研究，2009（8）．

【45】干胜道，田超．基于股东特质视角的我国中央企业社会责任研究［J］．现代经济探讨，2011（4）．

【46】高汉祥，郑济孝．公司治理与企业社会责任：同源、分流与融合［J］．会计研究，2010（6）．

【47】侯若石．全球生产组织方式变化与企业社会责任［C］//北京大学国际经济研究所．世界经济与中国，高层论坛论文，北京：北京大学国际经济研究所，2003．

【48】胡贵毅，任荣明，王漫天．影响企业社会责任的因素及其与企业治理的关系——基于利益相关者之间的分配博弈［C］//南开大学公司治理年会论文．天津：南开大学公司治理研究中心，2009．

【49】胡贵毅．论企业社会责任的本质——兼与李伟先生商榷其他利益相关者在企业治理结构中的地位［J］．当代经济管理，2008（1）．

【50】伦纳德·布鲁克斯，保罗·邓恩．商业伦理与会计职业道德［M］．5版．任明川，改编．北京：中国人民大学出版社，2010．

【51】李大洪．论关系竞争时代的企业社会责任及其竞争力提升［J］．商业时代，2009（20）．

【52】李文川，卢勇，张群祥．西方企业社会责任研究对我国的启示［J］．改革与战略，2007（2）．

【53】李心合．嵌入社会责任与扩展公司财务理论［J］．会计研究，2009

(1).

【54】李艳华，凌文辁. 世界企业社会责任研究与实践概述 ［J］. 技术经济与管理研究，2006（1）.

【55】黎友焕，龚成威. 基于外部性的企业社会责任福利分析 ［J］. 西安电子科技大学学报，2008（11）.

【56】黎友焕，刘延平. 中国企业社会责任建设蓝皮书（2010）［M］. 北京：人民出版社，2010.

【57】李占祥. 论企业社会责任 ［J］. 中国工业经济研究，1993（6）.

【58】李正. 企业社会责任信息披露研究 ［M］. 北京：经济科学出版社，2008.

【59】刘长喜. 企业社会责任与可持续发展研究——基于利益相关者和社会契约的视角 ［M］. 上海：上海财经大学出版社，2009.

【60】刘俊海. 公司的社会责任 ［M］. 北京：法律出版社，1999.

【61】刘新民. 建立系统性公司治理模式——以企业社会责任为指导 ［J］. 中国社会科学研究院学报，2008（2）.

【62】楼建波，郭秀华. 现代企业社会责任核心理念和中国实践之路［M］. 北京：北京大学出版社，2009.

【63】卢代富. 企业社会责任的经济学与法学分析 ［M］. 北京：法律出版社，2002.

【64】孟晓俊，肖作平，曲佳莉. 企业社会责任信息披露与资本成本的互动关系——基于信息不对称视角的一个分析框架 ［J］. 会计研究，2010（9）.

【65】任荣明，朱晓明. 企业社会责任多视角透视 ［M］. 北京：北京大学出版社，2009.

【66】沈洪涛. 公司社会责任和环境会计的目标与理论基础——国外研究综述 ［J］. 会计研究，2010（3）.

【67】沈洪涛，宋献中，许洁莹. 我国社会责任会计研究：回顾与展望 ［J］. 财经科学，2010（04）.

【68】沈洪涛，沈艺峰. 公司社会责任思想起源与演变 ［M］. 上海：世纪

出版集团，上海人民出版社，2007.

【69】沈艺峰，沈洪涛．论公司社会责任与相关利益者理论的全面结合趋势 [J]．中国经济问题，2003（2）．

【70】沈占波，杜晓静．企业社会责任的背景和边界分析 [J]．生产力研究，2009（6）．

【71】施平．面向可持续发展的财务学：困境与出路 [J]．会计研究，2010（11）．

【72】史际春，肖竹，冯辉．论公司社会责任：法律义务、道德责任及其他 [M]．北京：北京大学出版社，2009.

【73】帅萍，高杰．企业社会责任动力机制研究——基于不完全契约理论 [J]．商业现代化，2008（2）．

【74】宋献中．建立我国社会责任会计的总体构思 [J]．对外经贸财会，1998（04）．

【75】宋献中，龚明晓．社会责任信息的质量与决策价值评价——上市公司会计年报的内容分析 [J]．会计研究，2007（02）．

【76】唐更华．企业社会责任发生机理研究 [M]．长沙：湖南人民出版社，2008.

【77】田虹．企业社会责任及其推进机制 [M]．北京：经济管理出版社，2006.

【78】田超，干胜道．上市公司首次社会责任报告质量分析——基于沪市130家强制披露社会责任报告 [J]．江苏科技信息：学术研究，2009（09）．

【79】田超，干胜道．企业社会责任的财务学视角研究 [J]．现代管理科学，2009（7）．

【80】田超，干胜道．企业应建立社会责任的资产负债观 [N]．中国商报，2009 - 07 - 04.

【81】田超，干胜道．基于耗散结构理论的企业社会责任研究 [J]．现代管理科学，2009（11）．

【82】田超，干胜道．企业社会责任内部控制制度研究 [J]．经济研究参

考，2010（49）.

【83】王建明. 环境信息披露、行业差异和外部制度压力相关性研究 [J].
会计研究，2008（6）.

【84】王明洋. 试论企业社会责任 [J]. 经营管理者，1989（7）.

【85】王阳. 基于社会责任的公司治理模式重塑 [J]. 西北师大学报：社
会科学版，2009（1）.

【86】王雪芳，殷筱琴. 我国社会责任会计体系的理论框架研究 [J]. 财
会通讯，2004（16）.

【87】王再文，赵杨. 中央企业履行社会责任报告（2010）[M]. 北京：
中国经济出版社，2010.

【88】温素彬，方苑. 企业社会责任与财务绩效关系的实证研究——利益相
关者视角的面板数据分析 [J]. 中国工业经济，2008（10）.

【89】温素彬，黄浩岚. 利益相关者价值取向的企业绩效评价——绩效三棱
镜的应用案例 [J]. 会计研究，2009（4）.

【90】吴克烈. 企业社会责任初探 [J]. 企业经济，1989（8）.

【91】许家林. 环境会计：理论与实务的发展与创新 [J]. 会计研究，
2009（10）.

【92】杨世忠，曹梅梅. 宏观环境会计核算体系框架构想 [J]. 会计研究，
2010（09）.

【93】张兆国. 企业社会责任与财务管理变革——基于利益相关者理论的研
究 [J]. 会计研究，2009（3）.

【94】张兆国，刘晓霞，张庆. 环境会计：理论与实务的发展与创新[J].
会计研究，2009（3）.

第四章　股东特质、盈余管理与控制权转移

第一节　引言

在我国新兴加转轨的证券市场上，上市公司每年都发生大量的并购、重组、控制权转移事件。这些活动涉及大额交易，影响公司资产质量、经营状况和经营业绩，关系到资产并购各方以及投资者的利益。上市公司第一大股东变更属于上市公司控制权转移的范畴，也是上市公司并购研究的内容之一。在第一大股东变更过程中，上市公司是否进行了盈余管理，会计信息的质量如何，直接关系到各相关者的利益。并购作为企业战略的一个重大决策，市场对其态度直接影响到企业以后的发展前景，这也使并购中公司管理层有了粉饰报告盈余的动机，因此并购过程中会出现一些操纵利润的盈余管理现象。

国内外的一些文献表明，公司可能在并购、重组过程中进行盈余管理。埃里克松（Erikson，1999）发现了换股并购的收购公司在收购前的季度里，通过盈余管理来提高自身股价。路易斯（Louis，2004）也发现公司在进行换股收购之前进行了正的盈余管理，并且收购期间和收购后的长期市场收益都与盈余管理负相关。伯格斯特拉瑟等人（Bergstraesser et al，2006）发现公司进行盈余管理的动机与收购其他公司、盈余接近关键门槛和高管准备执行股票期权有关。白云霞等（2005）发现，控制权转移后公司业绩低于阈值，通过资产处置来提高业绩。何问陶、倪全宏（2005）发现管理层收购前一年公司减少了应计盈余，但不显著。

目前国内外研究并购、重组、控制权转移与盈余管理的文献不多，集中研

123

究第一大股东变更和盈余管理的文献更少。笔者于 2009 年 12 月 23 日在中国知网（CNKI）进行了跨库检索，首先以题名"控制权转移"检索，结果出现 188 项，然后在结果中以关键词"盈余管理"检索，只有 4 项结果，其中有一篇北京交通大学秦耀林的博士论文《控制权转移公司的盈余管理研究》。然后又以题名"第一大股东变更"检索，结果出现 8 项，在结果中以关键词"盈余管理"进行二次检索，没有一项结果。可见，第一大股东变更和盈余管理还是一个值得研究的课题。

本章在第一大股东变更与盈余管理问题的研究中欲沿着股东特质与行为差异这一主线，同时借鉴行为财务方面的理论，考察所有者主体"虚拟化"（比如国资委）与"实体化"（私人大股东）对控制权溢价、私有收益和中长期绩效的影响，国有股权私有化的过程中有无国有资产流失嫌疑，民营公司股权转让中的"理性人"行为，以及国有公司内部人控制个人寻租的可能性等。

在现有的控制权转移和盈余管理的研究中，尚未发现就不同性质控股股东的盈余管理问题进行系统比较分析的文献。不同性质的大股东具有不同的经济属性和行为特征，这些属性和特征导致了上市公司不同的控制权转移目的，而不同的转移目的又决定了其盈余管理的动机、方式不同，从而对转让溢价、转移后业绩变化的影响也会不同。按照这一逻辑，本章欲根据第一大股东的所有权性质，把第一大股东变更分为四种不同的类型，即第一大股东由国有变更为国有、国有变更为民营、民营变更为国有和民营变更为民营，来研究不同类型的变更中盈余管理的特征以及盈余管理行为对转让溢价和变更后公司业绩变化的影响。

第二节　国内外研究综述

一、第一大股东变更和盈余管理

盈余管理的研究已经积累了大量的研究文献，这些文献主要集中在一般性的盈余管理行为上，同时也有很多文献对特定事项的盈余管理行为做了研究，但这些事项主要是首发上市、公开增发、内幕交易、反垄断监管和其他政府监管等，对控制权变更和盈余管理关系的研究还不多，也不够深入，更多是关于控制权变更与业绩变化方面的研究。

国外学者关于第一大股东变更和盈余管理的研究，大多数是基于控制权变更理论，研究结论还没有取得一致。

首先，曼尼（Manne，1965）首次提出公司控制权市场理论，他认为公司的控制权是公司的一项资产并且是有价值的，只在公司管理层的管理效率和公司所体现出来的价值，也就是公司股价之间存在较高的正相关的时候，这样的控制权市场才存在。Jensen（1976）和 Meckling（1979）提出，由于现代公司的所有权与控制权两者是相分离的，公司股东与管理者之间就存在委托代理的问题。而且由于信息不对称的存在会加大这种代理成本，因此股东们必须通过制订相应的机制对管理者们进行激励与约束，即公司治理机制。从公司治理机制的角度来讲，相同行业以及相同规模的公司往往基于趋同的原理采用相同或者相似的公司治理机制，收购方物色收购公司进行收购活动。哈福德和霍尔（Harford，Hall，1997）认为在控制权市场当中，公司想要发生并购活动，只要公司存在大量的现金才会使并购活动得以进行，另外一个公司的现金流量还可以作为预测本公司是否会被其他公司并购的指标进行衡量。

其次，Jensen 和 Rubuck（1983）提出的关于公司之间的兼并与收购活动对公司价值与股东财富的影响研究表明：在公告期，好的成功的公司之间采用兼并方式并购时，目标公司股东享有20%的超常收益，收购公司股东则无法享有显著的超常收益。他们的研究发表以后引起了许多经济学家对公司并购活动的关注。公司之间的并购活动对收购方的股票价格有积极影响。施韦尔德（Schwerte，1996）发现在1000多家被并购的公司当中，公司股东们所获得累计平均异常收益都达到了350%左右。当公司股权发生转移的时候，目标公司的股东所获得的超长收益率与公司的资产负债率以及公司法人股所持公司股份比例都成正相关关系（Elias，1999）。波兰研究者格热戈日（Grzegorz，2003）发现，在发生控制权转移的公司中，如果股份的收购方是公司股东并且收购方也期望对收购公司进行重组，被收购公司的股价会明显上升。也有学者得出了相反的研究结论，例如英国学者辛格（Singh，1971）提出，主并公司在完成收购事项以后，公司的绩效不但没有上升反而公司的营利状况显著下降；学者 Meeks（1997）提出上市公司在发生并购事项后，公司的资产收益率在几年之内出现了持续下降的状况；巴加特等（Bhagat et al，2001）也提出，收购活动给收购方带来的收益并不明显，甚至会带来负的收益。

在我国，关于公司大股东变更与盈余管理的研究，主要是与公司治理机制以及公司的绩效相关联的。

首先，许小年（1997）对深沪两市的上市公司的股本结构和公司的经营绩效进行了分析研究，并得出结论：上市公司国有股所占的比重越大，公司的绩效就越差，反之就越好，单独个人所持有的上市公司的股份与公司的绩效没有关系。一些学者（孙永祥、黄祖辉，1999；陈信元、张田余，1999）研究了上市公司发生资产重组的市场反应。研究发现股权转让、资产剥离和资产置换事件在公告日之前股票价格上升，在公告日之后股票价格下降，而收购兼并事件对股票价格没有显著影响。杨朝军、蔡明超和刘波（2000）以 1998 年发生的 28 起控制权转移事件为样本进行了研究，发现上市公司在公告窗口 [- 40，+ 20] 内存在显著的超额收益。一些学者（冯根福、吴林江，2001；陈小悦、徐晓东，2001）研究的结论认为：第一大股东持股比例与公司绩效正相关；朱宝宪、王怡凯（2002）研究了 1998 年所发生的 67 起控股权转移事件，利用净资产收益率和主营业务利润率作为公司绩效的代表指标，对上市公司发生并购的前三年和并购后三年的数据进行研究，研究结果表明大多数发生并购的公司都是出于战略性的考虑，公司发生并购后的业绩得到了改善。张新（2003）以 1993—2002 年中国 A 股上市公司的 1216 个并购重组事件作为样本，研究了收购公司的并购绩效。得出收购公司的超额异常收益为负，但是由于样本选择的问题，这一结论具有一定的局限性。

其次，一些学者（徐晓东、陈小悦，2003；李善民、曾昭灶，2003）在研究过程中充分结合了中国控制权转移的制度，通过对发生控制权转移的上市公司进行样本抽样分析，得出了中国发生控制权转移的公司存在着股权分散、管理层缺乏高效完善的管理制度等特点。李善民、朱涛、陈玉昆等（2004）以

1998—2002 年上半年发生于沪深两市上市公司之间的 40 起并购事件为研究样本，实证研究表明：收购公司绩效逐年下降，目标公司绩效有所上升，整体而言上市公司并购绩效显著下降。骆柞炎（2005）通过研究 2000 年进行过控制权转移的 72 家公司发现：其非但没有在转移之后业绩上升，反而连续四年呈下降趋势，得出了公司治理不能仅仅依靠资本市场的制约，公司监管也同样必不可少，二者任缺其一均不能使公司绩效获得提高的结论。姚燕、王化成（2006）的相关研究得出，作为公司并购行为的一种，由于控制权转移行为会影响到一个公司的重大经营决策和人员变动，与上市公司其他的并购行为相比，并购会对上市公司的绩效产生重大的影响。王晓初、俞伟峰（2007）主要研究了上市公司之间的公司并购与公司治理之间的关系，以 A 股和 H/R 股上市公司为样本，利用事件分析法和回归分析的相关实证研究方法，对公司之间的收购绩效与公司治理之间的问题进行实证研究，结果表明目前 A 股市场的收购活动对公司绩效的影响是负面的，而 H/R 股的收购对绩效的影响并不显著。

二、盈余管理计量模型

纵观近 20 年来国内外的相关研究，计量盈余管理的方法众多，总地来说，主要包括总体应计利润法、特定应计项目法和管理后盈余分布法三种。

（一）总体应计利润法

总体应计利润法的思想是：将会计盈余分为经营现金流（Cash From Operations，CFO）和总体应计利润（Total Accruals，TA，即对现金流量的会计调整）两部分，即 Earnings = TA + CFO。总体应计利润是指那些不直接形成当期现金流入或流出，但按照权责发生制和配比原则应计入当期损益的收入或费用或净资产的增加减少部分，比如折旧费用、摊销费用、应收账款增加额，等等。由于并不是所有的应计利润都代表着盈余管理，所以这种方法又把 TA 划分为操控性应计利润（Discretionary Accruals，DA）和非操控性应计利润（Non‑discretionary Accruals，NDA）两部分。然后，用 DA 来衡量盈余管理的程度。因为要把 TA 分为 NA 和 NDA，所以这种方法又被称为应计利润分离法。由于 DA 是不可直接观测的，通常是先设计一个模型来计算 NDA，然后比较 NDA 和 TA 的大小，如果 NDA 小于 TA，就证明存在盈余管理，盈余管理的量就是二者之差。因此，运用总体应计利润法研究盈余管理的关键就在于 NDA 的计算。

总体应计利润法是国外最常用的盈余管理计量方法，在其应用及发展过程中，诸多学者对其进行了多次改进和修正，先后出现了以下几种计量模型：

1. Healy 模型

希利（Healy，1985）开创了盈余管理实证研究的先河，他构建的计量非操控性应计利润的模型是通过比较不同样本的平均应计利润总额来检验盈余管理的。Healy 模型比较简单，它假定在任意会计期间都会发生系统性的盈余管理行为，对操控性应计利润和非操控性应计利润没有进行区分，直接以平均的总应计利润代表非操控性应计利润。其模型可以表述如下：

$$NDA_i = (\sum TA_t) / T$$

式中，NDA 是预计的非操控性应计利润，TA 是以资产总额所衡量的应计利润总额，$t = 1，2 \cdots T$ 是估计期的年数，i 是指特定事件发生的年份。

2. DeAngelo 模型

迪安杰洛（DeAngelo，1986）对 Healy 模型做了改进，以应计利润总额的变化作为操控性应计利润的表征变量。其模型可以表述如下：

$$NDA_t = TA_{t-1}$$

这一模型是非操控性应计利润的随机游走模型，它以上一年度的应计利润总额作为当年非操控性应计利润，本年度应计利润总额与上一年度的差额部分被认为是操控性应计利润。该模型可以看成是 Healy 模型的特殊形式，只是其对非操控性应计利润的估计期被严格限定在前一年。

3. Jones 模型

琼斯（Jones，1991）认为，Healy 模型和 DeAngelo 模型都没有考虑企业规模扩大对非操控性应计利润的影响，随着固定资产规模的扩大，相应的应收、应付项目以及折旧额等应计利润项目会自然增加，非操控性应计利润是企业销售收入增加额和固定资产规模的函数。因此，琼斯使用了一个线性回归模型来估计非操控性应计利润。Jones 模型的主要思想可以用下式表示：

$$NDA_t = \alpha_1 (1/A_{t-1}) + \alpha_2 (\Delta REV_t/A_{t-1}) + \alpha_3 (PPE_t/A_{t-1})$$

式中，NDA_t 是经过第 $t-1$ 期期末总资产调整后的第 t 期的非操控性应计利润，ΔREV_t 是第 t 期收入和第 $t-1$ 期收入的差额；PPE_t 是第 t 期期末总的厂房、设备等固定资产价值；A_{t-1} 是第 $t-1$ 期期末总资产；α_1、α_2、α_3 是公司特征参数，可以运用估计期各项数值进行回归取得。

4. 修正的 Jones 模型

德肖、斯隆和斯威尼（Dechow，Sloan，Sweeney，1995）认为 Jones 模型中的主营业务收入变化仍然忽视了企业管理当局对收入进行操纵的因素。他们认为，企业管理当局可以利用应收账款来对主营业务收入进行操纵，从而达到操纵报告盈余的目的。因此，Jones 模型低估了盈余管理，应该在主营业务收入中剔除应收账款的变化。于是他们提出修正的琼斯模型为：

$$NDA_t / A_t - 1 = \alpha_1 \left(1/A_t - 1 \right) + \alpha_2 \left[\left(\Delta REV_t - \Delta REC_t \right) / A_t - 1 \right] + \alpha_3 \left(PPE_t / A_t - 1 \right)$$

式中，ΔREC_t 为 t 年与 $t-1$ 年的应收款项之差，α_1、α_2、α_3 的回归值与 Jones 模型计量方法相同。

5. 截面 Jones 模型

截面 Jones 模型由德丰和詹巴尔沃（DeFond，Jiambalvo，1994）提出，除了模型中参数用截面数据而不是用时间序列数据估计外，截面 Jones 模型与 Jones 模型是相似的。因此，截面 Jones 模型估计非操控性应计利润的模型如下：

$$NDA_t = \alpha_1 \left(1/A_{t-1} \right) + \alpha_2 \left(\Delta REV_t / A_{t-1} \right) + \alpha_3 \left(PPE_t / A_{t-1} \right)$$

式中，NDA_t 是经过第 $t-1$ 期期末总资产调整后的第 t 期的非操控性应计利润，ΔREV_t 是第 t 期收入和第 $t-1$ 期收入的差额，PPE_t 是第 t 期期末总的厂房、设备等固定资产价值，A_{t-1} 是第 $t-1$ 期期末总资产。α_1、α_2、α_3 是不同行业、不同年份的特征参数，这些特征参数估计值运用经过行业分组的不同年份数据进行回归取得。

6. 行业模型

行业模型由 Dechow、Sloan 和 Sweeney 于 1995 年提出。该模型假设决定非操控性应计项目的因素在同一行业中都是相同的，认为研究公司的非操控性应计利润应当与同行业同规模的参考公司的应计利润之间存在着相应的关系。如果研究公司的非操控性应计利润与参考公司的应计利润的中位数之间存在着显著性差异，则说明研究公司存在着明显的盈余管理行为。行业模型中的非操控性应计利润模型如下：

$$NDA_t = \beta_1 + \beta_2 \, medianj \, (TA_t / A_{t-1})$$

式中，$medianj \, (TA_t / A_{t-1})$ 是同行业所有非样本公司经过第 $t-1$ 期总资产调整的第 t 期应计利润的中值。公司特征参数 β_1、β_2 用估计期观测值通过 OLS 估计获得。

7. 扩展的截面 Jones 模型（陆建桥模型）

我国学者陆建桥（1999）认为，无论是 Jones 模型还是修正的 Jones 模型都忽略了无形资产和其他长期资产的影响，因为无形资产和其他长期资产的摊销因素是非操控性应计利润的重要组成部分，忽视这一因素就会使模型低估非操控性应计利润额，高估盈余管理行为。因此陆建桥（1999）对修正的 Jones 模型进行了扩展，增加了无形资产和其他长期资产这一变量。模型如下：

$$NDA_t / A_{t-1} = \alpha_1 \, (1/A_{t-1}) + \alpha_2 \, [\, (\Delta REV_t - \Delta REC_t) / A_{t-1} \,] + \alpha_3 (PPE_t / A_{t-1}) + \alpha_4 (IA_t / A_{t-1})$$

式中，IA_t 为当年无形资产，其余变量同以上公式。

从 Healy 模型到行业模型，在总体应计利润法的产生、发展及改进过程中，国外学者运用这些模型进行了大量的实证研究，此处不再赘述。从国内来看，有代表性的研究主要有：

陆建桥（1999）对修正的 Jones 模型进行再修正，提出扩展的 Jones 模型，对我国亏损上市公司的盈余管理问题进行了研究，得到的结论是：中国上市公司在亏损年度显著调减盈余，在亏损前一年和扭亏年度显著调增盈余。

林舒、魏明海（2000）运用调整的 DeAngelo 模型，研究了中国 A 股发行公司首次公开募股过程中是否存在盈余管理行为，其研究结论是：IPO 前两年和前 1 年，报告盈余处于最高水平；IPO 当年显著下降。

徐浩萍（2004）沿用了修正 Jones 模型的思想，认为现金销售收入的变动、长期资产水平及其增量是影响非操控性应计利润和经营性应计利润的重要因素，为控制行业因素，将这些变量的行业平均值也一并作为自变量，研究了会计盈余管理与独立审计质量的关系。

在总体应计利润法的几个模型中，有些属于时间序列模型，有些属于截面回归模型。这些模型都依赖于一些特定的假设，例如：时间序列模型假设样本公司的经营周期长短在估计期和事件期保持不变，而截面回归模型则假设相同行业中的样本公司具有同样的经营周期。然而在现实中，这些假设不一定适合所有的样本公司。因此，选择时间序列模型还是截面回归模型，意味着选择权衡，至于哪种模型更优，则是一个实证性问题（夏立军，2003）。

这些模型最大的缺点就是都存在着一定的估计误差，其主要原因是它们忽略了一些重要的基本因素对非操控性应计利润的影响，例如企业的营利能力、增长速度、营运资本政策变化等。具体说来，对 DeAngelo 模型和 Healy 模型而言，如果在估计期内，非操控性应计利润恒定而操控性应计利润的均值为 0，则 DeAngelo 模型和 Healy 模型所估计的不可操控性应计利润都没有误差；如果不可操控性应计利润在各个期间是变化的，两个模型估计的操控性应计利润中就都包含着估计误差。而修正的 Jones 模型假定所有的信用销售增加都是人为操纵的结果，这样的假定可能会夸大销售收入中的操控性应计利润部分，因为企业的信用销售与企业信用政策有关，例如：为了降低库存而延长客户的付款期限，因此该模型可能会使操控性应计利润被高估（李清，2008）。此外，在目前的研究中一般采用资产负债表法计量总体应计利润，但赫里巴尔和柯林斯（Hribar，Collins，2002）的研究发现，当企业的兼并与分立等活动使报表合并范围发生变化时，采用资产负债表数据计算的应计利润中包含一定的计量误差，从而使估计的可操控性应计利润的系统性误差增加。

虽然总体应计利润法在盈余管理研究中的应用最为广泛，并且发展出了多种模型，但是在关于何种模型更加有效的问题上，研究者们意见不一。Dechow、Sloan 和 Sweeny（1995）曾对总体应计利润法中的六种模型对非操控性应计利润的测度效果进行了对比分析，实证结果表明，六种模型都能成功测度盈余管理，其中修正的 Jones 模型效果最好，DeAngelo 模型效果最差。Thomas 等人（2000）发现上述模型在估计盈余管理的有效性方面是令人失望的，他们认为目前衡量盈余管理的方法所使用的手段，其精确性均较低。但相对看来，Jones模型在用于衡量不同行业的操控性应计利润时，仍然表现出较好的预测能力。

现有的模型大部分都是在修正的 Jones 模型基础上发展而来的，而且在国外的实证研究中，修正的 Jones 模型被认为能够有效地计量盈余管理。然而 Jones模型、修正的 Jones 模型等的使用前提是假定公司业务处于比较稳定的增长期，适用于比较成熟的企业，而我国上市公司基本上不是成熟型企业。此外，我国转轨时期的经济环境和经济特征与西方发达国家也有显著差异，因此在研究我国的盈余管理问题时，不能简单地套用 Jones 模型和修正的 Jones 模型，要在借鉴这些研究方法和模型的基础上，结合我国资本市场的特点，做出一些有中国特色的、创新性的研究成果。并且，我国的证券市场存在的历史较短，上市公司经历的时间更短，系统的会计信息披露和公司治理结构建立也仅仅从 1998 年开始，我国资本市场所能提供的研究窗口仅为 10 年左右，因此国内研究在运用修正的 Jones 模型时，最好使用横截面数据代替时间序列数据，实践研究证明也能够取得很好的效果。

（二）特定应计项目法

总体应计利润法是将企业的所有应计利润项目都纳入研究模型中，来测度企业的总体盈余管理水平。而针对具体的会计政策、具体行业时，如对于某个或某类金额很大并且要求大量判断的特殊应计项目而言，采用特定应计项目法更为有效。

特定应计项目法是通过一个特定的应计利润项目或者一组特定的应计利润项目来建立计量模型的，以此来检测是否存在盈余管理。这种方法一般是针对某一特定行业，在该行业中，某一个（或某一组）应计项目的金额是相当大的，并且公司管理当局在对该项目进行计量时需要做出很大程度的判断。早期运用特定应计项目法的研究多集中于银行业的贷款损失准备项目和保险公司的财产与意外事故损失等方面。但现在的研究特别是国外的许多研究者也扩大了特定应计项目法的运用面，在更大产业范围内（如石油行业等）和更多的应计项目中（如折旧政策的选择、税收费用的管理等）来研究盈余管理行为。

特定应计项目法在国外的实证研究中使用得较多，最早运用特定应计项目法的是 McNichols 和 Wilson（1988），他们用下面的模型对上市公司利用坏账准备进行盈余管理问题作了研究：

$$Prov_t = \alpha + \beta_1 B_g Bl_t + \beta_2 (Write - off_t) + \beta_3 (Write - off_{t+1}) + Resprov_t$$

式中，$Prov_t$ 为第 t 年的坏账准备，$BgBl_t$ 为第 t 年年初的坏账准备，$(Write - off_t)$ 为第 t 年的坏账冲销，$(Write - off_{t+1})$ 为第 t + 1 年的坏账冲销，α、β_1、β_2、β_3 是系数，$Resprov_t$ 表示误差项，运用 $Resprov_t$ 来检验是否存在盈余管理。

此外，彼得罗尼（Petroni，1992）发现保险公司运用风险财产投保人索赔准备进行盈余管理。毕维尔和恩格尔（Beaver，Engel，1996）发现银行运用贷款损失准备来进行盈余管理以达到监管当局的监管要求。

国内学者在用特定应计项目法进行盈余管理研究时，大多集中于资产减值的研究，其中最有代表性的是代冰彬、陆正飞和张然（2007）采用特定应计项目法研究了上市公司资产减值的计提动机。研究发现，在利用减值准备进行利润操纵时，盈余管理动机的不同会影响减值类型的选择。扭亏和大清洗公司会采取各种类型减值准备进行盈余管理，而平滑的管理层变更公司只使用长期资产减值准备，而且不影响营业利润的减值准备。

与总体应计利润法相比，特定应计项目法的研究对象更为具体，可以建立更合理的模型，减少盈余管理计量的噪音。并且由于特定应计项目法针对某一具体行业中的某一具体的应计项目，因而区分操控性部分与非操控性部分所依据的假设比包含不同行业、不同应计项目的应计利润法所依据的假设更切合实际，也更可靠。其缺点是运用这种方法需要研究者对制度背景有深刻的认识，而且由于具体的应计利润项目研究往往局限于小样本或具体的行业和部门，因此研究结果难以推广。

（三）管理后盈余分布法

还有一种非常实用的盈余管理计量方法是管理后盈余分布法。它是通过研究管理后的盈余的分布密度来检测公司是否存在盈余管理行为的。这种方法不用去设计复杂的计量模型，而是通过直观的图形去预测在某些特定时点可能出现的盈余管理现象。该方法假定未经管理的盈余大致呈正态分布，且其密度函数是光滑的，如果管理后的盈余明显不符合这一分布形式，就说明公司存在盈余管理。常用的检验方法有两种，即直方图法和密度函数统计检验法。

最早运用管理后盈余分布法来研究盈余管理的是 Burgstahler 和 Dichev（1997），他们运用直方图和描述性统计研究了公司是否通过盈余管理来避免盈余减少或亏损。研究发现盈余（非操纵）下降的公司有 8%～12% 运用会计判断来使盈余增加，而轻度亏损（非操纵）的公司有 30%～40% 运用会计判断的手段使企业扭亏。

德乔治、帕特尔和翟克霍瑟（Degeorge, Patel, Zcckhauscr, 1999）通过运用直方图和密度函数进行统计检验的方法，研究了公司是否通过盈余管理来达到报告正的利润、维持近期的业绩、迎合分析师的预期等三个目的，研究结果支持了他们所提出的假设。

蒋义宏、魏刚（1998）运用直方图方法，研究了上市公司净资产收益率（ROE）的分布，其研究结论证实了中国上市公司为了达到配股资格会进行盈余管理，即所谓"10%现象"。

孙铮、王跃堂（1999）通过 ROE 直方图、Spearman 秩相关分析研究了 1997 年中国上市公司盈余管理问题。其研究结论是：上市公司盈余操纵表现为微利现象、配股现象及重亏现象，即上市公司为了避免亏损或达到配股资格会进行盈余操纵。

陈小悦、肖星、过晓艳（2000）运用该方法，研究了上市公司盈余管理行为对配股政策的反映，发现上市公司的盈余管理行为是随着配股政策的变化而改变的。

管理后盈余分布法的优点是研究者不用估计充满噪音的操控性应计利润来检验是否存在盈余管理现象，它仅需通过分布函数在给定阈值处的不连续性来确定盈余管理，而且这种方法还能检测到通过非应计项目导致的盈余管理。但缺点表现为应用面不广，仅适用临界点现象的盈余管理；不能直接得出盈余管理操纵利润的手段和幅度的大小等。故其只能应用于特定的盈余管理动机研究，如针对监管政策的盈余管理，而不能应用于研究盈余管理与管理人员报酬计划、债务契约、公司治理关系等领域。

在我国，上市公司的盈余管理很大程度上是为了应付证券市场特殊的监管政策，如首发上市、配股、特别处理以及暂停交易政策等。由于这些特别的监管政策主要依靠特定的财务指标（主要是净资产收益率）来分配公司的上市资格和配股资格，这就造成了大量的公司围绕这些特定的财务指标进行盈余管理，从而使得管理后盈余分布法可以用来很好地计量我国上市公司的盈余管理。

三、盈余管理和控制权溢价

大宗股权转让溢价水平是一个国家投资者保护程度的重要体现。国外许多文献都是用股权转让的溢价来度量控制权收益，以找出影响控制权收益大小的一系列因素。而我国并购溢价的计量却截然不同。在充分发育的市场中，企业的价格通过市场参与者对资产评价或预期的竞争性要价和出价得到确定。但在我国企业并购中，由于上市公司的国有股和法人股不能公开上市交易，缺少多个买方和卖方参与竞价的公开透明的市场化价格形成机制，大多是买卖双方在对转让股份进行价值评估的基础上，通过一对一的谈判确定股权转让价格。国内许多学者以净资产为基础对股权转让的溢价进行研究，并用大宗股权转让溢价来衡量我国控制权收益大小，对其影响因素进行实证检验。这些文献对研究我国的控制权收益做出了有益的探索，但主要强调公司基本面因素，并未考虑盈余管理等因素对并购溢价的影响。

首先，国外关于控制权溢价与盈余管理关系的文献主要通过以下几种衡量途径来实现：

（1）由里斯、麦康奈尔希和米克尔松（Lease，Mcconnellhe，Mikelson，1983）提出的第一种途径，适用于发行差别投票权股票的公司。如果具有相同剩余索取权但不同投票权的股票价格有所不同，那么其价格差额就反映了控制权价值。津加莱斯（Zingales，1995）通过对美国上市公司不同投票权的价差进行研究，发现美国上市公司投票权股票相对于无投票权股票可以取得约 3.05% 的控制权溢价收益。在欧洲大陆国家和许多发展中国家，由于上市公司所有权结构往往高度集中，小股东利益受法律保护程度相对较弱，公司控制权溢价相对较高。Zingales（1994）通过研究米兰证券交易所上市公司的投票权股票相对于无投票权股票的转让溢价，发现意大利公司控制权溢价为公司股票市价的 16% ~37% 。

（2）由巴克利和霍尔德纳斯（Barclay，Holderness，1989）提出适用于发生大额股权转让公司的第二种途径。他们认为大额股票交易一般代表公司控制权的转让的交易，在一个有效的市场上，股票市价反映了大股东进入后所能带来的公共收益，因此大额交易价格与其公告后股票市价的差额就代表控制权溢价。戴克和德克翟纳（Dyck，Zingales，2002）对 39 个国家的 412 宗控制权交易进行分析后发现大额股票交易价格比公告后股票市价平均高出 14%，其中最低为日本（-4%），最高为巴西（65%）。

（3）由汉罗那、沙林和夏皮罗（Hanouna，Sarin，Shapiro，2002）提出第三种途径，以控制权交易价格和小额股权交易价格的差额来衡量控制权溢价。他们以西方七国在 1986—2000 年发生的 9566 宗收购案例为分析对象，发现控制权交易价格平均比小额股权交易价格高出 18% 左右。

（4）希利和瓦伦（Healy，Wahlen，1999）认为公司的盈余管理行为是影响并购溢价的一个重要因素。他们将盈余管理定义为企业实际控制者运用职业判断编制财务报告和通过规划交易以变更财务报告的机会主义行为，旨在误导那些以经营业绩为基础的决策行为或影响那些以会计报告数字为基础的契约后果。非流通股权的转让以会计报告中的每股净资产为重要定价依据，会诱发相关利益人利用会计盈余管理来操纵股权转让价格。在我国股权分置改革前，非流通股的转让只能在专门的产权交易市场进行，同时为了保证国有股的控股地位不受到影响，国家对以国有股为主的非流通股转让制定了严格的监管措施，不仅需要符合一定的条件才可以转让，而且还需要层层审批，审批的核心就是股权转让价格，以及其相对于每股净资产的溢价率。所以许多公司为了使股权转让通过管理部门审批，就利用会计盈余管理，提高每股转让溢价率。Healy 和 Wahlen（1999）指出当会计报告数字影响契约后果时，企业实际控制者在利益目标的驱动下就会进行机会主义盈余管理。

其次，在我国证券市场特殊的股权结构和股票流通制度安排下，由于控制权交易主要针对大宗非流通股进行，所以我国国内的相关研究主要包括控制权溢价产生的根源、转让溢价的变化趋势和原因，及交易价格是否公平等方面。

姚先国、汪炜（2003）从上市公司治理角度剖析了控制权溢价的来源及本质，揭示了我国证券市场的制度和公司治理缺陷。在我国股权高度集中、大股东具有超强控制权的股权结构中，典型的治理问题将表现为大股东和中小股东之间的利益冲突。大股东通过购并谋求控制权收益以实现自身利益最大化。而控制权收益恰恰是大股东通过各种途径对小股东实施侵害所得。因此，他们认为对控制权收益的攫取是推动我国企业并购的内在动因。在证券市场分割和投资者成熟度不足的市场背景下，内部人（大股东、利益相关者）凭借内幕信息从二级市场获取巨大的流通股差价利益以补偿非流通股溢价和并购成本，解释了我国并购市场存在频繁并购行为的外在激励或补偿机制。

蒋位、唐宗明（2002）对我国上市公司大股东利用控制权侵害中小股东行为进行实证分析，结果表明：控制权价格与大股东可能从控制权获得的私有利益成正比关系。他们通过对控制权溢价影响因素进行多变量回归分析发现，随着转让股份比例上升，转让价格也随之上升，转让价格高低与企业规模成反方向变动，并在统计上显著。企业获利能力与溢价高低成反比，但在统计上不显著。

总体而言，国内学者仅仅对我国控制权溢价理论进行了初步研究，但是我国大宗股权交易主要是针对国家股和法人股的，由于国家股和法人股的非流通性，其价格远远低于流通股的价格。股权转让溢价基于每股净资产考虑，这与国外基于流通股市价溢价的含义本质不同。

四、盈余管理

迪安杰洛（DeAngelo，1988）检验代理权争夺和管理层盈余操控之间的关联。她假设管理层会在代理权争夺时操控盈余，操控性应计项目金额为当期和前期应计项目金额之差，实证研究结果表明无能的管理者会为控股股东向上调整盈余显示经营业绩较佳。

格罗夫和怀特（Groff，Wright，1989）采用多元 Probit 模型检验并购目标公司的盈余管理状况，他们假设存货成本计量选择、折旧方法选择和投资税贷选择都可以用于目标公司的盈余管理，实证结果显示并购目标公司比非目标公司更经常选择增加收益的政策。克里斯蒂和齐默曼（Christie，Zimmerman，1994）也发现并购目标公司的管理者会选择折旧政策、存货计价政策和投资税贷政策来增加收益。

易斯伍德（Easterwood，1997）使用季度盈余数据、利用修正的 Jones 模型和 DeAngelo 模型估计收购目标公司的盈余管理行为，她假设公司面临敌意收购的威胁时会具有盈余管理的动机，研究结果表明敌意收购目标公司的管理者会在收购发起之前的季度采用增加应计利润的手段。

库马纳科斯、斯罗普洛斯和耶奥约普洛斯（Koumanakos，Siriopoulos，Georgopoulos，2005）采用时间序列 Jones 模型检验并购交易宣告和完成之前的年度内管理者是否会进行盈余操控，结果并没有发现显著的操控迹象。

埃里克森（Erickson，1999）对 1985—1990 年间完成的并购公司进行研究，发现换股并购中的主并公司在并购协议达成之前会调高盈余以降低收购成本，盈余调整的幅度与并购规模成正比，目标公司则没有足够时间在并购前调整盈余；而在以现金为支付手段的并购中没有发现显著的盈余管理行为。

国内对盈余管理问题的研究缺乏从契约角度研究管理者的薪酬契约和债务契约对盈余管理的影响，更多的研究集中在资本市场动机以及迎合或者规避政府监管的动机方面。这方面的研究主要包括为首发上市进行盈余管理的研究［艾波罗尼、李和艾朗（Abarony，Lee，Along，1997）］、为保配股进行盈余管理的研究（蒋义宏，2002）、为获取较好的审计意见进行盈余管理的研究（李东平，2001）以及为避免退市进行盈余管理的研究（陆建桥，1999）。

总之，国内对控制权转移中的盈余管理问题研究较少，一些学者（叶康涛，2003；吴联生，白云霞，2004）关注控制权的隐形收益和控制权转移后的资产收购问题，认为它是控制权转移后上市公司盈余管理的一部分，但并没有利用已有模型对盈余管理直接测度，而是将原有资产与新增资产加以分离研究。虽然目前国内对控制权转移的问题有较多研究，但是从盈余管理的视角进行分析的较少。

秦耀林（2008）研究了掌握公司控制权的大股东从追求控制权的私有收益

出发，在控制权转移前进行的盈余管理行为，并深入探讨了控制权转移前的盈余管理行为对控制权转移前后业绩变化的影响。研究证实了营利公司与亏损公司的不同盈余管理方向，同时实证还表明国家控股公司的盈余管理的程度要明显大于法人控股公司，持股高于30%的上市公司的盈余管理程度要高于持股低于30%的上市公司。研究结果表明，我国控制权转移公司在控制权转移后以披露的盈余数字反映的业绩变化的原因部分在于盈余被管理了。

刘凤委、汪辉和孙铮（2005）选取了1998—2001年四年间所有在上海证交所和深圳证交所进行交易的A股公司3 760个观察值，从盈余管理的角度对股权性质与公司业绩的关系进行了考察。研究结果表明：股权性质与上市公司盈余管理程度显著相关。不同股权性质的公司盈余管理的程度有显著差异，法人控股的上市公司比国家控股的上市公司存在更多的盈余管理。在未控制盈余管理因素前，法人控股的上市公司业绩显著高于国家控股的上市公司；而在控制了盈余管理的影响后，法人控股公司与国家控股公司业绩没有显著差异。公司控制权由国家转至法人后，伴随着会计盈余的提高，盈余管理程度也相应增加。

罗声明（2007）研究了1999—2001发生并购行为的上市公司的盈余管理问题。研究发现：收购公司在并购前一年、当年及次年存在着调增收益的盈余管理行为。并购前后盈余管理程度越高的收购公司，在并购后2～4年，其经营业绩越可能下滑。并购前期的盈余管理行为非常显著地影响了上市公司收购后的经营业绩。从实证结果可以看出，公司并购前期的盈余管理机会主义行为是导致公司并购后经营业绩下滑的主要原因。

以上国内外的研究表明，在并购、重组和控制权转移活动中，出于不同的动机考虑，盈余管理还是普遍存在的，并且会对以后的业绩变化带来一定的影响。但是由于种种原因，比如样本选择、指标设计、模型使用等不同，得出的结论也并不一致。特别是在我国的相关研究中，只有极少数研究将所有权性质和盈余管理方向不同的上市公司样本进一步细分，而其余研究大都是把并购、重组和控制权转移的所有样本混在一起，造成结论上的不够准确。在我国，根据第一大股东的所有权性质不同，上市公司可以分为国有和民营两大类。上市公司第一大股东的所有权性质不同时，治理效力也不同（徐晓东、陈小悦，

2003)。因此，上市公司所有权性质不同所导致的公司治理层面的差异势必对上市公司的各个方面产生影响，包括盈余管理。刘凤委等（2005）的研究为此提供了一些证据，他们发现股权性质与上市公司盈余管理程度高度相关，股权性质发生变更后，公司的盈余管理程度也发生变化。同样，孙亮和刘春（2008）的研究也发现了不同所有权性质下公司盈余管理行为的异质性。因此，所有权性质不同会导致盈余管理差异，进而会带来对业绩变化的不同影响。

第三节　制度背景、股东特质与理论基础

一、第一大股东变更的制度背景

我国全国性股票市场创办于1990年，当时我国仍处于改革初始阶段，而股票市场本质是高度市场化的市场，在改革初始阶段建立和发展起来的股票市场不可避免地存在先天的制度缺陷，并由此形成我国上市公司控制权转移鲜明的制度背景特征。

我国建立股票市场的初衷就是为国有企业增资减债、解决资金短缺和经营效率低下问题找寻一条出路。因此，我国的上市公司主要由国有企业通过股份制改造后上市而来。由于上市公司资产的主体来自原有的国有企业，在股权上也必然是以国有股为主体（包括国家股和国有法人股），国家理所当然地成为第一大股东。国有股的"一股独大"导致政府常常以大股东身份参与控制权转移。控制权转移中的无偿划拨方式正是政府在控制权转移中的主导作用的体现。党的十五大以后，我国在竞争性市场实行国退民进的政策，国有股控股股东开始主动对社会法人和个人有偿转让国有股，但由于上市公司国有股的转让必须得到财政部或有关国有资产管理部门的批准，政府仍然决定着控制权转移的成功与否。而在法人股转让方面，地方政府则在税收减免、裁减人员安置、土地使用等方面给予优惠和帮助，吸引收购方和促成交易。在发达国家和地区，接管者发现上市公司的管理层无效率或通过收购后整合能获益，即使原控股股东不同意，接管者也可以避开现有的第一大股东而直接在二级市场收集足够股份，

实现控制权的转移，从而提高资源的配置效率。二级市场收购仅限于股票全流通的上市公司，当然会受到政府严格审查。

为保证资本市场的健康发展，政府部门还有意识地控制我国上市公司的质量和数量。无论是以前的审批制还是现在的核准制的首次发行上市制度，获准直接上市的公司数量都很少。事实上，证券主管部门也偏向于让国有大企业优先上市，一些民营企业和中小企业直接上市的难度很大。由于流通股票供不应求（这点可由一级市场超额收益的存在来说明），小投资者投资理念和技巧不成熟，上市公司股权结构不合理等原因，上市融资成了企业软约束的资金来源，而且上市地位能够带来各种有利条件（融资、声誉等），上市公司控制权能够带来巨大的利益。企业无论是出自实际经营需要还是"圈钱"需要，都有强烈的获得上市资格的愿望。由于直接上市的难度大，不少企业通过获得上市公司控制权的方式达到上市目的，这样的间接上市方式既避开了严格的上市条件的约束，又节省了大量的时间和精力。虽然近年来战略并购的个案越来越多，但在我国上市制度仍然非市场化的模式下，并购上市公司的买壳动机仍占主导。大量伴随控制权转移而来的资产置换也表明了收购方真正目的在于获得上市公司的"壳"。从这些背景特征可以推论出我国控制权转移公司的一些特征：控制权转移主要是出让方的主动退出，这些公司多数都经营无效率或者业绩较差；政府主动退出的是一些对国家经济安全影响不大的行业，这些公司的规模一般较小；国家股的转让要经国有资产部门的审批，控制权有偿转让公司的国家股比例较小；收购方的主要动机是买壳，而有配股资格的上市公司越来越少，大量的"壳"公司都是绩差小盘公司。

2000 年以前我国针对并购的相关法律还不完善，上市公司的信息披露也存在很多问题，这使上市公司的并购活动中关联交易较多，一些上市公司进行假重组，收购方和控股股东联手操纵市场，通过披露虚假信息，在市场上借机谋取利益，损害了其他股东的利益。自 2000 年以来，我国政府部门一直致力于对我国上市公司信息披露和资产重组的管理和监督，并颁布了相应的法律法规，这对规范我国上市公司的控制权转移有着积极的影响，也对推动我国的并购重组从财务性重组逐渐向实质性重组演变起了巨大的作用。不过目前的法律法规仍有不完善之处，证监会对控制权转移后的新控股股东事后监管较少，因此我们仍然可以频频看到第一大股东变更后控股股东侵占上市公司利益的案件。2005年著名的格林柯尔案件就是很好的例子，格林柯尔收购科龙后，通过种种方式瞒天过海，利用法律法规漏洞，掏空上市公司，使得第一大股东变更后，上市公司的业绩更加恶化。

二、股东特质

由于投资金额、所占份额、投资目的、投资理念与投资策略的不同，不同类型的股东的投资行为特征也表现出很大的差异。目前，我国上市公司的股东类型包括国有控股股东、国有法人股、社会法人股和社会公众股，它们除了内生性的属性不同之外，外生性也有不同，这是由我国上市公司诞生的特定时期和制度背景所造成的，如不同的企业规模、不同的市场流通性和不同的内在价值等。整体而言，从我国上市公司的总体股权结构来看，突出表现出两大特点：一是一股独大，股权高度集中，形成典型的金字塔结构。二是非流通股所占比重过大，尤其是其中的国家控股股比例过大。不同的股东属性及结构特点使得我国上市公司的股东行为表现出独特的制度特征。

（一）国有股股东行为特征

根据我国《股份有限公司国有股股东行使股权行为规范意见》第二条的规定："国有股股东也称国有股持股单位，是指经政府国有资产管理部门按照《股份有限公司国有股权管理暂行办法》的有关规定确认的，持有和行使公司国有权的机构、部门或国有法人单位。国有股股东包括国家股股东和国有法人股股东。"那么什么是国有控股，国有控股是指用国家国有资本投资所形成的股份，为国有股行使股东权力的主体就是国有股股东。目前，在上市公司的股权结构中，行使国有控股权的主体主要包括中央和地方国资委、国有资产经营或控股公司、企业的主管部门、地方财政局和原集团公司等。

我国的上市公司前身多是国有企业，为了使国有企业的存量国有资产保值增值且保持国家在上市公司中的地位，国有股就在国有企业的股份制改造中产生了。国有股来源的资本基础决定了它存在下面一些制度特征：一是国有股的所有权虚置问题，也就是国家股权人格化代表的缺位。从形式上看，国有股的资本基础是国家所有的可自由支配的资金，但国家是非人格化的，国家的资金实际上是全国人民的共有财产。尽管国家明确了国有股的股权代理主体，但这些国有股的持有者或股东并不是最终财产的所有者，只是国有资产的代理人，国有资产的受益人仍是广大人民群众，他们是广大群众利益的代理股东。二是国有股目前还不能流通。我国当初在发展资本市场时之所以赋予国有股这个特性，目的是扶持资本市场的发展和保持国有股的控股地位，而这也成为了我国上市公司治理结构进一步优化的最大障碍。三是国有股在公司股权结构中比例普遍太高。我国的国有企业经过几十年的发展，积累了庞大的存量资产，在进行股份制改造时，国家对相应折股比例的限定，使形成的国有股对比新增股份来说，占有较大的比重；再加上在股份制发展初期国家对上市公司发行总量的计划控制，限制了新增股份的发行比例，从而形成了国有股在大多数上市公司股权结构中的优势地位。国有股东的属性特点决定了其不可能成为真正履行股东权利的控制主体。国有股东所代表的是一种公共财产，在上市公司的内部制度安排中，他们虽然掌握公司的剩余控制权，但是他们本人不享有事实上的股东本应享有的剩余索取权，实际上是"非股东董事"。由于激励不足，他们缺乏动力去履行自己的职责。国有股东代表由于其身份首先是国家的行政官员，然后才是股东，所以国有股东代表在履行股东职能的时候，其行为动机必然是以政治利益最大化为出发点，而偏离股东经济利益最大化。尽管政治利益并不排斥经济利益，有时还以经济利益为主，但在政治利益和经济利益发生冲突的时候，国有股东的代表必然以牺牲经济利益来维护政治利益。

国有股的非流通性是我国上市公司在特殊历史情况和背景下的制度选择，流通股与非流通股的彼此隔离成为了我国证券市场独有的一大特色。国有股的非流通性源于我国"双轨制"的股份发行原则。国家在对原国有企业进行股份制改造并发行上市的过程中，对存量的国有资产和增量的社会资产采取了不同的定价发行方式，对存量的国有资产，按其评估的净资产值以不超过65%的折股比例进行折股；增量的社会资产股份，则以市场市盈率为基础定价发行。这就造成了国有股与社会公众股的持股成本不平等，国有股即使是以最大的折股倍数进行折股，成本也仅是每股 1.528 元（1/0.65），而社会公众股的发行市盈率一般都在 10 倍以上，两者相去甚远，这种本质上的不同决定了国有股的非流通特性。国有股的非流通性使得国有股东与广大中小投资者——流通股股东形成了两个不同的利益团体，但由于国有股在上市公司中处于控股地位，其股东行为必然相悖于流通股的社会股东利益。国有股的投票权成本大大低于流通股股东，而且他们投票的利益导向也是廉价的，他们很容易为自己的特殊利益而廉价出卖流通股股东利益。因此我国国有股的积极股东行为并不代表全体股东的整体利益。

我国绝大多数上市公司的第一大股东为国有股东，但由于主体的虚置性及属性上的政治倾向性，国有股东的控制动机很大程度上演化成了国有股东代表追求政治利益的行动，上市公司成为他们施展政治抱负的舞台。正是由于如此，在我国上市公司中可以看到在国有股东的积极控制下，控股股东可以采取种种非正常股东行为掏空上市公司，例如通过不正当的关联交易以不公平的价格向上市公司出售资产，强制上市公司为自己出具担保从银行贷款，抽逃上市公司资金，私分上市公司财产等。通过这些非正常手段，国家作为控制股东的利益得到了极大化的维护，而中小股东则成为了利益的牺牲者。

国资委、国有资产经营或控股公司作为我国国有股股东的两种主要类别，有着自己独特的行为特质。

改革开放以来，随着经济体制改革的不断深入，我们一直在探索国有资产管理的有效途径，但有几个长期困扰我们的问题始终难以解决。

（1）国有资产在国民经济中分布范围的把握与企业国有资产管理和运营模式的选择问题。这些年来，国有资产如何实行战略性重组一直是国有资产管理部门的工作重点。对其中一类国有资产，如由预算拨款形成的行政性资产和某些资源性资产而言，管理力度必须加强；而对另一类国有资产，如一般竞争性领域的企业国有资产而言，国有资本可以退出资产所有者序列，即政府将资产转让给非国有投资者；至于一些关系国民经济命脉和国家安全的大型国有企业、基础设施和重要自然资源等，国家则视当时的政治经济形势和自身具体需要，决定国有资产参与的程度。例如，相对于采取国有独资经营形式并由政府主管部门直接行使所有权的企业来说，采取股份制形式经营并由国有资产管理专司机构或其授权机构行使股东权的企业，国有资产参与的程度要弱一些；同是股份制企业，国家绝对控股、国家相对控股和国家少量参股企业，国有资产参与的程度依次降低。当然，不存在一种适用于一切类型的国有资产的统一的国有资产管理体制模式。国有资产在国民经济中分布范围的把握与企业国有资产管理和运营模式的选择，取决于国家对国有经济功能和范围的界定，取决于国有经济战略性调整目标的设定和政策的实施，取决于国家对国有企业和国有资产分布行业、领域的进一步明确。而目前对国有企业和国有资产进退的具体行业分布以及进退的数量，国家尚无明确的规定。因此，国有资产在国民经济中分布范围的把握与企业国有资产管理和运营模式的选择尚无定论。

（2）国有资产管理专司机构的职能界定。国有资产所有者主体是国家，但国家不可能实际行使所有权，而必须有具体的机构代表国家行使所有者权利。党的十六大之前，我国国有资产出资人职能一直由多部门分割行使，其中财政部行使收益及产权变更管理职能；大型企业工委或金融工委行使选择经营者的职能；国家经贸委行使重大投资、技改投资的审批及产业政策的制定、国有企业的破产重组兼并改制等职能；国家计委行使基本建设投资管理职能；劳动部则负责审批企业工资总额，即所谓出资人对经营者的职务待遇管理职能。这种"五龙治水"的管理格局加上地方政府事实上的管理权限，形成政府对国有企业经营多方面的干预。管理各方权力上的充分利用而责任上的相互推诿，使得国有企业经营缺乏自主性并难以承担最终的责任。

（3）地方政府在国有资产管理体系中积极性的发挥。尽管我国国有资产是全民所有，而且只有中央政府而不是地方政府才能代表全民行使所有权。但事实上，十几万家国有企业分别由中央和各级地方政府所控制，这就是我们目前的国家所有、分级管理体制。这种体制有其历史渊源和历史合理性，但已经产生了许多问题。一是地方政府在管理国有资产上的道德风险。地方政府虽然缺少法律所赋予的所有权以及由所有权带来的剩余索取权，但却拥有事实上的管理权力，这使得地方在管理国有资产上会利用管理权力最大可能地谋取地方利益。我国国有资本收益（包括出售国有股的收益）的一个重要用途应该用于建立社会保障制度，而目前基本不可能进行中央一级的社会保障统筹，如果地方政府没有相应的国有资本所有权和收益权，它们就会拖延甚至推诿社会保障的责任，这对整个社会公平和社会稳定都是不利的。这一点也从证券市场上看得非常清楚。在证券市场上减持国有股的问题反反复复，最终无功而返，原因之一就在于减持没有平衡好中央和地方的利益，因此地方缺少积极性推动。二是国有资产交易成本的高企。因为地方政府没有完全的国有资产交易权，如上市公司国有股的转让等只有中央政府才有权批准，而国有资产的交易要按照政府的管理体制层层审批上报，其交易效率是极为低下的，而且交易成本也是很高的，这对资源的合理配置有很大的阻碍作用。

国有资产中介经营公司承担着直接的国有资产经营职能，其经营目标应该包括两个方面，即通过实施资产重组实现国有经济结构和国民经济结构的优化，努力实现国有资产的保值增值。据此，国资经营公司应该分为两类，一类是国资重组公司，或者是过渡性的国资公司，这些公司主要由原政府主管部门、行业性总公司改组而成，或者通过政府授权组建跨行业的综合性国资经营公司而形成。其主要目标是配合政府实施结构调整，推进国有资产的合理流动和资产重组，同时努力做到国有资产的保值增值。它将在今后不断扩大的产权交易中充当起国有资产出资人的角色，在国有资产专司机构的授权范围内，对国企进行重组，使国有资产的行业区域分布结构和经营组织结构合理化。其重组的目的在于退出。这一类经营公司本身将在国家产业结构的持续调整中收缩战线，最终终结其历史使命。另一类是国资经营公司，或者叫做国家长期持股的国资公司，其股权投资涉及关系到国家命脉和安全的企业，比如石油、石化、电气、电力等。这类国资经营公司许多是由大型国有企业集团核心企业经国家授权转化而来的，它们既从事资本经营，又从事生产经营，主要以营利最大化为目标。为此要借助资产重组活动，调整企业产权结构、组织结构和产品经营结构，建立起规范的以股权为纽带的母子公司、参股与被参股公司的关系，实现国有资产的保值增值。

2005年新修订的《公司法》规定国有独资公司不设股东会，由国有资产监督管理机构行使股东会职权。国有资产监督管理机构可以授权公司董事会行使股东会的部分职权，决定公司的重大事项。但公司的合并、分立、解散、增加或者减少注册资本和发行公司债券，必须由国有资产监督管理机构决定；其中，重要的国有独资公司合并、分立、解散、申请破产，应当由国有资产监督管理机构审核后，报本级人民政府批准。

（二）法人股股东行为特征

法人股东是指法人股的持股主体，法人股是一个企业对另外一个企业投资所持有的股份。我国上市公司中法人股的来源有两种：一是企业发行上市时企业法人以发起人身份投资所形成的股份；二是股份发行后法人以普通投资者身份受让或在二级市场购入所形成的股份。

股份来源的不同是影响法人股东行为的主要因素，因此可以根据股份来源把法人股东分为三种：以发起人身份投资而持有法人股的企业法人叫做原始型法人股东，以普通投资者身份受让而持有股份的企业法人叫做受让型法人股东，通过二级市场购入而持有股份的企业法人叫做购入型法人股东。由于在我国现阶段，发起人股尚不能完全流通，所以原始型法人股东和受让型法人股东所持有的股份均为非流通股。

从投资的主观意愿来看，法人股形成的资本基础是其可自由支配的财产，前述三种不同的法人来源都表现出了法人股东对外投资的主观思想。作为一种派生股东，法人股东和其所代表资本的原始所有者之间也存在着一定的委托代理关系，法人股东不是最终的利益承受主体。但和国有股东不同的是，企业法人本身是一个具有人格化的经济实体，它和最终的财产所有者之间不存在中间的委托代理关系，法人股东的行为直接受到财产所有者的监督，法人股东的对外投资是实现企业利润最大化的战略行动。法人股东对外投资最本质的目的是实现投资收益最大化。证券投资的收益可以通过三种方式来实现，即资本利得、市场投机和控制收益。资本利得是指投资资本随着所投资企业净资产的增加而增加；市场投机是指投资者通过证券市场的价格自然波动，获取价差收益；控制收益是指通过发挥股东控制行为，降低委托代理成本而获取收益。严格来说，在健全的证券市场上，控制收益不是一种直接的证券收益，其最终仍要通过资本利得和市场投机的方式来实现。但由于我国证券市场上非流通股的存在，控制收益不能通过市场投机来获取价差，而现金流量偏好又使获取资本利得的周期较长，因此控制收益在我国的证券投资中就体现得较为明显。尽管法人股东投资的最终目的相同，但不同法人股东实现目的的方式却存在较大差异，从而使得法人股东表现出不同的行为特征。原始法人股东投资的主要目的是为了追求资产的保值增值，即通过资本利得来实现其投资的最大化收益，这使原始法人股东将会以积极的股东行为来监控上市公司的经营管理。一方面，业务上的相互关联使得原始法人股东与上市公司成了利益上的共同体，上市公司经营的好坏不仅影响到其自身的业务发展，而且还决定着其投资的收益情况；另一方面，发起人股的非流通性使原始法人股东的投资退出变得十分的困难，只有通过股份转让才能够实现。从这个意义上而言，原始法人股东唯有实施积极的股东控制行为，促使上市公司经营者保持股东利益的最大化，同时对国有股东偏向政治利益的控制行为形成制约，才能尽可能地实现其投资收益的最大化。

从上述分析可以看出，原始法人股东具有发挥积极股东行为的主观动机，那么，它的控制行为效果如何呢？由于我国大多数上市公司的前身是国有企业，第一大股东通常是作为发起人的国有投资机构或国有企业，原始法人股东往往是次大股东，股权地位上的差异使得原始法人股东的控制行为受到了限制，因为第一大股东的控股权地位可以使公司按其自己的意愿运作。次大股东控制行为的受限制程度取决于第一大股东的持股强度，如果第一大股东处于绝对控股，则次大股东控制行为的影响力就较弱；而如果第一大股东是相对控股，次大股东则有能力和第一大股东相抗衡，次大股东可以通过用手投票来实施控制，必要的时候也可以通过代理投票权竞争、股份转让等接管机制来实施控制。

受让型法人股东是在上市公司经营过程中介入其股权结构的。一般来说，上市公司在发起设立后，在正常经营过程中其股权结构会保持相对的稳定，但在经营出现问题的时候，往往会发生大股东的变更。在我国，由于原始国有股的存在对上市公司的经营产生着巨大的影响，所以国有股的减持转让一直是证券市场中的热点问题，这给受让型法人股东提供了投资机会。由于非流通股转让市场的局限性，受让型法人股东并不能很容易地得到其所需的股份。当上市公司经营良好的时候，非流通股股东通常不愿在此时转让股份，除非有较高的价格。而在上市公司经营处于困境的时候，受让型法人股东可以相对容易地得到受让的股份，但却面临着巨大的投资风险。所以单纯从投资的角度来看，受让型法人股东的投资行为并不理性。由此我们可以得出结论，受让型法人股东的投资行为所追求的是对上市公司的控制性收益。事实上，受让型法人股东通常都和上市公司的兼并收购联系在一起，股份转让的最终结果是引起控制权的变更，受让型法人股东成为了上市公司的控股股东。利用自己的控股地位，受让型法人股东可以通过控制董事会、决定公司的重组整合方向、与上市公司进行关联的资产置换等行动来实现自己的控制性收益。

我国发展证券市场的初衷是为国有企业脱贫解困开辟直接融资渠道，并转变国有企业的经营机制。在企业经营困难、间接融资渠道不畅的情况下，通过上市直接融资成为了一个宝贵的资源。政府为扶持和发展国有大中型企业，主要将上市额度分配给国有大中型企业，从而使一些有潜力的中小型国有企业，特别是一些民营企业的发行上市之路非常艰难。因此通过受让已上市公司非流通股的途径来控制上市公司董事会，以资产置换的方式实现借壳上市就成为了一条便捷的上市融资之路。借壳上市作为间接上市的一种途径，具有周期短、效率高、成本低的优点，符合我国中小型国有企业，特别是一些民营企业上市融资的迫切性，具有绕开高要求上市条件的可操作性。

受让型法人股东是一种生产经营型的股东，受让股份的目的是为了扩张自己的经营战略，实现自身的控制性收益。所以受让型法人股东会以积极的股东行为来控制上市公司经营管理，并力求把它的经营纳入自己的经营战略。作为一个人格化的经济主体，受让型法人股东控制的根本目的是经济利益的最大化，因此其积极控制行为将有助于上市公司业绩的提高。

购入型法人股东是通过市场集中交易而持有上市公司股份的法人股东，和原始型法人股东与受让型法人股东相比，购入型法人股东持有的是上市公司的流通股。因此，购入型法人股东最接近于成熟证券市场上的法人股东。

我国证券市场上的购入型法人股东包括机构投资者和战略投资型法人两种。机构投资者是以公司法人名义开户注册的投资者，是证券市场中专职以投资证券来获取收益的公司法人，一般包括银行和储蓄机构、保险公司、共同基金、养老基金、投资公司、私人信托机构和捐赠的基金组织等金融性机构。

机构投资者的业务性质决定了其收益完全通过股票市场价格的差异来实现。按照传统的观点，他们偏好于市场收益性，重点关注股票市场价格的波动，一旦企业经营不好而影响股价，便立即"用脚投票"，不会参与公司的治理。因此机构投资股东不会对上市公司的经营管理实施积极控制。

但随着投资规模的不断扩大，特别是当机构投资者作为一个整体成为上市公司占支配地位的股东时，其消极股东行为已不符合其本质属性。首先，由于机构投资者持有股份的份额较大，当其准备"用脚投票"抛售所持的某家公司股票的时候，市场上很难找到大的接盘。而且大规模的抛售会引起股价的下跌，造成投资收益的损失，所以机构投资者"用脚投票"的行为既不实际也不明智。其次，作为所投资公司的大股东，与个人投资者相比，机构投资者对上市公司具有更强的监督动力而且具有更大的信息优势，使得其可以扮演有力监督角色。一方面，机构投资者持股比例要大大高于个人投资者，更大的收益要求权使机构投资者更有动力来监管公司的行为和绩效，并且拥有较高比例的投票权也可以确保其实现有效的监督［格罗斯曼和海特（Grossman，Hart，1980）］；瑟弗兰德（Shleiferand，1986）。另一方面，机构投资者拥有更多的渠道收集信息，甚至可以获得个人投资者难以获取的私有信息［米哈利和肖恩（Michaely，Shaw，1994）］，加之机构投资者具备更强的专业分析能力、更多的资源，因而机构投资者往往比个人投资者具有更大的信息优势，可以更有效地实现对公司的监督。鉴于此，机构投资者正在转变其在公司治理方面的消极行为，日益在公司控制方面表现出积极的行动。

和国外不同的是，我国目前的几类机构投资者都是财务型的金融性机构，这决定了其投资行为必将以流动性和收益性为标准，投资期相对较短，投机性较强。我国股票市场由于先天不足，成熟度较差，抗风险能力较弱，股市波动频繁，再加上法制不健全，更加剧了机构投资者的投机动机，因此我国目前的机构投资者并没有表现出积极的股东监督行为。由此可知，中国机构投资者与国外的机构投资者存在较大差异，这也从侧面说明了本节研究的必要性，根据中国上市公司股东特质分析控制转移的问题显得很有理论与现实意义。

战略投资型法人是指以生产经营为主营业务，以证券投资为战略扩张手段，服务于生产经营的机构投资法人。这种投资动机使战略投资型法人股东的股东行为会关注于公司治理，对经营者实施积极的监督控制，这将有利于上市公司业绩的提高。由于我国证券市场中非流通股占据绝大多数，所以真正的战略投资型法人股东都只能通过非流通股的转让来实现投资目的。当然，他们也可以从流通股市场购入一部分股份，但其购入的目的更多的是维护股价的稳定，配合其受让非流通股的投资行动，并不以追求股票的市场价差为主要目的。我国证券法规对购入型战略投资者的投资行为有严格的规定，国家希望通过购入型战略投资者的市场功能来改善我国上市公司治理弱化的体制弊端。但从市场效果来看，这种战略型的市场投资者如果不是为了配合其非流通股的受让行动，单纯以市场投资者的身份进行流通股的买卖，则其并没有发挥出积极股东的控制作用。

（三）社会公众股股东行为特征

社会公众股东是指持有上市公司流通股份的社会个人投资者。相对于国家股东和法人股东，社会公众股东以个人所拥有的资金进行投资，没有中间代理环节，因此对投资收益的关切度最高，但受个人资产所限，大多都是小股东。这使得社会公众股东的投资理念无论是长期投资或是短线投机，对于股东控制行为而言，"搭便车"是最优选择。因为小股东在干预公司事务时，会遇到几个障碍：①能力上的障碍。股东若要对公司事务发表正确意见，做出正确判断，就要对公司的业务情况、目前形势、未来走向、各种选择的可能后果有正确的认识和了解。但一般股东不是企业家或者投资家，别说发现企业的深层次问题，就连复杂的年报也未必看得懂。②交易成本上的障碍，投资百万元以上的中等股东不会在乎拿出数千元经费去实地考察公司和参加股东会，但投资几万元的小股东是不会拿出数千元去做这种事的。③股东持股比例悬殊，小股东投票也是白投，只能听任大股东摆布。由于这几个原因，社会公众股东不可能有监控企业经理的动机，而国有股东和法人股东的存在使得公众股东不用履行股东行为也能够分享到收益。因此，"搭便车"便成为了公众股东的最优行为选择。

第四节 第一大股东变更和盈余管理：基于股东特质的分析

一、引言

我国上市公司的控制权大都掌握在大股东手中，控制权的转移一般都是以收购者与大股东之间的协议转让方式进行的。那么，在大股东控制上市公司的情况下，控制权转移交易中是否具有盈余管理的动机呢？

首先，大股东掌握了上市公司的控制权后，由于缺乏有效的监督和制约，他们利用手中的控制权实现其私有收益的动机。而当大股东准备出让控制权时，控制权的转让意味着其私有收益的来源即将失去，控制权转让的对价收益是大股东获取私有收益的最后机会。作为股权转让协议中最核心的一项内容，控制权的转让价格是在交易的双方对股权价值进行综合评估后经过双方的协商谈判确定的。而股权价值的评估是以未来这部分股权所能带来的现金流的现值来确定的，未来现金流的预测又建立在对已披露的盈余信息为核心的会计信息的分析评价的基础上，因此，上市公司的盈余报告会通过影响收购者对未来现金流的预期进而影响收购者对股权价值的评估。那么大股东进行盈余管理且不让收购者察觉，便可以影响收购者对控制权的估值，从而使收购者愿意支付更高的转让对价。因此，在控制权转让交易中，大股东有通过盈余管理谋取私有收益的动机。

其次，我国上市公司股权高度集中而且往往大股东一股独大，大股东不仅控制了董事会，而且通过委派自己的代理人到上市公司担任高管，从而使大股东实际控制了公司的重大事项决策权和日常的经营决策权。上市公司的财务报告由经理人负责组织编制并由董事会表决通过后才能对外公布，大股东基于其对上市公司的控制力，他有能力控制盈余报告的政策，同样也有能力实施盈余管理行为。

作为会计信息的提供者，大股东拥有潜在投资者无法了解的关于企业真实情况的信息，同时应计制会计的特性使得大股东拥有较大的灵活性来决定一个时期的报告盈余，并且大股东能够控制投资支出发生的数量和时间，如提前确认通过信用销售的收入、推迟确认坏账损失等。大股东在控制权转移过程中，拥有运用其掌握的盈余报告政策来管理对外报告的盈余数字能力。在控制权转移的预期下，大股东既有通过盈余管理谋取私有收益的利益诱惑，同时也具备进行盈余管理的能力。

根据股东的不同特质与行为差异，以及行为财务方面的理论，基于以上分析，本节提出如下假设：

当第一大股东由国有股权转化为民营股权时，第一大股东有盈余管理动机，即在国有股权转变为私有股权前后盈余管理存在显著差异。换句话说，即国有股权私有化过程中存在国有资产流失嫌疑。为降低国有股权的转让价格，国有企业在国有股权私有化前存在降低收益的盈余管理行为。

当第一大股东由民营转变为民营时，预计在第一大股东变更前后盈余管理存在显著差异，即第一大股东变更发生在民营企业间时，民营企业是一种理性经济人，也存在对业绩的盈余管理问题。

当第一大股东变更发生在国有企业之间时，分为两种情况：

当第一大股东发生在国有企业之间是无偿转让时，不存在盈余管理动机。

当第一大股东发生在国有企业之间是有偿转让时，存在盈余管理动机。

二、研究设计

本节对盈余管理的计量采取的是总体应计的方法，它是对公司盈余管理行为进行全面分析的一种方法，其基本思路是将盈余分解为不可操纵的现金流和总应计利润（TA）两大部分，继而将总的应计利润进一步分解为操纵性应计利润（DA）和非操纵性应计利润（NDA），研究者一般假设 DA 即被管理的盈余。

总应计计算是盈余管理研究的起点，权责发生制原则下，一些会计科目需要经理人加以专业判断，实际上导致这些会计科目的发生额在一定程度上可以被经理人所管理，相比之下按照收付实现制编制的现金流量表则较难进行管理。因此，总的应计利润（TA）应该等于报告盈余（Report Earning）与经营现金流（Cash From Operation，CFO）的差，即：

TA = Earnings − CFO

在具体计算时，报告盈余既可以选择报告的净利润，也可以选择报告的营业利润。选择净利润时，计算的结果反映了对经常性盈余和非经常性盈余的管理，而选择营业利润时计算的结果则只反映对经常性盈余的管理部分。在本节后续研究中，希望通过研究盈余管理对上市公司经营效率的影响，以营业利润计算的总资产收益率更能反映公司的经营效率。因此，本节计算总应计时采用了以报告的营业利润减去经营现金流。

盈余管理的主要计量模型是 Jones 模型以及修正 Jones 模型。

$$NDA_i = \alpha_1(1/A_i) + \alpha_2(\Delta REV_i/A_i) + \alpha_3(PPE_i/A_i) \qquad (1)$$

式中：NDA_i 是经过上期期末总资产调整后的公司 i 的正常性应计利润，ΔREV_i 是公司 i 当期主营业务收入和上期主营业务收入的差额，PPE_i 是公司 i 当期期末固定资产价值，A_i 是公司 i 上期期末的总资产，α_1、α_2、α_3 是行业特征参数。这些行业特征参数 α_1、α_2、α_3 的估计值是根据以下模型，并运用不同行业分组的数据进行回归取得：

$$TA_i/A_i = \alpha_1(1/A_i) + \alpha_2(\Delta REV_i/A_i) + \alpha_3(PPE_i/A_i) \qquad (2)$$

当收入确认受到操纵时，基本 Jones 模型在估量非正常性应计利润时会出现误差。修正 Jones 模型考虑了针对收入确认的盈余管理，模型如下：

$$NDA_i = \alpha_1(1/A_i) + \alpha_2[(\Delta REV_i - \Delta REC_i)/A_i] + \alpha_3(PPE_i/A_i) \qquad (3)$$

式中：ΔREC_i 是公司 i 当期期末应收账款和上期期末应收账款的差额，其他变量含义和公式（1）相同。

明确了总应计的计算方法和非操纵性应计利润的计量模型后，本节按照下述步骤对非操纵性应计利润进行估计：

第一步，根据上市公司年报数据计算所有上市公司的相应指标值。

第二步，将上市公司按照中国证监会《上市公司行业分类指引》进行分类，各行业当年发生控制权转移的公司为研究样本，以该行业未发生控制权转移的公司为对照样本。

第三步，以对照样本数据按照模型（2）进行回归估计出模型参数 α_1、α_2、α_3，并应用估计出来的模型参数计算研究样本的非操纵性应计利润。

第四步，以研究样本的实际总应计数值减去估计的非操纵性应计利润值得到研究样本的操纵性应计利润。

从前面对操纵性应计利润的计算来看，由于人们无法观测到非操纵性应计利润的真实情况，所计算的非操纵性应计利润其实是在一定的假设条件下能被研究者通过会计科目之间的勾稽关系合理解释的应计利润部分，而操纵性应计利润则是不能解释的部分。因此，将计算出来的操纵性应计（DA）理解为异常应计或者盈余管理的空间或许更为贴切。而异常应计越大，表明盈余管理的空间也越大，经理人进行盈余管理的可能性也就越大。因此，用 DA 来代表盈余管理是合理的。而对于本节应用截面数据计算的控制权转移公司的操纵性应计利润，假设上市公司普遍性的进行盈余管理，也可以将估计出来的操纵性应计利润理解为发生控制权转移的公司相对于同行业未发生控制权转移的公司更大的盈余管理空间。

三、样本及数据

按照我国上市公司当前控股股东的性质来划分，大致可以分为以下四大类：第一类包括国资委、地方政府、财政局等。这类股东的特征是政府管理部门。第二类是国有资产管理部门下属的专职资产经营公司。他们代表政府行使所有者的职能。第三类为国有法人。这类股东的典型特征是自身从事经营并以营利为目的，不仅控制上市公司，还同时控制其他公司，多表现为企业集团的形式。第四类为其他所有制和自然人控制的普通法人。对这部分的分析结合了《公司法》中在股权转让过程中对股东权利的要求与限制。为了便于研究，我们将前三类公司合并称为国有股份公司，最后一类为民营公司。

从《中国股票市场研究数据库》（CSMAR）选择了 2002—2009 年非金融行业发生第一大股东变更（控制权转移）的上市公司，作为控制权转移样本。选择标准如下：①第一次公告和最后一次公告都在 2002—2009 年内；②第一大股东发生变更并且新的第一大股东拥有上市公司股权超过 30%；③发生多次转移则取最后一次，且第一次公告年距上一次控制权转移最后一次公告 1 年以上；④转让最终成功。根据以上标准得到样本公司 227 家。

公司财务、股价、股权结构、公司治理等数据来自《中国股票市场研究数据库》（CSMAR）或中国经济研究服务中心 CCER 数据库。为了能够反映控制权转移公司的在投资者保护方面的特征，以及投资者保护与控制权转移的关系，本节按以下准则选取了对照样本：选取 2002—2009 年没发生 5% 以上股权转让的上市公司，对每家控制权转移样本公司选取同年度同行业中总资产最接近的公司作为对照样本，剔除数据不完整公司，得到 227 家对照样本公司。考虑到极端值对回归模型的影响，笔者剔除了非控制权转移样本中大于 3 个标准差的数据，但由于样本数量相对较小，并且为了说明样本的属性，没有剔除样本中数据大于 3 个标准差的观测值。表 4 - 1 表示筛选过程，表 4 - 2 和表 4 - 3 表示样本的年度分布和行业分布情况。

表 4 - 1　　　　　　　　　　　　样本筛选过程表

样本筛选过程	数目
发生第一大股东变更的公司	227
国有转为国有	136
国有转为国有（有偿）	59
国有转为国有（无偿）	77
国有转为民营	46
民营转为国有	4
民营转为民营	41

表 4－2   2002—2009 年样本公司的年度分布情况

年份	公司数	年份	公司数
2002	28	2006	46
2003	45	2007	23
2004	24	2008	16
2005	33	2009	12

表 4－3   样本公司的行业分布状况

行业	公司数	行业	公司数
采掘服务业	11	生物制品业	3
餐饮业	1	石油加工及炼焦业	1
电力、蒸汽、热水的生产和供应业	12	食品加工业	7
电器机械及器材制造业	12	水上运输业	1
房地产开发与经营业	16	通信及相关设备制造业	5
纺织业	5	土木工程建筑业	3
非金属矿物制品业	10	橡胶制造业	3
服装及其他纤维制品制造业	3	信息传播服务业	1
公共设施服务业	4	医药制造业	8
广播电影电视业	1	仪器仪表及文化、办公用机械制造业	1
航空运输业	1	饮料制造业	5
黑色金属冶炼及压延加工业	3	有色金属冶炼及压延加工业	5
化学原料及化学制品制造业	19	渔业	2
计算机应用服务业	4	造纸及纸制品业	2
交通运输设备制造业	21	证券、期货业	3
农林业	5	植物油加工业	2
零售业	7	专业、科研服务业	2
旅游业	1	专用设备制造业	7
普通机械制造业	10	装修装饰业	1
日用电子器具制造业	5	自来水的生产和供应业	1
商业经纪与代理业	4	综合类	9

由表4-2和表4-3的样本在年度和行业分布情况可以看出，样本在年度和行业间分布比较均匀，这样选择的样本具有代表性，便于对第一大股东变更进行分析。

四、实证结果分析

(一) 描述性统计分析

由于民营转国有的样本很少，在下面的分析中没有对此分析。主要考察了国有转为国有的，包括无偿和有偿的两种情况，以及国有转民营、民营转民营这几类，分别为每一个事件样本按照行业、规模等特征分别找到相应匹配的样本，也即控制样本。本节分别考察了在第一大股东变更的当年、前一年、前两年的盈余管理情况，对盈余管理的估计主要采用基于 Jones 模型和修正 Jones 模型的方法，具体盈余管理的描述性统计分析结果如表4-4和表4-5所示。

由表4-4可知，基于 Jones 模型计算的盈余管理，第一大股东发生变更当年，国有转国有（无偿）、国有转国有（有偿）、国有转民营、民营转民营，可操控盈余的均值分别为0.019 73、0.009 4、0.019 8和0.045 49，相对应的控制样本的均值分别为 -0.006 63、-0.000 33、0.016 37和0.007 17。第一大股东发生变更的前一年，国有转国有（无偿）、国有转国有（有偿）、国有转民营、民营转民营，可操控盈余的均值分别为 -0.005 66、-0.014 21、0.001 6和0.000 96，相对应的控制样本的均值分别为0.017 17、-0.045 13、-0.024 46和0.017 56。第一大股东发生变更的前两年，国有转国有（无偿）、国有转国有（有偿）、国有转民营、民营转民营，可操控盈余的均值分别为 -0.048 14、-0.029 64、-0.010 07和0.064 38，相对应的控制样本的均值分别为 -0.008 66、-0.032 37、0.043 54和0.008 19。

表 4—4　　　　　　　　　　　　基于 Jones 模型的盈余管理描述性统计分析

时间	变更类型	样本数	事件样本					控制样本				
			均值	中位数	最小值	最大值	标准差	均值	中位数	最小值	最大值	标准差
t	国转国(无偿)	77	0.019 73	0.021 99	-0.197 65	0.199 62	0.072 95	-0.006 63	0.002 33	-0.618 02	0.608 67	0.131 89
	国转国(有偿)	59	0.000 94	0.008 56	-0.700 79	0.372 64	0.139 16	-0.000 33	0.001 03	-0.471 55	0.466 72	0.134 91
	国转民	46	0.019 80	0.028 03	-0.667 23	1.049 28	0.223 24	0.016 37	0.007 45	-0.262 37	0.241 16	0.110 49
	民转民	41	0.045 49	0.035 48	-1.684 29	0.976 80	0.368 98	0.007 17	-0.006 81	-0.151 47	0.311 37	0.094 63
t-1	国转国(无偿)	77	-0.005 66	0.015 62	-1.202 60	0.439 20	0.193 88	0.017 17	0.019 88	-0.359 42	0.303 76	0.099 18
	国转国(有偿)	59	-0.014 21	0.002 16	-0.317 09	0.243 25	0.107 07	-0.045 13	-0.011 54	-1.072 47	0.355 11	0.213 97
	国转民	46	0.001 60	-0.005 51	-0.407 75	0.257 73	0.116 21	-0.024 46	0.011 64	-1.125 94	0.186 74	0.202 76
	民转民	41	0.000 96	0.035 11	-0.692 40	0.166 58	0.150 99	0.017 56	0.012 39	-0.189 02	0.291 92	0.096 37
t-2	国转国(无偿)	77	-0.048 14	-0.015 63	-1.070 24	0.436 47	0.179 06	-0.008 66	0.006 35	-0.884 91	0.181 82	0.135 13
	国转国(有偿)	59	-0.029 64	-0.016 33	-0.280 23	0.233 57	0.105 32	-0.032 37	-0.004 83	-0.696 86	0.554 03	0.182 19
	国转民	46	-0.010 07	0.008 67	-0.660 85	0.573 15	0.157 25	0.043 54	0.047 33	-0.142 75	0.404 06	0.103 61
	民转民	41	0.064 38	-0.014 71	-1.018 73	0.215 74	0.199 45	0.008 19	0.031 23	-0.504 00	0.419 56	0.134 33

注：t、t-1、t-2 表示第一大股东变更当年、变更前一年、变更前两年。

表 4 - 5　　基于修正 Jones 模型的盈余管理描述性统计分析

时间	变更类型	样本数	事件样本					控制样本				
			均值	中位数	最小值	最大值	标准差	均值	中位数	最小值	最大值	标准差
t	国转国(无偿)	77	0.022 26	0.024 17	-0.199 99	0.212 01	0.074 43	-0.001 46	0.001 94	-0.658 66	0.787 24	0.148 47
	国转国(有偿)	59	0.005 43	0.017 18	-0.702 91	0.363 40	0.135 57	0.008 53	0.001 34	-0.443 38	0.521 43	0.147 90
	国转民	46	0.021 70	0.035 58	-0.667 76	1.051 13	0.226 76	0.018 92	0.008 81	-0.268 88	0.254 48	0.119 26
	民转民	41	0.055 89	0.039 07	-1.683 96	1.139 07	0.382 71	0.009 23	-0.008 93	-0.144 03	0.449 08	0.107 05
t-1	国转国(无偿)	77	-0.000 44	0.016 12	-1.277 48	0.469 39	0.203 19	0.013 91	0.006 12	-0.240 45	0.265 80	0.091 62
	国转国(有偿)	59	-0.014 66	0.000 55	-0.371 83	0.243 82	0.108 52	-0.035 29	-0.011 63	-1.015 82	0.363 81	0.212 49
	国转民	46	0.004 37	0.004 25	-0.416 65	0.225 92	0.118 17	-0.029 06	0.011 68	-1.087 65	0.264 30	0.200 36
	民转民	41	0.002 91	0.036 33	-0.635 06	0.161 83	0.145 40	0.007 88	0.003 18	-0.213 60	0.276 91	0.096 52
t-2	国转国(无偿)	77	-0.047 35	-0.014 93	-1.059 98	0.431 98	0.177 72	-0.007 58	0.001 83	-0.891 48	0.162 76	0.133 85
	国转国(有偿)	59	-0.028 10	-0.013 71	-0.282 41	0.249 93	0.107 85	-0.032 88	-0.003 51	-0.704 11	0.530 07	0.179 18
	国转民	46	-0.010 13	0.014 17	-0.661 92	0.563 81	0.156 35	0.042 64	0.046 78	-0.157 36	0.400 97	0.103 78
	民转民	41	0.065 22	-0.026 99	-1.013 02	0.207 57	0.198 31	0.008 92	0.036 34	-0.517 91	0.420 27	0.138 75

注:t、t-1、t-2 表示第一大股东变更当年、变更前一年、变更前两年。

同理，由表 4-5 可知，基于修正 Jones 模型计算的盈余管理，第一大股东发生变更当年，国有转国有（无偿）、国有转国有（有偿）、国有转民营、民营转民营，可操控盈余的均值分别为 0.022 26、0.005 43、0.021 7 和 0.055 89，相对应的控制样本的均值分别为 -0.001 46、0.008 53、0.018 92 和 0.009 23。第一大股东发生变更的前一年，国有转国有（无偿）、国有转国有（有偿）、国有转民营、民营转民营，可操控盈余的均值分别为 -0.000 44、-0.014 66、0.004 37 和 0.029 1，相对应的控制样本的均值分别为 0.013 91、-0.035 29、-0.029 06 和 0.007 88。第一大股东发生变更的前两年，国有转国有（无偿）、国有转国有（有偿）、国有转民营、民营转民营，可操控盈余的均值分别为 -0.047 35、-0.028 10、-0.010 13 和 0.065 22，相对应的控制样本的均值分别为 -0.007 58、-0.032 88、0.042 64 和 0.008 92。

由以上分析可知，当股东特质发生变化后，事件样本与控制样本的盈余管理的差异。第一大股东变更发生在国有股权转化为民营股权时，可以看出事件样本和控制样本的盈余管理还是有很大差异的，在发生股东变更的前一年、前两年，盈余管理的甚至都是相反的。也就是说正常情况下，事件样本的盈余管理与控制样本的盈余应该有显著差别，但是表 4-4 和表 4-5 的结果证明并非如此。初步说明，当国有股权私有化后，确实存在国有资产流失的嫌疑。当第一大股东变更发生在民营企业间时，可以看出在控制样本与事件样本之间也存在显著差异，这也初步说明，当第一大股东变更发生在民营企业间时，由于民营企业理性经济人的选择，存在明显的盈余管理动机。当第一大股东变更发生在国有企业之间时，无论是有偿还是无偿，盈余管理都没有明显差异，这与前面的理论分析基本一致。

（二）差异显著性检验

为了比较事件样本和控制样本的盈余管理之间差异的显著性，再进一步做了差异显著性检验，具体结果如表 4-6 所示。

表 4-6

差异显著性检验

时间	变更类型	Jones 模型					修正 Jones 模型				
		差值均值	差值中位数	T值	P值	Wilcoxon符号秩和检验P值	差值均值	差值中位数	t值	P值	Wilcoxon符号秩和检验P值
t	国转国(无偿)	0.024 44	0.018 67	1.476 05	0.144 29	0.110 79	0.021 92	0.019 64	1.209 02	0.230 61	0.133 67
	国转国(有偿)	-0.008 36	-0.010 05	-0.383 07	0.703 36	0.825 54	-0.011 42	-0.006 11	-0.508 09	0.613 72	0.802 72
	国转民	-0.005 41	0.013 38	-2.132 22	0.000 46	0.000 81	-0.005 99	0.021 74	-2.143 32	0.006 74	0.007 81
	民转民	0.042 05	0.035 79	2.695 45	0.001 24	0.005 98	0.051 78	0.043 39	2.824 08	0.005 32	0.007 15
t-1	国转国(无偿)	-0.008 62	-0.002 22	-0.447 19	0.656 14	0.657 63	0.001 60	0.007 61	0.085 88	0.931 81	0.525 52
	国转国(有偿)	0.028 70	0.012 08	0.837 77	0.406 40	0.663 90	0.020 84	0.004 29	0.627 31	0.533 49	0.951 70
	国转民	0.023 28	0.014 02	2.215 53	0.001 87	0.000 17	0.030 12	-0.002 29	1.920 14	0.007 25	0.001 07
	民转民	-0.013 17	0.031 03	-2.413 02	0.002 18	0.004 18	-0.005 91	0.029 56	-2.190 22	0.005 27	0.003 03
t-2	国转国(无偿)	-0.034 62	-0.031 41	-1.400 57	0.166 25	0.011 93	-0.035 03	-0.031 76	-1.422 81	0.159 72	0.008 57
	国转国(有偿)	0.011 38	-0.020 37	0.343 17	0.733 07	0.397 01	0.013 16	-0.019 50	0.395 29	0.694 50	0.397 01
	国转民	-0.059 68	-0.041 93	-2.184 69	0.005 70	0.004 45	-0.058 38	-0.044 28	-2.102 86	0.002 74	0.003 45
	民转民	-0.077 01	-0.024 74	-1.971 51	0.005 44	0.008 60	-0.078 95	-0.036 63	-1.999 46	0.008 83	0.008 59

注：t，t-1，t-2 表示第一大股东变更当年、变更前一年、变更前两年。

由表4-6可知，当第一大股东变更发生在国有转为民营时，事件样本和控制样本间盈余管理均存在显著差异，这充分证明当第一大股东变更发生在国有转为民营时，确实存在着国有资产流失。因为，在第一大股东发生变更当年、变更前一年、前两年时，事件样本和控制样本之间存在着显著差异，假设1得到证明。当第一大股东变更发生在民营企业之间时，基于Jones模型计算的盈余管理在事件样本和控制样本之间存在显著差异，这说明大股东变更发生在民营企业之间时，也存在盈余管理行为。假设2得到证明。当第一大股东变更发生在国有企业之间时，无论是有偿还是无偿的，事件样本和控制样本的盈余管理之间均没有显著差异，因此假设3a得到检验，假设3b没有通过检验。

为了检验结果的稳健性，本节还用修正Jones模型比较检验了事件样本和控制样本之间的差异。结果几乎保持不变，即当第一大股东变更发生在国有转民营和民营转民营时，事件样本和控制样本之间的盈余管理之间存在显著差异。这说明第一大股东变更发生在国有转民营时以及民营转民营时，存在盈余管理行为。假设2得到进一步证明。当第一大股东变更发生在国有企业之间时，无论是有偿还是无偿的，事件样本和控制样本的盈余管理之间均没有显著差异，假设1和假设3a的假设依然成立。

基本的研究结果是，当第一大股东由国有股权转化为民营股权时，第一大股东有盈余管理动机，即在国有股权转变为私有股权前后盈余管理存在显著差异。换句话说，即国有股权私有化过程中存在国有资产流失嫌疑。当第一大股东由民营转变为民营时，第一大股东变更前后盈余管理存在显著差异，即第一大股东变更发生在民营企业间时，由于民营企业是一种理性经济人，也存在对业绩的盈余管理问题。当第一大股东变更发生在国有企业之间时，无论是有偿转让还是有偿转让，都不存在盈余管理动机。

五、小结

根据对操纵性应计利润计算Jones模型和修正Jones模型，由于人们无法观测到非操纵性应计利润的真实情况，我们所计算的非操纵性应计利润其实是在一定的假设条件下能被研究者通过会计科目之间的勾稽关系合理解释的应计利润部分，而操纵性应计利润则是不能解释的部分。因此，将计算出来的操纵性应计（DA）理解为异常应计或者盈余管理的空间或许更为贴切。而异常应计越大，表明盈余管理的空间也越大，经理人进行盈余管理的可能性也就越大。因此，用 DA 来代表盈余管理是合理的。而对于本节应用截面数据计算的控制权转移公司的操纵性应计利润，假设上市公司普遍性地进行盈余管理，也可以将估计出来的操纵性应计利润理解为发生控制权转移的公司相对于同行业未发生控制权转移的公司更大的盈余管理空间。

此处分析大股东变更的当年、变更的前一年、变更的前两年的盈余管理行为，通过选择控制样本，对比分析事件样本和控制样本。研究结果表明：当第一大股东由国有股权转化为民营股权时，第一大股东有盈余管理动机，即在国有股权转变为私有股权前后盈余管理存在显著差异。换句话说，即国有股权私有化过程中存在国有资产流失嫌疑。当第一大股东由民营转变为民营时，第一大股东变更前后盈余管理存在显著差异，即第一大股东变更发生在民营企业间时，由于民营企业是一种理性经济人，也存在对业绩的盈余管理问题。当第一大股东变更发生在国有企业之间时，无论是有偿转让还是有偿转让，都不存在盈余管理动机。

第五节 股东特质、盈余管理和控制权溢价

一、引言

控制权转移的溢价水平是一个国家对投资者保护程度大小的重要体现。国外许多学者纷纷用控制权溢价来度量控制权收益，以找出影响控制权收益大小的一系列因素。这些文献都是研究较为成熟市场的控制权转移事件，通过控制权转移前后超额报酬的对比来计量控制权转移溢价的。而我国控制权转移溢价的计量却截然不同。

将每股净资产值作为国有股权的转让价格的规定，基本上来自于 1997 年原来的国有资产管理局和国家体改委联合发布的《股份有限公司国有股股东行使

股权行为规范意见》。虽然国有股在国有企业之间转让并不会改变股权性质，国有资产流失的可能性较小，但是参照净资产转让国有股权的规定还是会对发生控制权转移的上市公司（目标公司）产生影响：低于净资产的转让价格可能令外界以为企业经营状况不佳，可能会影响对管理层的评价；虽然国有股在国有企业之间转让不涉及股权性质的改变，但有偿转让往往令上市公司经营的受益方（即控股方）不同，低于净资产的转让价格比同类交易低，依然有可能让人怀疑存在变相资产流失的问题。

在充分发育的市场中，企业的价格通过市场参与者对资产评价或预期的竞争性要价和出价得到确定。但在我国企业控制权转移中，由于上市公司的国有股和法人股不能公开上市交易，缺少多个买方和卖方参与竞价的公开透明的市场化价格形成机制，大多是买卖双方在对转让股份进行价值评估的基础上，通过一对一的谈判确定股权转让价格的。我国有关法规规定"转让股份的价格不得低于每股净资产值"。实务中，股权转让主要是以每股净资产作为重要的定价基础。一般来说，带有控制权的股权转让价格高于其净资产的溢价部分反映了控股股东从控制权中获取私利的预期。因此，国内许多学者以净资产为基础对股权转让的溢价进行研究，并用大宗股权转让溢价来衡量我国控制权收益大小，对其影响因素进行实证检验。这些文献对研究我国的控制权收益做出了有益的探索，但主要强调公司基本面因素，并未考虑盈余管理等因素对控制权转移溢价的影响。

希利和瓦伦（Healy，Wahlen）将盈余管理定义为企业实际控制者运用职业判断编制财务报告和通过规划交易以变更财务报告的机会主义行为，旨在误导那些以经营业绩为基础的决策行为或影响那些以会计报告的数字为基础的契约后果。非流通股权的转让以会计报告中的每股净资产为重要定价依据，会诱发相关利益人利用会计盈余管理来操纵股权转让价格。在我国股权分置改革前，非流通股的转让只能在专门的产权交易市场进行，同时为了保证国有股的控股地位不受到影响，国家对以国有股为主的非流通股转让制定了严格的监管措施，不仅需要符合一定的条件才可以转让，而且还需要层层审批，审批的核心就是股权转让价格，以及其相对于每股净资产的溢价率。所以许多公司为了使股权转让通过管理部门审批，就利用会计盈余管理，提高每股转让溢价率。公司的盈余管理行为是影响控制权转移溢价的一个重要因素。虽然在实务中，经常出现对管理层盈余管理行为的批判，但是国内还没有学者研究盈余管理行为对控制权转移定价的影响，这正是本研究的主旨所在。

由于操作的方便，控制权转移时的每股净资产值一般成为评估转让价格是否合理的底线，超出的部分则被称为溢价，它与净资产之间的比值通常被相应地称作控制权溢价，即控制权溢价＝（每股转让价格－每股净资产）／每股净资产。如果转让时没有溢价或者溢价率低，控制权交易想通过审批的难度就加大了。从溢价率的公式可以直观地看出提高溢价率的方法有两种，即提高交易价格和压低净资产。由于交易价格是并购交易中的核心问题，再加上我国普遍存在的融资难题和付现惯例，造成各方让步的空间相对较小，而通过盈余管理压低净资产的方式却容易实现。

从控制权转移前的盈余管理对利润只可能产生两种方向的变动，一是调低应计利润，二则是调高应计利润。应计利润调低一般会使净资产降低，既然国有资产转让时以净资产为基本参照指标，那么相应的每股价格也会下降。由于下调利润的一个重要目的就是达到国家规定的不低于净资产出售国有股份的条款，以便顺利通过审查，所以价格的下降幅度会低于净资产的下降幅度，造成盈余管理后的溢价率高于调整前的溢价率。应计利润调高一般会提高净资产，相应的价格也会上升，这样做的目的似乎并不担心溢价率的问题，而是想通过盈余管理乘控制权转让之际多多获利。这种类型的盈余管理在国有性质股权转让过程中应当较少，因为一是出于对溢价率的考虑，二是操控应计利润获利最终受益人为政府。若经营者瓜分控制权转让所获利益则有侵吞国有财产之嫌，如果真有瓜分的动机，压低价格出售反倒更能隐蔽地获利。由前面分析可知，对操控性应计利润的统计可以看出，总体上，国有性质股权之间有偿转让的样本主要会通过调低主营业务收入和应收账款的方式调低应计利润，手法较为隐蔽。

根据上面的分析，提出如下假设：

当第一大股东变更发生在国有转为民营企业之间时，盈余管理对控制权溢价有显著的影响。

　　当第一大股东变更发生在国有转为国有企业之间时，当有偿转让时，盈余管理会对控制权溢价有显著影响。

　　当第一大股东变更发生在民营企业转化为民营企业时，根据前面的分析，民营企业都是经济人，因此盈余管理也会对控制权溢价产生影响。

二、研究设计

　　计量控制权收益的方法要有两种。第一种是由巴克得利和霍尔德内斯（Barclay，Holdernes）提出来的，通过研究大规模股权转让中的溢价来估计控制权收益；第二种方法是由利斯、麦康内尔和米克尔松（Lease，McConnell，Mikkelson）提出来的，通过计算不同投票权股票的价格差异来计量控制权收益的大小。由于我国没有在市场上交易的不同投票权的股票，所以第一种方法在我国不适用。唐宗明、蒋位以净资产作为非流通股权内在价值的基础，用第二种方法来度量我国大宗股权转让中的控制权收益，以反映大股东对中小股东的侵害程度。本节也采用这种方法计算并购溢价，具体又分为 Premium1 和 Premium2，Premium2 是为了反映转让股权比例对并购溢价的影响。计算公式如下：

Premium1 ＝（每股转让价格 − 每股净资产）÷每股净资产

Premium2 ＝（每股转让价格 − 每股净资产）×转让比例÷每股净资产

　　控制权溢价主要通过股权转让方式进行。在国有股不流通、内部人控制情况下，由于转让方式透明度低、公允性差等原因，控股股东就有动机和激励为获得回扣或为个人牟利（如以低价转让给其关系群体）与中介机构、政府机构代理人等合谋，通过低估或漏估价值而将其中的国有股份额低价或零价转让，造成国有资产流失。由于涉及个人寻租问题，比如国有股东个人寻租低价转让国有资产问题，这些资料获取难度较大，本节未对国有股东的个人寻租问题做深层次探讨。

　　本节运用 Jones 模型和修正 Jones 模型估计的总应计利润（TA）和可操控性应计利润（DA）来度量盈余管理水平。在回归中控制了股权转让比例（ExcShr），无形资产比例（INTAN）、财务杠杆（L）、每股收益（EPS）、公司规模

（lnA）以及每股净资产（ROA）等公司基本面因素。无形资产比例为无形资产除以总资产，财务杠杆为长短期负债之和除以所有者权益，公司规模为总资产的自然对数。最后在每次回归中都控制了行业（Industry）和年份（Year）。回归方程式如下：

$$Premium = a + b_1 \times DA + b_2 \times TA + b_3 \times ExcShr + b_4 \times lnA + b_5 \times ROA + b_6 \times EPS + b_7 \times L + b_8 \times INTAN + b_9 \times Industry + b_{10} \times Year$$

三、样本及数据

按照我国上市公司当前控股股东的性质来划分，大致可以分为以下四大类：第一类包括国资委、地方政府、财政局等。这类股东的特征是政府管理部门。第二类是国有资产管理部门下属的专职资产经营公司。它们代表政府行使所有者的职能。第三类为国有法人。这类股东的典型特征是自身从事经营并以营利为目的，不仅控制上市公司，还同时控制其他公司，多表现为企业集团的形式。第四类为其他所有制和自然人控制的普通法人。为了便于研究，我们将前三类公司合并称为国有股份公司，最后一类为非国有公司。

从《中国股票市场研究数据库》（CSMAR）选择了 2002—2009 年非金融行业发生第一大股东变更（控制权转移）的上市公司，作为控制权转移样本。选择标准如下：①第一次公告和最后一次公告都在 2002—2009 年内；②第一大股东发生变更并且新的第一大股东拥有上市公司股权超过 30%；③发生多次转移则取最后一次，且第一次公告年距上一次控制权转移最后一次公告 1 年以上；④转让最终成功。根据以上标准得到样本公司 227 家。

公司财务、股价、股权结构、公司治理等数据来自《中国股票市场研究数据库》（CSMAR）或中国经济研究服务中心 CCER 数据库。为了能够反映控制权转移公司在投资者保护方面的特征，以及投资者保护与控制权转移的关系，我们按以下准则选取了对照样本：选取 2002—2009 年间没发生 5% 以上股权转让的上市公司，对每家控制权转移样本公司选取同年度同行业中总资产最接近的公司作为对照样本，剔除数据不完整公司，得到 227 家对照样本公司。考虑到极端值对回归模型的影响，我们剔除了非控制权转移样本中大于 3 个标准差的数据，但由于样本数量相对较小，并且为了说明样本的属性，没有剔除样本中数据大于 3 个标准差的观测值。

四、实证结果分析

（一）相关性分析

首先对研究变量做了一个相关性分析，结果如表 4 - 7 ~ 表 4 - 10 所示：

表 4 - 7　基于 prem1、Jones 模型计算出的 DA 及其他变量的 Pearson 相关系数

sign	TYPE	NAME	Prem1	DA_J	TA	ROA	EPS	lnA	ExcShr	L	Intan
国转国（有偿）	MEAN		- 0.271 74	0.000 935	- 0.061 7	- 0.160 81	0.144 682	21.125 37	0.453 781	5.116 446	0.057 9
	STD		1.235 089	0.139 161	0.136 413	0.484 521	0.541 763	0.951 984	0.145 293	32.005 23	0.096 543
	N		59	59	59	59	59	59	59	59	59
	CORR	prem1	1	- 0.269 51	- 0.280 65	0.949 487	- 0.432 12	- 0.221 08	- 0.212 59	0.014 126	0.267 094
	CORR	DA_J	- 0.269 51	1	0.972 981	- 0.226 23	0.561 267	- 0.029 21	0.039 179	- 0.002 67	- 0.035 13
	CORR	TA	- 0.280 65	0.972 981	1	- 0.257 01	0.647 658	0.045 446	0.026 311	- 0.016 62	- 0.094 08
	CORR	ROA	0.949 487	- 0.226 23	- 0.257 01	1	- 0.393 04	- 0.294 8	- 0.301 62	0.032 231	0.220 716
	CORR	EPS	- 0.432 12	0.561 267	0.647 658	- 0.393 04	1	0.259 894	- 0.113 9	- 0.115 08	- 0.145 24
	CORR	lnA	- 0.221 08	- 0.029 21	0.045 446	- 0.294 8	0.259 894	1	0.273 021	- 0.111 37	- 0.241 83
	CORR	ExcShr	- 0.212 59	0.039 179	0.026 311	- 0.301 62	- 0.113 9	0.273 021	1	- 0.116 54	- 0.501 19
	CORR	L	0.014 126	- 0.002 67	- 0.016 62	0.032 231	- 0.115 08	- 0.111 37	- 0.116 54	1	0.019 204
	CORR	Intan	0.267 094	- 0.035 13	- 0.094 08	0.220 716	- 0.145 24	- 0.241 83	- 0.501 19	0.019 204	1
国转民	MEAN		0.240 571	0.019 799	- 0.046 53	0.126 72	0.151 013	20.793 23	0.465 205	1.665 619	0.065 146
	STD		2.310 836	0.223 243	0.226 585	1.096 944	0.601 71	1.018 066	0.131 791	2.601 35	0.099 418
	N		46	46	46	46	46	46	46	46	46
	CORR	prem1	1	- 0.069 75	- 0.104 97	0.993 008	- 0.221 21	- 0.396 08	0.048 975	0.383 633	0.143 489
	CORR	DA_J	- 0.069 75	1	0.994 044	- 0.066 27	0.653 324	- 0.078	- 0.073 06	- 0.033 68	0.084 493
	CORR	TA	- 0.104 97	0.994 044	1	- 0.098 89	0.672 005	0.005 423	- 0.093 13	- 0.031 75	- 0.005 03
	CORR	ROA	0.993 008	- 0.066 27	- 0.098 89	1	- 0.234 67	- 0.376 58	0.052 441	0.379 047	0.127 677
	CORR	EPS	- 0.221 21	0.653 324	0.672 005	- 0.234 67	1	0.315 466	- 0.002 87	- 0.214 76	0.049 278
	CORR	lnA	- 0.396 08	- 0.078	0.005 423	- 0.376 58	0.315 466	1	- 0.187 76	- 0.058 7	- 0.492 29
	CORR	ExcShr	0.048 975	- 0.073 06	- 0.093 13	0.052 441	- 0.002 87	- 0.187 76	1	- 0.122 41	0.266 864
	CORR	L	0.383 633	- 0.033 68	- 0.031 75	0.379 047	- 0.214 76	- 0.058 7	- 0.122 41	1	- 0.128 53
	CORR	Intan	0.143 489	0.084 493	- 0.005 03	0.127 677	0.049 278	- 0.492 29	0.266 864	- 0.128 53	1

表4-7(续)

sign	TYPE	NAME	Prem1	DA_J	TA	ROA	EPS	lnA	ExcShr	L	Intan
民转民	MEAN		0.360 955	0.045 485	-0.018 03	0.075 755	0.122 302	21.099 14	0.338 58	1.946 021	0.037 31
	STD		3.688 121	0.368 978	0.401 581	1.078 052	0.374 018	1.467 425	0.154 261	6.900 172	0.063 817
	N		41	41	41	41	41	41	41	41	41
	CORR	prem1	1	-0.705 34	-0.694 69	0.972 442	0.113 281	-0.090 25	-0.086 57	0.921 857	-0.062 59
	CORR	DA_J	-0.705 34	1	0.991 17	-0.720 48	0.180 793	-0.001 36	-0.146 22	-0.769 28	-0.034 58
	CORR	TA	-0.694 69	0.991 17	1	-0.728 11	0.171 102	0.075 905	-0.147 69	-0.773 23	-0.032 12
	CORR	ROA	0.972 442	-0.720 48	-0.728 11	1	0.098 317	-0.241 3	-0.130 1	0.929 791	-0.066 21
	CORR	EPS	0.113 281	0.180 793	0.171 102	0.098 317	1	-0.046 02	-0.024 49	0.168 445	-0.179 35
	CORR	lnA	-0.090 25	-0.001 36	0.075 905	-0.241 3	-0.046 02	1	0.161 006	-0.139 75	0.132 427
	CORR	ExcShr	-0.086 57	-0.146 22	-0.147 69	-0.130 1	-0.024 49	0.161 006	1	-0.068 2	-0.066 29
	CORR	L	0.921 857	-0.769 28	-0.773 23	0.929 791	0.168 445	-0.139 75	-0.068 2	1	-0.093 55
	CORR	Intan	-0.062 59	-0.034 58	-0.032 12	-0.066 21	-0.179 35	0.132 427	-0.066 29	-0.093 55	1

表4-8 基于prem1、修正Joens模型计算出的DA及其他变量的Pearson相关系数

sign	TYPE	NAME	prem1	DA_MJ	TA	ROA	EPS	lnA	ExcShr	L	Intan
国转国 (有偿)	MEAN		-0.271 74	0.005 434	-0.061 7	-0.160 81	0.144 682	21.125 37	0.453 781	5.116 446	0.057 9
	STD		1.235 089	0.135 571	0.136 413	0.484 521	0.541 763	0.951 984	0.145 293	32.005 23	0.096 543
	N		59	59	59	59	59	59	59	59	59
	CORR	prem1	1	-0.259 18	-0.280 65	0.949 487	-0.432 12	-0.221 08	-0.212 59	0.014 126	0.267 094
	CORR	DA_MJ	-0.259 18	1	0.996 263	-0.229 7	0.626 388	-0.008 44	0.017 876	-0.005 53	-0.063 21
	CORR	TA	-0.280 65	0.996 263	1	-0.257 01	0.647 658	0.045 446	0.026 311	-0.016 62	-0.094 08
	CORR	ROA	0.949 487	-0.229 7	-0.257 01	1	-0.393 04	-0.294 8	-0.301 62	0.032 231	0.220 716
	CORR	EPS	-0.432 12	0.626 388	0.647 658	-0.393 04	1	0.259 894	-0.113 9	-0.115 08	-0.145 24
	CORR	lnA	-0.221 08	-0.008 44	0.045 446	-0.294 8	0.259 894	1	0.273 021	-0.111 37	-0.241 83
	CORR	ExcShr	-0.212 59	0.017 876	0.026 311	-0.301 62	-0.113 9	0.273 021	1	-0.116 54	-0.501 19
	CORR	L	0.014 126	-0.005 53	-0.016 62	0.032 231	-0.115 08	-0.111 37	-0.116 54	1	0.019 204
	CORR	Intan	0.267 094	-0.063 21	-0.094 08	0.220 716	-0.145 24	-0.241 83	-0.501 19	0.019 204	1
国转民	MEAN		0.240 571	0.021 705	-0.046 53	0.126 72	0.151 013	20.793 23	0.465 205	1.665 619	0.065 146
	STD		2.310 836	0.226 763	0.226 585	1.096 944	0.601 71	1.018 066	0.131 791	2.601 35	0.099 418
	N		46	46	46	46	46	46	46	46	46
	CORR	prem1	1	-0.072 07	-0.104 97	0.993 008	-0.221 21	-0.396 08	0.048 975	0.383 633	0.143 489
	CORR	DA_MJ	-0.072 07	1	0.997 895	-0.068 25	0.664 214	-0.057 15	-0.081 9	-0.034 4	0.054 803
	CORR	TA	-0.104 97	0.997 895	1	-0.098 89	0.672 005	0.005 423	-0.093 13	-0.031 75	-0.005 03
	CORR	ROA	0.993 008	-0.068 25	-0.098 89	1	-0.234 67	-0.376 58	0.052 441	0.379 047	0.127 677
	CORR	EPS	-0.221 21	0.664 214	0.672 005	-0.234 67	1	0.315 466	-0.002 87	-0.214 76	0.049 278
	CORR	lnA	-0.396 08	-0.057 15	0.005 423	-0.376 58	0.315 466	1	-0.187 76	-0.058 7	-0.492 29
	CORR	ExcShr	0.048 975	-0.081 9	-0.093 13	0.052 441	-0.002 87	-0.187 76	1	-0.122 41	0.266 864
	CORR	L	0.383 633	-0.034 4	-0.031 75	0.379 047	-0.214 76	-0.058 7	-0.122 41	1	-0.128 53
	CORR	Intan	0.143 489	0.054 803	-0.005 03	0.127 677	0.049 278	-0.492 29	0.266 864	-0.128 53	1

表4－8(续)

sign	TYPE	NAME	prem1	DA_MJ	TA	ROA	EPS	lnA	ExcShr	L	Intan
民转民	MEAN		0.360 955	0.055 892	-0.018 03	0.075 755	0.122 302	21.099 14	0.338 58	1.946 021	0.037 31
	STD		3.688 121	0.382 711	0.401 581	1.078 052	0.374 018	1.467 425	0.154 261	6.900 172	0.063 817
	N		41	41	41	41	41	41	41	41	41
	CORR	prem1	1	-0.673 61	-0.694 69	0.972 442	0.113 281	-0.090 25	-0.086 57	0.921 857	-0.062 59
	CORR	DA_MJ	-0.673 61	1	0.995 077	-0.694 91	0.196 741	0.005 671	-0.173 99	-0.740 21	-0.048 8
	CORR	TA	-0.694 69	0.995 077	1	-0.728 11	0.171 102	0.075 905	-0.147 69	-0.773 23	-0.032 12
	CORR	ROA	0.972 442	-0.694 91	-0.728 11	1	0.098 317	-0.241 3	-0.130 1	0.929 791	-0.066 21
	CORR	EPS	0.113 281	0.196 741	0.171 102	0.098 317	1	-0.046 02	-0.024 49	0.168 445	-0.179 35
	CORR	lnA	-0.090 25	0.005 671	0.075 905	-0.241 3	-0.046 02	1	0.161 006	-0.139 75	0.132 427
	CORR	ExcShr	-0.086 57	-0.173 99	-0.147 69	-0.130 1	-0.024 49	0.161 006	1	-0.068 2	-0.066 29
	CORR	L	0.921 857	-0.740 21	-0.773 23	0.929 791	0.168 445	-0.139 75	-0.068 2	1	-0.093 55
	CORR	Intan	-0.062 59	-0.048 8	-0.032 12	-0.066 21	-0.179 35	0.132 427	-0.066 29	-0.093 55	1

表4－9　基于prem2、Jones模型计算出的DA及其他变量的Pearson相关系数

sign	TYPE	NAME	prem2	DA_J	TA	ROA	EPS	lnA	ExcShr	L	Intan
国转国(有偿)	MEAN		-0.160 81	0.000 935	-0.061 7	-0.160 81	0.144 682	21.125 37	0.453 781	5.116 446	0.057 9
	STD		0.484 521	0.139 161	0.136 413	0.484 521	0.541 763	0.951 984	0.145 293	32.005 23	0.096 543
	N		59	59	59	59	59	59	59	59	59
	CORR	prem2	1	-0.226 23	-0.257 01	1	-0.393 04	-0.294 8	-0.301 62	0.032 231	0.220 716
	CORR	DA_J	-0.226 23	1	0.972 981	-0.226 23	0.561 267	-0.029 21	0.039 179	-0.002 67	-0.035 13
	CORR	TA	-0.257 01	0.972 981	1	-0.257 01	0.647 658	0.045 446	0.026 311	-0.016 62	-0.094 08
	CORR	ROA	1	-0.226 23	-0.257 01	1	-0.393 04	-0.294 8	-0.301 62	0.032 231	0.220 716
	CORR	EPS	-0.393 04	0.561 267	0.647 658	-0.393 04	1	0.259 894	-0.113 9	-0.115 08	-0.145 24
	CORR	lnA	-0.294 8	-0.029 21	0.045 446	-0.294 8	0.259 894	1	0.273 021	-0.111 37	-0.241 83
	CORR	ExcShr	-0.301 62	0.039 179	0.026 311	-0.301 62	-0.113 9	0.273 021	1	-0.116 54	-0.501 19
	CORR	L	0.032 231	-0.002 67	-0.016 62	0.032 231	-0.115 08	-0.111 37	-0.116 54	1	0.019 204
	CORR	Intan	0.220 716	-0.035 13	-0.094 08	0.220 716	-0.145 24	-0.241 83	-0.501 19	0.019 204	1
国转民	MEAN		0.126 72	0.019 799	-0.046 53	0.126 72	0.151 013	20.793 23	0.465 205	1.665 619	0.065 146
	STD		1.096 944	0.223 243	0.226 585	1.096 944	0.601 71	1.018 066	0.131 791	2.601 35	0.099 418
	N		46	46	46	46	46	46	46	46	46
	CORR	prem2	1	-0.066 27	-0.098 89	1	-0.234 67	-0.376 58	0.052 441	0.379 047	0.127 677
	CORR	DA_J	-0.066 27	1	0.994 044	-0.066 27	0.653 324	-0.078	-0.073 06	-0.033 68	0.084 493
	CORR	TA	-0.098 89	0.994 044	1	-0.098 89	0.672 005	0.005 423	-0.093 13	-0.031 75	-0.005 03
	CORR	ROA	1	-0.066 27	-0.098 89	1	-0.234 67	-0.376 58	0.052 441	0.379 047	0.127 677
	CORR	EPS	-0.234 67	0.653 324	0.672 005	-0.234 67	1	0.315 466	-0.002 87	-0.214 76	0.049 278
	CORR	lnA	-0.376 58	-0.078	0.005 423	-0.376 58	0.315 466	1	-0.187 76	-0.058 7	-0.492 29
	CORR	ExcShr	0.052 441	-0.073 06	-0.093 13	0.052 441	-0.002 87	-0.187 76	1	-0.122 41	0.266 864
	CORR	L	0.379 047	-0.033 68	-0.031 75	0.379 047	-0.214 76	-0.058 7	-0.122 41	1	-0.128 53
	CORR	Intan	0.127 677	0.084 493	-0.005 03	0.127 677	0.049 278	-0.492 29	0.266 864	-0.128 53	1

表4-9(续)

sign	TYPE	NAME	prem2	DA _ J	TA	ROA	EPS	lnA	ExcShr	L	Intan
民转民	MEAN		0.074 159	0.045 485	-0.018 03	0.075 755	0.122 302	21.099 14	0.338 58	1.946 021	0.037 31
	STD		1.064 54	0.368 978	0.401 581	1.078 052	0.374 018	1.467 425	0.154 261	6.900 172	0.063 817
	N		41	41	41	41	41	41	41	41	41
	CORR	prem2	1	-0.720 48	-0.728 11	1	0.098 563	-0.241 19	-0.130 39	0.929 5	-0.065 51
	CORR	DA _ J	-0.720 48	1	0.991 17	-0.720 48	0.180 793	-0.001 36	-0.146 22	-0.769 28	-0.034 58
	CORR	TA	-0.728 11	0.991 17	1	-0.728 11	0.171 102	0.075 905	-0.147 69	-0.773 23	-0.032 12
	CORR	ROA	1	-0.720 48	-0.728 11	1	0.098 317	-0.241 3	-0.130 1	0.929 791	-0.066 21
	CORR	EPS	0.098 563	0.180 793	0.171 102	0.098 317	1	-0.046 02	-0.024 49	0.168 445	-0.179 35
	CORR	lnA	-0.241 19	-0.001 36	0.075 905	-0.241 3	-0.046 02	1	0.161 006	-0.139 75	0.132 427
	CORR	ExcShr	-0.130 39	-0.146 22	-0.147 69	-0.130 1	-0.024 49	0.161 006	1	-0.068 2	-0.066 29
	CORR	L	0.929 5	-0.769 28	-0.773 23	0.929 791	0.168 445	-0.139 75	-0.068 2	1	-0.093 55
	CORR	Intan	-0.065 51	-0.034 58	-0.032 12	-0.066 21	-0.179 35	0.132 427	-0.066 29	-0.093 55	1

表4-10 基于 prem2、修正 Jones 模型计算出的 DA 及其他变量的 Pearson 相关系数

sign	TYPE	NAME	prem2	DA _ MJ	TA	ROA	EPS	lnA	ExcShr	L	Intan
国转国(有偿)	MEAN		-0.160 81	0.005 434	-0.061 7	-0.160 81	0.144 682	21.125 37	0.453 781	5.116 446	0.057 9
	STD		0.484 521	0.135 571	0.136 413	0.484 521	0.541 763	0.951 984	0.145 293	32.005 23	0.096 543
	N		59	59	59	59	59	59	59	59	59
	CORR	prem2	1	-0.229 7	-0.257 01	1	-0.393 04	-0.294 8	-0.301 62	0.032 231	0.220 716
	CORR	DA _ MJ	-0.229 7	1	0.996 263	-0.229 7	0.626 388	-0.008 44	0.017 876	-0.005 53	-0.063 21
	CORR	TA	-0.257 01	0.996 263	1	-0.257 01	0.647 658	0.045 446	0.026 311	-0.016 62	-0.094 08
	CORR	ROA	1	-0.229 7	-0.257 01	1	-0.393 04	-0.294 8	-0.301 62	0.032 231	0.220 716
	CORR	EPS	-0.393 04	0.626 388	0.647 658	-0.393 04	1	0.259 894	-0.113 9	-0.115 08	-0.145 24
	CORR	lnA	-0.294 8	-0.008 44	0.045 446	-0.294 8	0.259 894	1	0.273 021	-0.111 37	-0.241 83
	CORR	ExcShr	-0.301 62	0.017 876	0.026 311	-0.301 62	-0.113 9	0.273 021	1	-0.116 54	-0.501 19
	CORR	L	0.032 231	-0.005 53	-0.016 62	0.032 231	-0.115 08	-0.111 37	-0.116 54	1	0.019 204
	CORR	Intan	0.220 716	-0.063 21	-0.094 08	0.220 716	-0.145 24	-0.241 83	-0.501 19	0.019 204	1
国转民	MEAN		0.126 72	0.021 705	-0.046 53	0.126 72	0.151 013	20.793 23	0.465 205	1.665 619	0.065 146
	STD		1.096 944	0.226 763	0.226 585	1.096 944	0.601 71	1.018 066	0.131 791	2.601 35	0.099 418
	N		46	46	46	46	46	46	46	46	46
	CORR	prem2	1	-0.068 25	-0.098 89	1	-0.234 67	-0.376 58	0.052 441	0.379 047	0.127 677
	CORR	DA _ MJ	-0.068 25	1	0.997 895	-0.068 25	0.664 214	-0.057 15	-0.081 9	-0.034 4	0.054 803
	CORR	TA	-0.098 89	0.997 895	1	-0.098 89	0.672 005	0.005 423	-0.093 13	-0.031 75	-0.005 03
	CORR	ROA	1	-0.068 25	-0.098 89	1	-0.234 67	-0.376 58	0.052 441	0.379 047	0.127 677
	CORR	EPS	-0.234 67	0.664 214	0.672 005	-0.234 67	1	0.315 466	-0.002 87	-0.214 76	0.049 278
	CORR	lnA	-0.376 58	-0.057 15	0.005 423	-0.376 58	0.315 466	1	-0.187 76	-0.058 7	-0.492 29
	CORR	ExcShr	0.052 441	-0.081 9	-0.093 13	0.052 441	-0.002 87	-0.187 76	1	-0.122 41	0.266 864
	CORR	L	0.379 047	-0.034 4	-0.031 75	0.379 047	-0.214 76	-0.058 7	-0.122 41	1	-0.128 53
	CORR	Intan	0.127 677	0.054 803	-0.005 03	0.127 677	0.049 278	-0.492 29	0.266 864	-0.128 53	1

表4-10(续)

sign	TYPE	NAME	prem2	DA_MJ	TA	ROA	EPS	lnA	ExcShr	L	Intan
	MEAN		0.074 159	0.055 892	-0.018 03	0.075 755	0.122 302	21.099 14	0.338 58	1.946 021	0.037 31
	STD		1.064 54	0.382 711	0.401 581	1.078 052	0.374 018	1.467 425	0.154 261	6.900 172	0.063 817
	N		41	41	41	41	41.	41	41	41	41
	CORR	prem2	1	-0.694 91	-0.728 11	1	0.098 563	-0.241 19	-0.130 39	0.929 5	-0.065 51
	CORR	DA_MJ	-0.694 91	1	0.995 077	-0.694 91	0.196 741	0.005 671	-0.173 99	-0.740 21	-0.048 8
民转民	CORR	TA	-0.728 11	0.995 077	1	-0.728 11	0.171 102	0.075 905	-0.147 69	-0.773 23	-0.032 12
	CORR	ROA	1	-0.694 91	-0.728 11	1	0.098 317	-0.241 3	-0.130 1	0.929 791	-0.066 21
	CORR	EPS	0.098 563	0.196 741	0.171 102	0.098 317	1	-0.046 02	-0.024 49	0.168 445	-0.179 35
	CORR	lnA	-0.241 19	0.005 671	0.075 905	-0.241 3	-0.046 02	1	0.161 006	-0.139 75	0.132 427
	CORR	ExcShr	-0.130 39	-0.173 99	-0.147 69	-0.130 1	-0.024 49	0.161 006	1	-0.068 2	-0.066 29
	CORR	L	0.929 5	-0.740 21	-0.773 23	0.929 791	0.168 445	-0.139 75	-0.068 2	1	-0.093 55
	CORR	Intan	-0.065 51	-0.048 8	-0.032 12	-0.066 21	-0.179 35	0.132 427	-0.066 29	-0.093 55	1

表4-7~表4-10分别是按照控制权溢价的两种计算方法以及按照盈余管理的两种计算方法做的相关性分析,包括各个变量的均值、标准差。由表4-7~表4-10的相关系数结果可知,控制权溢价与盈余管理在国有转国有(有偿)和国有转民营两个子样本中的相关系数不大,这说明在控制权转移发生在国有企业之间以及控制权由国有转为民营时,企业的盈余管理动机不大,这是根据相关系数的结果得出的初步结论。但是当控制权转移发生在民营企业之间时,采用两种不用的计算方法计算出的控制权溢价与盈余管理之间的相关系数都比较大。这说明,当控制权转移发生在民营企业之间时,民营企业进行盈余管理的动机都比较大,当然这些都是根据相关系数分析的初步结果。为了检验盈余管理与控制权溢价之间的真正关系,本节又做了进一步分析,主要采用回归分析方法,回归结果如表4-11所示。

(二)回归分析

根据表4-11的回归结果可知,控制权从国有变为民营以及民营转为民营时,控制权溢价与基于Jones模型计算出来的盈余管理之间确实存在着相关关系,并且是负相关关系,这说明控制权发生转移时,可操控性盈余越大,控制权溢价越高。这也符合理论,因为当可操控性盈余越低时,说明公司盈余质量较高,因此在发生控制权转移时就会有较高的控制权溢价。假设1和假设3得到证明。即当控制权转移发生在国有转为民营时，盈余管理对控制权溢价有显著的影响。结果还显示，当控制权转移发生在国有企业之间时，并且是有偿转让时，盈余管理对控制权溢价也表现出显著的影响，假设2得到证明。表4-11的结果还显示，当盈余管理是基于修正Jones模型计算出来时，控制权溢价与盈余管理之间的相关性也表现出显著的相关关系，但控制权溢价与盈余管理之间的关系方向基本一致。并且，当控制权转移发生在国有企业之间、民营企业之间时，控制权溢价与总的应计盈余呈显著的正相关关系。这说明当企业的总的应计盈余越高时，发生控制权转移时的控制权溢价越高，从某种程度上说明，投资者可能主要关注总的应计盈余，而没有对盈余质量做深层次分析。

总之，控制权转移发生在国有转为民营、民营转民营，以及控制权转移发生在国有企业之间的有偿转让时，公司均存在盈余管理的动机，保证公司能够得到较好的控制权溢价价格。

表4-11　　　　　　　　　　　　　回归结果

		Intercept	DA_J	DAMJ	TA	ROA	EPS	LnA	ExcShr	L	Intan	行业	年度
(1)	国转国（有偿）	-1.142 601	-5.680 1 ***		5.950 4 ***	2.436 2 ***	-0.209 771	0.046 608	1.233 490	-0.000 011	2.092 338	控制	控制
	国转民	1.394 407	-2.000 9 ***		-2.230 3 ***	2.060 8 ***	0.195 615	-0.072 446	-0.190 433	0.014 509	-0.153 626	控制	控制
	民转民	-5.455 021	-5.588 8 ***		6.031 7 ***	3.385 1 ***	-0.063 682	0.257 9 ***	1.119 768	0.058 273	0.089 422	控制	控制
(2)	国转国（有偿）	-2.139 956	-0.386 9 *			2.453 4 ***	-0.027 514	0.079 717	1.073 2 ***	0.000 026	1.656 7 ***	控制	控制
	国转民	1.740 538	-0.260 2 ***			2.062 2 ***	0.153 971	-0.082 777	-0.184 597	0.013 772	0.127 649	控制	控制
	民转民	-8.626 179	0.877 1 *			3.456 3 ***	-0.082 144	0.394 931	0.866 840	0.046 142	-0.360 475	控制	控制
(3)	国转国（有偿）	-0.026 453		-11.447 3 ***	11.378 1 ***	2.503 1 ***	-0.078 180	0.011 459	1.257 2 ***	0.000 294	2.050 6 ***	控制	控制
	国转民	0.652 288		-5.501 0 ***	-5.761 6 ***	2.051 1 ***	0.174 429	-0.048 769	-0.159 903	0.016 117	-0.282 666	控制	控制
	民转民	-4.199 882		-9.085 1 ***	10.008 0 ***	3.328 4 ***	-0.096 979	0.215 713	0.815 526	0.100 131	-0.222 502	控制	控制
(4)	国转国（有偿）	-2.308 181		-0.094 4 *		2.452 0 ***	-0.078 271	0.089 879	0.995 9 ***	-0.000 074	1.594 6 ***	控制	控制
	国转民	1.756 570		-0.263 6 ***		2.062 4 ***	0.159 232	-0.083 433	-0.187 625	0.013 774	0.112 314	控制	控制
	民转民	-8.627 964		0.934 1 ***		3.459 947	-0.117 242	0.392 455	0.976 885	0.048 371	-0.249 240	控制	控制

注：*、***、*** 表示至少在10%、5%和1%的水平上显著，行业和年度都已经控制。

（三）进一步分析

如果转让的股权以每股净资产为定价依据，那么每股净资产价值越高，转让的股权价格也越高，反之亦然。股权转让价格和每股净资产之间的关系使得转让方有动机去促使上市公司进行盈余管理：①股权转让的价格是非流通股投资收益的重要组成部分。如果是控股股东转让非流通股权，转让价格也影响到其控制权收益的大小。②转让价格的高低反映了并购方并购成本的大小。如果上市公司对入主方有抵触情绪，有可能会利用盈余管理来提高并购价格进而增加其并购成本。如果上市公司迫切需要并购方对其进行重组脱困，那么有可能通过"洗大澡"（Take A Big Bath）来迎合并购方的意愿。③每股净资产是会计应计制下的产物，给公司盈余管理行为提供了很大的灵活性，希利和瓦伦（Healy，Wahlen）指出当会计报告数字影响契约后果时，企业实际控制者在利益目标的驱动下会进行机会主义盈余管理。在大股东控制的条件下，上市公司粉饰财务状况的成本非常低，盈余管理行为是相关利益人效用最大化的理性选择。另外，股权转让中的盈余管理问题可能不仅仅是由于大股东的控制，而且还由于现行的股权定价标准存在巨大的制度缺陷。这一缺陷突出地表现为各种法律法规对会计净资产的过度强调。企业并购中可能会存在非常强的机会主义盈余管理倾向，但企业未必一定会进行盈余管理。代理理论表明当盈余管理的发现成本大于盈余管理成本时，盈余管理才会发生。但目标公司可以在不违背会计准则和原则的规定下进行盈余管理以影响股权转让价格，而并购公司却不能制止这种合理范围内的会计操纵。因此，在一般会计原则范围内的盈余管理鉴别成本很高，以及并购公司对目标公司盈余管理行为的理性预期，使得目标公司会理性地进行盈余管理。

既然大多数学者研究结果表明，公司盈余管理能在某种程度上愚弄外部投资者，影响公司的市场业绩表现，那么在企业并购中，盈余管理会影响并购溢价吗？并购企业是否被目标企业的盈余管理行为所愚弄？在企业并购中，并购企业一般在对目标企业很了解的情况下，才会做出并购决策。会计信息的使用者——并购企业不仅对会计报表了如指掌，而且并购公司董事会和管理层可以动用资源和技术优势去聘请会计专家、审计师和投资银行去评估公司的财务报告，他们存在很强的激励去确保目标公司的会计报告真实可靠。所以如果市场能够获得关于目标公司足够的信息，则并购企业在某种程度上能够鉴别目标企业盈余管理行为。并且并购企业能有效地克服大量中小股东"搭便车"心理，有动力去识破目标企业的盈余管理行为。但鉴别公司的盈余管理行为是需要成本的。况且盈余管理不像财务欺诈，只涉及会计政策和估计的选择，而是在公认的会计原则许可的范围内进行盈余管理，鉴别成本更高。这就类似一个柠檬市场（The Market for Lemons，也称次品市场），并购公司知道目标公司会进行盈余管理，但没法阻止对方进行盈余管理。大量的研究证据显示会计盈余在并购价格形成中的重要性。既然并购中公司会计盈余对并购价格有重要影响，那么目标公司盈余管理行为也会影响并购溢价。根据本节的分析，并购企业能"看穿"目标企业的盈余管理，但不能甄别出目标企业真实的盈余管理水平，只好根据其理性的盈余管理预期对受让股权进行出价决策。本节的研究结果表明，盈余管理水平跟并购溢价之间是负相关，盈余管理水平越高，并购溢价越低，反之亦然。

五、小结

本节通过对盈余管理与控制权溢价的分析表明，控制权转移发生在国有企业之间的有偿转让、国有转为民营以及民营企业之间时，控制权溢价与基于Jones 模型计算出来的盈余管理之间确实存在着相关关系，并且是负相关关系。这说明控制权发生转移时，可操控性盈余越大，控制权溢价越高。这也符合理论，因为当可操控性盈余越低时，说明公司盈余质量较高，因此在发生控制权转移时就会有较高的控制权溢价。当盈余管理是基于修正 Jones 模型计算出来时，虽然控制权溢价与盈余管理之间的相关性并不显著，但控制权溢价与盈余管理之间的关系方向基本一致。并且，当控制权转移发生在国有企业之间、民营企业之间时，控制权溢价与总的应计盈余是显著的正相关关系。这说明当企业的总的应计盈余越高时，发生控制权转移时的控制权溢价越高，从某种程度上说明，投资者可能主要关注总的应计盈余，而没有对盈余质量做深层次分析。

总之，控制权转移发生国有企业之间的有偿转让、国有转为民营企业以及民营企业之间时，公司存在盈余管理的动机，保证公司得到较好的控制权溢价价格。本节重点研究盈余管理对并购溢价高低的影响。研究结果发现盈余管理变量与股权转让溢价率显著负相关，盈余管理越低，股权转让溢价率越高。这一方面表明在股权转让讨价还价过程中，股权受让方能够"看透"目标公司的盈余管理行为；另一方面也反映相关利益人通过降低利润的盈余管理，试图抬高股权转让溢价率以迎合监管部门的要求，获得监管部门对股权转让的审核批准。现阶段在股权转让定价中，为了防止股权转让价格和转让溢价被人为操纵，还应从推动企业并购市场化进程着手，建立公平合理的竞价机制，保证股权协议转让的公开透明化。

六、本章结语

（一）研究结论

本章根据股东特质，研究了第一大股东变更与盈余管理、盈余管理与控制权溢价的关系。

根据对操纵性应计利润计算 Jones 模型和修正 Jones 模型，由于人们无法观测到非操纵性应计利润的真实情况，我们所计算的非操纵性应计利润其实是在一定的假设条件下能被研究者通过会计科目之间的勾稽关系合理解释的应计利润部分，而操纵性应计利润则是不能解释的部分。因此，将计算出来的操纵性应计（DA）理解为异常应计或者盈余管理的空间或许更为贴切。而异常应计越大，表明盈余管理的空间也越大，经理人进行盈余管理的可能性也就越大。因此，用 DA 来代表盈余管理是合理的。而对于本节应用截面数据计算的控制权转移公司的操纵性应计利润，假设上市公司普遍性的进行盈余管理，也可以将估计出来的操纵性应计利润理解为发生控制权转移的公司相对于同行业未发生控制权转移的公司更大的盈余管理空间。

在样本的选择标准上，按照我国上市公司当前控股股东的性质来划分，大致可以分为以下四大类：第一类包括国资委、地方政府、财政局等。这类股东的特征是政府管理部门。第二类是国有资产管理部门下属的专职资产经营公司。它们代表政府行使所有者的职能。第三类为国有法人。这类股东的典型特征是，自身从事经营并以营利为目的，不仅控制上市公司，还同时控制其他公司，多表现为企业集团的形式。第四类为其他所有制和自然人控制的普通法人。为了便于研究，我们将前三类公司合并称为国有股份公司，最后一类为民营公司。

主要研究结论如下：

（1）关于第一大股东变更前的盈余管理问题，通过分析大股东变更的当年、变更的前一年、变更的前两年的盈余管理行为，通过选择控制样本，对比分析事件样本和控制样本。研究结果表明：当第一大股东由国有股权转化为民营股权时，第一大股东有盈余管理动机，即在国有股权转变为私有股权前后盈余管理存在显著差异。换句话说，即国有股权私有化过程中存在国有资产流失嫌疑。当第一大股东由民营转变为民营时，第一大股东变更前后盈余管理存在显著差异，即第一大股东变更发生在民营企业间时，由于民营企业是一种"理性经济人"，也存在对业绩的盈余管理问题。当第一大股东变更发生在国有企业之间时，无论是有偿转让还是有偿转让，都不存在盈余管理动机。

（2）通过对盈余管理与控制权溢价的分析表明，控制权从国有转为民营以及民营转为民营时，控制权溢价与基于 Jones 模型计算出来的盈余管理之间存在着负相关关系，这说明控制权发生转移时，可操控性盈余越大，控制权溢价越高。结果还显示，当控制权转移发生在国有企业之间时，并且是有偿转让时，盈余管理对控制权溢价也表现出显著的影响。总之，控制权转移发生在国有转为民营企业、民营转民营时，以及控制权转移发生在国有企业之间的有偿转让时，公司均存在盈余管理的动机，保证公司能够得到较好的控制权溢价价格。

（二）政策建议

控股性股东往往凭借其占有的投票权优势介入和干预公司的经营活动，并且侵害小股东的利益。在大多数国家的大型公司内部，基本的代理问题不是外部投资者和经理之间的冲突，而是外部投资者和几乎完全控制经理人员的控制性股东的冲突。因此，公司治理的核心内容应该是如何有效地监督控制性股东的行为，使之符合外部投资者的利益需要。

第一大股东变更过程中及变更后的不当行为，包括盈余管理行为，都将对上市公司的经营和发展产生重大影响。因此，提高我国上市公司第一大股东变更效率，理顺大股东与上市公司之间的关系，平衡大股东与中小股东之间的权利义务对我国上市公司及整个股市的发展具有重要意义。基于我国的实际情况，对政府监管部门及上市公司提出以下几点建议：

1. 建立公司控制权市场，鼓励大股东正确行使权能

建立一个独立于现有证券市场之外的交易市场——公司控制权市场是十分必要的。这样才能有效避免第一大股东变更过程中的盈余管理行为，提高控制权变更后的企业业绩，同时也避免国有资产流失问题，为今后控制权转移改革指明方向。西方学者的研究提示，欲使大股东积极行使股东权利，并带来有利于全体股东利益的正向结果，大股东所持有股份就必须具备充分的流动性。这里所强调的流动性，是指大股东能够在一个可以正确显示股份价格的市场上，很容易地将所持有的股份卖掉，这个市场不仅为大股东提供了变现功能，而且为其提供了所持股份的价值发现功能，使得"大股东参与决策——→企业绩效提升——→股份升值"的良性循环成为可能。这个市场可以依托现有各地的产权交易市场建立，也可以通过已有的沪深交易所建立，使上市公司非流通股通过在控制权市场叫价形成公允价格。建设一个发达、完善、高效的公司控制权市场，对社会主义市场经济体制和法制建设，以及对我国证券市场规范化都将起到极大的促进作用。

2. 对控制性股东过于膨胀的控制权利进行限制

一个基本的原则就是要落实权利的合理分配与相互制衡。具体来说，公司的股东大会、董事会、经理这三级架构应该各司其职、相互制衡，经营管理权应该真正归经理层所有，决策控制权应该真正归董事会所有，最终剩余控制权应该真正归股东大会所有，避免权利在各方之间的不正当转移。为了防止控制性股东对其他参与人权利的侵占，就必须在三级架构的产生方式、权利义务、运作程序方面予以合理化、明确化。以董事会为例，在具体制度安排上，可以采取对人员组成的代表性予以明确规定，规定不论股权如何分配，董事会中必须包括一定比例的非控制性股东代表、一定比例的独立董事以及一定比例的其他利益方代表，避免董事会成为控制性股东的"一言堂"。这也是本节研究的启示之一，由于控股股东有为自己谋利益的动机，这样通过限制控股股东的权限才能有效提高控制权转移后公司的良好运转。

3. 要充分发挥独立董事和审计委员会的作用

自 2001 年和 2002 年中国证监会分别颁布《关于在上市公司建立独立董事

制度的指导意见》、《上市公司治理准则》要求上市公司聘请独立的外部董事和建议上市公司设立审计委员会以来，有研究表明独立董事和审计委员会在公司治理方面发挥了积极的作用。在控制权转移过程中，也要充分发挥独立董事和审计委员会的作用。为此，要加强独立董事制度和审计委员会的建设，通过对大股东权利的监督来制约其实施盈余管理的能力。此外，由于控制权转移中交易价格是一个非常关键的问题，所以，独立董事和审计委员会对股权转让定价是否合理要引入专业结构进行评估，以维护现有股东的财务利益。

4. 不要彻底否定小股东的能动性

这一政策建议也是本节研究结论的一个衍生建议，由于大股东的控制权获益，所以小股东有时也能起到积极的作用，这也是解决代理问题的原因所在。据《中国证券报》的调查显示：小股东不参加股东大会的原因之一就是股东大会不能真正反映中小股东的意愿，去参加这样一个不能反映自己意愿的会议毫无意义，61%的人认为股东大会只反映了大股东的意愿，因此，对于上市公司来说，股东大会是上市公司必须经过一种法律形式，而对中小股东来说，就是走走过场而已。虽然如此，但不能因"搭便车"的心理而彻底否定小股东的能动性，实际上可以合理地认为，当自己的切身利益受到侵害时，任何理性的人都会为此而采取相应的行动，所以通过有效的制度安排，在相当程度上发挥小股东的监督作用，例如企业可以成立小股东协会，负责维护小股东的权益，协会成员在一定范围内享有信息和服务的优先权。

（三）研究局限与展望

由于数据和研究方法的问题，对股东特质研究分类不够深入和细致，这都是有待于今后进一步改进的地方。本节的研究尚存在一定的局限性：

（1）本章分别选择了 Jones 模型和修正 Jones 模型来研究盈余管理，以及控制权转变以后三年的市场绩效，这样样本选择就必须考虑样本时间等因素。加之其他因素的筛选，导致研究样本较小，但也具有足够的代表性，能够说明控制权转移过程中不同类型股东特质所起到的作用。

（2）对股东特质的考察还有待进一步完善，比如分地区、分行业对不同类型的股东特质做进一步分析与考察，因为在不同地区、不同行业之间股东类型的不同也会影响到控制权溢价以及控制权转以后的业绩。同时，因为明显的操控因素存在，本章选择了财务指标（主要是 EPS）来进行考察。在样本量和财务指标考察年份的权衡下，选取了三年的考察期，没有再进一步的扩展。这也是今后有待进一步扩展的地方。

（3）在对控制权转移的分类中，由于民营转国有的样本较少，考虑到不便进行计量检验，所以文中对此没做分析。在此结合美国民营转国营的一个典型案例（美国政府援助 AIG 的案例）简要分析一下。2008 年 9 月 16 日，由于受到全球金融危机的影响，美国国际集团（AIG）的评级被调低，银行纷纷向美国国际集团讨债，导致其流动资金紧拙。该事件使美国联邦储备局宣布向美国国际集团提供 850 亿美元的紧急贷款，以避免公司因为资金周转问题而倒闭。美联储的声明指出紧急贷款以公司 79.9% 股份的认股权证来做交换，并有权暂停先前已发出的普通股及优先股的股息。中国现在这方面的案例并不多，但是，中国因为国有资本要尽量从竞争性领域退出，这是主流的发展方向，因此预计将来有较多样本，比如私人资本破产涉及国家和民众安全的，国有资本要进入等，这都是有待进一步研究的问题。

主要参考文献

【1】BHAGAT ET AL. Does operating performance really improve following corporate acquisitions [J], Journal of Corporate Finance, 2001 (7)：151–178.

【2】CAHAN S. The effect of Antitrust Investigations on Discretionary Accruals：A Refined Test of the Political Cost Hypothesis [J]. The Accounting Review, 1992, (6)：77–95.

【3】DEANGELO L. Accounting Numbers as Market Valuation Substitutes：A Study of Management Buyouts of Public Stockholders [J]. The Accounting Review, 1986, 61 (3)：400–420.

【4】EASTERWOOD C. Takeovers and Incentives for Earnings Management：an Empirical Analysis [J]. Journal ofApplied Business Research, 1997 (14)：29–48.

【5】 ELIAS P. T. , J. J. CLARK. Merger bids uncertainty and share holder returns [J]. Journal of Financial Management, 1999 (9): 281 – 286.

【6】 ERICKSON M. , S. WANG. Earnings Management by Acquiring Firms in Stock for Stock Mergers [J]. Journal ofAccounting and Economics, 1999 (27): 149 – 176.

【7】 KOUMANAKOS MANAGEMENT. E, SIRIOPOULOS C. , A. GEORGOPOULOS. Firm Acquisitions and Earnings Evidence from Greece [J]. Managerial Auditing Journal, 2005 (20): 663 – 678.

【8】 MALATESTA R. H. The Wealth Effect of Merger Activity and the Objective Functions of Merging Firms [J]. Journal of Financial Economies, 1983 (11): 155 – 181.

【9】 MANNE, H. G. Mergers and the Market for Corporate Control [J]. Journal of Political Economy, 1965 (73): 110 – 120.

【10】 MITEHELL M L. , J. H. MULHERIN. The Impact of Industrial Shocks on Takeover and Restrueturing Activity [J]. Joumal of Financial Economies, 1996 (41): 193 – 229.

【11】 SHLEIFER A. , VISLMY R. W. Large Shareholders and Corporate Control [J]. Journal of Political Eeonomy, 1986 (94): 481 – 488.

【12】 Y WOODY Wu. Management Buyouts and Earnings Management [J]. Journal of Accounting, Auditing and Finance, 1997, 12 (2): 37.

【13】 ZINGALES L. The value of the voting right – A study of the Milan Stock Exchange experience [J]. Review of Financial Studies, 1994 (7): 125 – 148.

【14】 Zingales L. What Determines the value of Corporate votes? [J]. Quarterly Journal of Economics, 1995 (11): 1 075 – 1 110.

【15】 白云霞, 王亚军, 吴联生. 业绩低于阈值公司的盈余管理——来自控制权转移公司后续资产处置的证据 [J]. 管理世界, 2005 (5).

【16】 白云霞, 吴联生, 徐信忠. 资产收购与控制权转移对经营业绩的影响

[J]. 经济研究, 2004 (12).

【17】薄仙慧, 吴联生. 国有控股与机构投资者的治理效应: 盈余管理视角 [J]. 经济研究, 2009 (2).

【18】陈冬华. 论盈余管理实证研究应去道德化 [J]. 会计研究, 2009 (3).

【19】陈昆玉. 国有控股上市公司控制权转移对经营绩效的影响 [M]. 北京: 经济科学出版社, 2006.

【20】陈小林. 公司控制权的频繁转移、企业业绩与投机性并购 [J]. 南开管理评论, 2005 (4).

【21】段克润. 中国上市公司并购中的盈余管理与市场反应研究——基于协议股权转让的经验数据 [M]. 重庆: 重庆大学出版社, 2008.

【22】冯根福, 吴林江. 我国上市公司并购绩效的实证研究 [J]. 经济研究, 2001 (1).

【23】付小平. 盈余管理实证研究方法综述 [J]. 审计与经济研究, 2003 (5).

【24】高雷, 宋顺林. 上市公司控制权转移与市场反应 [J]. 财经科学, 2006 (3).

【25】高雷, 张杰. 公司治理、机构投资者与盈余管理 [J]. 会计研究, 2008 (9).

【26】何燎原, 王平心. 控制权转移过程中的盈余管理行为研究——基于深市上市公司的实证研究 [J]. 财政研究, 2005 (4).

【27】何问陶, 倪全宏. 中国上市公司 MBO 前一年盈余管理实证研究 [J]. 会计研究, 2005 (6).

【28】黄梅. 盈余管理计量方法评述与展望 [J]. 中南财经政法大学学报, 2007 (6).

【29】李善民, 曾昭灶. 控制权转移的背景与控制权转移公司的特征研究 [J]. 经济研究, 2003 (11).

【30】李增泉, 等. 掏空、支持与并购重组——来自我国上市公司的经验证

据 [J] . 经济研究, 2005 (1) .

【31】刘博, 干胜道. 基于高管变更视角的盈余管理研究综述 [J] . 当代经济管理, 2009 (10) .

【32】刘峰, 贺建刚. 股权结构与大股东利益实现方式的选择——中国资本市场利益输送的初步研究 [J] . 中国会计评论, 2004 (2) .

【33】刘凤委, 等. 股权性质与公司业绩——基于盈余管理基础上的经验分析 [J] . 财经研究, 2005 (6) .

【34】刘芍佳, 等. 终极产权论、股权结构及公司绩效 [J] . 经济研究, 2003 (4) .

【35】刘晓峰, 等. 我国股市中机构投资者的投资行为分析 [J] . 广西社会科学, 2004 (4) .

【36】刘亚铮, 等. 管理层收购的潜在套利流程分析 [J] . 湖南经济管理干部学院学报, 2005 (5) .

【37】鲁爱雪. 我国上市公司控制权转移价格研究 [D] . 南京: 南京工业大学, 2005.

【38】陆建桥. 中国亏损上市公司盈余管理实证研究 [J] . 会计研究, 1999 (9) .

【39】陆宇建. 从 ROE 与 ROA 的分布看我国上市公司的盈余管理行为 [J] . 经济问题探索, 2002 (3) .

【40】罗党论, 唐清泉. 金字塔结构、所有制与中小股东的利益保护 [J] . 财经研究, 2008 (9) .

【41】罗声明. 上市公司并购中的盈余管理问题研究 [J] . 事业财会, 2007 (4) .

【42】宁宇新, 等. 控制权转移和资产重组: 掏空抑或支持——来自中国资本市场的经验证据 [J] . 中国会计评论, 2006 (2) .

【43】秦耀林. 控制权转移公司的盈余管理研究 [D] . 北京: 北京交通大学, 2008.

【44】施东晖. 上市公司控制权价值的实证研究 [J] . 经济科学, 2003

（6）．

【45】宋大龙．企业控制权转移动因研究［J］．海南金融，2007（8）．

【46】孙铮，李增泉．股价反应、企业绩效与控制权转移——来自中国上市公司的经验证据［J］．中国会计与财务研究，2003（5）．

【47】佟岩，王化成．关联交易、控制权收益与盈余质量［J］．会计研究，2007（4）．

【48】童晓兰，朱宝宪．我国企业并购溢价及其影响的实证分析［J］．中国并购评论，2004（1）．

【49】王化成．中国上市公司盈余质量研究［M］．北京：中国人民大学出版社，2008．

【50】王会芳．中国上市公司第一大股东变更的实证研究［J］．当代经济科学，2004（2）．

【51】王剑敏，等．控制权转移的上市公司财务绩效及其影响因素的实证研究［J］．重庆大学学报，2006（5）．

【52】王克敏，王志超．高管控制权、报酬与盈余管理——基于中国上市公司的实证研究［J］．管理世界，2007（7）．

【53】王鹏，周黎安．控股股东的控制权、所有权与公司绩效：基于中国上市公司的证据［J］．金融研究，2006（2）．

【54】王晓初，俞伟峰．公司收购绩效与公司治理——内地和香港上市的中国公司实证分析［J］．会计研究，2007（8）．

【55】徐莉萍，陈工孟，辛宇．产权改革、控制权转移及其市场反应研究［J］．审计研究，2005（5）．

【56】徐信忠，等．大宗股权定价的实证检验［J］．经济研究，2006（1）．

【57】许小年．以法人机构为主体建立公司治理机制和资本市场［J］．改革，1997（5）．

【58】姚燕，王化成．主并公司股权结构与上市公司控制权转移的短期财富效应［J］．公司治理与理财，2006（9）．

【59】叶会，李善民. 治理环境、政府控制和控制权定价——基于中国证券市场的实证研究 [J]. 南开管理评论，2008（5）.

【60】叶康涛. 公司控制权的隐性收益——来自中国非流通股转让市场的研究 [J]. 经济科学，2003（5）.

【61】张新. 并购重组是否创造价值——中国证券市场的理论与实证研究 [J]. 经济研究，2004（6）.

【62】支晓强，童盼. 盈余管理、控制权转移与独立董事变更 [J]. 管理世界，2005（11）.

第五章 股东特质与收益分配

如果说 1961 年米勒（Miller. M. H.）和莫迪格利安尼（Modigliani. F.）提出的 MM 理论开启了股利研究的先河，那么从 1976 年布莱克提出"股利之谜"则标志着股利政策研究已成为财务学研究的热点领域之一。时隔 50 多年，关于股利与企业价值有没有关系，有无最优股利政策，如果有，应考虑的关键因素有哪些；股利政策和投资、筹资是如何平衡的；税收制度对股利究竟产生了何种程度的影响；20 世纪 70 年代以来美国公司的股利支付率为什么呈下降趋势等众多问题，国内外理论界和实务界至今仍然没有给出令人满意的解释。而处在经济转轨时期的中国资本市场，其股利分配更是表现出许多与发达国家资本市场情形迥异的现象：股利支付意愿之谜、股利支付水平选择之谜、股利政策随意性之谜、股利政策效应之谜（应展宇，2004）。为什么在中国很少有公司愿意并设计实施具有长期战略意义的股利政策？为什么会有如此众多的上市公司曾经热衷于派发股票股利，或者即使没有任何好的投资项目，宁让资金闲置也坚决持有过剩的自由现金流也不派发现金？为什么有相当一部分上市公司，刚上市筹集了一笔巨额资金就高额派现？对中国股利之谜，国内的学者也积极地从各种角度展开研究与探讨。有以对国外的经典股利理论在中国市场的检验为切入点进行研究的，如对信号理论、代理理论、迎合理论、行为理论等在中国的适用性进行实证检验的；也有从公司治理与委托代理的视角进行剖析的；还有以我国的政治经济体制与股权分裂的事实作为理论佐证的，如对我国上市审批制度的弊端及股权分置改革的必要性及影响的分析；也不乏从产权性质和股权结构展开讨论的；但多是借鉴对代表公有产权的国有上市公司与代表私有产权的民营上市公司的绩效对比研究成果……尽管相关文献如汗牛充栋，但见解各异，至今我国种种股利分配政策仍是一个谜。这正如法兰克福和伍迪（Frankfurter，Woody，1997）在研究了股利政策的历史演进后，写下的一段话："股利支付模式是一种文化现象，它受到习惯、信念、监管、公众意见、感觉、总体经济环境和其他因素的影响，而且这些因素也在不断地发生变化，对不同的公司产生不同的影响。因此无法采用统一的数学模型对所有公司的股利政策进行分析。"但每一项研究都为丰富这一金融财务领域学问的研究做出了贡献。

第一节 国内外研究综述

一、我国股利分配的现状与背景

中国股票市场不同于其他任何国家的股本市场，它是在特定时期和特定环境下发展起来的，是当国企的发展陷入困境，国家财政已无力支持，银行由于沉重的历史呆坏账负担以及居高不下的贷款也难以继续提供供给时，作为替国企募资脱困的救市手段而走上了中国经济改革的舞台。正是在这种为国企服务和保证公有经济的主体地位的指导思想下，形成了今天中国股市与众不同的基本布局：国有上市公司占据了中国股市的绝大多数，大部分上市公司的终极控制者依然是政府，家族公司只占约 1/4 的比例，外资终极控制的仅有 9 家（张学勇，2007）。对同股不同权的二元股权格局，尽管当前已完成了股权分置的形式上的改革，但其影响仍将在较长时间内存在。上市资格仍是一种稀有资源，排队上市、买壳上市、入市圈钱现象持续不断（吴晓求，2005），各种分红奇观和派现手法的变换就是这些潜在因素所引发的矛盾的集中体现。李常青（2001）认为，正是中国股票市场规模较小、股票长期供不应求、大股东股权滥用、中小股东缺乏股东意识和缺乏有效的外部制约，导致我国上市公司股利支付率不高、不分配的公司逐年增多、股利形式不断推陈出新、股利政策波动多变、缺乏连续性、股利分配行为不规范。罗宏（2006）指出，随着国家分红相关政策的出台，现金股利的不分配现象有所缓解，但仍然比较严重，且连续性不强，行业特征也不明显。现金股利支付在时间上呈现出阶段性特征，每股现金股利渐趋稳定。对于这种渐趋稳定性，黄娟娟（2009）将其归纳为我国上市公司股利政策的一种特殊的现象——现金股利群聚现象。具体表现为：首先从横截面数据分析的结果显示，我国上市公司股利支付水平相当集中。其次从时间序列上看，分年度统计的税后每股现金股利的累积百分比频数表明，各年度股利支付水平的分布也都呈现集中态势。黄娟娟认为这种现象主要由管理者的羊群行为与迎合行为所造成。任启哲、李婉丽与贾钢（2008）的研究发现，我国资本市场上出现了一些上市公司超额派发现金股利的现象，并指出配股与派现的联动已成为控股股东通过现金股利实施利益转移的一个选择。这种股利分配政策与公司每股收益严重脱钩，配股和资本公积转增资本冒充股利分配的现象，表明我国上市公司股利分配的质量普遍偏低（步淑段，郭小民，陈彬，2009），这也说明我国上市公司的财务目标已经异化（孙亮，刘春，2008）。上市公司的股利分配不再是企业经营的营利目的之一，它早已转化成为一种圈钱的手段。股利分配也不再是支撑企业总体战略的一个职能战略分块，因为我国现金股利支付率明显不符合企业的生命周期特征（宋福铁，屈文洲，2010）。现金股利分配已演化为大股东实现股权价值最大化的手段之一，并与资金侵占具有了相互可替代性（马曙光，黄志忠，薛云奎，2005）。

二、国外股利政策研究综述

股利政策之所以引起学者们的注意并积极致力于相关的研究是源于各国资本市场上各种令人不解的股利分配现象。原红旗（2004）将西方国家这些现象归结为这样几点：不同国家的股利政策具有显著差异，不同行业的股利政策也有明显的差异，市场能够解读股利政策的信息含量，交易费用的改变和资本市场技术的进步对股利政策的影响微弱，税收对股利支付率的影响不明确。股权结构对股利政策有重大影响，几乎在每个国家的和每一个行业，股权分散的公司通常都有较高的股利支付率，而股权结构集中的公司股利支付率却要低得多。针对这一系列现象，西方的学者们从各个不同的角度展开了研究。比较典型的研究成果有以下几种：

1. 股利无关论

米勒（Miller）和莫迪格利安尼（Modigliani）于 1961 年创立的 MM 理论。该理论认为在完全资本市场假设（Perfect Capital Market）、理性行为假设（Rational Behavior）和充分肯定假设（Perfect Certainty）这三个严格的假设条件之下，任何特定股利支付的影响都会恰好被其他形式的融资行为所抵消，股利政策不会对企业的价值或股票价格产生任何影响，权益资本成本的高低也与股利政策无关。一个公司的股价完全视其投资决策与获利能力而定，而非公司的股利分配政策，即不存在最优股利政策，每一种股利政策都一样好。

2. "一鸟在手"理论

以威廉斯（Williams，1938）、林特勒（Lintner，1956）、华特（Walter，1956）和戈登（Gordon，1959）为代表人物所提出的"一鸟在手"理论认为，由于股票价格变动大，在投资者眼里股利收益要比由留存收益再投资带来的资本利得更为可靠，而股利政策与企业的价值息息相关。支付股利越多，权益资本成本越低；股价越高，公司价值越大。

3. 税差理论

法拉（Farrar）和塞尔文（Selwyn）在 1967 年提出了税差理论，又称所得税理论。该理论认为，各个国家对不同类型收益征收的所得税是不同的，即资本利得所得税与现金股利所得税之间是存在差异的。如果现金股利的所得税率比资本利得所得税率高，投资者会对高股利收益率股票要求较高的必要报酬率。因此，为了使资金成本降到最低，并使公司的价值最大，应当采取低股利政策。

4. 追随者效应

追随者效应（Clientele Effect），也译为顾客效应或客户效应。该理论从股东的边际所得税率出发，认为每个投资者所处的税收等级不同，有的边际税率高，如富有的投资者，有的边际税率低，如养老基金等，由此导致他们对所持股利的偏好不同。在股票投资的过程中，股东会投资于股利政策符合他们偏好的公司，这种股东聚集在满足各自股利偏好的公司的现象就叫做追随者效应。按照该理论的观点，公司制定的任何类型股利政策都不可能满足所有股东对股利或资本利得的要求，只能吸引喜爱这一股利政策的投资者前来投资。

5. 信号理论

信号理论认为管理当局与公司外部投资者之间存在着信息不对称（Asymmetric Information），管理当局占有更多的有关企业未来前景的内部信息。股利是管理当局向外界传递其掌握的内部信息的一种手段。如果他们认为公司的发展前景良好，未来业绩有大幅增长，就会通过增发股利的方式向股东和潜在的投资者传达这一利好消息；相反，如果预计公司的发展前景不太好，未来营利将呈持续性不理想状态，他们往往维持甚至降低现有的股利水平，这等于向股东和潜在的投资者发出了利淡的信号。因此，股利能够传递公司未来营利能力的信息，从而股利对股票价格有一定的影响。当公司支付的股利水平上升时，公司的股价会上升；反之，公司的股价则会下降。

6. 代理理论

代理理论认为，股利的支付能有效地降低代理成本。特别是大额股利的发放，减少了管理层可支配的自由现金流量（Free Cash Flow），使得公司内部资本由留存收益供给的可能性越来越小。为了满足新投资的资金需求，管理层只有寻求外部负债或权益融资，这意味着公司将不得不面临来自资本市场和新资本提供者更多的监督与检查。这使得股利支付成为了一种间接约束经理人监管机制，大大降低了股东的监督成本，增加了股东的利益。帕塔等学者（Porta et al.，2000）则将代理理论与股东权益保护结合起来分析股利政策。他们建立了两个股利代理模型：结果模型（Outcome Model）和替代模型（Substitute Model）。其中结果模型认为股利是有效保护股东权益的结果，而替代模型认为股利是作为股东权益保护的一种替代品。

7. 交易成本理论

MM 理论假设不存在交易成本，然而交易成本是市场中不可忽略的一个重要因素。投资者如果希望从股票投资中得到稳定的现金流量，他们可以选择定期进行股票交易并从中稳定套现。然而由于股票交易中实际上存在着不小的交易成本，因此发放现金股利就可能成为达成此目的成本最低也是最方便有效的手段。

8. 行为股利理论

进入 20 世纪 80 年代，以米勒、塞勒（Thaler. R.）、谢佛林（Shefrin. H. M.）和史特德曼（Statman. M.）等为代表的学者将行为科学引进和应用于股利政策研究中，着重从行为学的角度探讨股利政策。该理论认为研究公司经济现象应该从经济行为的发生、变化的内在心理机制和心理活动特点及规律入手，探索一种经济现象和其他经济现象之间的联系，建立基于信念或者偏好的模型，从而解释经济现象的本质。比较典型的有理性预期理论（Rational expectation）、自我控制说（Self-control）和不确定性下选择的后悔厌恶理论（Regret Aversion）。

理性预期理论（Rational Expectation）是 1981 年米勒和穆特（Muth. J. E.）提出的。这一理论认为无论何种决策都不仅取决于行为本身，更取决于投资者对管理层决策的未来绩效的预期，只有预料之外的股利变动才对投资者的决策产生影响，从而引起股价的变动。自我控制说（Self-control）认为人不是完全理性的，在许多时候还可能出现不能完全控制自己非理性行为的情形。现金股利的发放以及经常出售小额股票的不便利和较高的交易成本，在一定程度上能阻止原始资本的变现，限制投资者当前能消费运用的资金，从而在客观上提供了一种外在约束机制，避免投资者由于某种短期的需求或诱惑而做出有损于其长期利益的行为。后悔厌恶理论是塞勒在 1980 年首先提出的，以卢姆斯和萨格登（Loomes and Sugden，1982）、凯内曼和特维斯盖（Kahneman and Tversky，1982）等理论的发展而逐渐形成的。其中心内容是说在不确定情形下，投资者在做出决策时要把现时情形和他们过去遇到过的做出不同选择的情形进行对比，如果个体认识到这样一种不同的选择会使他们处于更好的境地，就会感到后悔；相反，如果从现时选择中得到了最好的结果，就会有一种欣喜的感觉。

上述经典理论的提出都在某种角度上对股利之谜进行了部分的阐释，但每种理论都不能充分或完全地解释当前出现的种种股利分配现象。如信号理论很难对不同行业、不同国家股利的差别进行有效的解释和预测。交易成本理论不能解释在英国、美国和加拿大这些股票具有高度流动性、交易成本很低的国家，其发放的股利率却远远高于不发达市场（Bhide，1993）。税差理论不能解释如果是股利支付率越低越好，支付率为零时股票价值最大，那实际中公司为什么还要支付股利？行为股利理论中的自我理论也不能解释现金股利增加的积极价格反应和现金股利减少的消极反应。可见，关于股利之谜的研究还在摸索与探寻之中。

三、国内股利政策研究综述

我国学者对于股利政策的研究较晚，仅开始于 20 世纪 90 年代中后期。国内主流对股利政策研究的成果基本集中于两方面：其一着力于介绍西方传统及现代的股利政策，以及对西方股利政策的信号理论和代理理论在我国资本市场的实证检验；其二是对我国上市公司股利分配政策存在的问题或现状的分析，以及对上市公司股利分配政策的影响因素的实证检验。

（一）对股利信号理论及代理理论的实证检验

陈晓等（1998）对 A 股上市公司首次股利公告日前后 20 天的超额收益率的分析研究表明，考虑交易成本以后，现金股利信号传递效应所带来的超额收益几乎不存在，而首次股票股利在公告日前后能够为股东带来超额收益，具有显著的信号传递效应。李常青（1999）、魏刚（2000）和孙小文、于笑坤（2003）的研究结果均赞同我国股市中存在股利的信号传递效应，但孙小文、于笑坤（2003）同时指出，不同的股利类型对未来盈利的预期没有差别。而原红旗（2004）则持不同的意见。他认为我国上市公司的股利分配政策相当不稳定，且不论是股利分配的形式或金额都表现得极不稳定。即使偶然一次的现金股利发放较多，也不能传递什么信息。

吕长江、王克敏（2002）的研究指出，管理者股权比例的提高有助于降低公司与股东之间的代理成本，且公司股利政策与管理者股权存在双向因果关系。应展宇（2004）认为中国特殊的股权结构和股权分置的存在导致中国上市公司内部的各种代理问题呈激化的状态，财务决策机制的扭曲最终导致了中国特殊股利分配行为的出现。廖理、方芳（2004）的研究认为，管理层持股对于高代理成本公司的现金股利支付有明显的提高作用，但是对于低代理成本公司的作用不明显。对于代理理论在中国的应用，原红旗（2004）也提出了不同的意见，他认为中国上市公司特殊的股权结构、不成熟的资本市场，以及经理层激励机制、破产收购补充制度的缺失使得股利的代理理论在我国的应用受到限制，我国上市公司的管理层不可能有通过发放现金股利来控制代理成本的动机，相反，我国当前的股利政策正是代理问题没有有效地解决而形成的结果。罗宏（2006）指出，当上市公司业绩下降，经理层可以通过调整股利政策或资产重组等方式改变不利处境，成功企业的信号可以被不成功企业低成本地模仿。我国的股利政策趋同现象便充分地证明信号理论在我国难以应用。即我国资本市场的不完备使得上市公司经理不可能有传递真实信号的积极性。

（二）对上市公司股利分配政策的影响因素的实证检验

国外对股利政策的研究表明，影响公司股利政策的主要因素有：利润、投资需求或筹资决策，债务契约的限制，股利、公司规模的大小，行业因素及内部持股比例。围绕着这些研究结论，国内学者也展开了扩展的研究或实证检验。

原红旗（1999）认为现金股利与当期盈余呈显著的正相关关系，累计盈余对股票股利影响明显，公司规模与股票股利呈显著的负相关关系，流动性并不是我国上市公司股利选择的重要制约因素。吕长江、王克敏（1999）用林特纳模型对 1998 年影响我国上市公司股利政策的因素做实证分析表明：股利支付水平取决于前期股利支付额和当期营利水平及变化，且国有股和法人股在公司股本中所占的比例越大，公司的内部人控制程度就越强，公司股利支付水平就越低，公司规模、股东权益比率和流动性都与股利支付水平呈正相关关系。段亚林（2000）认为股权保护权益较差的国家红利分配比率一般较低，控制性股东倾向于将上市公司的利润积累不分配。吕长江、韩慧博（2001）认为，在我国现阶段银根相对较紧的时期，企业资金的需求越大，往往越倾向于不发放现金股利。流通股比例越高的公司，越不倾向发放股利；代理成本越高、投资活动中债务资金运用越多的公司，股东越希望发放现金股利，降低代理成本。他们认为影响股利分配倾向的最主要的因素是营利能力和经营风险。赵春光等（2001）则认为是否分配股票股利与股权集中度相关，是否分配现金股利和资产负债率相关。现金股利的分配与企业规模负相关，与股票价格、主营业务利润增长率正相关，而与市盈率和是否分配股票股利负相关。原红旗（2001）认为负债结构在经济紧缩期通过影响企业筹集资金的难度而对股利选择发生作用。西方所谓的债务协定约束现金股利的情形在中国并不存在，负债率主要是通过影响企业的流通性来对现金股利起到制约作用的，严峻的筹资环境是该项指标发生作用的前提条件。伍利娜等（2003）的研究表明，法人股比例的高低，企业是否新上市，以及当年是否派发股票股利或股本转增是决定企业是否异常高派现的重要因素。宋玉与李卓（2007）认为，上市公司现金股利政策与最终控制人侵害中小股东利益的动机成反比，且现金股利的支付率随最终控制人控制权比例的增加呈先减少后增的 U 形变动。两权分离程度越小，派发现金股利的支付率越大；现金流量权比例越大，派发现金股利的支付率也越大；当最终控制人性质为政府，尤其是地方政府时，上市公司派发现金股利的支付率更高。当然国家收缩或者扩张的经济政策、通货膨胀的程度、二级市场的表现、国家法律，特别是证监会关于分红与再融资挂钩的相关法规等也会对股利分配政策产生重要影响。

（三）国内研究的不足与评论

从以上综述可见，我国不仅没有形成系统的研究成果，而且就是在对西方股利理论的应用性拓展研究上，我国学者也主要是从西方经典理论在中国股市的实证检验的角度展开，具体针对中国股市特点的研究较少，主要仅限于股权分置改革及国有上市公司特殊的股权结构方面。笔者认为，当前我国学者的研究方式与特点决定了我们不能轻易得出西方的股利经典理论适合或不适合解释我国上市公司的股利分配行为。正如李礼、王曼舒与齐寅峰（2006）等学者提出的，我国学者之所以得出西方的经典股利理论不适合解释我国上市公司的股利分配行为，主要是源自于研究对象的差异。他们认为西方股利代理成本理论适用于我国的非国有上市公司，公司所有者比公司经营者对股利政策具有更大的影响。王化成等（2007）以沪深 2002—2003 年两年的上市公司作为样本研究提出，控股股东的经济性质、所有权和控制权的分离度以及集团控制性质对上市公司现金股利分配倾向和分配力度具有显著影响。李先瑞（2008）也指出，中国公司治理的核心问题是基于股权高度集中产生的大股东控制问题。从股东的异质性入手研究公司的财务行为及治理措施将成为今后财务管理研究的一个重要领域。他认为股东的差异性不仅体现在股东有大小之分，而且也体现在股东在企业中的地位、与经营者的关系、所拥有的企业经营决策信息等方面的不同，这将最终决定企业的财务决策和经营行为。受股权结构缺陷的影响，我国上市公司股权高度分散，没有形成合力，不能对上市公司形成有力的制约。因此，公司是否分配红利、分配多少、以什么形式分都由控股股东决定。不同所有制的上市公司由于终极控股股东的不同，导致其上市的方式、政府的态度、资本结构等方面都有着本质的不同，从而使得不同所有制的企业在市场中进行着并非公平的竞争。特别是政府的力量将直接或间接地影响国有股权的实现（安灵，2008）。而在分权政治体制下，各级不同政府控制的国有上市公司，其利益驱动因素可能有所差异（夏立军，方轶强，2005）。因此，从所有制和政府控制层级出发，从终极控股股东的角度去探寻中国股利政策之谜的答案可能会更接近事实的本质。然而，国内进行相关研究的学者却寥寥无几，本研究拟从这个角度对我国上市公司的股利分配现状进行研究。

第二节　国有上市公司与民营上市公司收益分配的实证研究

一、研究对象的界定与分类

（一）国有上市公司与民营上市公司的界定

要研究我国上市公司的财务行为特点，必须以我国上市公司所现实的真实背景出发，方能找出导致其行为特点的根本原因所在。正如郭道扬在1992年的《二十一世纪的战争与和平——会计控制、会计教育纵横论》对此做过精辟的论述："考察会计职业之兴起，会计学科之建设，以及论其发展变化的历史及时代特质，必然要从环境问题研究入手，由此方能究其根源、探明原理、洞其本质、揭示其规律。"我国股市建立的初衷是为了国企的募资脱困，而且到目前为止，我国作为最大的转型经济国家仍未建立起一套有效的将商业与政府分开的机制。在这一体系下，契约常常以关系为基础，政府仍然掌握着分配关系到企业生存与持续发展的资源的权力。国有上市公司作为政府直接控制下的企业，它对各级政府而言必然存在有别于其他任何非国有上市公司的重要作用：第一，有助于实现政府的社会目标，如促进经济发展、增加财政收入、改善社会福利及维持社会稳定等；第二，满足地方官员的个人利益，如其政治晋升诉求。因此，当国内资源有限时，国有上市公司在不可避免地受到政府积极干预的同时，也得到了政府给予的最多的扶持，可预期效应①与保护效应②在它身上得到了集中的体现（徐浩萍，吕长江，2007）。故国有上市公司的业绩、治理结构与财务行为无一不体现着政府的关怀。截至 2009 年年底，我国沪、深两市 A 股上市公司中，国有上市公司的总数仍然接近 A 股上市公司总数的 60%，这一事实便是我国股市这一深刻历史渊源的最有力的体现。故本章的研究将首先根据终极控股股东的类型，将我国上市公司划分为国有上市公司和民营上市公司。其中国有上市公司包括国家控股或国有法人股东控股的上市公司；而民营上市公司则指国内自然人或非国有法人控股的上市公司，不含外资控股的上市公司。从理论上讲，民营上市公司应包括自然人和非国有法人共同发起并控股的上市公司，国家参股但不控股的上市公司以及外资上市公司。但由于我国上市公司中外资企业数量很少，为了保证研究比较的典型性，本章研究讨论的民营上市公司暂不包括这类企业。这里的"民营"不能理解为民间经营，因为民营经济概念比非公有制经济概念还要宽泛，它主要包括三种形式：民有民营、国有民营、财产混合所有。

另外，根据第一大股东的性质将股权集中型公司划分为政府控股、国有资产管理机构控股、国有法人控股、一般法人控股及自然人控股五种类型。其中，政府控股型公司的第一大股东包括国资局（委）、财政局和企业主管部门；国有资产管理机构控股型公司的第一大股东包括国资经营公司和行业控股公司；国有法人控股型公司的第一大股东包括国有集团公司或总公司；一般法人控股型公司的第一大股东主要包括集体企业与乡镇企业、民营企业、非政府控股的

① 可预期效应指由于政府干预而增强经营行为和经营环境的可预期性，从而降低权益资本成本的效应。
② 保护效应指由于政府干预而导致企业的风险增加、权益资本成本提高的效应。

上市公司及外资企业；自然人控股型公司的第一大股东是指作为发起人的自然人（张学勇，2007）。但这种分类法由于是基于直接所有权，因而存在一个重要缺陷，即未能清楚地表明法人股本身的所有权属性。如果政府控制法人，而法人又控制企业，则公司的终极所有者应是政府而不是法人实体（刘芍佳、孙霈，刘乃全，2003）。因此，将法人股作为一个独立的持股主体与国有股、流通股并列是不合理的，如果以此为基础进行研究，所得结论的可靠性值得怀疑，故本章采用了从终极产权的角度对上市公司进行分类研究。

（二）国有上市公司与民营上市公司内部的再分类

从国内已出版的文献来看，已有部分学者对民营上市公司的股利政策进行了研究，但结论很不一致。如邹敦华（2007）及宋献中、罗晓林（2003）认为，民营上市公司中不分配股利的公司比例一直保持较低水平。从分配方式上看，民营上市公司中分配现金股利的公司比例较高，而且有上升的趋势。孙鹏程（2006）则持相反的意见，他认为民企中不分配股利的公司比重大，且股利分配形式多样化且以小额高比率派现为主。而李翠霞（2004）的研究结论是，我国民营上市公司在股利政策上大都偏向于两种选择：要么不分配，要么采用派现的方式。但他们都认为民营企业的股利政策缺乏连续性和稳定性。对于民营上市公司的分配现象与特点的研究，这些学者之所以得出结论迥异的结果，一方面是研究的时间段及样本的差异，另一方面是他们都将民营上市公司作为一个整体进行研究。而我国资本市场实践表明，民营上市公司中的原创型（创始家族控制）上市公司和非原创型（非创始家族控制）上市公司在理财行为与公司价值方面有着截然不同的特点（裴益政，2000）。将原创型（创始家族控制）上市公司和非原创型（非创始家族控制）上市公司作为一个整体进行抽样研究，肯定会掩盖事件的真相，难以得出准确的、与事实相符的结论。故本章的研究拟按上市的方式不同将民营上市公司再作一细分，划分为原创性民营上市公司与非原创性民营上市公司。其中原创性民营上市公司是指发起上市时便由自然人或民营企业控股的上市公司，而非原创性民营上市公司是指发起上市时为国家控股，但后来由于股权转让等由自然人或民营企业控股的民营上市公司。

按照所有制划分，所有的国有企业应该具有类似的特征，以至于区分于所有的非国有企业，但国有企业内部按照政府对企业的管理权归属，又可将国企划分为中央企业和地方企业。央企又有广义与狭义之分，广义的中央企业包括三类：第一类是由国务院国资委管理的企业，从经济作用上分为提供公共产品的，如军工、电信；提供自然垄断产品的，如石油；提供竞争性产品的，如一般工业、建筑、贸易。第二类是由三大监会，即银监会、保监会、证监会管理的企业，属于金融行业。第三类是由国务院其他部门或群众团体管理的企业，属于烟草、黄金、铁路客货运、港口、机场、广播、电视、文化、出版等行业。狭义的央企主要指由国务院国资委管理的国企。国务院国资委主任李荣融曾亲切称呼央企为共和国长子，意为央企为国有企业的主力军，资产实力雄厚，而且大多在业内几乎处于绝对垄断的地位，这使得它们的业绩、经营目标与财务行为与地方国企往往有极大的区别。中石油能成为亚洲最赚钱的企业便与它的这一特殊背景密不可分。再则，地方政府与中央政府的短期管理目标也并不完全一致，特别是当国内生产总值和财政收入成为中央对地方政府进行政绩考核的重要指标之一后（Li and Zhou, 2005）。因此，本研究将国有上市公司再分为中央政府所属的上市公司与地方政府所属的上市公司来进行对比研究也是具有现实意义的。

二、样本的选择

(一) 数据来源

本章以在沪、深证券交易所上市的 A 股作为研究的样本，以 2000—2009 年为研究期间，样本数据来自国泰安 CSMAR 数据库。为了保证样本的选择与分类的纯净性，国有上市公司及民营上市公司各年的样本数据中剔除了以下公司：①ST、PT 的公司；②部分标识不全而难以准确界定其具体类别的上市公司，如民营企业库中既未标识为直接上市，也未标识为间接上市的公司；③当年完成股改的公司，由于完成股改当年需按撰写的股改方案支付对价，尽管这部分分红数据库中有单独的说明，但股改方案仍有可能对期末股利分配产生影响，为避免这种情况影响样本总体分配的走势，故从谨慎的角度将其剔除；④部分数据不全的上市公司。各年的分类样本总数如表 5 - 1 所示：

表 5 - 1   **2003—2009 年分年度样本总数表**

年度	原创民营上市公司样本数	非原创民营上市公司样本数	上市央企数	上市地方国企数	合计
2003	133	63	124	464	784
2004	175	93	133	491	892
2005	142	101	134	503	880
2006	214	134	140	512	1000
2007	284	152	142	525	1103
2008	345	163	143	535	1186
2009	437	171	146	559	1 313

（二）样本说明

表 5 - 1 的分年度样本中的上市央企数主要是从狭义的角度进行抽样，应该说从广义的角度抽样信息更为准确全面，但很难获取按广义分类的样本。另外，根据国务院国资委的官方网站报道，截至 2010 年 10 月底，国资委已将其承担出资人职责的企业调整为 123 家，但至 2009 年年底，国资委的官方网站披露的其下属的央企名单仍有 165 家。由于数据库的更新不可能比网站更新更快，故 2009 年所抽取的央企样本仍有 146 家。

对于民营上市公司的分类样本，基本抽取了民营上市公司全部数据库，仅剔除了各年的 ST 类公司及数据不全的公司，但分类统计的结果与部分学者根据色诺芬数据库（CCER）所统计出的结果很不相同。如《上海证券报》2009 年 2 月 14 日报道，2002 年 10 月沪深两市 194 家民营上市公司中，直接上市的民营公司 67 家，占整个民营上市公司总数量的 34.54%，买壳上市的民营上市公司有 127 家，所占比例达到 65.46%。刘娟（2007）博士论文只统计了 2002—2004 年民营上市公司的数据，其结论类似，即直接上市的家族企业占 1/3，买壳上市的家庭企业占 2/3，这与笔者在 CSMAR 中得到的数据很不相同。由于 CSMAR 数据库没提供 2002 年及之前民营上市公司的详细数据，笔者将 2003—2009 年两个数据库分类后数据进行比对发现，在 2003 年，两者原创民营上市公司数量的差异有 38 家左右。差异主要原因在于，许多 2000 年之前原创上市的民营上市公司的数据在 CSMAR 数据库中有，而在 CCER 数据库中却没有。两个数据库对买壳上市民营企业的界定上，从 2003 年开始各年平均有 121 家左右的巨大差异。主要的原因在于数据库对买壳的界定，CSMAR 数据库中的间接上市公司指的是，发起上市时为国家控股，但后来由于股权转让等由自然人或民营企业控股的民营上市公司；而 CCER 数据库中的间接上市指的是家族通过兼并重组取得控股地位的上市公司。另外，笔者对 CSMAR 数据库中间接上市的公司又筛除了国有民营的企业，即终极控制人（或实际控股股东）为国有法人或国务院下属的各级资产管理委员会的企业。这使得笔者所选取的样本在 2003—2004 年原创基本占 65% 左右，而买壳民企仅占 35% 左右，与已公布的数据完全相反。但这种差异随着 2004 年中小板的上市和 2009 年创业板的兴起，两个数据库中原创民营上市公司的数量已迅速地超过了买壳上市的民营上市公司，这证明我国的资本市场为民营企业提供的上市机会越来越多，其融资条件正在逐步改善。

（三）样本特征

1. 分类样本的历年股利分配形式与结构

分类样本的历年股利分配形式与结构见表 5 - 2 ~ 表 5 - 11，图 5 - 1 ~ 图 5 - 4。

表 5 - 2　　　2003—2009 年非原创民营上市公司历年股利分配形式　　　单位：家

年份	不分配	现金股利	股票股利	转增股本	现金股利加股票股利	现金股利加转增股本	转增股本加股票股利	现金股利、股票股利加转增股本	合计
2003	35	17	0	2	1	6	0	2	63
2004	44	36	0	3	2	4	0	4	93
2005	55	37	1	4	0	4	0	0	101
2006	78	36	1	5	5	3	1	5	134
2007	83	30	1	13	5	7	0	13	152
2008	95	46	0	5	2	7	0	3	163
2009	96	45	0	8	9	10	0	3	171

表 5 - 3　　　　2003—2009 年非原创民营上市公司历年股利分配结构比　　单位:%

年份	不分配	现金股利	股票股利	转增股本	现金股利加股票股利	现金股利加转增股本	转增股本加股票股利	现金股利、股票股利加转增股本
2003	55.56	26.98	0.00	3.17	1.59	9.52	0.00	3.17
2004	47.31	38.71	0.00	3.23	2.15	4.30	0.00	4.30
2005	54.46	36.63	0.99	3.96	0.00	3.96	0.00	0.00
2006	58.21	26.87	0.75	3.73	3.73	2.24	0.75	3.73
2007	54.61	19.74	0.66	8.55	3.29	4.61	0.00	8.55
2008	58.28	28.22	0.00	1.84	4.29	5.52	0.00	1.84
2009	56.14	26.32	0.00	4.68	5.26	5.85	0.00	1.75

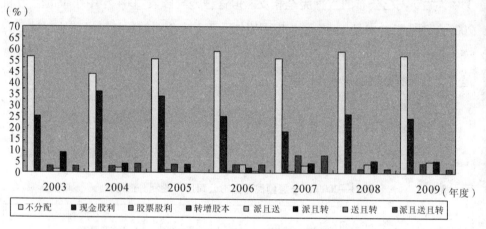

图 5 - 1　非原创民营上市公司历年股利分配构成图

表 5 - 4　　　　2003—2009 年原创民营上市公司历年股利分配形式　　单位：家

年份	不分配	现金股利	股票股利	转增股本	现金股利加股票股利	现金股利加转增股本	转增股本加股票股利	现金股利、股票股利加转增股本	合计
2003	49	47	0	7	4	15	0	11	133
2004	55	72	0	2	3	40	0	3	175
2005	55	66	0	5	0	15	0	1	142
2006	67	81	0	9	12	31	1	13	214

表5-4(续)

年份	不分配	现金股利	股票股利	转增股本	现金股利加股票股利	现金股利加转增股本	转增股本加股票股利	现金股利、股票股利加转增股本	合计
2007	71	86	1	26	10	62	2	26	284
2008	86	151	3	19	3	63	0	20	345
2009	67	196	1	23	18	111	1	20	437

表5-5　　　2003—2009年原创民营上市公司历年股利分配结构比　　　单位:%

年份	不分配	现金股利	股票股利	转增股本	现金股利加股票股利	现金股利加转增股本	转增股本加股票股利	现金股利、股票股利加转增股本
2003	36.84	35.34	0.00	5.26	3.01	11.28	0.00	8.27
2004	31.43	41.14	0.00	1.14	1.71	22.86	0.00	1.71
2005	38.73	46.48	0.00	3.52	0.00	10.56	0.00	0.70
2006	31.31	37.85	0.00	4.21	5.61	14.49	0.47	6.07
2007	25.00	30.28	0.35	9.15	3.52	21.83	0.70	9.15
2008	24.93	43.77	0.87	5.51	0.87	18.26	0.00	5.80
2009	15.33	44.85	0.23	5.26	4.12	25.40	0.23	4.58

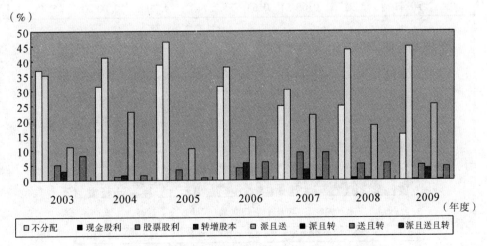

图5-2　2003—2009年原创民营上市公司历年股利分配构成图

表5-6   2003—2009 年上市央企历年股利分配形式   单位：家

年份	不分配	现金股利	股票股利	转增股本	现金股利加股票股利	现金股利加转增股本	转增股本加股票股利	现金股利、股票股利加转增股本	合计
2003	47	51	0	3	5	10	0	8	124
2004	40	78	0	1	1	11	0	2	133
2005	50	70	0	2	1	8	0	3	134
2006	50	80	0	2	2	6	0	0	140
2007	46	64	0	7	9	10	1	5	142
2008	58	72	0	3	5	3	0	2	143
2009	59	66	1	1	4	7	0	8	146

表5-7   2003—2009 年上市央企历年股利分配结构比   单位:%

年份	不分配	现金股利	股票股利	转增股本	现金股利加股票股利	现金股利加转增股本	转增股本加股票股利	现金股利、股票股利加转增股本
2003	37.90	41.13	0.00	2.42	4.03	8.06	0.00	6.45
2004	30.08	58.65	0.00	0.75	0.75	8.27	0.00	1.50
2005	37.31	52.24	0.00	1.49	0.75	5.97	0.00	2.24
2006	35.71	57.14	0.00	1.43	1.43	4.29	0.00	0.00
2007	32.39	45.07	0.00	4.93	6.34	7.04	0.70	3.52
2008	40.56	50.35	0.00	2.10	3.50	2.10	0.00	1.40
2009	40.41	45.21	0.68	0.68	2.74	4.79	0.00	5.48

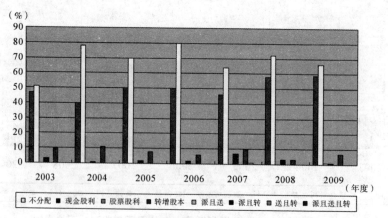

图5-3   2003—2009 年上市央企历年股利分配构成图

表 5 - 8 　　　　　　2003—2009 年上市地方国企历年股利分配形式　　　　　单位：家

年份	不分配	现金股利	股票股利	转增股本	现金股利加股票股利	现金股利加转增股本	转增股本加股票股利	现金股利、股票股利加转增股本	合计
2003	169	209	2	11	10	39	5	19	464
2004	171	274	2	5	6	33	0	0	491
2005	212	234	2	8	8	31	1	7	503
2006	212	245	6	5	16	17	3	8	512
2007	188	204	8	33	20	43	2	27	525
2008	214	251	1	12	21	29	1	6	535
2009	211	262	3	14	17	39	2	11	559

表 5 - 9 　　　　　　2003—2009 年上市地方国企历年股利分配结构比　　　　　单位：%

年份	不分配	现金股利	股票股利	转增股本	现金股利加股票股利	现金股利加转增股本	转增股本加股票股利	现金股利、股票股利加转增股本
2003	36.42	45.04	0.43	2.37	2.16	8.41	1.08	4.09
2004	34.83	55.80	0.41	1.02	1.22	6.72	0.00	0.00
2005	42.15	46.52	0.40	1.59	1.59	6.16	0.20	1.39
2006	41.41	47.85	1.17	0.98	3.13	3.32	0.59	1.56
2007	35.81	38.86	1.52	6.29	3.81	8.19	0.38	5.14
2008	40.00	46.92	0.19	2.24	3.93	5.42	0.19	1.12
2009	37.75	46.87	0.54	2.50	3.04	6.98	0.36	1.97

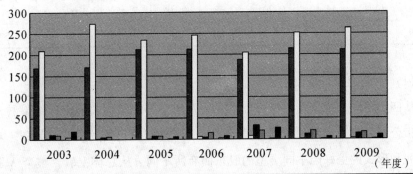

图 5 - 4　2003—2009 年地方国企历年股利分配构成图

表 5-10　　　　　　2003—2009 年 A 股上市公司历年股利分配形式　　　　单位：家

年份	不分配	现金股利	股票股利	转增股本	现金股利加股票股利	现金股利加转增股本	转增股本加股票股利	现金股利、股票股利加转增股本	合计
2003	516	452	2	35	25	78	7	52	1167
2004	479	593	4	16	16	97	2	24	1231
2005	594	501	4	32	22	74	2	19	1248
2006	557	573	9	30	40	66	5	32	1312
2007	501	525	11	87	46	135	5	90	1400
2008	608	657	3	37	37	111	1	35	1489
2009	568	706	7	50	56	178	3	51	1619

表 5-11　　　　　　　　A 股上市公司历年股利分配结构　　　　　　　　单位：%

年份	不分配	现金股利	股票股利	转增股本	现金股利加股票股利	现金股利加转增股本	转增股本加股票股利	现金股利、股票股利加转增股本
2003	44.22	38.73	0.17	3.00	2.14	6.68	0.60	4.46
2004	38.91	48.17	0.32	1.30	1.30	7.88	0.16	1.95
2005	47.60	40.14	0.32	2.56	1.76	5.93	0.16	1.52
2006	42.45	43.67	0.69	2.29	3.05	5.03	0.38	2.44
2007	35.79	37.50	0.79	6.21	3.29	9.64	0.36	6.43
2008	40.83	44.12	0.20	2.48	2.48	7.45	0.07	2.35
2009	35.08	43.61	0.43	3.09	3.46	10.99	0.19	3.15

（1）不分配股利现象依然突出

从四类不同上市公司历年分配形式表及历年分配结构表的统计结果看，我国上市公司最喜爱的两种股利分配形式就是不分配股利及发放现金股利。对这两种股利形式的偏好因不同类型的股东而有所不同。从总体上看，整个 A 股市场不分配股利的公司所占比例稳中有降（见表 5-6），这与原红旗（2004）以1993—2001 年 A 股上市公司全样本所观察到的"不分配现象日益严重"的结果大不相同，这可能是2001年以来证监会发布的半强制分红措施实施的结果。在四组分类的样本中，非原创型民营上市公司最偏好不做任何分配的股利政策，除了2004年，每年不分配的买壳民营上市公司的比例都在50%以上，高于整个A股不分配股利公司所占的比例（见图5-5），并且这一比例相对稳定，没有下降的趋势。而原创型民营公司中不分配股利公司所占比例各年基本都是最低的，而且这一比例还呈现出逐年下降的趋势。央企与地方国有上市公司不分配的比例界于两类民营上市公司之间，其中，央企上市公司不分配的比例除2009年外均略低于地方国有上市公司。

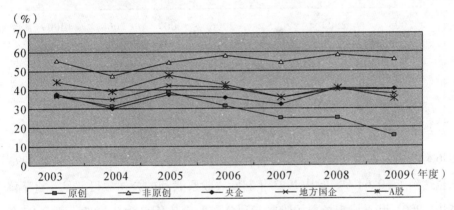

图5-5　2003—2009年上市公司不分配的发展趋势比较图

（2）发放现金股利公司的比例较为稳定

从总体上看，不同类别样本公司中发放现金股利公司所占比例始终变化不大，其中原创民营上市公司中发放现金股利公司所占比呈逐年略有上升的趋势，除非原创民营上市公司外，其余三类上市公司各年发放现金股利公司所占比例均高于不分配股利公司的比例。未发现原红旗（2004）研究观察到的上市公司在不同的研究期间出现不同的特征，这可能与证监会对现金股利发放半强制规定的态度越来越稳定明确有关。其中，上市的央企除了2003年外，历年发放现金股利公司所占的比例都是四类企业中最高的，地方上市公司仅随其后。非原创民营上市公司中发放现金股利的公司所占比例最低，除2007年外，每年都在30%以下，低于A股上市公司中分配现金股利公司的平均比。而原创型民营上市公司中发放现金股利的比例各年变化不大，总体接近并略低于 A 股平均发放现金股利公司所占比例，见图 5 - 6。

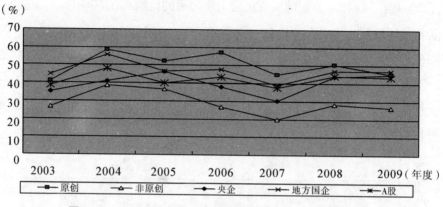

图 5 - 6　2003—2009 年上市公司现金股利分配趋势比较图

（3）股票股利不再被市场热捧

单独发放股票股利曾经是中国股市中被热情追捧的一种股利分配方式，在 1996 年以前，A 股市场发放股票股利公司所占比例一直都在 15％以上，1993 年甚至达到了 30.64％。但从 1993 年起发放股票股利的公司数目就呈一直下降的态势，2001 年 A 股市场发放股票股利公司所占比例已为 0.82％，而 2003 年 A 股市场的这一比例仅为 0.17％。尽管 2003—2009 年，各类公司的这一比例有所波动，但在各种股利分配方式中所占的比例已变为相对最低的一类。原红旗认为这是因为从 1998 年开始，股票股利开始征收 20％的所得税，由于股票股利的避税功能丧失，这种分配方式一直呈下降的趋势。笔者认为这可能只是部分的原因。因为在股票股利的分配上，四类样本公司表现出了很大的差异。除 2005 年外，地方国有上市公司发放股票股利的比例一直领跑其他三类企业，且在每一年度它的这一比例都高于甚至远高于 A 股平均比例（尽管绝对值小，但配对意义较大）。而央企上市公司样本中，除 2009 年有 1 家上市公司分配股票股利外，各年分配股票股利的公司均为 0，民营上市公司介于其间。央企与地方国企同为国有上市公司，但表现却迥然不同，这或许表明直接控股股东的经营环境或背景对这一股利分配方式产生了重要的影响，见图 5 - 7。

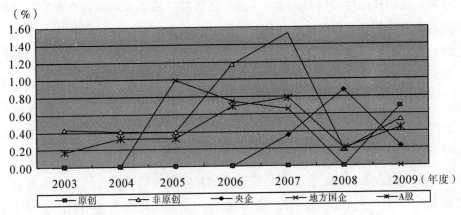

图 5-7　2003—2009 年上市公司股票股利分配趋势比较图

（4）转增股本仍具有特殊意义

大额股票股利与转增股本实质上都具有股票分割的性质，都是股本扩张的重要手段，都应是成长性企业所为。两者均不会改变企业的总资产及所有者权益，只不过是从会计的角度上对权益科目进行重分类而已。在西方成熟的资本市场，分配股票股利的公司呈不断下降的趋势（Lakonishok 和 Lev，1987），且从未有过将转增股本作为股利分配的方式之一，但中国股市却完全不同。从表 5-2～表 5-11 可以看出，四类样本各年转增股本公司的比例都明显高于分配股票股利公司的比例，大有以转增股本这一分配方式取代一度占据重要位置的股票股利分配方式的趋势。从图 5-8 可见，以 A 股平均转增比例为参照线，民营上市公司与国有上市公司分列在 A 股参照线上下两方。而民营上市公司中，除 2004 年、2005 年两年外，原创民营上市公司中转增股本公司所占比例处于绝对领先的位置。而在 A 股参照线下方，除 2003 年外，国有上市中的央企中转增股本公司比例始终是四类公司中最低的。样本数据总体还有一个很显著的特征：2007 年是所观察年份中所有 A 股上市公司转增股本比例最高的一年，这究竟是偶然现象，还是有何种特殊的政策性因素的影响还需进一步考察。

（5）发放混合股利正成为重要的股利分配方式

混合股利的发放笔者共划分了"派且送""派且转""送且转"和"派且转且送"四种形式进行实证研究。从图 5-1～图 5-4 及各股利分配结构表可以看出，在四种混合股利中，除了"送且转"即"股票股利加转增股本"这种形式的混合股利外，各年发放其他三种形式混合股利的公司比例均高于单独发放股票股利与转增股本的公司比。为何四种混合股利分配形式中，唯独"股票股利加转增股本"这种股利分配形式遭到了众企业的冷落呢？仔细观察后可发现，其他三种混合股利分配方式都含有附带派现的规定，即现在上市公司所热衷的混合股利分配方式中多少应带有派现的条件。那么这些公司为何又不直接选择单独派现呢？这是因为送股或转增股本可能带来股价上涨的预期，这种预期的存在会使含派现的混合股利分配形式比单独派现的分配方式在市场上更具有吸引力。但"送且转"这一混合股利会带来更多的市场上涨预期，缘何又会遭此冷遇？笔者认为主要的原因可能在于，我国证券法规当前对分红半强制规定都与增发配股有关，如果不派现，且选用送股或转增股本势必不能获得增发或配股的资格。于是单独发放股票股利公司从1993年起就呈一直急剧下降的趋势，受此影响，混合股利分配形式中，"股票股利加转增股本"这一形式也就遭到了所有上市公司的相对冷落。

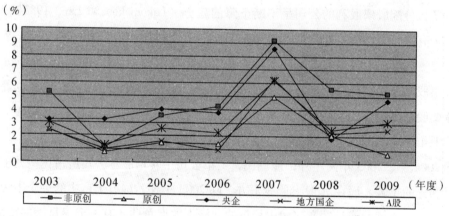

图5-8　2003—2009年上市公司转增股本趋势比较图

笔者将所采集的A股上市公司混合股利分配结构比与原红旗2004年的A股分配结构比进行对比，发现除"股票股利加现金股利"这种混合股利分配形式外，其他混合股利的发放公司比例从1998年均呈上升趋势，而"股票股利加现金股利"这种混合股利分配形式从1997年起就呈现出一直下降的态势，中途个别年份数据略有波动，但不影响这一总体趋势。将四类上市公司的这一数据加以对比，发现各自的表现也有很大的差异。原创民营上市公司在这四类企业中是发放混合股利公司比最高的一类，其在各年的这一比例均高于A股平均比例（见图5-9）。特别是在2007年，发放混合股利的民营上市公司总数不仅高于不分配股利的原创民营公司数，而且高于单独派现的公司总数。并且这一趋势在一直延续，2007—2009年连续三年，原创民企中发放混合股利的公司数都超过不分配股利的分配数。而与之相对的非原创民营上市公司发放混合股利的公司比在几年之中一直处于低于或略低于A股分配混合股利的公司平均比的状态。而央企与地方国企的这一比值相对居中，且几年内两者之间这一比例的高低处于此消彼长的形式，没有谁表现出更青睐混合股利这一分配形式。同转增股本分配趋势类似，在2007年，四类公司中发放混合股利的公司比都达到了研究期内各自的最高点。

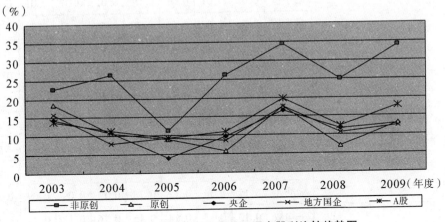

图5-9 2003—2009年上市公司混合股利比较趋势图

2. 股利分配金额的描述

鉴于单独发放股票股利的上市公司越来越少，而混合股利，特别是含派现的混合股利受到越来越多上市公司的追捧。为了逐步挖掘各类上市公司股利分配特征背后的深层次的动因，实证分析的第二步便是对突出的几类股利分配额的特点进行进一步的分析。

（1）现金股利分配额群聚（见表5-12、图5-10～图5-11）

表5-12　　　　　2003—2009年上市公司现金股利描述统计　　　　单位：元

上市公司类别	指标	2003	2004	2005	2006	2007	2008	2009	合计
非原创民营上市公司	平均数	0.11	0.12	0.11	0.12	0.17	0.19	0.14	0.12
	中位数	0.10	0.10	0.10	0.06	0.10	0.10	0.09	0.08
	众数	0.10	0.05	0.05	0.10	0.10	0.10	0.05	0.09
	最小值	0.02	0.01	0.01	0.01	0.01	0.01	0.02	0.01
	最大值	0.30	0.60	0.50	0.80	0.80	2.00	1.00	2.00
	标准差	0.07	0.11	0.10	0.16	0.19	0.34	0.20	0.17
原创民营上市公司	平均数	0.15	0.17	0.13	0.15	0.13	0.14	0.18	0.14
	中位数	0.10	0.13	0.10	0.10	0.10	0.10	0.10	0.09
	众数	0.10	0.10	0.10	0.10	0.10	0.10	0.10	0.10
	最小值	0.02	0.01	0.01	0.01	0.01	0.01	0.01	0.01
	最大值	0.50	1.00	0.65	0.70	0.50	1.00	0.80	1.00
	标准差	0.12	0.14	0.12	0.14	0.10	0.13	0.16	0.12
央企上市公司	平均数	0.15	0.14	0.14	0.15	0.18	0.12	0.11	0.14
	中位数	0.10	0.10	0.10	0.12	0.12	0.10	0.10	0.10
	众数	0.10	0.10	0.10	0.10	0.10	0.10	0.10	0.10
	最小值	0.02	0.01	0.02	0.01	0.01	0.01	0.01	0.01
	最大值	0.90	1.00	0.75	0.60	0.68	0.50	0.50	1.00
	标准差	0.15	0.14	0.12	0.13	0.15	0.09	0.09	0.13
地方国有上市公司	平均数	0.13	0.13	0.14	0.15	0.16	0.13	0.13	0.14
	中位数	0.10	0.10	0.10	0.11	0.10	0.10	0.10	0.10
	众数	0.10	0.10	0.10	0.10	0.10	0.10	0.10	0.10
	最小值	0.01	0.01	0.01	0.01	0.01	0.004	0.01	0.004
	最大值	0.90	1.00	0.50	0.88	1.20	1.67	1.20	1.67
	标准差	0.10	0.11	0.11	0.12	0.15	0.15	0.13	0.13

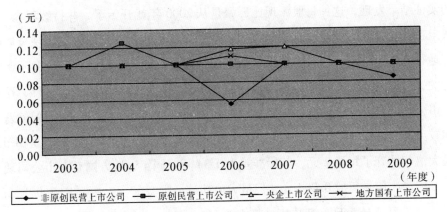

图 5 - 10 2003—2009 年上市公司现金股利中位数趋势图

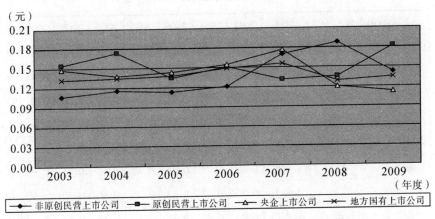

图 5 - 11 2003—2009 年上市公司现金股利均值趋势图

当将四类上市公司的现金股利分配额的描述性统计表 5 - 12 及趋势分析图 5 - 10 ~ 图 5 - 11 绘出后，笔者惊讶地发现，尽管四类上市公司在股利分配政策的选择上表现出了较明显的差异，但其各年现金股利的分配金额却惊人地相似。除个别年度有波动外，各家公司股利分配额的中位数几乎都与 0.1 元这一趋势线贴近（见图 5 - 10）。特别是地方国有上市公司，其现金股利的中位数与众数除 2006 年外，全都是每股 0.1 元。研究期内四类上市公司的现金股利平均值也极其相似，除了非原创民营上市公司的各年派现平均值略低，为每股 0.12 元外，其余三类公司各年派现的平均值均为每股 0.14 元。再对比原红旗 2004 年的实证结果发现，这种每股派现比群聚是从 2000 年就开始了，并持续至今。A股上市公司各年的业绩表现不可能大多数都如此地相似，仅从这一表现可以肯定地得出一个结论，即大多数上市公司的现金分红跟自身的营利情况并不密切相关，分红可能另有目的，如满足证监会半强制分红的基本条件。另外，这些上市公司的现金分红还有一大特点，即在同一年度内，不同公司间分配的差异却较大。如 2008 年，非原创上市公司现金股利分配额的最小值是每股 0.01 元，最大值却达到了每股 2 元，其标准差为 0.34 元。同年，地方国有上市公司现金分红的最小值是每股 0.004 元，但最大值却是每股 1.67 元，标准差为 0.15 元。

（2）转股比重呈上升趋势（见表 5-13、图 5-12、图 5-13）

表 5-13　　　　　　　2003—2009 年上市公司转增股本描述统计　　　　单位：元

上市公司类别	指标	2003	2004	2005	2006	2007	2008	2009	合计
非原创民营上市公司	平均数	0.67	0.50	0.82	0.41	0.68	0.48	0.39	0.59
	中位数	0.50	0.30	1.00	0.30	0.50	0.50	0.43	0.50
	最小值	0.50	0.20	0.30	0.10	0.10	0.30	0.20	0.10
	最大值	1.00	1.00	1.00	1.00	1.00	0.70	0.60	1.00
	标准差	0.29	0.44	0.30	0.36	0.31	0.15	0.15	0.31
原创民营上市公司	平均数	0.67	0.25	0.44	0.42	0.59	0.51	0.55	0.54
	中位数	0.70	0.25	0.43	0.25	0.50	0.50	0.50	0.50
	最小值	0.20	0.20	0.30	0.10	0.10	0.10	0.07	0.07
	最大值	1.00	0.30	0.60	1.00	1.00	1.00	1.00	1.00
	标准差	0.33	0.07	0.14	0.37	0.30	0.29	0.30	0.30
央企上市公司	平均数	0.63	0.30	0.23	0.35	0.56	0.57	0.80	0.51
	中位数	0.63	0.30	0.23	0.35	0.56	0.57	0.80	0.51
	最小值	0.30	0.30	0.15	0.20	0.20	0.20	0.80	0.15
	最大值	1.00	0.30	0.30	0.50	1.00	1.00	0.80	1.00
	标准差	0.35	0.00	0.11	0.21	0.28	0.40	0.00	0.29

表5－13（续）

上市公司类别	指标	2003	2004	2005	2006	2007	2008	2009	合计
地方国有上市公司	平均数	0.43	0.53	0.41	0.45	0.45	0.54	0.55	0.47
	中位数	0.40	0.50	0.30	0.20	0.30	0.50	0.50	0.40
	最小值	0.15	0.20	0.08	0.10	0.20	0.10	0.20	0.08
	最大值	0.80	1.00	0.89	1.00	1.00	1.20	1.00	1.20
	标准差	0.22	0.29	0.24	0.38	0.22	0.37	0.31	0.28

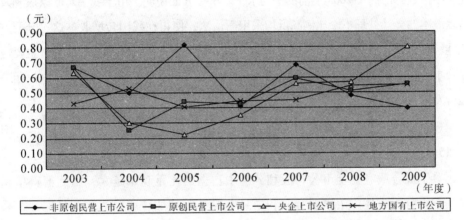

图5－12 2003—2009年上市公司转增股本平均数趋势

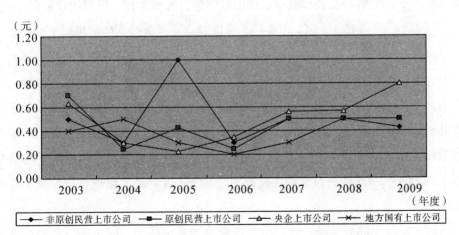

图5－13 2003—2009年上市公司转增股本中位数趋势

样本公司通过转增股本方式扩大股本规模平均值约为 50% 左右，一半以上的公司扩大了 50%。其中非原创民营上市公司居于首位，扩大股本规模平均值为 59%，原创民营上市公司次之，为 54%，央企与地方有的上市公司相对较低，分别为 51% 与 47%。从研究期间的发展趋势来看，民营上市公司的转增股本比率在 2005 年、2007 年达到小高峰后又相继出现向下波动的趋势。而央企与地方国企从 2004 年起转增股本的比率不论是平均数还是中位数都呈现出稳步上升的趋势。转增股本在中国各类股利分配方式中正日益变得重要，并且从纵向对比看，各公司转增股本的平均比及中位数都已高于 2003 年前的平均水平。这一方面说明了由于我国对股票股利及转增股本的会计处理不论比例高低均采用面值法，使得在我国转增股本这一分配方式能轻易进行。另一方面，转增股本的来源不外乎是资本公积与盈余公积，主要应是资本公积。而大多数上市公司的资本公积主要由高溢价发行收入构成。这说明高溢价发行为我国上市公司转增股本提供了重要的来源与可能。

（3）混合股利中派现比分布具有层次性（见表 5 - 14、图 5 - 14、图 5 - 15）

鉴于混合股利在上市公司股利分配中占据的比重越来越大，因此值得单独对其进行分析描述。由于混合股利中只有股票股利加转增股本这一分配方式采用的公司较少，这表明含派现的混合股利分配方式正在受到越来越多上市公司的青睐。于是笔者将混合股利中派现的数据进行分析对比，得到统计数据。

从表 5 - 14 及图 5 - 14、图 5 - 15 可以看出，混合股利的派现额上四类公司明显地拉开了差距。派现中位数的统计趋势上，央企上市公司基本处于绝对的优势，半数央企上市公司各年派现都在每股 0.12 元以上。其次是原创民营上市公司，各年派现中位数为 0.11 元。地方国有上市公司各年派现的中位数几乎一直处于每股 0.1 元这条直线上，非原创民营上市公司则表现最差，各年派现中位数仅为 0.06 元，与排名首位的央企相差了 0.06 元每股。各年派现平均数分布上，2004—2006 年央派现平均数最高，其余年度则是原创民企的派现平均数最高。

同一年度不同公司混合股利中派现额的差异也较大，同年内各公司派现差异最大的当数地方国有上市公司。在 2006 年，最高的混合股利派现额为每股

3.00 元，而最低的仅为每股 0.01 元，其分布的标准差达到了 45%。而同为国企的央企各年派现额的差异相对而言却是最小的，即使在相差最大的 2007 年，其派现的最高值为每股 0.5 元，最低值为每股 0.02 元，标准差为 13%，差距也远小于地方国企。民营上市公司混合股利中派现比差异相对居中。

表 5-14　　　　2003—2009 年上市公司混合股利中派现的描述统计　　　　单位：元

上市公司类别	指标	2003	2004	2005	2006	2007	2008	2009	合计
非原创民营上市公司	平均数	0.13	0.17	0.18	0.09	0.10	0.09	0.12	0.12
	中位数	0.05	0.13	0.05	0.10	0.05	0.07	0.07	0.06
	最小值	0.02	0.02	0.01	0.01	0.01	0.02	0.01	0.01
	最大值	0.70	0.50	1.00	0.35	0.70	0.35	0.40	1.00
	标准差	0.16	0.16	0.29	0.09	0.16	0.09	0.12	0.15
原创民营上市公司	平均数	0.18	0.20	0.15	0.13	0.16	0.18	0.22	0.18
	中位数	0.15	0.20	0.11	0.10	0.10	0.11	0.15	0.11
	最小值	0.03	0.01	0.02	0.01	0.01	0.02	0.02	0.01
	最大值	0.50	0.70	0.66	0.50	1.20	0.80	1.00	1.20
	标准差	0.14	0.14	0.14	0.11	0.18	0.15	0.18	0.16
央企上市公司	平均数	0.17	0.25	0.17	0.22	0.13	0.12	0.11	0.16
	中位数	0.12	0.20	0.15	0.14	0.10	0.12	0.10	0.12
	最小值	0.04	0.03	0.05	0.03	0.02	0.03	0.02	0.02
	最大值	0.50	0.64	0.40	0.60	0.50	0.27	0.20	0.64
	标准差	0.13	0.18	0.12	0.20	0.13	0.08	0.06	0.13
地方国有上市公司	平均数	0.15	0.16	0.14	0.19	0.15	0.16	0.15	0.15
	中位数	0.10	0.10	0.10	0.09	0.10	0.10	0.10	0.10
	最小值	0.01	0.02	0.01	0.01	0.01	0.01	0.01	0.01
	最大值	0.50	0.50	0.70	3.00	2.00	1.12	0.60	3.00
	标准差	0.11	0.12	0.12	0.45	0.22	0.19	0.14	0.21

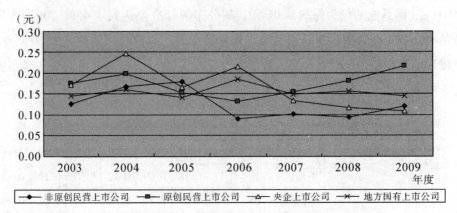

图 5 - 14 2003—2009 年上市公司混合股利中派现趋势分析

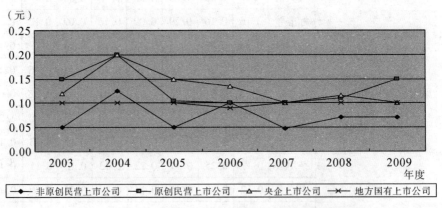

图 5 - 15 2003—2009 年上市公司混合股利派现趋势分析

3. 不分配股利的频数描述

从表 5 - 3、表 5 - 5、表 5 - 7、表 5 - 9 可以看出，在研究期内不论是哪类上市公司，其不分配的现象表现依然十分严重。为了深入剖析各类上市公司不分配的原因，下面对各类上市公司不分配的频数进行分析（见表 5 - 15、图 5 - 16）。

表 5 - 15　　　　　　　　　　上市公司不分配频数分布表

不分配频数	非原创民营上市公司			原创民营上市公司			央企上市公司			地方国企上市公司		
	公司家数	观察值	占样本比率（%）	公司家数	观察值	占样本比率（%）	公司家数	观察值	占样本比率（%）	公司家数	观察值	占样本比率（%）
1	12	15	7.02	74	74	16.93	19	19	13.01	88	88	15.74
2	9	18	5.26	28	56	6.41	25	50	17.12	79	158	14.13
3	14	42	8.19	19	57	4.35	7	21	4.79	59	177	10.55
4	20	80	11.70	13	52	2.97	11	44	7.53	52	208	9.30
5	21	105	12.28	12	60	2.75	21	105	14.38	57	285	10.20
6	45	270	26.32	8	48	1.83	7	42	4.79	57	342	10.20
7	41	287	23.98	20	140	4.58	10	70	6.85	66	462	11.81
分类样本总数	171		94.74	437		39.28	146		68.49	559		81.43

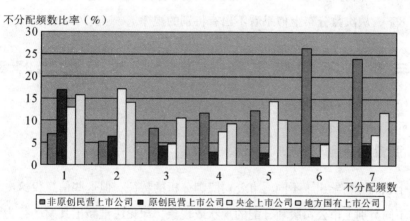

图 5 - 16　上市公司不分配频数比较趋势图

从不分配频数和占各类样本公司总数的比重看，非原创民营上市公司是最高的，达到了 94.74%。这说明所选取的样本中，94.74% 的公司在研究期内都有过至少一次不分配的经历，而这一指标相对最低的是原创民营上市公司，比值为 39.48%，这说明约有 60% 的原创民营上市公司在研究期内都没有不分配的经历。地方国企与央企的这一指标居中，分别为 81.43% 与 68.49%。

从图 5 - 16 可以看出，非原创民营上市公司中只有一次或两次不分配经历的公司所占比重在四类企业中是相对最低的。但当不分配频数从 3 逐渐增加到 7

时，不分配非原创民营上市公司所占比重迅速上升，在不分配频数为6和7时占据了绝对领先的优势。

而原创民营上市公司中仅有过一次不分配经历的公司所占比重在四类公司中相对最高，但随着统计频数的上升，原创民营公司所占比重直线下降，在不分配频数为3~7的区间内，不分配的原创民营公司所占比重都是相对最低的。这表明原创民企是最不愿意做出连续几年不分配现金股利决策的上市公司。

而地方国有上市公司中，除了有四次不分配经历的公司所占比重为9.3%，低于10%，其余有过1次、2次、3次、5~7次不分配频数的公司所占百分比均超过10%。其中有过一次不分配经历地方国企相对最多，为15.74%。央企上市公司中，有过1次、2次和5次不分配经历的公司占其对应总样本的比值均高于13%，而有过3次、4次、6次和7次不分配经历的这一比例相对较低，均低于8%，从次数分布上似乎看不出有特别的规律。

第三节　不同股东特质下股利政策的选择动因研究

一、变量选择

上面的分析给出了不同上市公司股利分析的特征，但这些信息仅给出了我国股市不同类别上市公司股利分配的现状或现象，却无法推断出其财务行为背后的驱动因素，如为何非原创民营上市公司不分配股利的现象最为突出与严重，是否是非原创民营公司的业绩相对最差或现金缺乏。也无法推断为何央企上市公司派现的公司比其他派现的单位金额都相对最高。这是否代表央企上市公司的业绩普遍是最好的，且可供分配现金最为充足。为了寻找各类上市公司股利分配的动因，笔者根据前面的股利分配特征分析结果，并在参考当前关于股利政策影响因素中较为重要的研究成果的基础上，选择以下变量进行比较实证研究。

1. 每股收益（EPS）

企业进行股利分配时是无利不分的，当然不排除在特殊的情况下，企业为了稳定股价，或为了贯彻公司所选择的股利政策而在经营不利个别年度进行分配。无论在何种情形下，每股收益应该是企业分配决策的重要影响因素。当然反映盈利的指标还有净利润，扣除非经营性损益后利润及净资产收益率等指标，由于本研究的立足点在于对不同特质的股东进行对比，故未选择反映企业实体营利状况的指标。净资产收益率从理论上是反映股东营利能力的常用指标，但通过因子分析及降维处理，最终没将这一指标作为股利分配的影响因子之一。

2. 每股经营现金净流量（NCFOPS）

营利是分配的前提，但有利润不一定有能力进行现金股利的分配，因此获取现金的能力是影响企业股利分配能力及方式的重要因素。每股现金净流量及每股经营现金流量等都能从一定角度上反映企业获取现金的能力，但最能反映企业长期稳定现金流量状况的应是与企业日常经营相关的现金流。尽管针对投资与筹资活动，每个企业各年都会有些相应的业务，但这两类业务相关的现金流一般不具有持续性与稳定性，因而以每股经营活动现金净流量考查企业长期的现金获取能力更有说服力。

3 每股公积金（AFPS）

每股公积金是反映企业经营积累水平的财务指标。企业未来发展能力及稳定的派现能力在很大程度上都会在这个指标上体现。原红旗（2004）采用的是每股资本公积，但笔者认为，由于盈余公积可以用于补亏和分红，相对每股资本公积而言，与股利分配有着更为直接的关系。因此将其所选择影响因子"每股资本公积"修改为"每股公积金"。

4. 产权比（DER）

负债率过高或财务风险太大肯定会对上市公司的股利分配产生重大的影响，这里主要是考察企业的长期负债水平。原本想优选财务杠杆系数或资产负债率作为分析变量，但其数据的缺失较严重，于是最终选择了产权比作为恒量指标。

5. 派现比（DIV）

这里所指的派现比不仅包括仅发放现金股利分配政策时的每股派现额，还包括混合股利政策中每股派现的金额，即包含以单纯派现、派且送、派且转以及派且送且转的形式发放的全部现金股利之和。

二、股利分配与否的实证检验

1. 描述性统计

将样本数据分为四个组分别进行独立样本检验，将统计结果整理得到表5-16。

表5-16　　　　　　　　　　独立样本检验统计表

		派现比		每股经营现金净流量		产权比		每股收益		每股公积金	
		统计值	t检验 sig.	统计值	t检验 sig.	统计值	t检验 sig.	统计值	t检验 sig.	统计值	t检验 sig.
平均值	分配组	0.140 9	62.780	0.543 5	13.818	1.296 7	-3.272)	0.367 8	36.400	1.400 6	11.418
	不分配组	0	(0.000)	0.255 8	(0.000)	2.089 7	(0.001)	0.032 1	(0.000)	1.113 7	(0.000)
	民企组	0.064 5	-4.026	0.321 7	-7.733)	1.555 8	-0.668	0.253 2	0.638	1.300 1	-3.035
	国企组	0.076 8	(0.000)	0.484 4	(0.000)	1.696 2	(0.504)	0.246 5	(0.152)	1.384 5	(0.002)
	原创民企组	0.088 9	9.045	0.332 3	0.844	1.099 5	-3.681	0.340 2	10.895	1.454 5	7.221
	买壳民企组	0.043 3	(0.000)	0.308 9	(0.399)	2.105 1	(0.000)	0.148 3	(0.000)	1.114 4	(0.000)
	地方国企组	0.075 7	-1.303	0.494 3	1.234	1.769 2	1.045	0.244 1	-0.837	1.392 4	1.067
	央企组	0.081 6	(0.193)	0.445 6	(0.217)	1.410 9	(0.296)	0.255 9	(0.403)	1.353 3	(0.286)

注：上表共分为四组，每组的t检验栏中，第一行为该组配对比较的T检验值，第二行为对应的sig.值。

由表5-16的输出结果可知，在股利的不分配和分配组中，每项指标的均值比较结果都有显著差异，而形成鲜明对比的是地方国企与央企组，各项指标的差异均不具有统计显著性。

国企与民企组在派现比、每股经营现金净流量和每股公积金均值对比均在0.01的统计水平上具有显著差异。但国企与民企组间的产权比与每股收益的差异不具有统计显著性，这与事先预计的有所不同。一般认为，国企融资渠道多样，而且又有政府的贷款倾斜政策，其财务风险实质上相对较低，其负债率应相对较高。但事实上国企的产权比只略高于民企，且两者的差异不具有统计的显著性，其最大的可能是中国所有的上市公司即使能够低风险地利用贷款，也把贷款作为次优选择，最优的选择是股权融资，即优序融资理论在我国并不适用。另外在每股收益指标上，民营上市公司也只是略高于国有上市公司，两者的差异也明显不具有统计显著性，这与许多学者的结论不相符合。如宋献中与罗晓林（2003）认为民营上市公司的获利能力明显高于全国的平均水平。Tian

研究发现，民营企业的业绩明显优于混合股份公司。并且当国有股份增加到一定比例时，公司价值随着国有股的增加而增加，故国有股比例与公司价值之间呈正向的 U 型关系（罗宏，2006）。笔者分析造成这种结果的原因可能在于大量买壳民企的存在降低了民企整体营利能力。

原创民企与买壳民企的比较结果表明，除了每股经营现金净流量这一指标的差异不具有统计显著性外，其余各个指标两者间均在 0.01 的统计水平上具有显著差异。特别是每股收益的均值差异极其显著，这进一步印证了为何国企与民企间营利差异没有显著差异的原因，买壳民企极大地拉了原创民企的后腿。两者间产权比及每股公积金的显著差异主要是源于买壳民企买壳上市时背负了大量的成本，以至于负债比及资金积累能力都相对较差。

2. 基本假设

综合上述独立样本检验的结果，提出如下假设：

假设国有上市公司与民营上市公司在股利分配决策上存在重大差异。

每股经营现金净流量、每股收益、每股公积金及产权比对企业股利分配决策，即分配与否及分配的数量具有重要的影响。其中每股经营现金净流量、每股收益、每股公积金的增加将减少企业不分配的可能性或增加其现金股利分配的金额。产权比的提高将对企业的股利分配产生抑制作用，即在同样的经营利润与现金流量情况下，产权比的提高会增加企业不分配的机会或减少其派现的金额。

3. 回归模型及结果

由于央企与地方国企间各项指标均无显著差异，在回归分析中再对两者进行分类研究的作用就不大了，因而在回归分析时将样本分类合并为国企与民企两大类进行比较，建立 Logist 模型 1：

$$Dum = \beta_0 + \beta_1 NCFOPS + \beta_2 DER + \beta_3 EPS + \beta_4 AFPS + \beta_5 Kind + \varepsilon$$

式中，Dum：股利分配与否，分配股利时取 1，不分配时取 0。

NCFOPS：每股经营现金流量。

DER：产权比。

EPS：每股收益。

AFPS：每股公积金。

Kind：虚拟变量，当样本公司为民营企业时取1，当样本公司为国有企业时取0。

回归结果如表5-17所示：

表5-17 模型1回归结果

	2003	2004	2005	2006	2007	2008	2009	total
NCFOPS	.244	.010	-.190	.007	-.095	.107	.226***	.057
	(1.406)	(0.062)	(-1.406)	(0.06)	(-1.261)	(1.04)	(2.459)	(1.345)
DER	-.373***	-.126**	-.058	-.083**	-.035	-.056	-.098**	-.085***
	(-3.25)	(-2.513)	(-1.631)	(-2.008)	(-1.154)	(-1.207)	(-2.367)	(-5.333)
EPS	8.379***	11.121***	7.511***	5.514***	2.149***	5.732***	3.849***	4.849***
	(11.096)	(12.46)	(12.002)	(11.114)	(7.977)	(13.482)	(11.988)	(29.798)
AFPS	.121	.078	.122	.081	.066	.164***	.113*	.121***
	(1.257)	(0.825)	(1.297)	(0.921)	(1.166)	(2.578)	(1.654)	(4.219)
kind	.631***	1.035***	.584***	.592***	.649***	.440***	.194	.577***
	(3.402)	(5.565)	(3.409)	(3.768)	(4.462)	(2.914)	(1.341)	(9.813)
Constant	-1.626***	-1.970***	-1.602***	-1.380***	-1.058***	-1.347***	-.978***	-1.294***
	(-6.098)	(-8.383)	(-7.939)	(-7.612)	(-6.877)	(-8.158)	(-6.46)	(-19.313)
Nagelkerke R^2	.431	.515	.435	.340	.162	.421	.330	.337
N	857	964	979	1024	961	1123	1156	7064

注：括号内数字为z统计值，*、**、***分别表示在0.1、0.05和0.01的统计水平下显著。

从表5-17的回归结果来看，总体回归的Nagelkerke R^2 为33.7%，除2007年外，其他各年都在30%以上。从所有样本回归结果看，除每股经营现金净流量的回归结果不具有统计显著性外，其余各变量的回归结果均在1%的水平下具有显著性。每股经营现金净流量除2005年和2007年回归系数符号为负外，其余各年均为正，但除2009年在5%的水平下显著外，其余各年的回归结果均不具有统计显著性。这说明每股经营现金净流量的增加总体会促使企业分配，但效果很不显著。进一步表明经营现金净流量的多少，甚至企业全部现金净流量的多少并不是影响企业股利决策的重要因素。

每股收益在各年及所有样本的回归符号都在1%的水平下显著为正，除

2007 年及 2009 年外，各年的回归系数均明显高于所有样本的回归系数 4.849，且都远高于产权比及每股公积金的回归系数，这说明当期的营利是决定企业发放股利与否的最重要的因素。

产权比各年的回归系数符号均为负，除 2007 和 2008 年外，均在 5% 的水平下显著为负。这表明负债的增加会增加企业不分配的可能性，但从各年回归系数的绝对值看，该指标对企业分配的影响总体上看是有，但并不大。这可能缘于中国股市的特殊行情，非优序融资现象的存在导致负债并不能对股利分配形成真正的约束。

每股公积金各年的回归系数符号均为正，总体样本的回归结果在 1% 的水平下显著为正，这表明企业的资金积累水平会减少企业不分配的可能性。但从回归系数的绝对值看，仅在大多数年度高于产权比的回归结果，说明其影响存在但并不明显。

企业类型 Kind 的符号除 2009 年外，各年回归结果都在 1% 的水平下具有统计显著性。由于 $Dum = \ln \dfrac{p_i}{(1 - P_i)}$，将各自变量的样本均值代入原方程，当 NCFOPS = 0.057，DER = -0.085，EPS = 4.849，AFPS = 0.121 时，Kind = 1 与 K = 0 时的概率差正好为 0.640 3。这表明民营上市公司与国有上市公司相比，从不分配到分配的概率上升了 0.640 3。这从一定程度上证实，与国有上市公司相比，在业绩状况相同的情况下，民营上市公司更不愿意做出不分配股利的决策，或者可以认为它们对不分配可能产生影响的顾忌明显多于国有上市公司。这表明所有权的性质已成为营利因素外对企业股利分配决策影响极为重要的一个因素。

三、派现金额的实证检验

为了进一步研究以上各个因素对上市公司现金股利分配的影响程度，我们采用以下回归模型 2 进行分析：

$$DIV = \beta_0 + \beta_1\, NCFOPS + \beta_2\, DER + \beta_3\, EPS + \beta_4\, AFPS + \beta_5\, SIZE + \varepsilon$$

式中，DIV 为上市公司每股派现金额，既包括单纯派现，也含混合股利分配方式中的每股派现金额；SIZE 为上市公司的规模，以各家上市公司该年度总资产的自然对数表示，其余各变量的意义同前一模型。将民营上市公司与国有上市公司分两组进行回归，结果如表 5－18 所示：

表 5－18　　　　　　　　　　模型 2 回归结果

		2003	2004	2005	2006	2007	2008	2009	total
民营上市公司	Cons－Tant	－0.344***	－0.029	－0.061	－0.089	－0.430***	0.037	0.196*	－0.033
		（－2.689）	（－0.193）	（－0.495）	（－0.753）	（－3.504）	（0.246）	（1.741）	（－0.659）
	NCFOPS	0.023**	0.029***	0.041***	0.025***	0.012**	0.025***	0.025***	0.025***
		（2.497）	（2.693）	（5.4）	（2.985）	（2.075）	（2.728）	（3.406）	（8.002）
	DER	－0.001	0.000	0.000	0.000	－0.011**	－0.007	－0.004	0.000
		（－0.649）	（－0.843）	（0.264）	（－0.062）	（－2.599）	（－1.427）	（－1.204）	（－0.997）
	EPS	0.079***	0.097***	0.046***	0.141***	0.053***	0.143***	0.215***	0.107***
		（6.148）	（6.948）	（5.217）	（9.2）	（4.686）	（9.438）	（16.856）	（22.099）
	AFPS	0.024***	0.036***	0.027***	0.025***	0.003	0.008*	0.009*	0.016***
		（5.415）	（6.741）	（5.049）	（4.318）	（0.772）	（1.692）	（2.232）	（9.103）
	SIZE	0.017***	0.001	0.003	0.004	0.023***	0.000	－0.009*	0.002
		（2.677）	（0.176）	（0.507）	（0.745）	（3.794）	（－0.058）	（－1.686）	（0.971）
	Adj.－R²	.308	.290	.253	.320	.146	.257	.450	.258
	N	196	268	218	335	348	413	469	2 247
国有上市公司	Cons－Tant	－0.111	－0.284***	－0.193**	－0.163**	－0.260***	－0.225***	－0.123*	－0.117***
		（－1.305）	（－3.243）	（－2.28）	（－2.097）	（－2.916）	（－2.777）	（－1.774）	（－4.066）
	NCFOPS	0.006	0.002	－0.002	－0.001	0.005	0.005	0.011***	0.003**
		（0.941）	（0.472）	（－0.3）	（－0.308）	（1.281）	（1.125）	（3.342）	（2.14）
	DER	－0.002	－0.002	－0.002	0.000	0.000	－0.005***	－0.004***	0.000
		（－1.312）	（－1.457）	（－1.239）	（0.271）	（－0.626）	（－2.166）	（－2.387）	（－0.907）
	EPS	0.166***	0.158***	0.170***	0.228***	0.150***	0.157***	0.147***	0.164***
		（12.904）	（13.548）	（13.876）	（17.594）	（11.694）	（15.54）	（16.098）	（38.534）
	AFPS	0.019***	0.015***	0.009***	0.006	0.008*	0.005	0.007***	0.010***
		（4.698）	（3.566）	（1.979）	（1.45）	（1.966）	（1.107）	（2.01）	（6.32）
	SIZE	0.006	0.015***	0.011***	0.009**	0.013***	0.012***	0.007**	0.007***
		（1.482）	（3.64）	（2.694）	（2.381）	（3.13）	（3.162）	（2.029）	（4.97）
	Adj.－R²	.348	.339	.325	.413	.341	.358	.446	.357
	N	513	584	588	607	544	631	612	4 079

注：括号内数字为 t 统计值，*、**、*** 分别表示在 0.1、0.05 和 0.01 的统计水平下显著。

从总体样本回归模型的 Adj.－R² 看，民营上市公司为 25.8%，国有上市公司为 35.7% 。国有上市公司各年的 Adj. $- R^2$ 值都在 32% 以上，而民营上市公司的 Adj. $- R^2$ 值在 30% 上下波动。除产权比外，各个变量在总样本回归中的符号均符合预期，但企业规模的系数在国企样本中显著为正，在民企样本中却不显著。在国企样本中，企业规模的系数符号除 2003 年外，均显著为正，这表明对于国有上市公司，企业规模与其每股派现的金额成显著的正比关系。而对于民营上市公司，规模与派现的正比关系虽存在，但除 2003 年和 2007 年外都并不显著。这一结果与原红旗（2004）的实证结果相反，但原红旗考查的是企业规模对 A 股上市公司总股利水平的影响，包含了股票股利与转增股本。两相对比，笔者推测，这或许说明规模大的公司更倾向于较高的每股派现分红，而规模相对较小的公司则更倾向于发放股票股利与转增股本，以迅速扩张公司的规模。因为在原红旗所选取的样本年限是 1993—2001 年，其中 1993—1998 年，整个 A 股上市公司发放股票股利的公司比虽在逐年下降，但一直都相对较高。

每股收益的系数符号在两组比较对象中均显著为正，民营上市公司总样本中每股收益的系数为 0.107，国有上市公司的这一数据为 0.164，均显著高于其他变量的回归系数值，并且在所观察的 7 个年度内，其回归结果均在 1% 的统计水平上显著为正，这表明每股收益是决定企业每股派现值的最关键的因素。

在总样回归结果中，每股经营现金净流量的符号均显著为正，但对比两组比较对象，这一指标的差异却是十分显著的。民营上市公司各年经营现金净流量的符号均在 5% 或 1% 的统计水平上显著为正，且在总体回归结果中，其系数的绝对值仅低于每股收益。这表明对于民营上市公司，经营现金净流量是所选择变量中对企业派现影响仅次于每股收益的指标，即民企的现金股利决策是首先要有利润，其次得看是否有足够的现金保证。尽管国有上市公司总样本回归结果也在 5% 的水平上显著为正，但其系数却是除产权比外最低的，并且在所观察的 7 个年度内，除了 2009 年外，各年的回归结果均不显著。这说明从两组对象的总体样本回归结果看，每股公积金的符号均在 1% 的统计水平上显著为正，并且在大多数年度该指标均显著为正，进一步表明企业的每股经营积累和累计资本公积的多少与企业每股派现的多少成正相关关系。但对两组不同的研究对象，它的影响力却是不同的。在民营上市公司中，每股公积金的系数值排在了每股收益及每股经营现金净流量之后，而在国有上市公司中，这一指标的影响却仅次于每股收益。

产权比的总体回归系数符号为正，不符合预期。但从分年度结果看，两组对象中其回归结果显著时符号均为负，各个年度符号正负相间。这与原红旗（2004）的实证结果类似，表明负债对上市公司派现的影响是不确定的，或者说负债并未对我国上市公司形成任何实质性的影响。

四、研究的主要结论

（一）股利政策的选择趋势

1. 不分配现象有所缓解

由于 2001 年以来证监会半强制分红政策的频布与实施，上市公司不分配现象日益严重的现象得到扼制。但从股利分配的总体结构上看，我国上市公司最喜爱的两种股利分配形式仍是不分配股利及发放现金股利，不同类型的股东对这两种股利形式的偏好程度又有所不同。非原创型民营上市公司中各年不分配及连续几年不分配公司的比例都是四类公司中最高的，而原创型民营公司则与之恰恰相反，这两项比例总体都是四类公司中最低的一个，而且不分配的比例还呈现出逐年下降的趋势。根据回归结果可以判断，形成这种显著差异的原因主要有两点：其一，原创民营上市公司的业绩显著好于非原创（买壳）的民营上市公司。从表 5 - 16 的独立样本检验可以看出原创民企的每股收益为 0.340 2，居于四类公司之首，而买壳民企的每股收益仅为0.143 8，居于四类公司之末。两者一个显著高于国有企业的每股收益，另一个却明显低于国有企业的每股收益。其二，原创民企具有更多的满足派现的现金流，首先，优异的业绩所带来的稳定的经营现金净，而经营现金净流量是民营上市公司进行股利分配中所考虑的仅次于每股收益的重要因素。其次，原创民企没有买壳民企上市时所留下的历史负担及相应的顾虑和限制，而国有上市公司更不可能有这类上市形成的负担与限制，这些都造成了不同类型的民营上市公司在不分配决策上处在了四个样本中的两个极端。

2. 派现的意识被迫加强

与不分配现象缓解相对应的另一现象是 A 股上市公司的派现意识整体有所上升，除买壳民营上市公司外，其余三类上市公司中各年发放现金股利公司所占比例均高于不分配股利公司的比例，而原创民营上市公司中发放现金股利公司所占比例呈逐年略有上升的趋势。尽管上市公司的派现意识有所加强，但对做出单独派现分配政策的上市公司的考察发现，各类上市公司的每股派现额却惊人地相似，其中位数几乎都群聚于每股 0.1 元，平均值群聚于每股 0.12 ～ 0.14 元。但考察混合股利中的每股派现额，四类上市公司却拉开了较大的差距。从整个观察期间来看，发放现金股利公司占其样本比例及单位派现额最高的是央企，其次是地方上市公司，非原创民营上市公司的这一比例相对最低。笔者分析造成这种现象的主要原因在于，上市公司单独派现决策的做出多是出于半强制分红的压力，为了达到达标线，故单独派现时的每股派现额显著群聚。

而做出混合股利决策的上市公司当年都已实现了相应的配股或转增的目标，半强制分红的要求对上市公司股利决策的影响不再如此重要。在此情形下，尽管每股收益是影响所有上市公司股利决策的首要因素，央企及地方国企的每股收益也均低于原创民企，但由于国企的每股经营现金净流量普遍高于民企，且他们基本没有资金来源的后顾之忧，故其混合股利中单位派现额相对较高，且都高于原创民企。当然，民营上市公司多处于成长发展期，投资扩张的现金需求较国企高也是一个重要原因。

3. 股本扩张势头不减

尽管股票股利的发放不再像过去那样受上市公司的追捧，但四类上市公司各年转增股本公司的比例都明显高于分配股票股利公司的比例，大有以转增股本这一分配方式取代一度占据重要位置的股票股利分配方式的趋势。而民营上市公司股本扩张的程度普遍高于国有上市公司，央企中转增股本公司比例始终是四类公司中最低的。这可能源于我国资本市场净公司总股本大小作为衡量其整体实力的一个重要标准，而民营上市公司总股本、流通股本规模偏小，上市后出于自身利益的考虑，有着一种天然的股本扩张的冲动，股本扩张成为民营上市公司重要的发展战略之一，配送和转增也成了其实现股本最大化的重要股利政策。但由于配股与增发是我国上市公司的终极目标，为了兼顾今后的股本扩张需求，不能仅仅配送而不作任何派现，于是含有派现的混合股利政策受到上市公司的普遍追捧，而"送且转"这一混合股利方式遭到市场的普遍冷遇。

（二）股利决策的影响因素

从回归的结果可以看出，尽管不分配上市公司的营利能力及现金流量水平显著低于分配股利的上市公司，但国有上市公司与民营上市公司在分配股利与否的决策上仍然具有重大差异，民营上市公司总体上更不倾向于作出不分配股利决策。每股经营现金净流量、每股收益、每股公积金、产权比对企业股利分配分配与否都具有影响，且影响的方向与预期一致。但每股收益的影响最大，其次是企业的类型，其他各变量对企业分配股利与否的决策有一定影响，但影响不大。

在影响每股派现比的因素中，每股收益仍是决定企业每股派现高低的最关键的因素，而负债水平对国有和民营上市公司现金股利分配的影响总体上均不显著，且影响的方向也不稳定。这一方面是由中国股市特殊的逆优序融资偏好造成的，另一方面在于中国的上市公司，甚至包括民营上市公司，基本上都没有面临真正的融资困境。因为我国的上市公司基本都是各级政府支持的重点企业，而银行大多又是典型的国有企业银行，其信贷决策将不可避免地受到行政干预，无法对上市公司公正地履行评价与监督职能。这就使得上市公司在经营顺利时适当分红以争取配股增发获取资金，在经营不利时便可通过政治关系获取银行贷款，负债的高低自然不可能对企业的现金分红造成任何实质性的影响。

每股经营现金净流量、每股公积金及企业规模这三个因素对企业派现高低都有影响，但影响的程度却视企业所有权不同而有较大的差异。对于民营上市公司，除了每股收益外，对企业每股派现额影响较大的因素依次为每股经营现金净流量、每股公积金。企业规模与民企的每股派现成正比关系，即规模大的公司更倾向于较高的每股派现分红，而规模相对较小的公司则更倾向于发放股票股利与转增股本，以扩张公司的总股本。在大多数年度中，这种正比关系在5%的统计水平下并不显著。而规模对国有上市公司派现影响在绝大多数年度内都在1%的统计水平上具有显著的正比关系。在国有上市公司中，对其每股派现额有影响的因素按重要程度排序依次是：每股收益、每股公积金、规模与每股经营现金净流量。其中每股经营现金净流量虽和国有上市公司的现金分红成正比关系，但这种关系仅在总样本中和一个年度中表现显著，其余年度在5%的统计水平上均无显著性。即每股经营现金净流量对民营上市公司的派现是第二重要的影响因素，而对于国有上市公司的派现影响却并不重大。每股经营现金净流量与企业规模对两类不同上市公司影响程度的差异较大，这一现象再次证明了所有权的性质已成为营利因素外影响企业股利分配决策极为重要的一个因素。每股公积金对企业派现的影响力在民企与国企中分别居于第三与第二位，这从一定程度上证实了 Varouj, Laurence, Sean（1999）的研究结论："发展中国家公司当前支付的股利更依赖于当前收益，而不是过去的股利。"

主要参考文献

【1】AMBARISH, RAMASSASTRY, KOSE JOHN, JOSEPH WILLAMS. Efficient Signaling with Dividends and Investments [J]. Journal of Finance, 2000, 55 (6): 2499 - 2536.

【2】BRENNAN, MICHAEL J., ANJAN V. THAKOR. Shareholer Preferences and Dividend Policy [J]. Journal of Finance, 1990, 45 (4): 993 - 1019.

【3】BLUME, MARSHAL E., JEAN CROCKETT, IRWIN FRIEND. Stock Ownership in the United States: Characteristics and Trends [M]. Survey of Current Business, 1974: 16 - 44.

【4】BRICKLEY J. A. Shareholder Wealth, Information Signaling and the Specially Designated Dividend [J]. Journal of Financial Economics, 1983, 12: 187 - 209.

【5】CLAESSENS S., DJANKOV, S., LANG L. H. P. Separation Corporations of Ownership, The Control in Fast Asian [J]. Journal of Financial Economics, 2000, 58: 81 - 11.

【6】CLAESSENS S., DJANKOV, S., JOSEPH, P. H. F., LANG, L. HP. Large Disentangling the Incentive and Entrenchment Effects Shareholdings [J].

Journal of Finance, 2002, 57: 274 -2771.

【7】 CAI JUN. The Long - Run Performance Following Japanese Rights Issues [J] . Applied Financial Economics, 1998, 8 (4): 419 -434.

【8】 FACCIO M. , LANG L. H. P. The Ultimate Ownership of Western European Corporations [J] . Journal of FinancialEconomics, 2002, 65: 365 -395.

【9】 FARRAR D. , SELWYN, L. TAXES. Corporate Financial Policy and Return to Investors [J] . National Taxes Journal, 1967: 444 -454.

【10】 DEANGELO H. , M. RONALD. Leverage and Dividend Irrelevancy Under Corporate and Personal Taxation [J] . Journal of Finance, 1980, 35 (2): 236 -356.

【11】 GRUNY, BRUCE. Trading Volume and Stock Returns Around Ex - dividend Dates [M] . Chicago University of Chicago, 1985.

【12】 JENSEN M. C. , MECKLING W. H. Theory of the firm: Managerial behavior, agency cost, and capital structure [J] . Journal of Financial Economics, 1976, 3: 305 -360.

【13】 LOUGHRAN T. , J. R. Ritter. The New Issues Puzzle [J] . Journal of Finance, 1995, 50 (4): 23 -52.

【14】 JENSEN M. C. Agency Costs of Free Cash Flow, Corporate Finance and Takeovers [J] . American EconomicReview, 1986, 76: 323 -329.

【15】 JOHN K. , LANG L. H. P. Insider tradinground dividend announcements: Theory and evidence [J] . Journal of Finance, 1991, 46: 1361 -1389.

【16】 JOHN G. Matsusaka, Corporate Diversification, Value Maximization, and Organizational Capabilities [J] . Journal of Business, 2001, 74.

【17】 LA PORTA R. , LOPEZ - DE - SILANES F. , SHLEIFER A. Corporate Ownership around in the World [J] . Journal ofFinance, 1999, 54: 471 -517.

【18】 LINTNER J. Distribution of incomes of corporations among dividends, retained earnings, and taxes [J] . American Economic Review, 1956,

46: 97 - 113.

【19】 MILLER M. H. , F. MODIGLIAN. I. Dividend Policy, Growth and the Valuation of Shares ［J］. Journal of Business, 1961, 34: 411 -433.

【20】 LAKONISHOK J. , B. LEV. Stock Splits and Stock Dividends: Why, Who, and When ［J］. The Journal of Finance, 1987, 9: 913 -932.

【21】 LLOYD W. P. , JAHERA J. S. , PAGE, D. E. Agency costs and dividend payout ratios ［J］. Quarterly Journal of Business and Economics, 1985, 24: 97 - 113.

【22】 SUN Q. , TONG W. H. S. China Issue Privatization: The Extent of Its Success ［J］. Journal of Financial Economics, 2003, 70: 183 -222.

【23】 SHLEIFER, ANDREI, ROBERT W VISHNY. Politicians and Firms ［J］. Quarterly Journal of Economics, 1994, 109 (4): 995—1025.

【24】 SHEFRIN, HERSH M. , MEIR STATEMAN. Explaining Investor Preference for Cash Dividends ［J］. Journal of Financial Economics, 1984, 13 (2): 253 -282.

【25】 THALER R. , KAHNEMAN D. The Framing of Decisions and the Psychology of Choice ［J］. Science, 1981, 211: 453 -458.

【26】 THALER, RICHARD H. , HERSH M. SHEFRIN. An Economic Theory of Self - Control ［J］. Journal of Political Economics, 1981, 89 (2): 392 -406.

【27】 TIAN, LIHUI. Government Shareholding and the Value of China Modern Firms, Institute of Finance and Accounting at the London Business School ［J］. Working Paper No, 2000: 319.

【28】 WILLAMSM, JOSEPH. Efficient Signaling with Dividends, Investment, and Stock Repurchases ［J］. Journal of Finance, 1988, 43 (3): 737 -747.

【29】 LIAN ZHOU, HONGBIN LI, WEIYING ZHANG. Ownership, Efficiency, and Firm Survival in Economic Transition: Evidence from a Chinese Science Park ［J］. workingpaper, 2005.

【30】步淑段，等．上市公司股利分配质量研究［J］．财会通讯，2009（26）．

【31】陈信元，等．公司治理与现金股利：基于佛山照明的案例研究［J］．管理世界，2003（8）．

【32】陈晓，等．我国上市公司首次股利信号传递效应的实证研究［J］．经济科学，1998（5）．

【33】干胜道．由央企分红引发的思考［J］．财务与会计，2007（9）．

【34】干胜道，韩雪松．对我国大型国有企业收益分配机制再造的探讨［J］．财会研究，1999（3）．

【35】李常青，魏志华，吴世农．半强制分红政策的市场反应研究［J］．经济研究，2010（3）．

【36】蓝发钦．中国上市公司股利政策论［M］．北京：经济科学出版社，2001．

【37】廖理，方芳．股利政策代理理论的实证检验［J］．南开管理评论，2005（5）．

【38】罗宏．上市公司现金股利政策与公司治理研究［D］．广州：暨南大学，2006．

【39】雷光勇，刘慧龙．市场化进程、最终控制人性质与现金股利行为——来自中国A股公司的经验证据［J］．管理世界，2007（7）．

【40】刘淑莲，胡燕鸿．中国上市公司现金分红实证研究［J］．会计研究，2003（4）．

【41】吕长江，王克敏．上市公司资本结构、股利分配及管理股权比例相互作用机制研究［J］．会计研究，2002（3）．

【42】吕长江，韩慧博．股利分配倾向研究［J］．经济科学，2001（6）．

【43】马曙光，黄志忠，薛云奎．股权分置、资金侵占与上市公司现金股利政策［J］．会计研究，2005（9）．

【44】任启哲，李婉丽，贾钢．上市公司超额派现的利益转移功能解析［J］．开发研究，2008（5）．

【45】宋玉，李卓．最终控制人特征与上市公司现金股利政策［J］．审计与经济研究，2007（5）．

【46】宋福铁，屈文洲．基于企业生命周期理论的现金股利分配实证研究［J］．中国工业经济，2010（2）．

【47】孙小文，于笑坤．上市公司股利政策信号传递效应的实证分析［J］．管理世界，2003（6）．

【48】王茜，张鸣．基于经济波动的控股股东与股利政策关系研究——来自中国证券市场的经验证据［J］．财经研究，2009（12）．

【49】王维祝，孙艳香．中小板股权特征与公司股利政策关系的实证研究［J］．山东财政学院学报，2010（3）．

【50】王曼舒，齐寅峰．股利政策由谁决定及其选择动因——基于中国非国有上市公司的问卷调查分析［J］．金融研究，2006（1）．

【51】魏刚．非对称信息下的股利政策［J］．经济科学，2000（2）．

【52】魏刚．我国上市公司股利分配的实证研究［J］．经济研究，1998（6）．

【53】伍利娜，高强，彭燕．中国上市公司"异常高派现"影响因素研究［J］．经济研究，2003（2）．

【54】肖星．中国上市公司现金股利决策研究［D］．北京：清华大学，2003．

【55】徐治国．民营上市公司现金股利分配问题研究——基于所有权结构的一个 Logistic 分析［J］．中国管理信息化，2008（05）．

【56】阎大颖．中国上市公司控股股东价值取向对股利政策影响的实证研究［J］．南开经济研究，2004（6）．

【57】杨汉明．西方企业股利政策文献评述［J］．中南财经政法大学学报，2007（2）．

【58】杨淑娥，等．我国股利政策影响因素的实证分析［J］．会计研究，2000（2）．

【59】应展宇．股权分裂、激励问题与股利政策——中国股利之谜及其成因

分析 [J]．管理世界，2004（7）．

【60】原红旗．中国上市公司股利政策分析 [M]．北京：中国财政经济出版社，2004．

【61】赵春光，等．股利政策：选择动因——来自我国证券市场的实证证据 [J]．财经研究，2001（2）．

【62】邹敦华．民营上市公司的股利分配政策及其改进建议 [J]．经济师，2007（5）．

第六章 股东特质与上市公司扭亏

第一节 引言

现有的关于股东异质性研究的文献主要集中在分析上市公司的各类股东在产权关系与配置、持股动机、股权的行使方式与效果、代理方式以及行为方式等方面的差异，多数学者的研究认为异质性股东对上市公司的股权制衡力度和公司治理方式等存在较大差异，从而导致不同的股东性质（特别是不同类型的控股股东）对公司业绩的影响会有所不同。许小年和王燕（1999）以市值与账面价值之比、股权回报率和资产回报率衡量公司业绩，检验了所有权集中度、国有股、法人股和个人股东与公司业绩之间的关系。研究结果表明，股权集中度与企业效益正相关，法人股所占比重对公司业绩有显著的正面影响，国家股所占比重越高劳动生产率越低。施东辉（2000）研究了中国上市公司的股权结构和绩效，发现法人控股公司的绩效劣于以社会法人为主要股东的分散持有型公司，而好于国有控股的公司。杜莹、刘立国（2002）研究表明国家股比例与公司绩效显著负相关，法人股比例与公司绩效显著正相关，流通股比例与公司绩效不存在显著相关性。陈小悦和徐晓东（2001）研究证明国有股（文中仅指国家股，不包括国有法人股）比例和法人股比例与企业业绩之间的相关关系不显著。孙廉和威尔胜（Wilson H. S. Tong，2003）发现外资股与公司绩效负相关、法人股与公司绩效正相关。刘芍佳、孙霈、刘乃全（2003）应用终极产权论（The Principle of Ultimate Ownership）对中国上市公司的控股主体重新进行分类。结果发现，政府间接控制的上市公司在年利润、净资产利润率、投资资本的经济增值率、销售增长等四项绩效指标上显著优于政府直接控股的公司，投资管

237

理公司控股的上市公司的绩效显著低于实业公司控股的上市公司，由专业化经营的实业公司作为控股的上市公司的绩效显著优于由多元化经营的大型企业作为控股的上市公司。宾国强、舒元（2003）研究发现公司的绩效与非流通股（国家股、法人股）比例呈显著的 U 形关系，非流通股独大或独小并没有对公司绩效产生不利影响。朱明秀（2005）的研究表明国有法人股比例、国有股比例、流通股比例与公司绩效显著负相关，境内法人股比例与公司绩效显著正相关。李平生、史煜筠（2006）研究表明第一大股东为国有股（包括国家股和国家法人股）的上市公司的绩效显著高于第一大股东为非国有法人股的上市公司。张晓倩、张习鹏（2006）的研究表明不同性质外部大股东的制衡作用效果有明显差别，国有股和境内法人股性质的外部大股东的存在对公司价值有负面影响，没能真正发挥对控股股东的监督和制衡作用；而当外部大股东为社会公众股东时制衡作用的正面效果显著，自然人和机构投资者在股权制衡中发挥着积极的作用。王鹏、秦宛顺（2006）从最终控制人的角度研究了不同类型的控股股东其控制权和分离水平对公司绩效的影响。他们发现，控制权与公司绩效负相关，体现出"侵占效应"；分离水平对公司绩效总体影响为负，但对不同控股类型有不同的体现。其中，对高校和中央控股的上市公司负向影响较大，对私人和地方国有控股的上市公司负向影响较小。徐莉萍、辛宇和陈工孟（2006）通过追溯中国上市公司控股股东的实际控制人和股权性质，将中国的上市公司分为四组：国有资产管理机构控股的上市公司、中央直属国有企业控股的上市公司、地方所属国有企业控股的上市公司和私有产权控股的上市公司。他们发现：不同的国有产权行使主体对上市公司经营绩效的影响有明显的不同。国有企业控股的上市公司要比国有资产管理机构控股的上市公司有更好的绩效表现，中央直属国有企业控股的上市公司要比地方所属国有企业控股的上市公司有更好的绩效表现，私有产权控股的上市公司的绩效表现仅仅与一般水平的国有产权控股的上市公司的绩效表现相当。韩亮亮（2007）的研究表明，在竞争程度低的行业中，第一大股东持股比例与公司绩效相关性较弱，当第一大股东是国有股股东时，公司绩效较高。张宏（2009）通过单因素分析和多元线性回归分析相结合的方法考察到不同类型的国有上市公司的业绩不存在显著差别。

考虑到近年来我国上市公司发生亏损的比例逐渐增长，亏损的幅度也较以前有所增大，如何能够使得亏损的上市公司尽快扭亏为盈，以保住其上市资格和可持续地发展成为许多公司日益关心和重视的问题。本章将研究重点放在了探讨亏损上市公司的各类异质性股东是如何影响其扭亏动机和扭亏程度上，主要从异质性股东对上市公司扭亏效果的影响上进行了深入分析。在现有的国内研究文献中，仅有戴德明、邓璠（2007）首次较为系统全面地对亏损上市公司经营业绩改善的措施进行了研究，并分析比较了各类措施的有效性。结果发现经营战略变更和财务筹划措施都是较为有效的措施，它们对亏损公司的经营业绩有积极的影响，对公司的市场价值也有一定的有利影响。而且，他们的研究也说明了将经营战略变更和其他措施结合使用能有效地改善经营业绩，但他们的研究选取的都是1998—2002年首次发生亏损的上市公司样本。事实上，截至2010年，在我国发生亏损的上市公司中，除了首次发生亏损的上市公司之外，更多上市公司的亏损是多次发生的，具体包括连续多次发生亏损和间断多次发生亏损两种情形。从本章收集的2005年度发生亏损的277家上市公司样本来看，首次发生亏损的上市公司有87家，而发生多次亏损的上市公司有190家，占到全年度亏损样本公司的68.59%，这表明上市公司发生多次亏损的情形比首次亏损的情形更为普遍；而戴德明、邓璠（2007）的研究主要针对的是首次发生亏损的上市公司而进行的。显然，其研究结论和政策建议对上市公司发生的多次亏损（包括连续多次发生亏损和间断多次发生亏损两种情形）及这类亏损更为严重、扭亏难度更大的情形并不一定适用。本章的研究主要是以2005年发生亏损的上市公司为样本对象，这里既包括首次发生的亏损的87家上市公司，也包括多次发生亏损的190家上市公司，重点探讨上市公司的控股股东特质（这里指产权属性是国有还是私有）对亏损上市公司的扭亏动机和扭亏途径选择的影响。本章的研究发现：在扭亏为盈的亏损上市公司中，国有产权属性的亏损上市公司在内部扭亏途径中比私有产权属性的亏损上市公司更倾向于使用扩员、增加无形资产、高管变更、削减成本等具体措施；在外部扭亏途径中比私有产权属性的亏损上市公司更倾向于使用税收减免、资产置换、担保、资产出售与转让、补贴收入及债务重组等具体措施。在同等条件下，无论是国有产权属性的上市公司还是私有产权属性的上市公司，当它们发生亏损时，公司的管理层都存在相同程度的扭亏动机，但是，私有产权属性的亏损上市公司在亏损以后发生的扭亏程度明显高于国有产权属性的亏损上市公司。

第二节　国内外研究综述

一、股东特质与企业业绩或效率文献综述

（一）公司治理效率与控股股东类型的关系研究

贝特朗等（Bertrand et a.1，2002）发现了印度金字塔式企业集团的利益输送行为，大股东主要通过资产转移来掠夺小股东利益。杜尔涅夫和吉姆（Durnev，Kim，2005）研究发现，不同性质控股股东的激励机制不同，国有产权的不可转让性致使其交易成本很高，因而控股股东更有动机去侵占上市公司的利益，侵占中小股东的利益。相对而言，私有产权的可转让性较好地解决了所有者和管理层之间的代理问题，可以保证外部股东对控股股东的有效监管，降低交易成本，从而减少大股东的利益侵占行为。马晓芳（2007）按照经济性质将股东分为：控股股东、流动股东以及员工股东。其中，控股股东也有很多类型，每种类型有独特性质。每种类型股东在投资目的、持股稳定性以及决策参与积极性上都有自身特点，因此对待会计监管就存在不同动力、欲望以及方式。控股股东会选择直接参与监督；流动性股东会选择查阅相关会议记录，对财务会计报表进行监督；职工股东会根据自身特点，采用多种方式进行参与。中山大学管理学院课题组（2008）研究了非上市公司的控股股东性质与公司治理结构之间的经验关系，研究发现私有产权控股的非上市公司，其治理结构明显好于国有产权控股的非上市公司；但在国有控股的非上市公司中，国有企业控股的与国有资产管理机构控股的相比，二者在公司治理结构方面不存在明显差异。李先瑞（2009）认为中国上市公司治理的核心问题是基于股权高度集中而产生的大股东控制问题，大股东的存在导致了大股东与中小股东之间存在严重的利益冲突，股东之间存在着异质性，大股东利用对公司的高度控制，具有侵占中

小股东利益的机会主义动机。大股东侵占中小股东利益的手段多种多样，在我国比较典型的手段包括大股东直接占用上市公司资金、利用各种非公允的关联交易对上市公司进行"掏空"、上市公司通过高额派现对大股东进行利益输送等。因此，公司治理理论的研究应立足于我国公司治理的现实问题——基于股东异质性而产生的大股东与中小股东利益冲突的角度进行更为广泛和深入的研究。

(二) 公司业绩与第一大股东类型的关系研究

　　许小年和王燕（1999）以市值与账面价值之比、股权回报率和资产回报率衡量公司业绩，检验了所有权集中度、国有股、法人股和个人股东与公司业绩之间的关系。研究结果表明，股权集中度与企业效益正相关，法人股所占比重对公司业绩有显著的正面影响，国家股所占比重越高，劳动生产率越低。施东辉（2000）研究了中国上市公司的股权结构和绩效，发现法人控股公司的绩效劣于以社会法人为主要股东的分散持有型公司，而好于国有控股的公司。杜莹、刘立国（2002）研究表明国家股比例与公司绩效显著负相关，法人股比例与公司绩效显著正相关，流通股比例与公司绩效不存在显著相关性。陈小悦和徐晓东（2001）研究证明国有股（文中仅指国家股，不包括国有法人股）比例和法人股比例与企业业绩之间的相关关系不显著。孙廉和威尔胜（2003）发现外资股与公司绩效负相关，法人股与公司绩效正相关。刘芍佳、孙需、刘乃全（2003）应用终极产权论对中国上市公司的控股主体重新进行分类，结果发现，政府间接控制的上市公司在年利润、净资产利润率、投资资本的经济增值率、销售增长四项绩效指标上显著优于政府直接控股的公司，投资管理公司控股的上市公司的绩效显著低于实业公司控股的上市公司，由专业化经营的实业公司作为控股的上市公司的绩效显著优于由多元化经营的大型企业作为控股的上市公司。宾国强、舒元（2003）研究发现公司的绩效与非流通股（国家股、法人股）比例呈显著的 U 形关系，非流通股独大或独小并没有对公司绩效产生不利影响。朱明秀（2005）的研究表明，国有法人股比例、国有股比例、流通股比例与公司绩效显著负相关，境内法人股比例与公司绩效显著正相关。李平生、史煜筠（2006）研究表明第一大股东为国有股（包括国家股和国家法人股）的上市公司的绩效显著高于第一大股东为非国有法人股的上市公司。张晓倩、张习鹏（2006）的研究表明不同性质外部大股东的制衡作用效果有明显差别，国有股和境内法人股性质的外部大股东的存在对公司价值有负面影响，没能真正发挥对控股股东的监督和制衡作用；而当外部大股东为社会公众股东时制衡作用的正面效果显著，自然人和机构投资者在股权制衡中发挥着积极的作用。王鹏、秦宛顺（2006）从最终控制人的角度研究了不同类型的控股股东其控制权和分离水平对公司绩效的影响，他们发现，控制权与公司绩效负相关，体现出"侵占效应"；分离水平对公司绩效总体影响为负，但对不同控股类型有不同的体现，其中，对高校和中央控股的上市公司负向影响较大，对私人和地方国有控股的上市公司负向影响较小。徐莉萍、辛宇和陈工孟（2006）通过追溯中国上市公司控股股东的实际控制人和股权性质，将中国的上市公司分为四组：国有资产管理机构控股的上市公司、中央直属国有企业控股的上市公司、地方所属国有企业控股的上市公司和私有产权控股的上市公司。他们发现：不同的国有产权行使主体对上市公司经营绩效的影响有明显的不同。国有企业控股的上市公司要比国有资产管理机构控股的上市公司有更好的绩效表现，中央直属国有企业控股的上市公司要比地方所属国有企业控股的上市公司有更好的绩效表现，私有产权控股的上市公司的绩效表现仅仅与一般水平的国有产权控股的上市公司的绩效表现相当。韩亮亮（2007）研究表明在竞争程度低的行业中，第一大股东持股比例与公司绩效相关性较弱，当第一大股东是国有股股东时，公司绩效较高。张宏（2009）通过单因素分析和多元线性回归分析相结合的方法考察到不同类型的国有上市公司的业绩不存在显著差别。

3. 公司价值与控股股东类型的关系研究

施莱费尔和维什尼（Shleifer，Vishny，1997）比较了世界各主要资本市场上市公司的股权结构，发现在大股东有效控制公司的同时，他们更倾向于利用控制权侵占中小股东利益，攫取控制权的私人收益。孙永祥、黄祖辉（1999）认为公司价值是第一大股东持股比例的二次函数，随着第一大股东持股比例的增加，公司的 Tobin's Q 值先是上升，该比例到 50% 左右 Tobin's Q 值开始下降。雅亚提·萨卡尔、苏布拉塔·萨卡尔、莫里和帕尤斯特（Jayati Sarkar，Subrata

Sarkar，Maury，Pajuste，2005）研究发现参与公司股权制衡的股东类型会影响公司价值。陈小悦、徐晓东（2001）的研究表明，在非保护性行业，企业业绩是第一大股东持股比例的增函数，但在保护性行业并不存在这种关系。在随后的研究中他们又发现，非国家股股东公司在经营上更灵活，具有更高的营利能力和企业价值，对于不同性质的公司，第一大股东变更基本上都带来了正面影响。拉·帕塔等（La Porta et al.，2002）利用模型分析也得出了同样的结论。在中小股东利益保护薄弱的国家，少数股东利益将受到控股股东的侵占。杰森（Johnson，2000）采用了"隧道"（Tunneling）一词来描述控股股东转移企业资源的行为，主要表现为随意占用上市公司资金、利用上市公司为其提供债务担保、非正常价格的关联交易等。拉·帕塔（La Porta，1999）和克莱森斯（Claessens，2002）认为，世界上多数国家的公司代理问题是控股股东掠夺中小股东的问题，而高管与外部股东间的委托—代理问题反而居于次要地位。陈信元和汪辉（2004）指出股权性质会影响固定制衡的效果，通过比较发现第二大股东的性质为法人股的公司比为国家股的公司能起到更好的监督作用。余明桂和夏新平（2004）发现，控股股东确实能够借助关联交易转移公司资源、侵占小股东利益。吴刚、刘丹（2008）借鉴 La Porta（1999）的方法，首先将公司以30%的股权比例为分界点分为分散持有（无控股股东）和控股股东控制两类，然后将控股股东公司又以50%的股权比例为分界点，有控股股东控制的公司细分为相对持股和绝对控股两类，同时，按照公司终极控制人类别将公司分为政府控股、家族控股和其他控股（包括集体、外资）三类。他们分析了不同股权类型下公司价值与控股股东所持股权比例之间的关系，认为当政府控股时，公司价值与控股比例存在左高右低的 U 型曲线关系；私人控股时，公司价值与控股比例存在横 S 型曲线关系。上市公司的数据检验结果显示：无论政府相对控股还是绝对控股对公司价值都没有显著差异，家族相对控股比绝对控股更有利于公司价值的提升，而其他类型控股者在居于绝对控股地位后会更加关注控制权的共享收益而非剥夺其余股东的利益。

此外，王斌、何林渠（2008）从终极控制人性质角度入手，研究了控股股东性质差异与剥夺行为间的关系，研究发现国有控股上市公司中，控股股东背景的董事比例与剥夺行为发生概率成正相关,股权集中度并不是影响剥夺行为是否发生的显著因素;在民营控股上市公司中,剥夺行为发生的概率与控股层级正相关、与两权分离度负相关。

二、扭亏途径研究述评

现有的关于公司扭亏途径研究的文献认为,要使上市公司尽快扭亏为盈,公司管理层可能利用会计政策变更、资产重组、债务重组、关联方交易、出售壳资源、高管变更、政府挽救等途径去改善亏损公司的经营业绩。

(一)利用会计政策变更扭亏

《企业会计制度》规定会计政策、会计估计变更(简称会计政策变更)的核算办法,其本意是为更好地规范上市公司信息披露制度。但是却被一些企业滥用成为我国上市公司盈余管理的常用方法。尤其是对亏损上市公司而言,这些公司在正常经营状态下无法扭亏,迫于各种压力,为了达到上市配股资格、增发新股、保牌等目的,操纵利润实现扭亏,变更会计政策无疑是一种合理、合法、低成本、高效益的稳妥方法。大量的实证研究结果表明,亏损上市公司在扭亏当年通过正常经营实现扭亏无望时,经过权衡各种扭亏方法的成本,以低成本高效益作为标准,最终使得这些亏损上市公司选择利用变更会计政策。具体而言,亏损上市公司常用的会计估计及会计政策有:固定资产折旧政策,其中包括固定资产的折旧方法、折旧年限、净残值率的选择;存货政策,其中包括存货的收发计量,存货跌价计提减值准备方法;坏账政策,其中包括坏账计提方法,计提比例设计。赵选民(2006)的研究表明,不同亏损时间的上市公司在扭亏当年,利用固定资产折旧、存货、坏账政策盈余管理的比例是不同的。他们发现,亏损时间越长,亏损程度就越深,变更会计政策的频率或者比例就越大。尽管利用会计政策变更可以缓解上市公司的亏损,但这种扭亏并非实质性地转变公司的经营状态,而且当期的亏损很可能被转嫁到以后年度,仍然会引起以后年度的账面损失。因此,他认为该种扭亏的措施并不可取。

(二)对亏损公司实施资产重组

亏损上市公司大多存在资产质量较差、营利能力较弱、债务负担过重的问题，因此要想全部依靠公司自身的努力实现扭亏来走出经营困境显然是不现实的。正确的方法是，引入战略股东，注入一些具有发展前景的优质资产，促使亏损上市公司尽快进行实质性的资产重组以摆脱困境。事实证明，为了摆脱困境，许多亏损的上市公司在地方政府和控股公司的支持和策划下，找到了一条出路——重组。最初的重组主要是资产重组，是1995年前后由上海市一些经营状况不佳的上市公司提出来的。从那时起，我国上市公司掀起了重组热，且有愈演愈烈之势。上市公司重组的方式主要有：资产置换、资产出售、兼并和收购、托管经营和控制权有偿转移等。据统计，上市公司的重组事件在1997年发生405起，1998年有657起，1999年升至1110起，到了2000年，仅10月和11月，公告资产置换和资产转让的公司就超过120家。客观地说，作为实现资源优化配置的一种手段，重组确实使一些上市公司的资产结构趋于合理，资产质量得到提高，经营状况得以改善。如申能股份（600642）作为一家公用企业，上市之初存在许多非经营性和非电力项目资产。1997年6月申能股份将其持有50%以上权益的5家非电力企业出售给申能集团公司；与此同时，申能集团公司把下属的崇明电力公司的资产注入申能股份。此举使申能股份的主营业务更加突出，资产利用率大大提高。

（三）对亏损公司实施债务重组

由于新债务重组准则规定债务重组利得可以计入当期损益，一些无力清偿债务的公司，一旦获得债务豁免，其收益将直接反映在当期利润表中，其账面业绩将大幅提升，这为亏损上市公司通过债务重组操纵利润达到扭亏为盈的目的提供了途径。为了保住那些连续两年亏损公司的上市资格，债权人也可能会与上市公司联手操纵利润，豁免其债务，使其能确认债务重组收益，达到扭亏为盈的目的。新债务重组准则的实施将会对企业财务报表中列报的经营成果及财务状况产生重大的影响。为在激烈的竞争环境中得到稳定持续的发展，企业应正确认识新债务重组准则的变化，完善公司治理结构，加快自主创新和技术升级，把企业的可持续发展作为战略目标。亏损企业应该认识到重组利润能在其当年的利润表中反映出来，但是债权人不可能无限制地做出让步，蒙受经济损失。同时，如果重组后的企业仍然不能改善自身经营业绩，债权人对其偿债能力丧失信心，企业也不可能连续几次进行债务重组，最终的亏损还是会反映出来，企业就要申请破产、等待清算。因此，在无法完全依赖关联交易进行表外业务的前提下，上市公司利润来源的透明度被进一步强化，这对维护中小股民的利益和建立良好的金融市场体制都极为有利，尽管短期内上市公司可以利用债务重组实现会计利润账面的扭亏，但长期来看，仍然要依靠公司自身的经营发展，提升自身的竞争能力。因此，债务重组只能是上市公司扭亏为盈的短期化措施，给公司带来的只能是暂时的盈利。

（四）出售壳资源来解脱亏损

由于上市公司本身是一种非常稀缺的资源，它享有非上市公司所没有的获得低成本的配股资金、扩大社会影响力、二级市场中流通股的增值收益及各种优惠政策等特权，使得上市公司成为众多非上市公司竞相掠夺的"猎物"。为了谋取壳公司的上市资格所带来的利益，买壳方往往需要通过溢价收购壳公司的不良资产，低价向壳公司注入优质资产来提升壳公司业绩。因此，亏损上市公司通过出售壳资源便可获得溢价收益，从而实现减亏、止亏甚至扭亏为盈，这为亏损上市公司提供了另一条起死回生之路。一个亏损的上市公司，即使其股权资本的价值已经为零，甚至为负数了，作为一个空壳资源，它仍然有可以出卖的价值基础，这就是其具有的入市权力形成的产权价值，即壳资源价值，这是亏损上市公司最基本的价值。具体而言，它又包括三个基本组成部分：①壳所代表的资产价值，由壳公司的净资产价值决定，主要是指其清算价值，壳的这部分价值可以通过资产评估来确定。②壳公司的无形资产价值，主要是指在不同购并目标下的相关收益，如壳公司已有的市场份额、壳公司的广告效应、税收优惠、壳公司产品的商标价值等。③壳公司所体现的虚拟价值，这种价值是由于企业上市流通股因资源稀缺而产生的，它纯粹由市场行为来决定，这种价值对用壳方来说是一种寻租价值。因为壳公司在我国特有的制度背景下，是一种垄断权利，可以获得垄断收益。但是我国证券市场的准入限制使得企业进入证券市场相当困难，企业为获得这种垄断收益，便会进行寻租活动，从而产生寻租成本。当寻租成本与利用壳资源取得垄断收益的成本一致时，这时的寻租成本与直接发行股票的固定成本之和便可视为壳资源的虚拟价值。

（五）利用关联方交易来扭亏

上市公司的股权通常被多个利益主体所掌控，这种复杂的股权结构使得上市公司与其母公司、子公司及附属公司、联营公司之间存在着千丝万缕的关联关系，当其经营业绩不佳时，这些关系便成为上市公司掩盖亏损、粉饰利润的最佳途径。为尽快扭亏为盈，上市公司可以利用关联方关系通过虚构业务、虚设交易、转移定价等方式来操纵利润，从而使得上市公司实现短期的目标利益最大化。关联交易是亏损公司进行盈余管理常用的重要手段。当上市公司发生亏损时，可通过与其关联方之间转移价格的方式来抬高其收入，进而对利润、净利润产生重大影响。具体而言，关联交易会给亏损公司带来以下预期收益：①增收效应。为实现上市公司扭亏为盈、保壳护壳的特殊目的，在关联企业之间发生的购销活动，产生这些价值差量会确认为收入，这些收入又会转化为企业利润，这就人为地增强了亏损上市公司的获得能力，从而改善其未来的财务状况，这也许是被许多投资者看中的卖点。②节税效应。亏损上市公司可能会通过人为地抬高或降低与其关联方的交易价格，调节各关联企业的成本和利润，以达到减轻其税负，使上市公司获取最大经济利润的目的。③扩资效应。当上市公司发生亏损时，其控股股东便可通过将其受控的关联方公司利润转移到自己的公司中，从而扩充自己的资本。另外，上市公司在交易过程中获取的资产和承担的义务都会改变企业的资产组合，企业资产组合的改变也会使企业的价值发生巨大的变化，这些不仅对企业当期经营收益发生影响，对未来企业的经营情况和生存发展都会产生重要影响。

（六）实施高管变更来扭亏

在以所有权与控制权相分离为特征的现代公司中，股东与管理者之间是委托代理关系。在公司内部控制上，由于存在内部人控制问题，股东和高管层在利益上存在不相容性，股东为保证投资者最大利益，有积极性和能力对上市公司的代理人即高管层进行监督。当公司绩效比同行业差时，管理层就面临控制权变更问题。一般认为，市场存在一种自动矫正的机制，即更换效率低下的管理者，使管理者与股东的利益保持一致。这种控制机制在投资者看来，当公司发生亏损时表现得尤为突出。一旦公司因经营管理层的失误而发生亏损，公司的高管极有可能被控股股东更换，投资者预期这种更换的可能会给亏损公司带来业绩提升的效应，从而为亏损公司创造价值。其原因在于两个方面：一是被更换的威胁会给现任的高管带来一些约束和激励。一个在位的高管可以按契约享受的报酬包括工资、奖金、股权等。因此，主要关心公司长期利益的所有者为了使经营者关心股东利益，尽可能地使用与股东利益相联系的长期股权激励方式，通过使经营者在一定时期内持有股权，可以使他们享受股权的增值收益，也可以使他们在一定程度上共同承担风险，以防止经营管理者的短期行为，激励和约束他们注重公司的长期绩效。一旦高管面临被更换的威胁，为避免股东给予自己的激励薪酬下降，他们会更加努力地去提高公司的长期业绩。同时，高管拥有的权利和地位会给他们带来巨大的激励力量。作为公司的高层，他们不仅看重自己的经济收入，而且也有自我实现和社会责任的追求。企业控制权授予与否、授予后控制权的制约程度等可以作为对企业家努力程度和贡献大小的相应回报。因此，为避免遭受惩罚，当公司面临亏损时，高管会想方设法努力挽救公司，尽快扭亏为盈，当然这也会增加高管盈余管理的动机，但这些都会使公司短期内业绩获得提升。而且，高管变更决策用终止契约作为约束工具，也会影响到高管的名誉和声望。如果高管被公司解聘，其在劳动力市场的名誉和声望就会受到负面影响，对其以后的职业生涯发展会不利。因此，为了避免这些不利影响，现任高管也会有提升公司业绩的强烈愿望。另外，由于有前任高管作为参照，新任高管会有动力使自己比前任干得更出色。这一方面源自于新任高管的丰富的经验和更强的能力，另一方面源自于他们内在的成就动机，希望自己在新的环境下有好的业绩表现。因此，变更后的新任高管会施展自己的才能尽快使亏损公司能扭亏为盈。因此，无论变更前的现任高管还是变更后的新任高管，都有动力努力去改善和提升公司现有业绩，从而使得亏损公司尽快扭亏为盈。

（七）借助于政府挽救

国有股权属性的特征决定了亏损上市公司具有被政府挽救的可能性。当带有国有股权属性的上市公司发生亏损时，出于社会责任、政治环境等因素的考虑，政府会通过对其采取减息、免税、补贴等挽救措施，尽量降低其亏损后带来的社会效应。因此，对于国有股权的亏损，上市公司往往可以通过寻求政府挽救而达到止亏、扭亏甚至改头换面的效果。政府通常会对亏损上市公司实施各种优惠政策，从而产生补贴效应。第一大股东为国有股的上市公司在亏损状态下，投资者普遍预期政府可能通过减息、补贴等措施对其实施挽救，从而给其绝处逢生的机会，这种预期会对其股价产生影响。胡旭阳、吴秋瑾（2004）通过对153家IPO的公司进行实证研究发现，对于中国亏损上市公司而言，在其发生亏损以前年度，市场投资者预期国有股权形成的经理层拥有控制权的治理模式的代理成本高于非国有股权决定的第一大股东治理模式。进而决定了国有股权属性的亏损上市公司在亏损以前年度股价低于非国有股权属性的上市公司；而在亏损当前及以后年度，尽管仍然存在国有股权形成的经理层拥有控制权的治理模式的代理成本高于非国有股权决定的第一大股东治理模式，但是由于国有股权属性的亏损上市公司存在国家政府通过减息、补贴等措施对其挽救的可能性，市场投资者预期其有绝处逢生的机会，进而决定了国有股权属性的亏损上市公司在亏损当年及以后年度股价高于非国有股权属性的亏损上市公司。

第三节　股东特质与亏损扭转实证研究

一、研究假设

本章依据控股股东性质对有控股股东的亏损上市公司进行了划分，分为国有产权属性的亏损上市公司和私有产权属性的亏损上市公司两类，并分析了国有股东和其他股东在亏损偏好程度、扭亏动机和支持程度、扭亏途径的选择等方面存在的差异，以及这些差异对国有产权属性的亏损上市公司和私有产权属性的亏损上市公司在亏损逆转的程度上产生的影响。

（一）亏损偏好程度上的差异

在我国，尽管国有产权属性的上市公司名义上是被国家控制，但由于国有股东主体的虚位，其实际控制权往往在相关的政府部门手中，而国有产权属性的上市公司的现金流量权被高度分散于全体国民手中［肖利和沃化（Shirley，

Walsh，2000）；徐莉萍，等，2006］，这使得掌控上市公司的政府部门并没有显著的现金流量权，从而导致国有控股股东控制权和现金流权的分离。对于亏损上市公司而言，这种分离会导致两种效应：其一是亏损加剧，由于国有控股股东会为自身利益侵害中小股东利益，他们的利己行为很可能导致已经处于困境的上市公司雪上加霜，这体现出国有控股股东对亏损的偏好；其二是亏损缓解甚至扭亏，这是因为一方面控制权和现金流权的分离能减少政府对公司经营决策的过多干涉，使公司绩效改善［希尔菲和维希尼（Shleifer，Vishny，1993）；希尔菲（Shleifer，1998）；霍尔曼，等（Hellman et.，2000）］；另一方面由于分离有助于形成公司内部融资市场，可以有效缓解外部融资压力，降低融资成本［威廉臣（Williamson，1985）；斯坦恩（Stein，1997）］，这体现出国有控股股东对亏损的厌恶。从这两种效应来看，国有控股股东对亏损的偏好要视两种效应孰高孰低而定。相比之下，其他性质控股股东（如典型的自然人控股股东）的控制权和现金流权相对统一，他们自身的财富往往与他们所掌控的上市公司业绩息息相关。因此，他们当然希望自己所控制的上市公司业绩长期向好。从这种意义上看，其他属性的控股股东会比国有属性的控股股东更加厌恶亏损。

（二）扭亏动机和支持程度上的差异

对于国有控股股东而言，上述控制权和现金流权的分离，同样会导致其在对亏损上市公司的扭亏动机上明显弱于其他属性的控股股东。从扭亏支持程度来看，以政府部门为实际控制人的国有控股股东出于最大化自身部门的利益的考虑，可能会对上市公司的亏损置之不理，甚至对其落井下石，运用转移价格、由上市公司提供债务担保、无偿占用上市资金等一些不正当的手段"掏空"（Tunneling）已经处于困境的上市公司，使得上市公司的扭亏更是难上加难。相比之下，其他性质的控股股东与亏损上市公司的业绩联系得更为紧密，他们可能会通过选择关联方交易、资产置换等方式对上市公司进行"支持"（Propping）。尽管这种利益输送可能只是为其以后进行更多的利益掏空而事先付出的代价［里亚托和图尔斯曼（Riyanto，Toolsema，2003）；佟岩、程小可，2007；吉安和荣（Jian，Wong，2007）］，是一种暂时的行为，但起码会使得亏损上市公司的业绩即刻出现好转，甚至是扭亏为盈。从这种角度来看，其他属性的控股股东比国有控股股东对亏损上市公司的扭亏支持程度更大。

（三）扭亏途径选择上的差异

由于国有控股股东的实体多为政府部门或者是与政府有密切关联的国有企业，这种国有身份使得该类控股股东对政府有过分依赖的思想，一旦他们控股的上市公司发生亏损，出于对自身利益保护或政绩提升的目的，他们可能会首先考虑借助于政府之手这种外部力量去帮助亏损上市公司扭亏，而且他们与政府之间的特殊关系往往使得亏损上市公司优先获得补贴收入或政策优惠。相比之下，其他控股股东则不存在这种特殊的政府关系，对于上市公司的亏损，他们可能更多地借助于自身的力量，要么通过内部的管理运作、资本结构调整等内部途径来扭亏，要么通过重组、关联方交易等外部途径来扭亏。因此，国有控股股东相对于其他控股股东而言，在扭亏途径的选择上更倾向于外部力量。

根据上文的分析，提出以下研究假设：

在扭亏为盈的亏损上市公司中，国有产权属性的亏损上市公司在内部扭亏途径中比私有产权属性的亏损上市公司更倾向于使用扩员、增加无形资产、高管变更、削减成本等具体措施。

在扭亏为盈的亏损上市公司中，国有产权属性的亏损上市公司在外部扭亏途径中比私有产权属性的亏损上市公司更倾向于使用税收减免、资产置换、担保、资产出售与转让、补贴收入及债务重组等具体措施。

在同等条件下，私有产权属性的上市公司管理层比国有产权属性的上市公司管理层具有更强烈的扭亏动机。

在同等条件下，私有产权属性的亏损上市公司进行扭亏的程度明显高于国有产权属性的亏损上市公司。

二、研究设计

（一）数据选择

本章选择 2005 年发生亏损的 277 家样本公司进行实证检验。其中，在亏损后的第一年度（2006 年度）发生扭亏为盈的有 171 家，未发生扭亏为盈的有 106 家。在发生扭亏为盈的亏损上市公司中，国有控股的亏损上市公司有 98

家，其他股东控股的亏损上市公司有 73 家。全部样本中，国有产权属性的亏损上市公司有 151 家，私有产权属性的亏损上市公司有 126 家。研究样本的具体选择过程如表 6-1 所示。其数据主要来源于锐思金融数据库（RESSET），部分数据来自于和讯网和金融界网的个股资料。数据处理所用的软件为 Excel、Spss17.0。

（二）被解释变量的设计

考虑到我国资本市场的特殊性和张昕（2008）提到季度盈余预测方法的优越性，以及大多数公司在亏损后的第一季度会有更加明显的扭亏行为，本章选择亏损后第一季度资产标准化后的季度盈余（即资产净利率，$JROA_{10}$）与亏损当年资产标准化后的年度资产净利率（即 $ROAA_1$）之差（即 $JROA10 = JROA_1 - ROAA_0$）来表示亏损上市公司在亏损后发生亏损逆转的程度，该值越大，说明亏损上市公司在亏损以后发生的扭亏程度越大，即扭亏效果越好。

（三）解释变量的设计

为了反映各类亏损上市公司的控股股东特质，本章设置了以下解释变量：

GDLB 表示亏损上市公司大股东的产权性质是国有属性还是私有属性。在所选的亏损上市公司样本中，如果控股股东是国有产权属性，则 GDLB 取值为 1，否则为 0。

表 6-1　　　研究样本的筛选过程（样本期间：2005 年）

观测年度	2005
全部亏损上市公司年度观测值	312
剔除：	
外资控股的亏损上市公司	16
金融保险类亏损上市公司	3
数据缺失的亏损上市公司	11
数据异常的亏损上市公司	5
最终选择的公司年度样本量	277
按照是否发生扭亏为盈进行的分组：	

表6-1(续)

观测年度	2005
未发生扭亏为盈的样本量	106
发生扭亏为盈的样本量	171
其中：国有股东控股组	98
其他股东控股组	73
按照控股股东属性进行的分组：	
国有产权属性的亏损样本组	151
私有产权属性的亏损样本组	126

(四) 控制变量的设计

考虑到除大股东性质之外的其他变量也可能对亏损上市公司的扭亏程度产生影响，本章设置了以下一些主要的控制变量：

1. 亏损是否是首次发生的情况对亏损上市公司的扭亏程度的影响

由于亏损状态的持续性直接决定着公司以后的业绩情况，因而各个公司发生亏损的历史情况在很大程度上会影响到其以后亏损扭转的可能性。从当年的亏损是否是首次发生来看，首次亏损的公司发生扭转的概率应该比非首次发生亏损的公司要高。荣斯和普列斯克（Joos，Plesko，2005）的实证研究表明，上市公司过去亏损的频率和相对程度对公司第二年度发生亏损扭转的可能性会有重要影响。他们认为，如果上市公司当年亏损是首次发生的，亏损扭转的可能性较其他非首次发生亏损的公司更大。由此，本章认为当年度首次发生亏损的公司比非首次发生亏损的公司在第二年度发生亏损扭转的程度更大。这里引入上市公司是否首次亏损（SHCK）变量，如果上市公司在当年的亏损是首次亏损，则SHCK取值为1，否则为0，并预期首次亏损与否的情况对亏损上市公司的扭亏程度存在正面影响。

2. 公司规模对亏损上市公司的扭亏程度的影响

许多学者都意识到公司规模的大小对公司发生亏损扭转的可能性和时间存在影响。斯坦恩（Satin，1992）认识到规模大的亏损公司比规模小的亏损公司更容易摆脱财务困境，因而继续生存的可能性要大些。汉恩（Hayn，1995）的研究表明，规模大的公司相对于小公司发生亏损的频率要低得多，因此，其发生亏损扭转的概率会较高。克雷和马夸特（Klein，Marquardt，2005）检验了1951—2001 年间的 50 年、涉及 259 719 个样本发生会计亏损的会计和非会计原因。小公司多元化程度越小，风险越高，扣除研发支出后的现金流回报负得越多。他们比大规模公司更有可能发生在商业周期期末，而且具备这些特征的公司在该年度更有可能发生会计亏损。由此，本章预期公司规模对亏损上市公司的扭亏程度有正面影响，并用年末总资产账面价值的自然对数（SIZE）来衡量。

3. 公司成长性对亏损上市公司的扭亏程度的影响

从公司的发展潜力来看，较高的销售增长率意味着公司有更多的资金去盈利，这预示着公司发生亏损扭转可能性会较大。雷布（Rayburn，1987）通过实证研究发现许多公司的特殊要素（如公司的规模、成长性及债务风险等）会引起亏损公司的股价发生变化。伊斯顿和扎米杰克（Easton，Zmijewski，1989）以及克林斯和科塔里（Collins，Kothari，1989）通过经验数据分析也发现亏损上市公司的扭亏程度与公司成长性之间呈正相关关系。由此，本章预期公司的成长性对亏损上市公司的扭亏程度有正面影响，这里引入了收入增长变量，并用营业收入增长率（INZJ）来衡量。

4. 公司负债情况对亏损上市公司的扭亏程度的影响

从公司的资本结构来看，公司资产负债率过高，说明公司的偿债能力出现了实质性问题，其以后年度发生扭亏的可能性会较小。波普和王荣（Pope，Wang，2004），荣斯和普雷克（Joos，Plesko，2005）的研究表明，公司的债务负担越重，其发生亏损扭转的可能性越小。由此，本章预期公司负债情况对亏损上市公司的扭亏程度有负面影响，这里引入了资产负债率（FZQK）变量来表示公司负债情况，并用亏损当年负债总额除以资产总额来衡量。

5. 公司所处的行业属性对亏损上市公司的扭亏程度的影响

索吉安尼斯（Sougiannis，1994）等学者的研究均表明，如电子、制药等技术密集型亏损公司比其他劳动和资本密集型亏损公司具有更多的投资价值，而且其未来的经营业绩与公司的研发支出之间存在关联性。肖特里奇（Shortridge，

2004）检验了制药行业的研发支出的价值相关性，发现研发支出与公司股票价格正相关，对于那些高研发产出率的公司尤为如此。弗兰岑（Franzen，2006）发现，对于那些研发密集型亏损公司，负面盈余的经验模型将其解释力提高45%，其中负盈余和会计盈余模型的调整系数分别达到32%和22%。考虑到大多数亏损样本都分别在制造业，本章依据公司是否属于制造业来设置行业虚拟变量（INDU），以控制行业间的差异对亏损扭转程度产生的影响，如果属于制造业，INDU 取值为1，否则为0。

（五）模型的构建

为检验亏损上市公司的控股股东特质（产权属性）对亏损上市公司发生扭亏的程度或效果进行进一步的分析，本章设置了如下的线性回归模型：

$$JROA10 = \alpha + \beta_1 GDLB + \beta_2 SHCK + \beta_3 SIZE + \beta_4 INZJ + \beta_5 FZQK + \beta_6 INDU + \varepsilon \tag{1}$$

说明：选择亏损后第一季度资产标准化后的季度盈余（即资产净利率，JROA10）与亏损当年资产标准化后的年度资产净利率（即 ROAA1）之差（即 JROA10 = JROA1 − ROAA0）来表示亏损上市公司在亏损后发生亏损逆转的程度；GDLB 表示亏损上市公司大股东的产权性质是国有属性还是私有属性。在所选的亏损上市公司样本中，如果控股股东是国有产权属性的，则 GDLB 取值为1，否则为0；上市公司是否首次亏损（SHCK）变量，如果上市公司在当年的亏损是首次亏损，则 SHCK 取值为1，否则为0；用年末总资产账面价值的自然对数（SIZE）来衡量公司规模；用营业收入增长率（INZJ）来衡量成长性；用资产负债率（FZQK）变量来表示公司负债情况，依据公司是否属于制造业来设置行业虚拟变量（INDU），以控制行业间的差异对亏损扭转程度产生的影响。

三、实证分析

（一）样本公司的扭亏途径类别与扭亏措施的分布情况统计

为了对两类公司在扭亏途径选择上进行比较，这里选择了2005年发生亏损的277家样本公司中扭亏为盈的171家公司进行统计分析，表6-2列示了2005年发生亏损，但2006年又扭亏为盈的171家样本公司的扭亏途径类别与扭亏措施的具体分布情况。

从表 6 - 2 显示的统计结果来看,总体而言,所有 2005 年发生亏损的上市公司在亏损以后都使用了内部扭亏途径去扭亏,绝大多数(171 家亏损样本中有 152 家公司使用了外部扭亏途径)的亏损上市公司在亏损以后也都使用了外部扭亏途径去扭亏,说明大多数亏损上市公司在亏损以后会同时使用内部扭亏途径和外部扭亏途径去扭亏,这可能是出于他们强烈的扭亏动机所致。

在内部扭亏途径中,国有产权属性的亏损上市公司更多地使用了扩员(占到使用该类措施的亏损样本的 80.95%)、增加无形资产(占到使用该类措施的亏损样本的 75%)、高管变更(占到使用该类措施的亏损样本的 62.75%)、削减成本(占到使用该类措施的亏损样本的 61.48%)四种具体的内部扭亏措施(其所占样本比例均高于私有产权属性的亏损上市公司)。而私有产权属性的亏损上市公司更多地使用了裁员(占到使用该类措施的亏损样本的 56.57%)的内部扭亏措施,而国有产权属性的亏损上市公司则较少地使用了裁员这一内部扭亏措施。这可能是由于国有产权属性的亏损上市公司往往肩负着营利性和社会性双重目标,这使得它们在实现企业价值最大化的同时,往往要兼顾社会贡献最大化的目标(俞建国,1998)。一旦裁员,势必引起较高的就业压力和较多的社会问题,所以,国有产权属性的亏损上市公司在内部扭亏途径时更少地考虑了裁员。相反,它们采取了扩员等方面去扭亏,相比之下,私有产权属性的亏损上市公司则较少地考虑社会责任,它们更多地是从公司价值和自身利益的角度去做出扭亏措施的选择。在外部扭亏途径中,国有产权属性的亏损上市公司更多地使用了税收减免(占到使用该类措施的亏损样本的 82.35%)、资产置换(占到使用该类措施的亏损样本的 66.67%)、担保(占到使用该类措施的亏损样本的 63.93%)、补贴收入(占到使用该类措施的亏损样本的 60.00%)、资产出售与转让(占到使用该类措施的亏损样本的 59.62%)、债务重组(占到使用该类措施的亏损样本的 59.38%)等具体的外部扭亏措施,相比之下,私有产权属性的亏损上市公司较少地使用外部扭亏措施去扭亏。这些数据基本证实了前文的假设 1 和 2。

表 6－2　2005 年亏损，2006 年扭亏为盈的 171 家样本公司扭亏途径分布情况

单位：家、%

扭亏途径类别	具体扭亏措施	公司数	国有产权属性的公司	私有产权属性的公司	国有产权属性的公司占各类公司比例	国有产权属性的公司占全部样本比例	私有产权属性的公司占全部样本比例
内部扭亏	"洗大澡"	132	70	62	53.03	40.94	36.26
	增加固定资产	62	34	28	54.84	19.88	16.37
	增加无形资产	52	39	13	75.00	22.81	7.60
	停减股利	163	93	70	57.06	54.39	40.94
	高管变更	153	96	57	62.75	56.14	33.33
	削减成本	122	75	47	61.48	43.86	27.49
	提高运营效率	122	69	53	56.56	40.35	30.99
	增加销售收入	107	62	45	57.94	36.26	26.32
	提高现金回收率	106	59	47	55.66	34.50	27.49
	裁员	99	43	56	43.43	25.15	32.75
	扩员	63	51	12	80.95	29.82	7.02
	合计	171	98	73	57.31	57.31	42.69
外部扭亏	债务重组	32	19	13	59.38	11.11	7.60
	资产出售与转让	52	31	21	59.62	18.13	12.28
	资产置换	21	14	7	66.67	8.19	4.09
	补贴收入	55	33	22	60.00	19.30	12.87
	税收减免	34	28	6	82.35	16.37	3.51
	关联交易	152	89	63	58.55	52.05	36.84
	发行债券	2	1	1	50.00	0.58	0.58
	增股配股	41	22	19	53.66	12.87	11.11
	担保	61	39	22	63.93	22.81	12.87
	合计	152	89	63	58.55	52.05	36.84
总计		171	98	73	57.31	57.31	42.69

注：增加固定资产、增加无形资产、削减成本、提高运营效率、增加销售收入、提高现金回收率、

发行债券以及增股配股的情况，分别是根据亏损上市公司从 2005—2006 年的固定资产变化、无形资产变化、销售成本率变化、总资产周转率变化、营业收入变化、现金回收率变化、应付债券变化以及股本变化等情况来判断的；裁员和扩员的情况是根据亏损上市公司从 2005—2006 年的职工人数变化来判断的；高管变动情况是根据 2005—2006 年亏损上市公司董事会、监事会、高管层成员任职变动的情况进行统计的，在变动原因中扣除由于逝世、退休、正常换届等原因产生的高管变更；是否存在"洗大澡"行为的判断规则是：在第四季度仍然为亏损的前提下，如果第四季度利润与前三季度利润比值超过 1，表明存在明显"洗大澡"行为嫌疑；停减股利是根据 2006 年是否发放股利的情况来判断的；债务重组、资产出售与转让以及资产置换的情况是根据资产重组的类别情况来判断的；补贴收入和税收减免是根据亏损上市公司接受各种补贴收入和税收减免返回的情况来统计的；关联交易和担保是根据亏损上市公司的关联交易和担保情况来统计的。由于同一家亏损上市公司可能同时采用几种不同的扭亏途径。因此，各项扭亏途径的公司数目所占样本的比例加总后并不一定等于 100%，各类别扭亏途径的公司数目所占样本的比例加总后也不一定等于 100%。

同时注意到，从全部样本公司来看，国有产权属性的亏损上市公司使用最多的内部扭亏措施是高管变更（占全样本的 56.14%），其次是停减股利（占全样本的 54.39%），使用最少的内部扭亏措施是增加固定资产（仅占全样本的 19.88%），这说明我国国有产权属性的亏损上市公司受到国家、地方政府的干预程度相对较高。当公司出现业绩下滑时，政府主管部门可能倾向于通过行政手段较为频繁地更换高管人员，以期通过淘汰机制加大高管人员的激励程度来改善上市公司的亏损局面。另外，从全部样本公司来看，国有产权属性的亏损上市公司使用最多的外部扭亏措施是关联方交易（占全样本的 52.05%），其次是担保和补贴收入（分别占全样本的 22.81% 和 19.03%），使用最少的外部扭亏措施是发行债券（仅占全样本的 0.58%）。这与戴德明、邓璠（2007）的研究结论一致，说明我国大多数亏损上市公司在发生亏损后倾向于利用关联方交易的手段转嫁其发生的亏损，以牺牲关联方企业的利益为代价，确保自身的业绩好转。

此外，无论是内部扭亏途径的各项具体扭亏措施，还是外部扭亏途径的各项具体扭亏措施（除发行债券之外），国有产权属性的亏损上市公司所占全样本的比例均明显高于私有产权属性的亏损上市公司，这初步表明国有产权属性的亏损上市公司比私有产权属性的亏损上市公司在亏损以后扭亏的积极性更高些。

(二) 国有产权属性的亏损上市公司与私有产权属性的亏损上市公司在扭亏动
机上的比较

为检验国有产权属性对亏损上市公司的扭亏动机的影响,本章选择了2005
年发生亏损的151家国有产权属性的上市公司和发生亏损的126家私有产权属
性的上市公司进行独立样本的T检验,报告结果如表6-3和表6-4所示。

表6-3 国有产权属性组和私有产权属性组的统计量结果

	GDLB	N	均值	标准差	均值的标准误
NKSD	1.000	151.000	1.411	0.656	0.053
	0.000	126.000	1.563	0.872	0.078

表6-4 国有产权属性组和私有产权属性组的独立样本检验

		方差方程的Levene检验		均值方程的t检验					差分的95%置信区间	
		F	Sig.	t	df	Sig.（双侧）	均值差值	标准误差值	下限	上限
NKSD	假设方差相等	5.109	0.025	-1.664	275.000	0.097	-0.153	0.092	-0.334	0.028
	假设方差不相等			-1.622	228.512	0.106	-0.153	0.094	-0.339	0.033

从表6-3和表6-4报告的结果来看,F=5.109,Sig.=0.025,表明两独
立样本总体方差是非齐次的,即两组方差存在显著差异,又根据表6-3中显示
的方差不相等时t检验结果为:t=-1.622,df=228.512,Sig.=0.106,这表
明国有产权属性的亏损上市公司组和私有产权属性的亏损上市公司组在扭亏速
度上并无显著差异,说明在同等条件下,两类亏损上市公司在扭亏动机的强烈
程度上并无明显区别,这就无法证实前文的假设3。究其原因可能是:国有产
权属性的亏损上市公司尽管存在控制权和现金流权的分离,但是作为国有产权
主体的政府部门为突出自己的政绩,在上市公司发生亏损以后也会产生强烈的
扭亏动机。但是,这种扭亏为盈的动机可能是他们为了以后待该上市公司业绩
好转时进行更多的利益攫取而事先做的准备。因此,这种动机更有可能是虚假

的扭亏动机。私有产权属性的亏损上市公司由于同时掌握控制权和现金流权，当上市公司发生亏损后，为了保全自身的财富价值，它们同样会产生强烈的扭亏动机，而且这种动机应该更为真实。由此，导致国有产权属性的亏损上市公司和私有产权属性的亏损上市公司在亏损以后的扭亏速度均值上都接近于一年半的时间，这表明两类亏损上市公司几乎都是在亏损后的一年半时间发生亏损逆转，它们在扭亏动机的强烈程度上并无明显差异。

为确保上述检验结果的可靠性，本章还采用非参数检验方法对国有产权属性对亏损上市公司扭亏动机的影响进行检验。非参数检验使用的是 Mann - Whitney U 检验方法，原假设为两独立样本的扭亏动机（这里用从发生亏损到扭亏为盈的时间间隔来表示）的强烈程度相同，检验报告的结果如表6-5所示。

表6-5 　　　　　　　　　　　Mann - Whitney U 检验结果

	GDLB	N	秩均值	秩和	Mann - Whitney U	Wilcoxon W	Z	渐近显著性（双侧）
NKSD	0.000	126	144.738	18 237.000	8 790.000	20 266.000	-1.278	0.201
	1.000	151	134.212	20 266.000				
	总数	277						

表6-5报告的结果显示，国有产权属性的亏损样本组的平均秩为144.738，私有产权属性的亏损样本组的平均秩为134.212，Mann - Whitney U = 8 790.000，Wilcoxon W = 20 266.000，Z = -1.278，渐近显著性水平为0.201。因此，接受原假设，即表明两个独立样本组在扭亏动机的强烈程度上并无明显差异，这与 T 检验的结果相同，进一步证实了国有产权属性的亏损上市公司与私有产权属性的亏损上市公司在扭亏动机的强烈程度上相同。

（三）国有产权属性的亏损上市公司与私有产权属性的亏损上市公司在扭亏程
　　　度上的比较

为了检验国有产权属性对亏损上市公司的扭亏程度的影响，本章选择了2005年发生亏损的151家国有产权属性的上市公司和发生亏损的126家私有产权属性的上市公司进行独立样本的 T 检验，报告结果如表6-6和表6-7所示。

表6-6　　　　　国有产权属性组和私有产权属性组的统计量结果

	GDLB	N	均值	标准差	均值的标准误
JROA10	0.000	126.000	0.217	0.299	0.027
	1.000	151.000	0.097	0.087	0.007

表6-7　　　　国有产权属性组和私有产权属性组的独立样本检验

		方差方程的 Levene 检验		均值方程的 t 检验					差分的95% 置信区间	
		F	Sig.	t	df	Sig.（双侧）	均值差值	标准误差值	下限	上限
JROA10	假设方差相等	35.609	0.000	4.701	275.000	0.000	0.120	0.026	0.070	0.170
	假设方差不相等			4.355	142.831	0.000	0.120	0.028	0.066	0.174

从表6-6和表6-7报告的结果来看，F=35.609，Sig.=0.000，表明两独立样本总体方差是非齐次的，即两组方差存在显著差异。又根据表7中显示的方差不相等时 t 检验结果为：t=4.355，df=142.831，Sig.=0.000，这表明国有产权属性的亏损上市公司组和私有产权属性的亏损上市公司组在扭亏程度上存在显著差异，而且从均值结果来看，私有产权属性的亏损上市公司组发生的扭亏程度明显高于国有产权属性的亏损上市公司组，说明在同等条件下，私有产权属性的亏损上市公司进行扭亏的效果明显好于国有产权属性的扭亏效果，这就证实了前文的假设4。究其原因可能是：对国有产权属性的亏损上市公司而言，由普遍存在的两权分离问题导致的对亏损上市公司的利益攫取效应超过了由于两权分离带来的行政干预程度降低和融资成本减少等利好效应；而对私有产权属性的亏损上市公司而言，自然人股东或其他法人股东强烈的扭亏意愿使其竭尽全力扭亏，最终使得私有产权属性的亏损上市公司在扭亏效果上明显好于国有产权属性的亏损上市公司。

为确保上述检验结果的可靠性，本章还采用非参数检验方法对国有产权属性对亏损上市公司扭亏动机的影响进行检验。非参数检验使用的是 Mann - Whitney U 检验方法，原假设为两独立样本的扭亏程度相同，检验报告的结果如

表 6 - 8 所示。

表 6 - 8   Mann - Whitney U 检验结果

	GDLB	N	秩均值	秩和	Mann - Whitney U	Wilcoxon W	Z	渐近显著性（双侧）
NKSD	0.000	126	160.143	20 178.000	6 849.000	18 325.000	-4.013	0.000
	1.000	151	121.358	18 325.000				
	总数	277						

表 6 - 8 报告的结果显示，国有产权属性的亏损样本组的平均秩为 160.143，私有产权属性的亏损样本组的平均秩为 121.358，Mann - Whitney U = 6 849.000，Wilcoxon W = 18 325.000，Z = - 4.013，渐近显著性水平为 0.000，因此，拒绝原假设，即表明两个独立样本组在扭亏动机的强烈程度上存在明显差异，这与 T 检验的结果相同。进一步证实了国有产权属性的亏损上市公司在发生亏损后的扭亏效果明显好于私有产权属性的亏损上市公司。

（四）回归分析

利用 SPSS17.0 对反映各变量关系的模型（1）对 2005 年的亏损样本数据进行多元线性回归分析，其结果如表 6 - 9 所示。从表 6 - 9 显示的回归结果来看，全样本和分组样本数据进行模型回归的检验结果 F 值均在 1% 的统计水平上显著，说明线性回归模型拟合的效果较好；由于各测试变量和控制变量的方差膨胀因子最大值均小于 2，容许度都大于 0.5，说明各自变量之间不存在严重的多重共线性问题；各个模型的自相关 Durbin - Watson 值均接近于 2，说明各模型不存在一阶序列相关性。

表 6 - 9   2005 年度亏损上市公司扭亏程度的 OLS 回归结果

变量	全样本			
	(01)		(1)	
	系数	T 值	系数	T 值
截距	1.246***	4.925	1.229***	4.866
GDLB	- 0.074***	- 2.892	- 0.077***	- 3.021

表6-9(续)

变量	全样本			
	(01)		(1)	
	系数	T值	系数	T值
SHCK	-0.049*	-1.737	-0.050*	-1.786
SIZE	-0.050***	-4.069	-0.050***	-4.087
INZJ	-0.002	-1.250	-0.002	-1.150
FZQK	0.004	0.981	0.004	0.952
行业	未控制		控制	
样本	277		277	
F	12.215***		10.559***	
Adj R^2	0.169		0.172	
Durbin-Watson	1.913		1.911	
VIF_{max}	1.388		1.388	

注：***、*分别表示在1%、10%的统计水平上显著；行业虚拟变量中的"控制"代表其参与了相应模型的回归过程，"未控制"代表其没有参与相应模型的回归过程，因篇幅所限，此处没有将行业虚拟变量的检验结果列示出来。

从表6-9对2005年发生亏损的全样本回归结果可以看出：

(1) 对于解释变量而言，无论是控制行业变量的模型（即模型1）还是没有行业变量的模型（即模型01），控股股东类别（GDLB）变量的符号都与预期相符，且在统计上显著为负。这更进一步表明私有产权属性的亏损上市公司在亏损后发生的扭亏程度明显高于国有产权属性的亏损上市公司，从而再次证实了前文的假设4。究其原因，可能是对于私有产权属性的亏损上市公司而言，私人控股股东同时掌握上市公司的控制权和现金流量权，使得上市公司的经营业绩和公司价值与控股股东的个人利益息息相关，这促使他们在上市公司发生亏损以后积极主动地扭亏。而对于国有产权属性的亏损上市公司而言，由于控股股东的主体缺位，而且作为其代表的政府部门普遍存在趋利避害行为，如果控股股东所控制的上市公司盈利了，他们会通过盈余管理、关联方交易等手段进行利益攫取［巴克利和霍尔德内斯（Barclay, Holderness, 1989）；伯格斯特龙和吕德奎斯特（Bergstrom，Rydqvist，1990）；克莱森斯、德加科夫和朗基（Claessens，Djankov，Lang，2000）；贝特朗、梅塔和梅伦纳珊（Bertrand，Mehta，Mullainathan，2002）；贝恩、康基和吉姆（Bae，Kang，Kim，2002）；李增泉、孙铮、王志伟，2004；刘峰、贺建刚、魏明海，2004；吕长江、肖成民，2006；高雷、宋顺林，2007］，一旦他们所控制的上市公司发生亏损，为了减少自身的连带责任，维护自身的利益，控股股东可能会视而不见，甚至会采取减资、撤资或者转移资产等方式对亏损上市公司进行釜底抽薪，这无疑加重了亏损上市公司实现扭亏的难度。因此，即使其他非控股股东以及公司管理层竭尽全力去减亏、扭亏以及改善亏损上市公司的业绩，但其扭亏的效果和亏损逆转的程度并不理想，这使得国有产权属性的亏损上市公司发生扭亏的程度明显低于私有产权属性的亏损上市公司。这与弗莱德曼、杰森和米顿（Friedman，Johnson，Mitton，2003）的研究结论并不一致，他们认为在法律对投资者保护较差的市场环境下，上市公司的控制性股东具有利益输送（Tunneling）动机，但当上市公司处于困境时也同样具有利益支持（Propping）的动机。他们认为，控制性股东并不总是掏空公司，他们也有支持公司的时候（尤其在公司陷入财务困境时），控制股东对所控制的上市公司存在利益输送行为以帮助其脱离财务困境。对结论不一致的原因，本章认为主要是由于样本选择的不同，几乎所有前期发现控股股东对处于财务困境的上市公司存在利益支持行为的研究文献所选择的样本都是营利上市公司或者是营利和亏损的混合样本（这其中营利公司所占比例远远高于亏损公司），控股股东对于该类上市公司的前途普遍充满信心，看好其未来发展潜力和获利能力。因此，即使营利上市公司出现暂时的财务困境，他们也会通过利益输送去帮助其缓解，但其根本目的是为了以后待该上市公司业绩好转时进行更多的利益攫取。对于亏损上市公司而言，特别是对于连续几年亏损或者亏损幅度较大的上市公司，控股股东可能认为该类上市公司前途渺茫，并没有像 Friedman、Johnson 和 Mitton（2003）等学者所认为的那样，对其进行利益支持以帮助其渡过难关，而是恰恰相反，对其或是置之不理或是进行釜底抽薪。

（2）对于控制变量而言，无论是控制年度和行业变量的模型（即模型1）

还是没有控制年度和行业变量的模型（即模型 01），首次亏损与否变量（SHCK）的符号均与预期的相反，并都在 10% 的统计水平上显著为负，这表明首次亏损的上市公司在亏损以后发生扭亏的程度更小，而已经发生多次亏损、特别是连续亏损的上市公司在亏损以后发生扭亏的程度较大。究其原因可能是由于我国现行的关于 ST、PT 的规定以及退市制度的约束所致，根据中国证监会于 2003 年 3 月 18 日颁布并实施了"关于执行《亏损上市公司暂停上市和终止上市实施办法（修订）》的补充规定"，上市公司如果连续 2 年亏损、亏损 1 年且净资产跌破面值、公司经营过程中出现重大违法行为等情况之一，交易所对公司股票进行特别处理，亦即 ST 制度；对 ST 公司，如果再出现问题，比如下年继续亏损从而达到《公司法》中关于连续 3 年亏损限制的，则进行 PT 处理；如果公司出现最近三年连续亏损且在限期内未能消除的情形，则公司会面临被终止上市的风险。对于那些非首次亏损的上市公司，出于规避被 ST、PT 处理而暂停上市以及退市风险的考虑，他们在亏损以后扭亏为盈的动机和扭亏力度会更大，因此，其亏损逆转的程度比首次亏损的上市公司更高。对于模型（1）和模型（01）而言，公司规模变量（SIZE）的符号均与预期的相反，并都在 1% 的统计水平上显著为负，这说明亏损上市公司的规模越小，其在亏损以后发生亏损逆转的程度就越大，这与 Hayn（1995）、Klein 和 Marquardt（2005）的结论刚好相反。究其原因，可能是由于我国规模小的亏损上市公司自身包袱较轻，内部调整更为灵活，一旦发生亏损，其能够在短时间内迅速扭亏为盈，致使其比规模大的上市公司更为容易发生亏损逆转。对于模型（1）和模型（01）而言，公司负债情况变量（FZQK）的符号均与预期相反，但并不显著，这说明亏损上市公司的负债情况在一定程度上对其发生扭亏的程度有促进作用。这与 Joos 和 Plesko（2005）的结论刚好相反。究其原因，可能是由于我国亏损上市公司的资产负债率普遍偏高（本章选择的样本公司资产负债率均值达 114.64%），并且多数亏损上市公司处于资不抵债的窘境，使得债权人出于保护自身利益的动机去督促或者通过减息免息、延长付款期限等方式帮助亏损上市公司尽快摆脱亏损困境，最终使得债务负担过重的亏损上市公司发生扭亏的程度更大。对于模型（1）和模型（01）而言，公司成长性变量（INZJ）的符号均与预期相反，但同样不显著，这说明成长性差的亏损上市公司发生扭亏的程度在一定程度上比成长性好的亏损上市公司要大，这与 Easton 和 Zmijewski（1989）、Collins 和 Kothari（1989）的结论也刚好相反。究其原因，可能是由于我国亏损上市公司的营业收入增长率普遍为负数（从表 6 - 4 可知全样本的营业收入增长率均值为 - 11. 2%），即多数亏损上市公司的营业收入下降了，对于那些营业收入下降幅度大（即成长性较差）的亏损上市公司而言，为了保住其壳资源的价值，公司管理层会更为积极主动地采取扭亏措施去改善公司的经营业绩，使得该类亏损上市公司发生扭亏的程度比那些营业收入下降幅度小（即成长性相对较好）的亏损上市公司更大。

四、研究结论及政策含义

本章以 2005 年中国发生亏损的 277 家上市公司为样本，运用描述性统计分析、两独立样本的 T 检验和非参数检验的方法对控股股东特质（国有产权和私有产权属性）对亏损上市公司的扭亏途径及其扭亏效果进行了实证研究，结果发现：在扭亏为盈的亏损上市公司中，国有产权属性的亏损上市公司在内部扭亏途径中比私有产权属性的亏损上市公司更倾向于使用扩员、增加无形资产、高管变更、削减成本等具体措施；在外部扭亏途径中比私有产权属性的亏损上市公司更倾向于使用税收减免、资产置换、担保、资产出售与转让、补贴收入及债务重组等具体措施。在同等条件下，无论是国有产权属性的上市公司还是私有产权属性的上市公司，当它们发生亏损时，公司的管理层都存在相同程度的扭亏动机，但是，私有产权属性的亏损上市公司在亏损以后发生的扭亏程度明显高于国有产权属性的亏损上市公司。本章研究的不足之处在于：在研究样本的选择上，本章仅仅以 2005 年发生亏损的上市公司为研究对象进行横截面分析，忽视了年度因素对亏损上市公司扭亏效果产生的影响；在控制变量中，没有考虑宏观经济因素（如经济周期、行业景气度等）对亏损上市公司扭亏效果的影响，这些可能对最终的研究结论会造成一定的影响。

本章的政策含义是：由于私有产权属性的亏损上市公司在亏损以后发生的扭亏程度明显高于国有产权属性的亏损上市公司，因此，建议进一步通过国有股转持等方式降低国有股比例，增加机构投资者和自然人持股的比例，以最大限度地改善上市公司的经营业绩。为使亏损上市公司尽快扭亏为盈，管理层应该考虑同时使用内部扭亏途径和外部扭亏途径来帮助亏损上市公司扭亏。

主要参考文献

【1】BARCLAY, HODERNESS. Private Benefits from the Control of Public Corporations [J]. Journal of Financial Economics, 1989, 25: 371 - 395.

【2】BARTH, BEAVER, HAND, LANDSMAN. Relative valuation roles of equity book value in the New Business Landscape [M]. New York: New York University Press, 1998.

【3】BERGSTROM C., RYDQVIST K.. The Determinants of Corporate Ownership: An Empirical Study on Swedish Data [J]. Journal of Banking and Finance, 1990, 14: 237 - 253.

【4】BERTRAND M., P. MEHTA, S. MULLAINATHAN. Ferreting Out Tunneling: An Application to Indian Business Groups [J]. The Quarterly Journal of Economics, 2002: 121 - 148.

【5】COLLINS D. W., KOTHARI S. P. An analysis of the inter - temporal and cross - sectional determinants of earnings response coefficients [J]. Journal of Accounting and Economics, 2002: 11, 143 - 181.

【6】DARROUGH M., Ye, J. Valuation of Loss Firms in a Knowledge - based Economy [J]. Review of Accounting Studies, 2007, 12: 61 - 93.

【7】DECHOW P. Accounting Earnings and Cash Flows as Measures of Firm Performance: The Role of Accounting Accruals [J]. Journal of Accounting and Economics, 1994: 18: 3 - 42.

【8】EASTON P., ZMIJEWSKI M. Cross - sectional variation in the stock market response to accounting earnings announcements [J]. Journal of Accounting and Economics, 1989, 11: 117 - 141.

【9】 FRANZEN, LAUREL, RADHAKRISHNAN. The Value - relevance of Earnings and Book Value across Profit and Loss Firms: The Case of R&D Spending [J] . working papers, 2006.

【10】 HAYN, C. The Information Content of Losses [J] . Journal of Accounting and Economics, 1995, 20: 125 - 153.

【11】 GUAY W. R. , S. P. KOTHARI, R. L. WATTS. A market - based evaluation of discretionary accrual models [J] . Journal of Accounting Research, 1996, 34: 83 - 105.

【12】 LANG, LARRY H. P. , JOHN K. , NETTER J. Voluntary Restructuring of Large Firms in Response to Performance Decline [J] . Journal of Finance, 1992, 47: 891 - 917.

【13】 LEV, BARUCH, THEODORE SOUGIANNIS. The Capitalization, Amortization, and Value Relevance of R&D [J] . Journal of Accounting and Economics, 1996, 21: 107 - 138.

【14】 LEV B. , ZAROWIN P .. The boundaries of financial accounting and how to extend them [J] . Working paper, 1998.

【15】 LIPE R. C. , BERNARD V. L. Differences between interim and fourth quarter earnings: Tests of noise, nonlinearity and losses [J] . Working paper, 1997.

【16】 MISHKIN, F. A. Rational Expectations Approach to Macro econometrics: Testing Policy Effectiveness and Efficient Markets Models [M] . Chicago: University of Chicago Press for the National Bureau of Economic Research, 1993.

【17】 OFEK, ELI. . Capital Structure and Firm Response to Poor Performance: An Empirical Analysis [J] . Journal of Financial Economics, 1993: 34: 3 - 30.

【18】 CLAESSENS S. , DJANKOV S. The separation of ownership and control in East Asian corporations [J] . Journal of International Money and Finance, 2002, 16: 189 - 209.

【19】 PETER D. WYSOCKI. Earnings Management and Investor Protection: An International Comparison [J] . Financial Economics and Accounting Conference,

2001，11.

【20】RAYBURN J. The association of operating cash flow and accruals with security returns ［J］. Journal of Accounting Research Supplement，1986，24：112 - 133.

【21】RIYANTO，YOHANES E. ，LINDA A. TOOLSEMA. Tunneling and propping：a justification for pyramidal ownership. Working Paper，2004.

【22】SAMANTHA SIN. ，EDWARD WATTS. the information content of losses：shareholder liquidation option and earnings reversals. Australian Journal Of Management，2000，11：327 -338.

【23】SOUGIANNIS T. The accounting - based valuation of Corporate R&D ［J］. The Accounting Review，1994，69：44 -68.

【24】SUBRAMANYAM K. R. ，J. J. WILD. Going - concern status, earnings persistence, and information of earnings ［J］. Contemporary Accounting Research，1996，1：251 -273.

【25】宾国强，舒元. 股权分割、公司绩效和投资者保护 ［J］. 管理世界，2003 (5).

【26】陈小悦，徐晓东. 股权结构、企业绩效和投资者利益保护 ［J］. 经济研究，2001 (11).

【27】陈小悦，徐晓东. 第一大股东对公司治理、企业绩效的影响分析 ［J］.经济研究，2003 (2).

【28】陈信元，汪辉. 股权制衡与公司价值：模型及经验证据 ［J］. 数量经济技术经济研究，2004 (11).

【29】杜莹，刘立国. 股权结构与公司治理效率：中国上市公司的实证分析 ［J］. 管理世界，2002 (11).

【30】杜勇，干胜道. 透视亏损上市公司的"卖点" ［J］. 财会月刊：综合版，2007 (11).

【31】杜勇，干胜道，杜军. 亏损上市公司的价值评估 ［J］. 财贸研究，2008 (3).

【32】杜勇，干胜道，陈建英. 中国上市公司亏损问题研究综述与展望 [J]. 生产力研究，2008（20）.

【33】杜勇，干胜道，杜军. 基于投资者预期的亏损公司股价驱动因素研究 [J]. 山西财经大学学报，2009（4）.

【34】杜勇，干胜道，杜军. 国外亏损公司价值驱动因素研究述评 [J]. 广东商学院学报，2009（4）.

【35】郝颖，刘星. 资本投向、利益攫取与挤占效应 [J]. 管理世界，2009（5）.

【36】韩亮亮. 行业竞争、第一大股东与公司绩效 [J]. 现代管理科学，2007（3）.

【37】李平生，史煜筠. 上市公司第一大股东性质、股权比例与公司绩效关系的实证研究 [J]. 技术经济与管理研究，2006（4）.

【38】刘芍佳，孙霈，刘乃全. 终极产权论、股权结构及公司绩效 [J]. 经济研究，2003（4）.

【39】马晓芳. 基于股东性质的股东会计监督方式研究 [J]. 当代财经，2007（5）.

【40】孙永祥，黄祖辉. 上市公司的股权结构与绩效 [J]. 经济研究，1999（12）.

【41】吴刚，刘丹. 控股股东类型与公司价值 [J]. 证券市场导报，2008（8）.

【42】王鹏，秦宛顺. 控股股东类型与公司绩效——基于中国上市公司的证据 [J]. 统计研究，2006（7）.

【43】徐莉萍，辛宇，陈工孟. 控股股东的性质与公司经营绩效 [J]. 世界经济，2006（10）.

【44】鄢波，等. 亏损股价影响因素：回顾与展望 [J]. 商业研究，2009（1）.

【45】朱明秀. 第一大股东性质、股权结构与公司治理效率研究 [J]. 统计与决策，2005（12）.

第七章　国有控股与财务监督

国家对国有企业的财务监督一直处于探索之中。党的十六届三中全会提出国资委对国有企业管人、管事和管资产要结合，明确了国资委是国有企业的所有者。所有者要间接管理国有企业，资本经营要与生产经营分开。财务监督是间接管理的重中之重，如何实施，效果如何，一直是各方关心的话题。近年来，垄断国有企业的巨额职务消费、乱投资、过高的经营者奖金等问题，受到社会各界的强烈质疑。来自所有者的财务监督如何在信息不对称条件下摆脱事后监督、无效监督，是理论界和实务界共同关心又难以妥善解决的难题。笔者认为，国资委定位于纯粹的财务监督机构，而将国有资本经营让位于职业化、专业化、市场化、竞争性的国有资本经营公司，塑造中国式的伯克希尔·哈撒韦公司，有利于提高财务监督效果和资本运作的效率。除了所有者直接建立的财务监督机构之外，基于维护所有者利益的财务监督实施者还包括监事会、审计委员会和财务总监三个方面。下面以国有上市公司为例进行规范研究和实证分析。

第一节　国有控股企业的监事会与财务监督

一、监事会的定位

笔者认为监事会是基于企业内部存在着委托代理关系和信息不对称而产生的，用于制衡董事会的一个机构。谢德仁（2006）指出股东与经理人之间的信息不对称存在于两个时期，一个是在签约之前，股东与经理人之间的信息不对称主要在于股东对于经理人的经营才能不熟悉，有可能产生经理人吹嘘自己的经营才能和要求高报酬的机会主义行为。而另一个是在签约后，股东与经理人之间的信息不对称主要在于股东对于经理人的经营活动不了解，有可能产生经理人进行偷懒、过度在职消费、好大喜功、盲目投资等机会主义行为。为了解决信息不对称问题，股东应该设立一个代表股东利益的监督机构。谢德仁（1997）曾基于交易成本分析指出，现代企业的会计规则制定权合约安排范式是：由政府来行使通用会计规则制定权，由经理人来行使剩余会计规则制定权，即经理人来编制财务报表，同时由于经理人处于信息优势地位，就会产生一定的机会主义行为趋势，经理人很容易为了自己的利益而提供虚假的财务报表或会计信息。这就要求股东找到一个独立于经理人的第三方，对经理人的经营活动进行监督，对其提供的财务报告或会计信息进行评价，而且这个监督机构的人员应该由股东直接选择，且能够反映和维护股东的意愿。监事会就是在这种情况下产生的。

监事会应该定位为公司的监督机构，是股份有限公司的必设机构。从监事会的性质来看，监事会是公司法人的监督机构，是对董事会其成员和经理管理人员行使监督职能的机构。从监事会的权力设置来看，监事会是现代公司治理结构中的制衡机构，是代出资者行使监督权的实施者。从监事会的地位和特征来看，监事会是直接对股东大会负责的公司必设的监督机构。而监事会职能的实质是监督权，是基于公司管理制度的需要而由法律赋予监事会行使监督的一种权利。

二、监事会的财务监督职权

监事会作为公司内部设置的监控机构，是由股东大会选举产生，依据我国的《公司法》和公司章程的规定对董事会和经理行使监督权的独立常设内部监督机构。常健、饶常林（2001）认为，监事会主要具有以下价值功效：第一，保护股东利益，防止董事会独断专行；第二，保护债权人利益，防止损害债权人利益行为的发生。李维安、张亚双（2002）认为监事会监督重点是决策的正当性，与董事会的监督重点——决策的科学性相区别。监事会的监督范围不仅包括财务监督，还应包括业务监督。贺长元（2002）认为，我国现行监事会应定位为公司的决策和监督机构：首先，监事会承担起股东大会闭会期间的决策职能，避免董事会决策失误所造成的损害；其次，董事会和监事会是动静互补关系，董事会职能具有扩张性，对外代表公司，并生成公司经营方案；再次，监事会具有收敛性，由于其不执行公司业务，能对董事会提出的方案进行客观分析。监事会承担起公司的决策和监督职能，对董事会具有指导、保护作用。董丹（2006）认为监事会的职能包括：业务监督和财务监督职能。业务监督职能是指监事会对董事及经理日常的管理和经营行为进行监督；财务监督职能是指监事对公司财务状况进行监督和审查，确保公司资产安全运转，保护股东利益。2005 年《公司法》对监事会的组成和职责都做了明确规定。目前，监事会的职能主要包括：

（1）检查公司财务。

（2）对董事、高级管理人员执行公司职务的行为进行监督，对违反法律、行政法规、公司章程或者股东大会决议的董事、高级管理人员提出罢免的建议。

（3）当董事、高级管理人员的行为损害公司的利益时，要求董事、高级管理人员予以纠正。

（4）提议召开临时股东会会议，在董事会不履行《公司法》规定的召集和主持股东大会会议职责时召集和主持股东大会。

（5）向股东大会提出提案。

（6）对董事、高级管理人员提起诉讼。

2005 年新《公司法》进一步强化了监事会的监督职能，不仅新增加了监事会的职权，同时也为这些职权的实现提供了更多可供操作的途径。笔者认为，国有控股上市公司监事会除了有股东大会的召集权与主持权，即监事会有权提议召开临时股东大会，在董事会不召集和主持股东大会职责时，召集和主持股东大会。其更主要的是拥有公司财务监督职权，包括：①对公司财务信息进行监督。监督公司的经营方式、资产运营、资产负债、利润分配等相关财务状况是否合法，通过核查、查阅公司会计资料进行监督，从中发现问题并做出相应处置。监事会对公司财务进行检查核对，可以防范公司经营管理层提供假财务报表欺骗股东及其他利益相关者，保证公司资产按照正当目的使用，维护公司资产的安全，提高公司运营的效率及效果。②对违法行为的监督。违法行为监督主要是对公司董事、经理及其他高级管理人员执行职务时违反法律法规或公司章程的行为进行监督。当监事会发现公司经营情况异常时，可以对相关经理、董事进行调查，必要时，还可以聘请相关专业机构协助其工作，费用由公司承担。如果监事会在发现董事、经理有违反法规行为并要求其改正时，遭到董事、经理的拒绝，则监事会有权直接向股东大会提出提案，陈述有关情况、意见，保证监事会监督的实效性。如果监事会已经确信董事、经理有违反诚信义务的情况，并且董事、经理拒绝改正，在向股东大会汇报后，可以向法院提起诉讼。同时根据新《公司法》第五十四条的规定，监事会有权对违反法律、行政法规、公司章程或者股东大会决议的董事、高级管理人员提出罢免的建议。③对业务的监督。监事应该有权利列席董事会，以及对企业一些重大决策具有否决权。如果监事对企业的业务很了解，便于其财务监督职能的有效发挥。

三、监事会的现状分析

（一）监事会特征描述性分析

袁庆宏（2003），李维安、王世权（2005）结合中国自身环境条件及改革进程，设计了中国上市公司监事会治理绩效评价指标体系，包括监事能力保证性指标和监事会运行有效性指标。李维安、郝臣（2006）从监事会运行状况、监事会结构与规模、监事胜任能力三方面构建了监事会治理评价指标体系，结合 2003 年沪深交易所的上市公司，利用上市公司公开披露的数据，通过运用专家意见和语义差别等级赋值的方法给各指标打分，运用层次分析法给指标确定权重，生成监事会治理指数，随后进行了监事会治理指数和公司绩效的相关性分析。[1] 卿石松（2008）利用 2000—2004 年 A 股上市公司的数据，对我国上市公司监事会特征（包括监事会规模、监事会会议次数、监事会成员构成和监事会成员激励水平）与公司绩效的关系做实证研究，结果表明监事会会议次数与

---

① 李维安，郝臣. 中国上市公司监事会治理评价实证研究［J］. 上海财经大学学报，2006，8（3）：78-83.

公司绩效显著负相关；监事会规模与公司绩效存在 U 型关系；监事会持股比例与公司绩效显著正相关。作者得出我国上市公司的监事会是有效的，监事会功能的改进可以改善公司的绩效。[①]

笔者主要从三个方面来概括监事会特征：监事会的能力保证、监事会的活动和监事会的独立性（见表 7 - 1）。监事会的能力保证主要体现在监事会的规模和监事的激励机制上，如果监事会的规模较大，一方面，能够投入充分的人员进行监督；另一方面，也能增强监事会对董事会的制衡。如果监事在企业领取薪酬，必然会关心企业的发展营利情况，能够更加尽职。监事会的活动主要用监事会会议次数来衡量（见表 7 - 1）。监事会的会议是监事会成员之间进行沟通的有效途径，监事会通过监事会会议的形式形成决策和行为，来完成对公司董事和经理的监督。监事会的独立性主要通过监事会中持有企业股票的监事人数占比来衡量。笔者认为监事会应该为一个监督机构，应该保持独立性，如果监事会与企业之间存在利益关系，该种利益关系有可能对监事会的独立性造成威胁。如果监事会持有企业股份越多，则越不愿意企业的股票价格下降，必然为了自身利益而影响监事会的独立性；反之，则监事会能够保持其独立性。

表 7 - 1　　　　　2002—2006 年上市公司监事会特征描述性统计表

年份	监事会的活动	监事会的能力保证		监事会的独立性
	监事会会议次数	监事会规模（人数）	在企业领取薪酬监事比率（%）	监事会持股比率（%）
2002	Min：1 Max：16 Mean：4	Min：2 Max：10 Mean：4	Min：0 Max：100 Mean：25.05	Min：0 Max：4.74 Mean：0.02
2003	Min：0 Max：14 Mean：3	Min：2 Max：12 Mean：4	Min：0 Max：100 Mean：21.89	Min：0 Max：11.14 Mean：0.03

[①] 卿石松．监事会特征与公司绩效关系实证研究 [J]．首都经济贸易大学学报，2008（3）：51.

表7-1(续)

年份	监事会的活动	监事会的能力保证		监事会的独立性
	监事会会议次数	监事会规模（人数）	在企业领取薪酬监事比率（%）	监事会持股比率（%）
2004	Min：1 Max：11 Mean：3	Min：0 Max：13 Mean：4	Min：0 Max：100 Mean：20.21	Min：0 Max：11.66 Mean：0.07
2005	Min：0 Max：15 Mean：3	Min：2 Max：14 Mean：4	Min：0 Max：100 Mean：18.27	Min：0 Max：7.03 Mean：0.06
2006	Min：0 Max：13 Mean：4	Min：0 Max：13 Mean：4	Min：0 Max：100 Mean：17.09	Min：0 Max：18.68 Mean：0.07
总结	Min：0 Max：16 Mean：4	Min：0 Max：14 Mean：4	Min：0 Max：100 Mean：20.34	Min：0 Max：18.68 Mean：0.05

数据来源：CSMAR. Min：最小值；Max：最大值；Mean：平均值。

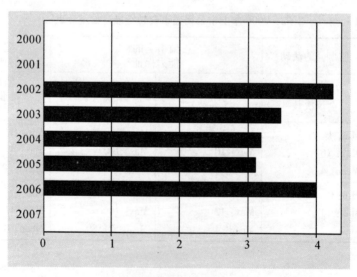

图7-1 2002—2006年会议次数平均数的变化情况

根据我国2005年的《公司法》规定，要求监事会每年至少召开一次会议。从图7-1可以清楚地看到每年监事会会议次数的变化，2002—2005年会议次数呈现逐渐下降的趋势，2006年又出现较大的上升趋势。但从表7-1统计的数据来看，我国上市公司监事会2002—2006开会的平均次数一般为3~4次，差异不大。表7-2、表7-3显示了各个上市公司监事会会议次数及规模的分布情况，可以看到大约80.39%的公司会议次数主要为2~5次，只有6所上市公司（占比0.09%）没有召开过监事会会议。

表7-2　　　　　2002—2006年上市公司监事会会议次数的频率表

监事会会议次数	公司数	占比（%）
0	6	0.09
1	465	7.06
2	1 471	22.33
3	1 524	23.13
4	1 399	21.23
5	902	13.69
6	450	6.83
7	207	3.14
8	93	1.41
9	42	0.64
10	12	0.18
11	9	0.14
12	3	0.05
13	3	0.05
14	1	0.02
16	2	0.03
总计	6 589	100

表 7-3   上市公司监事会规模分布表

监事会规模	公司数	占比（%）
0	5	0.08
1	82	0.12
2	65	0.98
3	3 098	46.86
4	275	4.16
5	2 412	36.48
6	190	2.87
7	389	5.88
8	42	0.64
9	96	1.45
10	13	0.20
11	9	0.14
12	4	0.06
13	4	0.06
14	1	0.02
总计	6 611	100

监事会规模主要体现在监事会成员的人数上。根据《公司法》要求，监事会成员不得少于 3 人，表 7-1 显示，监事会规模从 2002—2006 年平均为 4 人，从图 7-2 也可以看出监事会规模各年的变化不大，从表 7-2 可以看出监事会规模没有满足《公司法》的有 152 家，只占 1.28%。

表 7-1 显示，2002—2006 年在公司领取薪酬的监事比率平均为 20%。从图 7-3 可以发现 2002—2006 年，在公司领取薪酬的监事比率是逐年减少，从 2002 年的 25.05% 降到 2006 年的 17.09%。有人认为领取酬薪的监事比率减少，说明监事会的独立性增强了，因为监事与企业减弱了利益关系。笔者认为这种说法值得商榷，因为根据 2005 年的《公司法》第三十八条——"股东会行使下列职权：（二）选举和更换非由职工代表担任的董事、监事，决定有关董事、监事的报酬事项"，监事的薪酬应该由股东大会决定，而不是董事会，因此不会

受到董事会的威胁。如果企业不支付薪酬给监事，那么监事就缺乏做事的动力，应该对监事有一定的激励机制，这样监事才有动力进行监督。

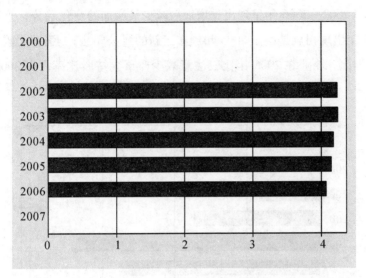

图 7 - 2　2000—2007 年上市公司监事会规模平均值情况图

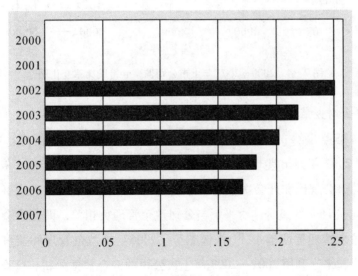

图 7 - 3　2000—2007 年上市公司监事领取薪酬比率情况图

　　表7－1显示，2002—2006年监事会持股比率都比较小，监事会持股比率最大的也只有18%左右，平均的持股比率为0.05%。从图7－4可以看到，监事会持股比率2002—2006年呈现出先增加后减少又增加的变化趋势，笔者认为之所以2005年出现拐点是由于2005年颁布了新的《公司法》，强调了监事会的监督职能。因此，企业在2005年比较注意减少监事会持股比率，而2006年又有所增加。

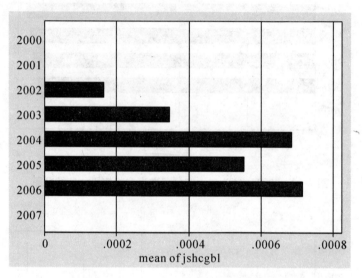

图7－4　2000—2007年上市公司监事会持股比率变化图

（二）监事会财务监督的有效性分析

　　有学者把监事会的效能界定为是否对盈余管理有制约作用。如傅蕴英（2004）以2002年被出具非标准审计意见的52家公司为研究样本，采用回归方法分析了监事会规模和开会次数与盈余管理的相关性，结果发现监事会规模和开会次数均在10%的显著性水平下与公司盈余管理负相关，即监事会开会的次数越多，盈余管理程度越小。[①] 张逸杰等（2006）把盈余管理和监事会评价指标研究结合起来，利用2001—2003年上市公司的混合数据分析，检验监事会特

---

　　① 傅蕴英. 盈余管理与公司治理——基于审计意见的研究［D］. 重庆：重庆大学，2004：93.

征指标对盈余管理的影响。[1] 笔者比较赞同使用盈余管理水平来衡量监事会财务监督有效性。盈余管理是企业管理当局为了误导其他会计信息使用者对企业经营业绩的理解或影响那些基于会计数据的契约的结果，在编报财务报告和构造交易事项以改变财务报告时作出判断和会计选择的过程。

1. 目前国内对于盈余管理的研究主要集中在以下几方面：

（1）资本市场中的盈余管理。陆宇建（2002）利用 1993—2000 年上市公司对外公布的 ROE 资料，研究了我国 A 股上市公司的盈余管理行为，发现我国上市公司为了获得配股权而通过盈余管理将 ROE 维持在略高于 6% 的区间与略高于 10% 的区间的证据，以及上市公司盈余管理行为随着配股政策的演进而改变的证据。[2]

（2）审计与盈余管理的研究。夏立军、杨海斌（2002）以上市公司 2000 年度财务报告为研究对象，对上市公司审计意见和监管政策诱导性盈余管理的关系进行了实证研究。[3] 蔡春等（2005）通过可操纵应计利润直接检验外部审计质量对盈余管理程度的影响。[4]

（3）公司治理与盈余管理的研究。张逸杰等（2006）选取深证 100 指数和上证 180 指数成分股中的部分股票对董事会特征（董事会规模、活动强度和独立性）与盈余管理之间的关系进行了研究。他发现独立董事的比例和盈余管理的程度之间存在 U 型曲线关系，董事会独立性的增加在一定程度上减少了盈余管理；董事会活动强度、董事会规模与盈余管理的关系不显著；资产规模小的公司和营利能力差的公司更可能从事盈余管理。[5] 苏卫东、王加胜（2006）利用中国上市公司的面板数据对董事会与盈余管理的关系进行了实证分析，结果发现董事会规模与盈余管理程度成负相关，独立董事的比例与利润虚增呈负相

① 张逸杰，王艳，唐元虎，等. 监事会财务监督有效性的实证研究 [J]. 山西财经大学学报，2006，28（2）：132－135.

② 陆宇建. 上市公司基于配股权的盈余管理行为实证分析 [J]. 南京社会科学，2002（3）.

③ 夏立军，杨海斌. 注册会计师对上市公司盈余管理的反应 [J]. 审计研究，2002（2）.

④ 蔡春，黄益建，赵莎. 关于审计质量对盈余管理影响的实证研究——来自沪市制造业的经验证据 [J]. 审计研究，2005（2）.

⑤ 张逸杰，王艳，唐元虎，等. 上市公司董事会特征和盈余管理关系的实证研究 [J]. 管理评论，2006（18）.

关、与利润隐藏呈正相关，董事长总经理二职合一对利润虚增有着显著的正影响、对利润隐藏无显著影响，而董事会会议次数增加会加重盈余管理现象。[①]

可见，目前对于监事会与盈余管理的研究甚少。本章把盈余管理作为企业财务监督实施效果的一个衡量变量。

2. 盈余管理的计量

盈余管理的计量方法主要有总体应计模型（Aggregate Accruals Models）、特定应计模型（Specific Accrual Models）和频率分布方法（Frequency Distribution Approach）。其中总体应计模型的应用最为广泛。在总体应计模型下，会计盈余分为经营现金流（Cash From Operations，CFO）和总体应计（Total Accruals，TA）两部分。总体应计 TA 划分为随意应计（Discretionary Accruals，DA）和非随意应计（Non Discretionary Accruals，NDA）两部分。用 DA 来衡量盈余管理，即 DA 代表盈余操纵的程度。由于 DA 是不可观测的，因此，通常是先通过一个模型来计算 NDA。而计算 NDA 的模型很多，包括 Healy（1985）模型，DeAngelo（1986）模型，Jones（1991）模型，Modified Jones（1997）模型，Defond & Jiambalvo（1994）模型，Sloan 和 Sweeney（1995）模型，Subramanyan（1996）模型，Young（1999）模型，Peasnell 等（2005）模型，Kothari 等（2005）提出的绩效模型等。特定应计模型的特点是通过一个特定的应计项目或者一组特定的应计项目来建立计算模型，以此来检测是否存在盈余管理。这种方法通常用于研究某个或某些特定的行业，如银行业中的贷款损失准备、产险和意外险保险公司的索赔准备。使用该模型进行研究的学者主要包括麦克尼科尔和威尔森（McNicholes，Wilson，1988），彼得罗尼（Petroni，1992）等。频率分布方法的特点是通过研究管理后的盈余的分布密度来检测公司是否存在盈余管理行为，这种方法先假定：没有盈余管理的盈余大致呈正态分布，如果存在盈余明显不符合这一分布形式，就说明公司存在盈余管理。这种方法主要是通过检验分布函数在 0 点的非连续性来判断是否基本符合正态分布。常用两种检验方法：

---

① 苏卫东，王加胜. 盈余管理与董事会特征——基于面板数据的实证研究 [J]. 世界经济文汇，2006（6）.

①直方图；②统计检验。进行该研究的学者包括布格斯塔勒和迪切夫（Burgs-tahler，Dichev，1996），德戈尔热、帕托和扎克霍瑟（Degorge，Patel，Zeckhauser，1991）等。本章对盈余管理的度量使用的是总体应计模型中的 Kothari 等的模型。这个模型是在 Jones 模型中加入了企业上期的绩效测试变量——资产回报率（ROA）。

$$TA_{i,t} = (NI_{i,t} - CFO_{i,t}) / A_{i,t-1} \quad TA_{i,t} = a_0 + a_1/A_{i,t-1} + a_2 X \triangle REV_{i,t} + a_3 X PP\&E_{i,t} + a_4 X ROA_{i,t-1} + e_{i,t}$$

式中：$TA_{i,t}$ 代表企业在 i 行业第 t 年的总体应计。

$NI_{i,t}$ 代表企业在 i 行业第 t 年的净利润。

$CFO_{i,t}$ 代表企业在 i 行业第 t 年的来自经营活动的净现金流。

$A_{i,t-1}$ 代表企业在 i 行业第 t－1 年的资产总额。

$\triangle REV_{i,t}$ 代表企业在 i 行业第 t 年净销售收入的变化额。

$PP\&E_{i,t}$ 代表企业在 i 行业第 t 年的净固定资产。

$ROA_{i,t-1}$ 代表企业在 i 行业第 t－1 年的资产回报率。

$e_{i,t}$ 代表企业在 i 行业第 t 年的非正常性盈余，随意应计部分，即代表企业的盈余管理水平。

3. 研究设计

（1）研究假设

笔者通过监事会的能力保障水平、活动情况和独立性三方面衡量监事会的特征，并根据前人的研究以及常规经验，提出以下三个假设：

监事会的能力保障水平越高，盈余管理程度越低。

监事会的能力保障水平主要体现在监事会的规模和监事的激励机制上，笔者使用监事会规模（人数）和领取公司薪酬监事的人数占比来衡量监事会的能力保障水平。笔者认为如果监事会的能力能够得到保障，则其能够发挥审计监督职能，则企业盈余管理程度就应该低。

监事会活动越频繁，盈余管理程度越低。

监事会的活动情况主要用监事会会议次数来衡量。监事会的会议是监事会成员之间进行沟通的有效途径，监事会通过监事会会议的形式，形成决策和行为，来完成对公司董事和经理的监督。因此会议越频繁，则盈余管理的程度越低。

监事会的独立性越强，盈余管理程度越低。

监事会作为企业的内部监督机构，其独立性的强弱直接影响监督职能的执行。我们用持有企业股票的监事人数占比来衡量监事会的独立性。因为如果监事会持有企业股份越多，则越不愿意企业的股票价格下降，必然为了自身利益而影响监事会的独立性；反之，则监事会能够保持其独立性。

（2）样本选择与数据来源

本章选取的样本是 2002—2006 年的上海和深圳证券交易所上市公司，剔除数据不全的公司，最终得到 6142 个样本。之所以要选取 2002—2006 年的数据是由于 2005 年 10 月 27 日第十届全国人民代表大会常务委员会第十八次会议对《公司法》进行了第三次修订，其中对监事会的成员构成以及职责都做了一些具体规定。所以 2005 年以后的年报披露的内容可以反映政策实施的效果。但是由于 2006 年颁布了新的《会计准则》，2007 年以后的数据在计量方法上面与2006 年及以前的数据有一定的差异。因此，笔者只选用了 2002—2006 年的数据。

样本公司财务数据和监事会的特征数据来自深圳国泰安信息技术有限公司的 CSMAR 数据库，并使用 Stata 进行统计检验。

（3）变量的选择与模型

①被解释变量与解释变量：公司的盈余管理程度，记为 EM，作为被解释变量，其计算方法在前面已经论述。而解释变量包括：监事会规模（Jssize）、监事会会议次数（Jsmeeting）、在企业领取薪酬的监事的人数占比（Salaryratio），其计算方法是用在企业领取薪酬的监事人数除以监事会总人数，得到监事会持股比率（Jshcgbl）。

②控制变量的选择主要包括以下几方面：

前十大股东持股占比（First10）：前十大股东由于在公司股份的占比大，其具有盈余管理的动机。笔者认为前十大股东持股占比越大，则盈余管理的程度越大。其计算方法为前十大股东持股总数除以公司的总股数。

资产负债率（Leverage）：衡量企业偿债能力的指标之一。如果企业的负债太大，会影响企业融资并造成企业的财务危机，因此上市公司有可能把未来的盈余向本期转移，以降低资产负债率。其计算方法是用期末总负债除以期末总资产。

经营性现金流（CFO）：笔者认为经营性现金流越大，则公司盈余管理的动机越大。

独立董事占比（Indirector）：独立董事作为企业的监督实施者之一，其对盈余管理的行为具有抑制作用。笔者认为，独立董事占比越大，公司盈余管理的程度应该越小。其计算方式为独立董事人数除以董事会人数。

董事会会议次数（Dsmeeting）：董事会的会议次数表明董事会的勤勉程度，董事会越勤勉，则公司盈余管理程度应该越小。

审计委员会设置（Auditcommittee）：审计委员会的职能之一是对企业进行财务监督。如果企业设立了审计委员会，则其盈余管理程度应该越小。该变量为亚变量，1 表示公司成立了审计委员会，0 表示公司没有成立审计委员会。

企业资产规模（Asset）：笔者认为企业资产规模越大，则公司受到社会公众的关注越多，则盈余管理程度越小。其计算方法为公司资产值取对数。

监事会会议次数与独立董事占比的交叉项（x = jsmeeting * indirector）：笔者发现加入该项后，监事会会议次数对盈余管理程度的作用更为显著。因此，笔者认为它们之间存在协同效应，即监事会有效监督作用的发挥依赖于独立董事的占比，也就是如果独立董事越多，则监事会会议的作用越明显。则盈余管理程度越小。

③模型

$$EM = a0 + a1 \times jsmeeting + a2 \times jssize + a3 \times jssalaryratio + a4 \times jshcgbl + a5 \times dsmeeting + a6 \times indirector + a7 \times auditcommittee + a8 \times first10 + a9 \times leverage + a10 \times Nationalratio + a11 \times CFO + a12 \times Asset + a13 \times jsmeeting \times indirector + e$$

式中：

a0 为截距项。

a1、a2、a3、a4、a5、a6、a7、a8、a9、a10、a11、a12、a13 为各解释变量

的系数。

e 为残差项。

（4）回归结果分析（见表7-4、表7-5）

表7-4 相关性分析表

	EM	jsmeeting	jssize	jshcgbl	jssalayratio	dsmeeting	auditcommitte
EM	1.000 0						
jsmeeting	0.025 2**	1.000 0					
jssize	−0.039 5***	0.054 4***	1.000 0				
jshcgbl	−0.016 4	−0.040 8***	−0.031 6***	1.000 0			
jssalaryratio	−0.064 7***	0.005 3	−0.027 4***	0.107 5***	1.000 0		
dsmeeting	0.064 2***	0.290 9***	−0.044 3***	−0.031 6***	−0.025 3**	1.000 0	
auditcommittee	−0.022 3*	0.046 5***	0.060 9***	0.012 9	−0.019 2	0.024 9**	1.000 0
ASSET	−0.054 4***	0.034 7***	0.176 9***	−0.058 0***	0.144 3***	0.038 4***	0.067 8***
indirector	0.012 6	−0.039 3***	−0.099 0***	0.031 2**	−0.058 3***	−0.041 9***	0.115 1***
first10	0.059 9***	−0.035 5***	0.066 8***	0.020 1	−0.126 5***	−0.065 9***	0.013 1
leveragew	0.117 3***	−0.000 6	−0.023 4*	−0.057 7***	−0.025 0***	0.138 7***	0.004 3
CFOT	0.026 8**	0.001 6	0.139 3***	−0.009 9	−0.024 6**	0.001 4	0.053 9***
x	0.022 1*	0.853 9***	0.005 6	−0.024 2**	−0.023 2*	0.231 1***	0.094 8***

	ASSET	indirector	first10	leverage	CFOT	x
ASSET	1.000 0					
indirector	−0.027 5**	1.000 0				
first10	0.115 3***	−0.071 9***	1.000 0			
leverage	0.069 1***	0.054 0***	−0.166 4***	1.000 0		
CFOT	0.305 8***	−0.095 4***	0.125 9***	−0.002 6	1.000 0	
x	0.027 4**	0.434 3***	−0.059 2***	0.021 0*	−0.032 9***	1.000 0

表7-5 多元回归分析表

变量	预期符号	回归系数	P 值
jsmeeting	−	.0 035	0.017**
jssize	−	−.0 011	0.013**
jshcgbl	+	−.1 229	0.565

表7-5(续)

变量	预期符号	回归系数	P 值
jssalaryratio	-	-.0 066	0.004***
dsmeeting	-	.0 007	0.001***
auditcommittee	-	-.0 022	0.075 *
ASSET	-	-.0 034	0.000***
indirector	-	.0 424	0.022**
first10	+	.0 313	0.000***
leverage	+	.0 333	0.000***
CFO	+	9.76e-13	0.000***
X	-	-.0 090	0.041**

F = 17.81; *** : 表明1%显著; ** : 表明5%显著; * : 表明10%显著。

从表7-5可以看出,总体来说,监事会对盈余管理程度具有抑制作用,总体的抑制作用是明显的。其中,监事会会议次数、监事会规模、监事会在公司领取薪酬人员占比对盈余管理的影响显著,监事会持股比率对盈余管理影响不显著。笔者认为可能是由于目前监事会的持股比率都比较低,因此对盈余管理的影响不大。监事会在公司领取薪酬人员占比对盈余管理的抑制作用最为明显,即监事在公司领取薪酬的人员占比越大,公司盈余管理程度越小。我们发现虽然监事会会议次数对盈余管理影响显著,但是两者出现了与预期符号不一致的情况,即监事会开会的次数越多,企业盈余管理程度越大。笔者认为,出现这种情况的原因可能是由于监事会目前的开会只是一种形式,而且是属于事后监督,也就是只有出现问题了才开会,并不是通过开会去发现抑制问题的产生。另外,董事会会议次数和独立董事占比对盈余管理程度的影响也是明显的,但两者也出现了与预期符号不符的问题,笔者认为董事会会议次数与盈余管理程度出现同向变动的原因是由于董事会会议召开次数增加,说明企业出现的问题增加。独立董事占比与盈余管理程度出现同向变动,笔者认为是由于目前独立董事没有发挥其监督职能,而且有的独立董事在几个公司担任独立董事,其精力有限,对企业的了解不够,不能有效发挥监督职能,则其占比越大,盈余管理程度越大。笔者同时发现监事会会议次数与独立董事占比之间存在协同效益,即监事会与独立董事之间存在一种互相监督,监事会有效监督作用的发挥依赖于独立董事的占比,也就是如果独立董事越多,则监事会会议的作用越明显,则盈余管理程度越小。

(三) 影响监事会财务监督职能的因素

1. 独立性

独立性是实现监事会履行监督职权的根本保障。而目前,我国的《公司法》并没有对监事会的独立性予以强调,只是指出监事应具有的资格、条件、忠实义务和勤勉义务,并没有将独立性作为监事任职资格的前提条件,没有对独立性的定义或标准做出相应的规定。从监事会的构成来看,监事会也难以保持独立性。根据《公司法》一百一十八条规定,监事会应当包括股东代表和适当比例的公司职工代表,其中职工代表的比例不得低于三分之一,由公司职工通过职工代表大会或者其他形式民主选举产生。由于这些职工代表与董事、经理们处于不平等的地位,且又缺乏保障机制,容易被董事、经理们所控制,因此其独立性被削弱。李维安、张亚双(2 002)的一项调查表明,73.40%的监事是来自企业内部的代表,作为公司内部员工的监事,与被监督的对象是上下级关系,在经济上从属于公司经理,难以独立地行使监督权力。

因此,应坚持"以人为本"的原则来组建监事会,"以人为本"是科学发展观的核心。企业的"人"主要包括企业内部的股东、企业职工和企业外部的债权人、供应商、客户等利益相关者。监事会应广泛吸收职工、债权人、客户和供应商等利益相关者代表,并在《公司法》中规定独立监事的比例。监事由董事、经理等以外的其他人担任,能在一定程度上保证其独立性。独立监事是由来自于公司外部与公司没有利害关系的专家担任的,他们能独立地行使监督职权。

2. 专业性

所谓监事会的专业性是指监事会的成员应该具有财务、法律和管理各方面的相关知识,应由财务、法律和管理等方面的相关专家担任,从而保证监事具备监督业务的能力。《公司法》没有对监事会成员以及监事会主席应该具有的专业资格和资历进行规定。我国股份制企业监事的文化水平较低,其职业经历大多为党务、纪检、保卫或一般员工，缺乏公司管理经营经验和经历，相当一部分现任监事就是从"三会"直接转移过来或兼任的，与董事会机关成员的水平相比，监事会成员明显不济。① 根据田志龙等（1999）所统计的情况来看，50.3%的上市公司监事会主席是大专学历，一半以上的公司副监事会主席也是大专学历，不到一半的有效样本公司监事是大专学历。而同样的样本公司中，董事会成员44%左右的董事为本科及以上学历，64%的公司董事长是大学或大学以上学历。李维安、张亚双（2002）的研究也表明监事文化程度在大专以下的占72.0%，显著低于其他管理人员，这种情况决定了监事难以胜任财务监督工作。中共上海市委组织部对上海2000年24家国有控股上市公司的102名监事进行统计，具有财务会计工作经历的占27%，懂得财务会计专业知识的占29%；从职称上来看，监事会成员拥有会计师职称的占8.1%，监事会主席拥有会计师职称的占3.0%。

因此《公司法》应明确规定监事应该具备的条件，如：熟悉并能够贯彻执行国家有关法律、行政法规和规章制度；具有财务、会计、审计或者经济等方面的专业知识；具有较强的综合分析、判断和文字撰写能力等。股东大会在选派监事的时候一定要考虑监事的胜任能力，同时应该加强监事的后续教育，出台相关的法律法规，对监事的胜任能力和后续教育做出明确的规定。

3. 职权大小

从上述的实证结果发现监事会会议只是一种事后监督，与盈余管理程度呈正向变动，笔者认为其主要原因就是监事会的职权范围太小。结合第三章对德国和日本监事会的研究，也可以发现我国监事会的职权范围很小，主要表现在：①知情权受限。《公司法》没有明确规定监事会的知情权，以及实施财务监督的程序，而且各位监事没有独立的监督权，《公司法》也没有对监事会的议事方式进行规定，仅对监事会召开会议的时间、议事方式、表决程序、签名等程序性的内容做了原则性的规定。这样势必造成有的公司没有明确的监事会实施

---

① 常健，饶常林. 完善我国公司监事会制度的法律思考［J］. 中国人民大学内部参考资料：民商法学，2001（11）.

制度，使监事会无法实施其职能。① 据中共上海市委组织部 2000 年的统计，上海 24 家国有控股上市公司中只有一家建立了五项监事会制度，11 家公司只有一项制度。监督制度不健全，妨碍了监督的有效性。②财务监督权受限。一方面，监事会虽然与董事会平行，隶属于股东大会，但是监事会比董事会的权利小，不能很好地牵制董事会；另一方面，目前在上市公司内部除了监事会可以实施财务监督职能外，由独立董事组成的审计委员会和内部审计机构也可以实施财务监督职能。多个财务监督机构的存在导致其相互推诿，没有增强财务监督职能，反而弱化了其职能。③相关规定过于概括，不明确。《公司法》第五十四条第三项规定"当董事、高级管理人员的行为损害公司的利益时，要求董事、高级管理人员予以纠正"，但对于如何纠正，以及如果董事及高级管理人员不纠正该如何处理都没有明确规定。②

因此，为了增强监事会的职权，一方面应该扩大监事会的规模，另一方面应赋予监事会比董事会更多的权利，包括：①增强监事会的知情权。对于公司财务状况产生重大影响的事件应当通知监事会；监事会具有就公司经营、财务等事项要求董事会、经理随时或定期提供报告和相关材料的权利；监督董事会制订的公司利润分配方案和弥补亏损方案的决策程序和决策依据的正确性，并对提交股东大会的意见做出决议。②明确监事会在国有控股上市公司中监督的主导地位。目前企业内部能够实施财务监督的机构有很多，应该明确谁是主要实施者，笔者认为由于监事会是一个专门实施监督的机构，而且其与董事会平行，在公司的地位比较高，独立性和权限应该最大，因此由其担任主要财务监督机构是最为合适的。另外，监事会应该对其他监督机构实施情况进行监督。③对公司董事、经理的任命具有表决权。公司董事的任命一般由股东大会决定，可采用由股东大会提名，并征求监事会意见的形式来决定董事的人选。对于经理的任命可采用由董事会提名，并征求监事会意见的形式来决定经理的人选。

---

① 段晓旭. 上市公司财务治理结构研究 [D]. 天津：天津财经学院，2004.
② 邓成芳. 我国上市公司治理结构中内部财务监督机制的构建 [J]. 北方经贸，2004（11）.

4. 薪酬激励

我国的《公司法》没有明确规定监事报酬的给付标准，在大多数公司中，监事的报酬要远远低于经理层，监事缺乏工作积极性。虽然《公司法》第一百五十条规定"董事、监事、高级管理人员执行公司职务时违反法律、行政法规或者公司章程的规定，给公司造成损失的，应当承担赔偿责任。"但是如何确定赔偿金额等没有详细列明。同时没有规定对第三者的责任和应承担的连带责任。因而，目前的法规无法有效影响监事会及监事的行为选择，不利于监事会监督权的充分实现。从 1996 年 10 月至 2002 年 10 月的 32 起上市公司因年报或中报存在虚假陈述而受到证监会处罚的案件来看，只有一起（四通高科）处罚了监事，且为监事会主席。[1] 由于奖惩不明，造成监事做事的积极性不高。

笔者认为，可借鉴英美独立董事的薪酬激励机制，给予监事足够丰厚的薪俸，并使其长期利益与公司经营情况挂钩，如采取股票期权或实行现金与期权相结合的办法，使之拥有公司剩余的索取权，以激励其发挥监督的主观能动性。[2] 在完善对监事的激励的同时，也应该加强对监事违规的惩处，《公司法》中应明确规定公司如何惩罚违规监事，以及提起诉讼的方式。公司对监事提起诉讼可采用两种方式：一是在没有大股东控制的公司，可以通过股东大会形成决议，委托董事长或董事或其他人为公司的代表，对监事提起诉讼；二是在大股东控制的公司中，可由赋予少数股东权的股东提起诉讼。[3] 同时应加强监事会对第三者的责任，以及承担与董事相关的连带赔偿责任。日本的公司立法规定了监事对第三人应承担的责任，以充分保护被害人的利益。日本《商法典》第 277 条规定："检查人怠其任务时，对公司负责任情况下董事也应负其责任时，监察人与董事为连带债务人。"第二百八十条规定，监事在监查报告中应记载的重大事项进行虚假记载时，监事对第三人负损害赔偿责任。[4]

---

① 李明辉. 对完善上市公司监事财务监督制度的思考 [J]. 审计研究，2004（4）.
② 孙敬水. 对我国独立董事监督职能的质疑 [J]. 经济师，2003（1）.
③ 戴思勤. 上市公司年度财务报表监督制度研究 [J]. 湖南大学，2007（8）.
④ 王书江，殷建平. 日本商法典 [M]. 北京：中国法制出版社，2003.

第二节　国有控股上市公司的审计委员会与财务监督

一、上市公司审计委员会的定位

笔者梳理了相关文献，认为目前关于上市公司审计委员会的定位主要有三种观点：

(一) 审计委员会应定位于维护全体股东利益，特别是中小股东利益

审计委员会在英、美等国被认为是一项能够维护全体股东利益的有效监督机制。英国凯德伯里报告（Cadbury Report）在总结关于审计委员会的研究成果时指出："审计委员会证明了其自身价值，对股东提供了进一步的保障。"沃尼则（Wolnizer，1995）和克莱恩（Klein，1998）指出审计委员会是董事会的代表，主要是为了维护和提升股东的利益。艾兴泽、谢德和品克斯（Eichenseher，Shields，Pincus，1989）都指出审计委员会被看做一种监督机制，其主要作用是为了减少内部人与外部人信息不对称，维护股东的权益。乔春华、蒋苏娅（2008）指出审计委员会从董事会的监督职能中独立出来，使专业委员能够专司其职，成为股东监督职能的一个保证机制，维护股东利益以及社会利益。谢德仁（2005）认为审计委员会的本原性质在于，其是由股东直接选聘和激励的具有会计、财务和审计等相关专业知识、且独立于经理人（即董事与董事会）的人员组成的委员会，其代表股东利益，直接负责企业外部会计事务，并享有企业内部会计事务的消极权力，[①] 是现代企业治理结构的一部分。

---

① 谢德仁（2005）把企业会计和财务报告过程从事务性内容上区分为内部会计事务（含剩余会计规则制定权行使、内部会计部门管理和内部会计控制等）和外部会计事务（即注册会计师对企业财务报告的独立审计及其相关事务）。把企业会计事务的控制权区分为积极权利（决策权或监控权）和消极权利（即前述的知情权、改进建议权和向相关主体报告权）。经理人在拥有企业内部会计事务的积极权利的同时还拥有对企业外部会计事务的消极权利，审计委员会在拥有企业外部会计事务的积极权利的同时还拥有对企业内部会计事务的消极权利，而股东则可通过经理人和审计委员会成员的选聘、激励以及其他制度安排（包括对企业会计事务控制权安排的直接调整）来调整和影响后两者对企业会计事务的权利的享有和行使。

(二) 审计委员会应定位于维护大股东联盟

夏文贤（2005）调查了我国上市公司大股东持股比例、性质与设立审计委员会之间的关系。研究结果表明，公司前五大股东联盟的持股比例与设立审计委员会的可能性正相关。当第一大股东的持股比例超过50%，即为绝对控股时，此正相关关系不再显著。这说明当不存在单一股东有效控制公司时，大股东联盟之间存在协同效应，大股东具备推动公司设立审计委员会的积极性，对管理层实施有效监督，从而获得监督收益。但当存在单一股东有效控制公司时，大股东联盟之间的协同效应消失，此时，大股东剥夺效应出现，会阻止公司引入新的监督机制。

(三) 审计委员会应定位于维护董事会的利益

格恩里和特恩布尔（Guthrie，Turnbull，1995）认为审计委员会的成立是为了保护非执行董事。刘力云（2000）指出审计委员会本质上是为了实现董事会目标而对公司的财务报告和经营活动进行的独立评价。审计委员会实质上就是内部审计，是内部控制的一种手段，是管理的一部分。曾小青（2003）指出在受托框架中，审计委员会代表董事会对公司进行监督，营造了一种公司管理层受到监督的环境，有助于董事会制订和维持公司受托责任框架，能对公司管理层舞弊、欺诈等问题进行有效防治。管考磊、刘剑超（2006）指出审计委员会应定位于代表董事会监督经理人员，并且制衡董事会的内部董事和大股东代表。其主要职能是监督公司的财务报告过程、评价公司的内部控制、聘任外部审计以及检查内部审计的工作，其主要进行事前监督并且与决策过程紧密结合。

笔者比较赞同第一种观点，认为审计委员会应定位于维护股东的利益，特别是公众股东利益，同时协助管理层。首先，当董事和董事会实质拥有企业剩余控制权时，构成审计委员会的独立董事与内部董事一样，其性质都是企业的经理人，其本身首先是代理问题的一部分，只有在其与股东之间的代理问题得到较好解决之后，独立董事才可能成为一种有效的公司治理机制。如果审计委员会定位于董事会，则董事与股东之间的代理问题无法解决，只有其定位于股东，才能解决董事与股东之间的代理问题。其次，从经济学的角度看，要使审计委员会制度达到帕累托最优状况，审计委员会除了应保护股东利益的本质属性之外，同样应具有保护管理层免受不公正评价。朱锦余等（2009）从经济学的角度分析，审计委员会的本质就是具有帮助减少股东和管理层两者之间契约的不完全程度，减轻内部人控制问题和提高所有者对企业剩余索取权与剩余控制权的把握能力，同时扮演股东和管理层之间公正者的形象。

二、审计委员会财务监督职能实施现状

笔者根据上文提到的数据，统计发现设立审计委员会的公司数目为 3 643，占总样本量的 58.64%，而没有设立审计委员会的公司数目为 2 569，占总样本量的 41.36%（见表 7 - 6）。可见我国还有很多公司没有设立审计委员会。同时笔者发现，设立了审计委员会的公司盈余管理程度小于没有设立的，说明审计委员会对企业盈余管理程度具有抑制作用。而根据上文提到的回归结果可以发现，审计委员会对盈余管理程度的影响显著度在 10% 左右，因此，说明我国目前审计委员会的财务监督作用还没有充分发挥。在上文的回归结果中发现独立董事占比与盈余管理程度出现同向变动，笔者认为是由于目前独立董事没有发挥其监督职能，而且有的独立董事在几个公司担任独立董事，其精力有限，对企业的了解不够，不能有效发挥监督职能，则其占比越大，盈余管理程度越大。

表 7 - 6　　　　　　　　审计委员会现状分析表

是否设立 审计委员会	盈余管理 程度平均数	标准差	公司数目	百分比 （%）
否	.0 635	.0 415	3 643	58.64
是	.0 592	.0 711	2 569	41.36

三、审计委员会的财务监督职权

美国的特雷德韦委员会（Treadway Commission），AICPA - POB 委员会、SEC—蓝带委员会以及加拿大注册会计师协会的麦克唐纳报告（Macdonald Report）、证券管理部门（CSA）发布的公告、英国审计实务委员会的 CCAB 公报

和凯德伯里报告（Cadbury Report）等均对审计委员会的职责[1]有过定义与描述。

我国 2002 年发布的《上市公司治理准则》规定审计委员会的主要职责是：提议聘请或更换外部审计机构，监督公司的内部审计制度及其实施，负责内部审计与外部审计之间的沟通，审核公司的财务信息及其披露，审查公司的内控制度。

综合以上法规的规定，笔者认为上市公司审计委员会财务监督职权包括：

（一）监督财务报表生成过程，审核财务报表的合法性与公允性

英国财务报告理事会（FRC，2003 年）在《审计委员会——联合法案指南》的研究报告中强调，审计委员会要监控财务报表的质量；美国蓝带委员会（1999）指出，审计委员会的主要职责是监督财务报表的质量。斯坦博格（Steinberg，2005）研究表明审计委员会对财务报告的过程具有监督作用。此项功能应为审计委员会最为主要的功能，许多学者对此做了大量的研究。笔者总结了学者们主要从以下角度界定了审计委员会具有财务信息与报表的监督作用：①从财务报告的信息含量或质量来界定。如任艾德（Wild，1994）以美国 1981 年以前成立审计委员会的公司作为样本，对审计委员会与财务报表收益关系的研究显示，审计委员会的成立能促使财务报表具有更多的信息，并且能提高管理者的责任。Simon 和 Wong（2001）的研究表明，审计委员会的设立与公司自愿性信息披露的范围存在显著的正相关关系。吴清华等（2006）的实证研究发现：公司拥有更高比例的独立董事或者设有审计委员会，均能呈报更高质量的会计盈余信息。蔡卫星、高明华（2009）使用 2006 年深市上市公司的相关数据，检验了审计委员会与上市公司信息披露质量之间的关系。研究表明，审计委员会对上市公司信息披露质量有着正向显著影响。②从财务报告中错误、舞

---

[1] 审计委员会的基本功能包括：对公司财务报告体系、财务报告质量及内部控制制度的监督功能；对公司内部稽核部门工作情况的监督功能；对公司外部注册会计师审计合约、审计计划与过程及审计建议书和非审计服务的复核与评估功能；对公司管理当局涉及财务会计报告的重大判断、估计、风险与不确定因素以及会计原则、会计政策的复核与评估功能；对内部稽核部门与外部注册会计师相关工作的协调功能；对管理当局与外部注册会计师之间的重大判断、会计估计以及会计原则、政策分歧的评估与协调功能；对审计委员会章程与组织的再评估与修正功能；向董事会与股东大会汇报有关委员会绩效报告的功能；其他规划控制（如对管理当局营运计划的复核）及特别调查（如利益冲突和不法行为等）的功能。

弊与违规的比例或现象来界定。如麦克马伦（McMullen，1996）和德肖（Dechow，1996）发现审计委员会的成立与较少的错误发现以及违规现象的发生率有关。贝森里（Beasley，1996）认为，审计委员会可以提升董事会财务报表监督的整体能力，并认为舞弊公司相比非舞弊公司设置审计委员会的概率更低。张勇、应超（2009）通过对2007年沪、深两市A股上市公司（非金融类）中选取的417家上市公司进行Logistic回归，发现上述公司审计委员会制度对防止信息披露违规现象存在显著的影响。③从财务报表的重述情况来界定。艾鲍图（Abbott，2004）选择在1991—1999年进行了财务报表重述的88家公司（不包含有舞弊行为的公司）作为样本，研究了审计委员会的特征与财务报表重述之间的关系，结果表明，两者为负相关关系，即审计委员会能减少企业财务报表重述。④从财务年报的补丁概率来界定。如李斌、陈凌云（2006）以年报补丁的出现代表公司财务报告质量的低下，研究审计委员会对年报补丁的影响，结果发现设立审计委员会的上市公司发布年报补丁的概率比较低。⑤从审计意见出具的类型来界定。王跃堂、涂建明（2006）对2002—2004年我国沪、深两市A股上市公司审计委员会设立及其运转进行实证研究发现，设立审计委员会的公司更不易被出具非标准审计意见，说明设立审计委员会的公司会计质量更好。⑥从盈余管理程度来界定。McMullen（1996）认为审计委员会通过监督企业主要的会计事项，能够减少企业的盈余管理。彼洛特和詹因（Piot，Janin，2007）研究表明审计委员会的出现对于盈余管理具有抑制作用。

但也有少数学者研究表明审计委员会不具有对财务报表的监督职能。如杨忠莲、徐政旦（2004）对我国382家成立审计委员会的企业动机进行了实证研究，结果发现：我国公司成立审计委员会只是受董事会和外部董事的影响，不具有提高财务报表质量的动机。谢永珍（2006）对2002年我国上市公司的审计委员会治理情况做了实证调查。结果发现：审计委员会在防止上市公司财务舞弊（信息披露违规）、维护关联交易的规范性以及确保上市公司财务安全性等方面没有发挥显著作用。洪剑峭、方军雄（2009）通过利用2002—2004年我国上市公司的数据，分析设立审计委员会前上市公司在会计信息方面已有的特征，在控制了这种已有的会计信息质量差异后，研究设立审计委员会对会计信息质量的影响。结果表明，设立审计委员会前后，上市公司盈余质量没有显著变化。出现这种情况的原因，笔者认为主要是由于我国的审计委员会还处于发展阶段，其作用还没有得到有效的发挥。

（二）监督公司经营管理活动，防止大股东"掏空"

谢朝斌（2004）认为："从根本意义上说，设立审计委员会的目的在于强化董事会的决策功能，以确保董事会对经理层的有效监督。"有效的审计委员会为了达到保护股东利益的目的，在对财务报告进行监督、提高财务报告质量的同时，还需要加强内部控制和风险管理，改善公司内部环境，降低企业的各种风险，帮助董事会监督管理业绩和实施监管责任。许多学者通过实证研究指出审计委员会或者独立董事在此方面的重要性，如波特和吉多（Porter，Gendall，1998）分析了审计委员会在加拿大、美国、英国、澳大利亚和新西兰的发展，指出公司失败是激发审计委员会产生和促使其职责改变的主要原因。弗蒙（Fama，1980）认为外部董事可以被看成是职业裁判，它的任务是激励和监管公司上层管理层之间的竞争，外部董事有动机保证公司的有效经营。Collier 和 Gregory（1996）认为审计委员会能够加强企业的内部控制，导致控制风险的减小。Beasley 等（2001）以加拿大的部分公司作为样本，发现审计委员会成员具备的相关知识越多、独立性越强，公司内部控制制度的设计越科学，实施效果越明显。李补喜、王平心（2007）对上市公司的研究表明，审计委员会在加强独立董事责任和董事会、外部审计师的独立性的同时，也改善了公司内部控制系统。贾扬吉（Jayanthi，2005）研究了审计委员会与公司内部控制质量之间的关系，对内部控制存在问题与不存在问题的公司进行了比较，研究发现，拥有优秀的审计委员会的公司内部控制存在问题的可能性较小。张瑶、李补喜（2008）以沪深 A 股上市公司中，披露了注册会计师年报审计收费的上市公司为研究样本，研究了审计委员会对外部注册会计师审计需求和公司内部治理的有效性，结果表明审计委员会在抑制因亏损而进行的盈余管理方面具有潜在作用。

（三）加强审计事项的沟通与监督，提高内外部审计质量

陈汉文等（2004）曾指出如何通过审计委员会改善公司董事会、管理层和内外部审计师之间交互作用的效率，是审计委员会制度的核心。审计委员会通

过其提议聘请或更换外部审计机构、监督公司的内部审计制度、审查公司的内控制度等具体职能，确保公司财务信息及其披露的质量。McMullen（1996）指出通过监督企业主要的会计事项，能够减少企业的盈余管理；通过与内部、外部审计的合作，保护外部审计的独立性。Crawford 等（2008）认为审计委员会的职能应该包括对内部审计的监督，对外部审计的监督和对风险管理的监控等，通过问卷发现审计委员会的确对内部审计进行了监督，而且作用明显。此外，大量的经验数据表明审计委员会能够提高审计质量。如 Gibbins 等（2001）研究发现，有效的审计委员会能够增加审计人员就审计调整进行谈判的力量。Abbott 等（2003），Francis（2004），Stewart 和 Kent（2006），Vafeas 和 Waegelein（2007）把审计费用看做审计质量的替代变量，研究发现审计委员会的专业性与审计收费存在正相关关系。夏文贤、陈汉文（2005）以 2002—2004 年沪深股市的上市公司为研究样本，发现设立审计委员会的公司其外部审计师发生变更的可能性显著下降。白羽（2000）从上市公司设立审计委员会前后审计费用变化的角度，间接地说明了审计委员会的设立在一定程度上降低了外部审计的控制风险。Young 和 Mande（2005）通过回归分析对 190 个由审计师提出辞职的公司和 190 个由管理当局提出解聘审计师公司的审计委员会的独立性进行了比较。研究表明有效的审计委员会能够在协调管理当局与审计师的冲突方面发挥应有的作用，并可以在发生审计师变更时提高公司审计质量，减低审计师变更的负面影响。吴水澎、庄莹（2008）以 2002—2006 年我国证券市场上市公司为研究样本，研究表明实际设立审计委员会的公司比假设不设立审计委员会的公司更可能选择"国际四大会计师事务所"合作，说明设立审计委员会的公司比假设不设立的公事更偏好高质量的审计需求。刘力、马贤明（2008）以中国 A 股证券市场 2004—2005 年获得无保留审计意见的 A 股上市公司为样本，使用截面 Jones 模型估计公司的操纵性应计利润的绝对值作为审计质量的衡量指标，对审计委员会与审计质量的关系进行了实证检验。研究发现，审计委员会能够显著地遏制盈余管理。审计委员会的成立时间越长，提升审计质量的效果越明显。

但也有少数学者认为审计委员会不能提高审计质量。如孙岩、张继勋（2008）的研究表明，有效的审计委员会没有对审计人员的审计调整决策产生显著影响，这表明我国的审计委员会没有起到支持审计人员提升审计质量的作用。王跃堂、涂建明（2006）发现，审计委员会与事务所变更无关，即审计委员会未能实现有效的监督职能。谢德仁（2006）对中国上市公司现行治理结构中的企业会计事务控制权安排进行研究，认为现行审计委员会制度难以保证审计师的独立性。张阳、张立民（2007）发现，审计委员会不能有效提高外部审计独立性。唐跃军（2007）从管理层审计意见购买的角度，也未发现审计委员会在管理层审计意见购买过程中的制衡作用。

第三节　国有控股企业的财务总监与财务监督

一、财务总监制度的定义

20 世纪 90 年代，我国开始实行财务总监委派制。政府以股东或者企业董事会的身份向国有企业委派财务总监，参与企业的重大经营决策。财务总监委派制是指在企业财产所有权与经营权相分离的情况下，由出资人向企业委派财务总监参与企业的重大经营决策，组织和监控企业日常财务活动的一种经济监督制度。财务总监制度是在企业所有权与经营权分离的情况下，由国有资产管理部门派驻到企业，或由国有集团公司董事会派驻到企业，对企业各项经济活动实施监督控制的一种特殊的行政管理措施。[①] 我国实施的财务总监与国外的CFO——首席财务执行官并不是一个概念。根据张保中（2007）指出 CFO 的工作重点不在于会计核算、分析以及日常财务活动等具体的专业技术工作，而是负责企业全局的价值管理，是企业财务战略的计划领导者与组织者。因而对企业集团在市场经济中的发展而言，其是重要甚至关键的经营者，属于经营者财务的范畴。而财务总监委派制度产生的背景是西方国家针对国有企业在市场经济的经营过程中，由于实行所有权与经营权的分离产生的一系列内部人控制问题而采取的举措，财务总监的基本角色与职责是代表出资者在财务或价值层面

---

① 史娟. 透视财务总监委派制［J］. 经济理论研究，2006（12）.

上对其代理者（经营者）进行监督，其属于出资者财务的范畴。①

因此，我国目前的财务总监委派制度是企业的所有者或全体所有者代表决定的，体现所有者意志的，全面负责对公司的财务、会计活动进行全面监督与管理的高级管理人员，② 是国有资产经营公司或国资委下派财务总监到国有控股企业，以行使所有者职能确保国有资产保值增值的一种公司内部治理结构的创新措施。③ 财务总监委派主要包括两种方式④：①政府委派制。政府委派制一般适用于股权集中型的大型国有企业。由政府代表所有者向国有企业委派财务总监，强调实行总经理与财务总监联签制度，被委派的财务总监应向其委派机构负责，向委派机构报告其职责履行情况。②董事会委派制。在股权分散型国有企业，由董事会聘任财务总监，对董事会负责。财务总监对董事会批准的公司重大经营计划、方案的执行情况进行监督，定期向董事会报告财务运作情况，并接受董事会质询。在董事会授权范围内，企业财务支出事项必须由总经理和财务总监联合签批后方能生效。

二、财务总监财务监督的定位

在实践中，财务总监对企业财务计划的制订有参与权，对财务计划的执行有监督权，对企业重大资金的调拨有签字权。可见财务总监代表的是所有者，是从产权角度去行使权力，体现的是一种来自产权约束的监督关系，是代表所有者并分担本应属于所有者所拥有的部分管理与监督权力和责任，是所有者职能的传递和延伸。刘锦恒、曹湘平（2007）指出财务总监制度是企业所有权与经营权分离的必然结果，是公司治理的有机组成部分，实质上代表所有者利益，属于财务监督范畴。财务总监制度的建立，一方面使财务总监代表所有者利益把好财务监督关，使经营者在企业重大决策和财务收支活动方面最大限度地体

---

① 张保中. 基于财务治理的企业集团财务控制体系研究 [D]. 成都：西南财经大学，2007.

② 刘锦恒，曹湘平. 浅析公司财务总监制度 [J]. 财会研究，2007（1）.

③ 唐萍. 财务总监委派制的可行性研究——兼论国有企业监督机制的设计 [J]. 经济研究，1999（1）.

④ 这里只说明两种，是因为笔者认为其他委派方式，如总经理委派应该属于经营者财务的范畴，即为首席财务执行官的范畴，这会在后面关于延伸性财务监督体系中谈到。

现所有者的利益；另一方面也可为经营者充分施展经营才能，最大限度地实现资产的保值增值提供强有力的保证。因此，财务总监的职能应定位于产权代表在财务上的职责实现。财务总监是从产权角度去行使权力的，代表所有者对经营者行为进行规范和约束，它所体现的是一种来自产权约束的监督关系。

三、财务总监委派制度与其他委派制度

（一）财务总监与总会计师

总会计师制度起源与发展于计划经济体制，主要是为了适应全社会统一生产单位的需要，为核算其复杂的价值运动过程而引入的会计技术专家制度，主要在国有企业、事业单位、国有控股或主导的公司中应用。财务总监制度与总会计师制度都有权对国有控股企业进行财务监督，其根本目的是建立健全企业财务监管机制，规范企业经营行为。[①] 但是它们两者具有很多的不同点。

1. 两者的起源不同

总会计师沿袭了苏联计划经济体制下的会计模式，财务总监制度则起源于西方，在西方两权分离的企业制度下，企业所有者从维护自身利益的需要出发，必须对企业经营者的行为实施必要的监督制约，代表所有者实施管理和监控职能。

2. 性质不同

前者是从企业外部派遣的代表资产所有者对企业经营者进行监督、制约的制度形式，主要是为切实有效地规范约束经营者的行为，维护资产所有者的利益；后者是在企业内部代表企业经营者进行会计核算、内部控制和从事理财的制度形式，主要是为促进企业搞好经营，提高企业自身经济效益服务的。

3. 地位不同

财务总监由企业所有者或企业所有权的代表即董事会聘任，不得由公司董事、正副董事长、经理班子成员或财务、会计、审计部门负责人兼任，其代表所有者的利益，与总经理同属于董事会领导，两者之间没有领导与被领导关系，在企业中具有重要的地位。总会计师代表企业的管理当局或者经营者利益，由总经理任

---

① 余春宏，吴建忠．论财务总监制度［J］．财政研究，2002（9）．

命，作为单位的行政领导班子成员之一，只在财务会计部门拥有有限的决策权。财务总监只接受派出机构领导并对其负责，实行定期轮换制，由此决定了财务总监的工作具有较强的独立性，为其独立地行使财务监管权，确保监管的客观、公正性提供了强有力的制度保证。相比之下，总会计师的独立性就不如财务总监。一方面，总会计师由企业负责人任命，在其领导下开展工作，只能处于助手的地位；另一方面，其人事关系隶属于本企业，经济待遇均由企业决定。在相关利益关系的驱动下，总会计师工作在独立性方面远不如财务总监。

4. 作用不同

总会计师一般实施日常的会计核算以及监督日常财务会计运作，提供事后监督，负责企业内部管理控制，不能对未来做出预测。财务总监除了进行会计核算以及财务会计监督外，强调监控和决策。财务总监对公司的经济活动（主要是重大经济活动）进行直接或间接的监督，防止经营者从事违背所有者利益的活动。财务总监还参与拟订企业经营的重大计划、方案，包括编制年度预决算方案，制订融投资计划等，对财务计划的执行有监督权，参与公司相关的决策，对相关的财务问题发表意见，对重大资金的调拨有联签权。这样的财务监督基本覆盖了企业经营活动的各主要环节，是一种事前、事中和事后的全过程全方位的监督，从而能及时发现违法乱纪行为。

（二）财务总监制度与会计委派制、稽查特派员制度

1. 财务总监制度与会计委派制度

会计委派制是指政府部门、产权单位向其所属单位委派会计人员，并授权会计人员监督所在单位会计行为和其他经济活动的一种制度。[①]于长春、伍中信（2000）指出财务总监制与会计委派制的一个重要区别在于，会计委派制中的会计人员依然归企业管理，对企业负责的地位没有改变。财务总监代表国企所有者行使对企业的监督职能，会计委派制适用于行政机关和财政拨款的事业单位，但不适用于企业单位。干胜道（1995）指出会计委派制是不可取的，虽然会计委派制是把会计人员从企业中独立出来，成为纯粹的外部人，但政府再次

---

① 李建成，朱景华. 会计委派制度利弊分析 [J]. 工会论坛，2007 (1).

介入企业经济活动，不利于现代企业制度的建立和政府职能的转变；委派的会计人员的费用会大幅度增加监督成本；会计人员与经营者尖锐对立、不愿或很少主动参与企业的经济预测和决策活动，丧失了会计为提高经济效益服务的固有属性。笔者也认为会计委派制是不可取的，委派的会计人员处于一种尴尬的地位，一方面其受到所有者的委派对经营者进行监督；另一方面其在被委派的企业中的最高身份只是一个中层管理人员，要受到经营者的控制。其所处地位决定了其不能有效地发挥监督职能。

2. 财务总监制度与稽查特派员制度

1998 年 7 月 3 日，为了加强对国有大型企业的财务监督，评价国有重点大型企业主要负责人员的经营管理业绩，时任国务院总理的朱镕基签署了第 246 号国务院令——《国务院稽查特派员条例》（以下简称《条例》），并正式发布施行。稽查特派员代表国家行使监督权力，不参与、不干预企业生产经营活动，其主要职责是对企业的经营状况实施财务监督，审查国有企业资产运营和盈亏状况，对企业经营者执行国家法律法规的情况和经营业绩做出评价。稽查特派员以财务监督为核心，同样具有监督职能，与被稽查企业的关系也是监督与被监督的关系。张红军（2000）指出稽查特派员制度不同于监事会：稽查特派员制度将监督与任免相结合，将稽查结果作为奖惩、任免企业主要领导人员的主要依据，这也是发挥稽查特派员制度作用的关键。这种制度与公司内部的监事会发挥着不同的作用。稽查特派员直接隶属于国务院，代表国家，不受其他任何部门的制约，可以排除一切干扰，对国有大型企业的财务进行监督，了解企业的国有资产保值、增值情况，切实解决多头管理、多头监督及局部利益分割国有资产权益的问题。于长春、伍中信（2000）指出财务总监制适用于大型国有企业和国家控股的上市公司。稽察特派员制改为外派监事会制，是把政府行为转变为代表国有资本所有者的企业行为，更适用于对重点国有企业的监督。

高淑云（2000）指出稽查特派员制度的优点在于：垂直的监督体制，体现了稽察的权威性；以财务监督为核心，防止国有资产流失，体现了稽察的专业性；监督关口前移，控制损失，体现了稽察的及时性；监督与领导业绩考核挂钩，体现了稽察的客观、公正性；稽察人员不与企业发生经济利益的关系，体现了稽察的独立性；实行行业回避制度，体现了稽察的廉洁性。杨肃昌（2003）指出稽查特派员的弱点在于：一是稽察特派员在技术资源、人力资源和组织资源方面非常有限，无法有效实施监督职能；二是国家稽察特派员是在国务院总理授权下实施的监督，体现的是行政监督权威；三是造成企业重复监督。

笔者认为，无论是会计委派制度还是稽查特派员制度，更多地表现为一种政府行为，只能是一种过渡性的，它们只能在特定的时间存在，随着企业其他监督机构的完善，这两种制度应该取消。在以国有经济为主导的社会主义市场经济中，在所有者的时代前提下，由国有体制的中介公司或国资委派遣的财务总监是可行的方案。财务总监本身代表所有者的意志，其职位与国有企业的经营者是平等的，因而可以更好地发挥监督职能，但由于被委派到企业后，可能造成财务总监的监督职能不能有效实施，如对企业的信息了解不够、被企业内部人员架空以及被企业内部人员收买；利用财务监督权独断专行，侵犯企业总经理和企业的合法权益，给企业造成重大损失；利用财务总监权利任人唯亲，用人不当，造成企业管理混乱和企业重大经济损失；利用财务监督权，诬告不同意见的企业干部，造成管理混乱和重大经济损失等，笔者称此为"财务总监的外部异化"。为了避免财务总监外部异化的存在，可以把财务总监设置在监事会下面，通过有效的监事会对其进行监督作为补充，如果企业的监事会无效，则可通过外部会计师事务所或者审计署审计作为补充。而对于国有控股上市公司，笔者认为审计署审计作为补充更为有效，因为审计署代表国家的意志，审计署实施的审计具有权威性和广泛性的特点，权威性是指国家审计代表国家的意志，被审计单位必须积极配合，对于发现问题的单位，国家审计署可以提出处理意见，同时可以提请司法部门对有关部门单位进行处罚。广泛性是指国家审计涉及国家财政财务收支的所有方面，审计的内容范围广。

四、财务总监的财务监督职权

笔者认为财务总监的财务监督职权应该包括：

（一）对企业的资本运作情况进行监督

包括了解并参与拟订有关公司经营的重大计划方案，即年度预决算方案、资金使用和调度计划、费用开支计划、筹资融资计划以及利润分配、亏损弥补方案等；参与有关贷款担保、对外投资、产权转让、产权重组等重大决策；对董事会批准的重大经营方案执行情况进行监督；对全资、控股子公司的财务运作和资金收支情况进行监督、检查，并有权向董事会、监事会提出审计建议。财务总监与国有控股企业经理实行重大财务收支联签制度，凡是企业经营性、融资性、投资性、固定资产购建支出和汇往境外资金，以及担保贷款等事项超过一定限额的，都必须由经理和财务总监联合批签后方能执行。

（二）对违规行为或者个人进行处罚

对财务人员任用、调动、奖惩方面的处置权，完善企业的财务管理制度和内控、内审制度，处分提供虚假会计信息的财务人员。采取措施阻止总经理滥用职权和决策失误的行为。在紧急情况下，财务总监有权采取封存企业资产、账册、银行付款印章等临时强制手段，制止企业正在发生的严重侵害股东合法权益等违法违规行为。财务总监有权责令企业有关部门在一定期限纠正违反法规、董事会决议、企业财务规章制度的行为，有权对出现这些行为的有关人员予以警告、通报批评、罚款等。

主要参考文献

【1】CHEN, CHARLES J P, JAGGI, BIKKI. Association between Independent Nonexecutive Directors, Family Control and Financial Disclosures in Hong Kong［J］. Journal of Accounting and Public Policy, 2000, 19 (4/5)：285 - 310.

【2】CHAN, KAM C. , LI, JOANNE. Audit Committee and Firm Value：Evidence on Outside Top Executives as Expert - Independent Directors［J］. Corporate Governance, 2008, 16 (1)：16 - 31.

【3】EICHENSEHER J. W. , SHIELDS, D. Corporate Director Liability and Monitoring Preferences［J］. Journal of Accounting and Public Policy, 1985, 4：13 - 31.

【4】KLEIN, A. Firm performance and board committee structure［J］. Journal of Law and Economics, 1998, 4：135 - 167.

【5】Wolnizer P. Are Audit Committee Red Herrings〔J〕. Abacus, 1995, 31 (1): 45 - 66.

【6】白羽. 上市公司审计委员会的有效性研究——基于审计收费角度的考察〔J〕. 财贸研究, 2007 (1).

【7】蔡卫星, 高明华. 审计委员会与信息披露质量: 来自中国上市公司的经验证据〔J〕. 南开管理评论, 2009 (4).

【8】常健, 饶常林. 完善我国公司监事会制度的法律思考〔D〕. 北京: 中国人民大学内部参考资料: 民商法学, 2001 (11).

【9】陈汉文, 夏文贤, 陈秋金. 上市公司审计委员会: 案例分析与模式改进〔J〕. 财会通讯, 2004 (1).

【10】陈胜蓝, 魏明海. 董事会独立性、盈余稳健性与投资者保护〔J〕. 中山大学学报: 社会科学版, 2007 (2).

【11】戴思勤. 上市公司年度财务报表监督制度研究〔D〕. 长沙: 湖南大学, 2007.

【12】邓成芳. 我国上市公司治理结构中内部财务监督机制的构建〔J〕. 北方经贸, 2004 (11).

【13】董丹. 论我国公司监事会制度的完善〔D〕. 长春: 吉林大学, 2006.

【14】段晓旭. 上市公司财务治理结构研究〔D〕. 天津: 天津财经大学, 2004.

【15】干胜道. 所有者财务论〔M〕. 成都: 西南财经出版社, 1998.

【16】高淑云. 制度创新——国企监督中的稽查特派员制度〔J〕. 广西经济管理干部学院学报, 2000 (1).

【17】管考磊, 刘剑超. 董事会、审计委员会与监事会关系研究〔J〕. 中南财经政法大学研究生学报, 2006 (4).

【18】贺长元. 完善公司治理关键: 监事会职能的重新定位〔J〕. 安庆师范学院学报, 2002 (4).

【19】洪剑峭, 方军雄. 审计委员会制度与盈余质量的改善〔J〕. 南开管

理评论, 2009 (4).

【20】胡勤勤, 沈艺峰. 独立外部董事能否提高上市公司的经营业绩 [J].
世界经济, 2002 (7).

【21】胡奕明, 唐松莲. 独立董事与上市公司盈余信息质量 [J]. 管理世
界, 2008 (9).

【22】李斌, 陈凌云. 我国上市公司审计委员会有效性研究——基于上市公
司年报补丁的实证分析 [J]. 财贸研究, 2006 (3).

【23】李补喜, 王平心. 审计委员会的设立与公司治理 [J]. 数理统计与
管理, 2007 (1).

【24】李建成, 朱景华. 会计委派制度利弊分析 [J]. 工会论坛, 2007
(1).

【25】李明辉. 对完善上市公司监事财务监督制度的思考 [J]. 审计研究,
2004 (4).

【26】李维安, 张亚双. 如何构造适合国情的公司治理监督机制——论我国
监事会的功能定位 [J]. 财经科学, 2002 (2).

【27】李越冬, 干胜道. 舆论财务监督在公司治理中的作用 [J]. 会计之
友, 2010 (8).

【28】李越冬, 干胜道. 企业财务监督主体及内容研究 [J]. 会计之友,
2010 (10).

【29】李越冬, 干胜道. 监事会作用及其优化 [J]. 财会通讯 (综合),
2011 (10).

【30】刘锦恒, 曹湘平. 浅析公司财务总监制度 [J]. 财会研究, 2007 (1).

【31】刘锦恒, 曹湘平. 浅析公司财务总监制度 [J]. 财会研究, 2007 (1).

【32】刘力, 马贤明. 审计委员会与审计质量——来自中国 A 股市场的经
验证据 [J]. 会计研究, 2008 (7).

【33】彭真明, 李静. 独立董事与我国公司治理结构 [J]. 武汉大学学报:
社会科学版, 2003 (3).

【34】乔春华, 蒋苏娅. 审计委员会若干理论问题的探讨 [J]. 审计研究,

2008 (2).

【35】史娟. 透视财务总监委派制 [J]. 经济理论研究, 2006 (12).

【36】孙敬水. 对我国独立董事监督职能的质疑 [J]. 经济师, 2003 (1).

【37】孙岩, 张继勋. 性质重要性提示、管理层关注、审计委员会有效性与审计调整决策 [J]. 审计研究, 2008 (6).

【38】唐萍. 财务总监委派制的可行性研究——兼论国有企业监督机制的设计 [J]. 经济研究, 1999 (1).

【39】唐跃军. 审计收费、审计委员会与意见购买——来自2004—2005年中国上市公司的证据 [J]. 金融研究, 2007 (4).

【40】田志龙, 等. 我国上市公司治理结构的一些基本特征研究 [J]. 管理世界, 1999 (2).

【41】王雄元, 管考磊. 关于审计委员会特征与信息披露质量的实证研究 [J]. 审计研究, 2006 (6).

【42】王跃堂, 涂建明. 上市公司审计委员会治理有效性的实证研究——来自沪深两市的经验证据 [J]. 管理世界, 2006 (11).

【43】王跃堂, 赵子夜, 魏晓雁. 董事会独立性是否影响公司绩效 [J]. 经济研究, 2006 (5).

【44】魏刚, 等. 独立董事背景与公司经营绩效 [J]. 经济研究, 2007 (3).

【45】吴清华, 王平心, 殷俊明. 审计委员会、董事会特征与财务呈报质量——一项基于中国证券市场的实证研究 [J]. 管理评论, 2006 (7).

【46】吴水澎, 庄莹. 审计师选择与设立审计委员会的自选择问题——来自中国证券市场的经验证据 [J]. 审计研究, 2008 (2).

【47】谢朝斌. 独立董事法律制度研究 [M]. 北京: 法律出版社, 2004.

【48】谢德仁. 会计规则制定权合约安排的范式与变迁——兼及会计准则性质的研究 [J]. 会计研究, 1997 (9).

【49】谢德仁. 审计委员会制度与中国上市公司治理创新 [J]. 会计研究,

2006 (7).

【50】谢德仁. 审计委员会：本原性质与作用机理 [J]. 会计研究，2005 (9).

【51】谢永珍. 中国上市公司审计委员会治理效率的实证研究 [J]. 南开管理评论，2006 (1).

【52】颜志元. 会计估计变更的动因分析——来自中国 A 股上市公司的证据 [J]. 会计研究，2006 (5).

【53】杨肃昌. 国有企业财务监督机制研究 [M]. 北京：中国财政经济出版社，2003.

【54】杨忠莲，徐政旦. 我国公司成立审计委员会动机的实证研究 [J]. 审计研究，2004 (1).

【55】于长春，伍中信. 弥补国有企业出资人财务监督缺位的几个问题 [J]. 会计研究，2000 (6).

【56】余春宏，吴建忠. 论财务总监制度 [J]. 财政研究，2002 (9).

【57】曾小青. 公司治理、受托责任与审计委员会制度研究——兼论信息披露问题 [D]. 厦门：厦门大学，2003.

【58】张保中. 基于财务治理的企业集团财务控制体系研究 [D]. 成都：西南财经大学，2007.

【59】张阳，张立民. 独立性威胁、审计委员会制约有效性：理论分析与实证研究 [J]. 会计研究，2007 (10).

【60】张勇，应超. 审计委员会制度能有效防止上市公司信息披露违规吗？——来自 2003—2007 年沪深两市 A 股的经验证据 [J]. 宏观经济研究，2009 (5).

【61】中共上海市委组织部，上海市国有资产管理办公室. 国有资产监督机制研究 [M]. 上海：上海财经大学出版社，2001.

【62】朱锦余，胡春晖，易挺. 审计委员会的本质属性及制度创新——基于新制度经济学视角 [J]. 审计与经济研究，2009 (4).

第八章 控股股东特质与上市公司并购行为研究

第一节 国内外并购研究综述

一、国外并购研究综述

(一) 并购的含义

诺贝尔经济学奖得主斯蒂格勒茨曾说过：在当今美国，没有一家大公司不是通过某种程度某种方式的并购成长起来的。而如今，不仅是美国，全世界各国的企业并购活动都在如火如荼地进行着，其中也不乏跨行业、跨国界的并购活动。所谓并购①，是兼并（Merger）与收购（Acquisition）的统称，经常用 M&A 表示。兼并指两家或者更多的独立企业合并组成一家企业，通常由一家占优势的企业吸收另一家或更多的企业。兼并包括吸收合并和新设合并。吸收合并指一家公司被另一家公司吸收，后者保留其名称及独立性并获得前者的财产，享受前者的权利并承担其义务，而前者丧失独立的法人人格；新设合并是指两个或两个以上的企业合并成一家新企业，新成立的企业概括式地承担原来所有公司的债权债务关系等权利义务。

收购指通过任何方式获取特定财产实质上所有权的行为，可以是股权收购，

---

① 在中国资本市场还出现了"重组"一词，并购和重组可以大致区分为：并购主要涉及公司股权结构的调整，其目标大多指向公司控制权变动，核心内容是"股东准入"；重组主要涉及公司资产、负债和业务的调整，其目的是优化公司的资产规模和质量、产业或行业属性，核心内容是"资产业务准入"。但是，自出现以股权类证券作为交易支付手段后，两类"准入"可通过一项交易同时完成，因此二者之间的界限逐渐模糊。

也可以是资产收购，无论哪种收购，都只是取得目标公司的实际控制权，但是该目标公司在名义上并未发生改变，也就是说该目标公司仍具有法律上独立的法人人格，有自己独立的法律地位。

可见二者的主要区别在于兼并的最终结果是两个或两个以上的法人合并为一个法人，因此减少了企业数量；而收购的最终结果并不改变企业数量，而是改变被收购企业的产权归属或经营管理权的归属。

(二) 并购的目的和类型

1. 上市公司并购的主要目的

上市公司并购的主要目的包括所有者的财务决策、协同作用、谋求增长、获得专门资产、提高市场占有率，降低竞争、多角化经营、收购低价资产、避税、投机、政府意图、管理层利益驱动等。

2. 上市公司并购的主要类型

上市公司并购的主要类型按不同的标准有不同的划分。如果按照并购双方所处的行业划分，分为横向并购、纵向并购、混合并购；按照并购的方式来划分，则可分为资产收购、股权转让、吸收合并、资产置换等；按照并购公司的管理层，股东或董事会是否欢迎这种并购行为来分，可以分为善意并购和恶意并购；按照并购后法人地位的变化情况来分，可以分为吸收合并和新设合并；按照股权性质来分，可以分为国有上市公司并购和民营上市公司并购；按照并购双方所在国家和地区来划分，可分为国内并购和跨国并购。

(三) 国外企业并购历史及并购绩效综述

企业并购活动在西方国家出现比较早，从 19 世纪末发展至今，西方国家已经出现了五次企业并购浪潮，每次并购浪潮都有各自的特点。第一次浪潮发生于 19 世纪末 20 世纪初，主要出现在英国的纺织业和酿造业，以及美国的矿业和制造业，此次并购浪潮以横向并购作为其主要的特征。第二次并购浪潮出现在 20 世纪 20 年代，第一次世界大战结束后，资本主义稳定发展，科学技术发展以及产业合理化政策实行，一些新兴的资本密集型行业和产业合理化需要大量的资本，引起了第二次并购浪潮的产生。在英国主要出现在电机制造业，在美国则以公用事业、银行业和制造业等为代表。此次并购以纵向并购为其主要形式。第三次并购浪潮出现于 20 世纪 50 ~ 60 年代的英、美等发达国家的制造业，矿业和钢铁行业，此次并购浪潮以混合型并购为主要特征。20 世纪 70 年代中期至 80 年代末，出现了第四次浪潮，此次并购浪潮出现了小鱼吃大鱼的形式，并购形式呈多样化倾向，出现了反并购手段，另外跨国并购迅速发展。20 世纪 90 年代中期至今，发生了全球第五次并购浪潮，此次并购浪潮的主要特点有：并购规模极大，并购企业一般是强强联合，跨国并购占了很大的比例，横向并购与剥离并存，并购的支付手段主要采用股票的形式。另外，自 20 世纪 90 年代起，由于网络传媒时代的来临，出现了网络企业的并购浪潮，网络企业的并购是第五次并购浪潮中的生力军。

企业并购的历史悠久，国外的学者对并购绩效的研究也可以追溯到 1913 年。当年代格特和斯特（Daggett, Stuart）等在其论著《太平洋联盟的兼并决策》中，论述了太平洋铁路公司通过证券市场于 1900 年对南太平洋公司进行的并购，并对其并购效率和合法性进行了论证。1921 年戴文（Dewing）对企业的并购绩效进行了研究，因为当时的并购基本采取横向并购，通过同行业优势企业对劣势企业的并购，因此得出了并购后企业绩效更好的结论。利文莫（Livermore, 1935）在其论文《行业并购的成功》中以 1888—1905 年期间的兼并企业为对象进行了统计研究，结果是半数的兼并企业是比较成功的，兼并后还能有效经营并至少维持 25 年；作者还对 1915—1930 年出现了大量的行业兼并进行了分析，认为其是有效率的。罗纳尔德（Ronald, 1971）在其论文《并购的会计计量》中探讨了在企业进行并购时应该采用一些新的会计计量方法以确定其并购绩效。斯特格斯和布雷等（Sturgess, Brian, Wheale, Peter, 1984）通过对 54 家英国公共公司的并购绩效的实证研究，对横向、纵向和混合并购的绩效进行了比较研究。斯丹通等（Stanton, Patricia, 1987）提出，可以采用会计指标来对并购绩效进行衡量，她认为回报率指标是当时常常被使用的指标。百可维奇和纳罗严南（Berkovitch, Narayanan, 1993）认为并购是并购企业以目标企业的控制权为交易对象的一种市场交易，而并购的效率就是控制权交易的效率，研究并购绩效的关键就是分析交易双方的收益在控制权转移前后的变化，也就是收购溢价之和。并购后股东总体收购溢价为正说明并购产生了效率，增加了企业价值。莫干等（Moregan，2000）对1977—1996年发生的204起战略并购样本进行实证检验后发现，并购前后企业集中度变化的大小与长期并购绩效显著正相关。

但是也有一些学者研究后发现，并购对目标公司的绩效影响并不确定。史沃特（Schwert，1996）研究了1975—1991年1814个并购事件后，得出事件窗内目标公司股东的累积超常收益高达35%，而并购公司股东的累计超常收益与之前没有显著差异。高许（Ghosh，2001）以1981—1995年315起并购事件为样本，分别采用了配对模型、截距模型和变化模型三种模型研究了并购前后目标企业的经营业绩，研究结果发现采用截距模型时，目标企业的经营业绩有了显著的提高，但是采用另外两种模型的结果却是：并购前后目标企业的经营业绩没有明显的变化。如布鲁南（Bruner，2002）对1971—2001年的130多篇经典文献进行汇总分析，得出以下结论：在成熟市场上的并购活动中，目标公司股东收益要远高于收购公司股东收益，超额收益达到10%～30%；收购公司的收益并不明确，且有下降为负的趋势；目标公司与收购公司的综合收益也不确定，即并购活动对社会福利的影响并不明朗。

从以上各种研究结论来看，并购可以整合资源，实现企业规模的扩张，但其是否一定能提高企业效率，尚无定论。因为并购会引起垄断，减少竞争，故早在1898年美国就出台了第一个反托拉斯的《谢尔曼法》，以及1914年的《克莱顿法》和《联邦贸易委员会法》，但是其漏洞较多，执行效果不佳，需要进行重新修订。故美国于1950年又出台了《塞勒—凯弗维尔法》以及1976年的《哈特—司考特—罗迪诺法》。

（四）国外学者并购动机研究综述

除了对并购绩效绩效研究之外，国外学者也提出了很多理论解释企业并购的动机。如詹森（Jensen，1986）在其论著《自由现金流量的代理成本、公司财务与收购》中论述了企业自由现金流量的增加也是促使企业进行并购的动因之一，但在此动机下的并购绩效普遍不佳。威廉姆森（1979）、克莱因、格罗茨曼和哈特等提出的不完全契约、交易费用和资产专用性理论也是企业并购的动因。罗尔（Roll，1986）提出的自大假说也是企业并购的动因。加之之前的

313

新古典制度经济学的企业并购动因解释，其中包括效率理论、市场势力假说、价值低估理论以及信息与信号假说等，企业并购的动因理论发展得比较完善。

二、中国企业并购发展史

中国的企业并购发展史远不如西方国家的悠久。中国最早的并购活动始于1984年。当年7月，河北保定纺织机械厂和保定市锅炉厂以承担全部债权债务的形式分别兼并了保定市针织器材厂和保定市鼓风机厂，开创了中国企业并购的先河。

1984—1987年是中国并购活动的起步阶段。这一阶段国家开始对经济进行治理整顿，中央提出了转变企业经营机制的方针和政策。根据国家资产管理局科研所的研究，中国企业并购重组接下来又经历了几个阶段。

1987—1989年，由于政府出台了一系列鼓励企业并购的政策法规，国内掀起了第一次并购高潮。

1989年下半年至1992年，经济进入全面治理整顿阶段，亏损企业的增加使政府加大了在产权转让中的作用，一些地区出现了行政强制性的企业合并，同地区、同部门内部无偿划转的合并方式有所增加。

1992—1997年，我国确立了市场经济的改革方向，企业并购成为国有企业改革的重要组成部分。这一阶段中国的企业并购伴随着产权市场和股票市场的发育，形式更加丰富，出现了上市公司、外商并购国有企业以及中国企业的跨国并购现象。学术界将1993年的"宝延事件"看成中国并购的正式序曲。

1997—2003年，随着中国投融资体制的改革，证券市场逐渐成为企业并购、资产重组的主战场，股权有偿协议转让成为并购的主流方式，并逐渐打破了地域限制，出现了跨地区、跨行业、跨所有制的并购行为。

2003年至今是我国并购市场发展最为迅速，规模最大的一个时期。2003年，国务院国有资产管理委员会成立后，利用行政力量推动并购重组成为一项重要方针。国资委成立之初，监管的央企达196家，通过近8年的并购重组后，央企名录已缩减至123家，并将通过继续的并购重组，最终缩减至100家以内。这个阶段的并购规模极大，并购企业一般是强强联合，跨国并购占了很大的比例，且出现了股权转让、资产收购、资产置换、债务重组、资产剥离等并购重组形式。

目前国际国内企业并购如火如荼，2002 年，摩根大通、加拿大汤姆逊财务公司等国际著名的投行和金融公司分别发表研究报告称：中国已经成为亚洲最活跃的并购市场，而且必将成为亚洲的并购中心。2010 年 5 月清科研究中心发布的《中国上市公司并购绩效专题研究报告》显示，2005—2009 年，共发生565 起上市公司并购事件，涉及并购金额达 1 171.80 亿元，平均每起并购案的并购金额为 2.22 亿元人民币。

三、国内学者对企业并购研究的综述

（一）并购绩效研究综述

从 1998 年开始，学界对国内上市公司并购绩效的研究一直持续不断，也取得了许多成果。最早研究国内公司并购绩效的可能是原红旗和吴星宇（1998），他们对 1997 年重组的企业研究发现，相较于并购前企业的部分营利指标有所上升，资产负债率却有所下降。檀向球（1999）以 1998 年上交所的重组企业为样本，运用曼—惠特尼 U 检验法检验样本公司的经营状况在重组后是否有实质性的改善，结果发现控股权转让、资产置换和资产剥离对上市公司经营业绩有显著的实质性改善，但是对外并购扩张没能改善公司的经营业绩。高见等（2000）考察了 1997—1998 年沪、深两市发生资产重组的上市公司的市场表现，表明在公告前或公告后较长时期，目标公司比非目标公司的超额收益率略高，但统计上并不存在显著差异，在一定程度上中短期的股票价格波动比短期价格波动更好地反映了并购重组对经营业绩的潜在影响。洪锡熙、沈艺峰（2001）通过对申华实业被收购案的实证研究得出，在我国目前的市场条件下二级市场收购并不能给目标公司带来收益。李善民、陈玉罡（2002）采用市场模型法，对 1999—2000 年中国证券市场沪、深两市共 349 起并购事件进行了实证研究，结果表明：并购能给并购方公司的股东带来显著的财富增加，而对目标公司股东财富的影响不显著。张新（2003）对并购的实证研究表明，并购重组为目标公司创造了价值，股票溢价达到 29.05%；对收购公司产生负效应，收购公司

的股票溢价为 -16.76%。余力、刘英（2004）对 1999 年发生的 85 起控制权转让案和 2002 年 55 起重大资产重组案的并购绩效进行了全面分析，得出并购重组给目标企业带来了收益，而收购企业收益不大且缺乏持续性的结论。李善民、朱滔（2004）以 1999—2001 年发生兼并收购的 84 家中国 A 股上市公司为样本，以经营现金流量总资产收益率来衡量和检验上市公司并购后的绩效，研究结果表明，上市公司并购当年绩效有较大提高，随后绩效下降甚至抵消了之前的绩效提高，并购没有实质性提高并购公司的经营绩效。张小倩（2009）以 2004 年 45 起上市公司的并购事件为样本，采用会计研究法对其并购绩效进行了实证研究，结果证明，从长期来看，并购事件并没有给作为并购方的企业带来收益。

（二）对企业并购绩效研究角度的综述

通过对前人研究结果的总结，我们可以看到，国内学者对上市公司并购绩效的研究所得出的结论并不一致。有些研究认为并购可以为企业带来协同效应，扩大企业规模、实现规模经济、提高企业的绩效；也有的研究结果认为并购对企业绩效的提高并不明显，或者短期内不明显。纵观国内学者对公司并购的研究，其研究的角度大不相同，其中有通过对不同行业的企业并购绩效进行的研究，如张斌（2004）对其选定的 21 个网络型公司在 1999—2002 年的 55 个并购样本进行实证分析后发现：网络公司出售资产成为被并购对象的原因与其经营营利能力有较为显著的相关关系，而网络公司并购其他企业的行为则同其经营营利能力没有显著关系，从均值看，发生并购的网络公司并购后的经营营利比并购前的经营营利要相对低一些。王泽霞，李珍珍（2009）以 2001—2004 年期间发生并购的 IT 行业上市公司为研究对象，利用因子分析法构建并购绩效综合评价体系，得出：并购当年绩效得到一定的提高，但到了第二年绩效就小幅下降，抵消了之前绩效的提高，第三年绩效大幅下降，并购并没有实质性提高并购公司的绩效，甚至降低了并购公司的绩效。有的学者侧重于对某一具体的并购案例的绩效进行研究，如李福来（2010）、熊燕然（2010）分别对百联集团和赣粤高速并购案采用了个案分析的绩效评估方法；安兵（2008）对国美并购永乐的案例进行了动因、估值与绩效的分析与研究。另外还有些学者对不同地区的企业并购绩效进行了研究，如叶学平（2011）针对湖北省上市公司存在的突出问题，建议采取切实可行的措施，推进上市公司并购重组工作，促进湖北资本市场的健康发展。李琛（2004）对上海企业境外并购现有特点进行了分析，剖析了制约企业境外并购的各种因素，进而对上海加快实施"走出去"战略、推动企业境外并购提出相关政策建议。也有对家族企业与非家族企业的并购绩效进行比较研究的，如林泓（2010）就对家族公司与非家族公司并购绩效进行了对比分析，认为家族并购公司绩效优于非家族并购公司；翟启杰（2006）以中国家族企业的并购风险作为研究对象，通过分析我国家族企业并购动因和并购风险，深入挖掘其并购风险产生的制度成因，为我国家族企业并购提供风险防范的措施，从而增强我国家族企业并购风险的防范能力，提高并购的成功率。还有从跨国并购的角度来分析其绩效的，如黎平海等（2010）利用因子分析法对企业多个财务指标进行主成分分析，并建立考察各年的综合得分方程，通过差值分析表对我国上市公司并购前后几年的绩效做出比较分析，结果发现大量并购并未如预期所想为企业创造价值，反而使经营绩效呈急速下降趋势，因此得出我国企业对跨国并购应持谨慎态度的启示。

（三）并购绩效研究方法综述

在并购绩效研究的方法上，也各有所取。最常用的方法为事件研究法、会计研究法、统计分析方法、数据包络分析法、经济附加值方法（EVA）以及个案分析法等。事件研究法是在研究当市场上某一事件发生的时候，股价是否会产生波动以及是否会产生异常报酬率，借由此种资讯，可以了解到股价的波动与该事件是否相关，事件研究法以 Tobin'sQ 值法为基础指标来表示并购绩效。如国外的斯格威特（Schwert，1996）和坡恩（Poon，1999）以及国内的李善民和陈玉罡（2002）、张新（2003）等都分别采用了事件研究法；王鲁璐（2010）采用了 Tobin'sQ 值的方法等对并购绩效进行了研究。会计研究法即财务指标研究法，是利用财务报表和会计数据资料，以营利能力、市场价值、销售额和现金流量水平等经营业绩指标为评判标准，对比考察并购前后或与同行相比经营业绩的变化。穆勒（Mueller，1980）、赫里（Healy，1996）等，克罗斯古勒（KlausGugler，2003）以及国内的冯根福、吴林江（2001）、陈收、戴代强、雷辉（2006）等都分别采用了财务指标研究法；统计分析方法是即用以收集数据、分析数据和由数据得出结论的一系列方法在并购绩效的研究中，使用较多的统计方法为回归分析方法、主成分分析法和因子分析法。朱乾宇（2002）选取了在1998年进行了公司并购的126家上市公司作为研究对象，对影响公司并购绩效的诸因素进行了多元线性回归分析。结果显示，收购金额占收购公司净资产比例高，收购公司在该年度内进行了资产置换的并购公司绩效较好，而存在关联交易及承债式并购的并购公司绩效较差。谢晓敏、杜文晖（2009）采用主成分回归的方法，选取在2005年并购的38家公司2004—2007年的13项业务指标作为作为研究对象，对影响公司并购绩效的诸多因素首先进行主成分分析，再以总资产增长率为因变量、主成分为自变量进行主成分回归分析，最后使用逆变换将其变为关于原始变量的回归方程。结果显示：并购前，总资产周转率和主营收入增长率对企业绩效影响较大；并购后，每股收益和总资产周转率对企业绩效有重要影响。黎平海、祝文娟和李瑶（2010）利用因子分析法对企业多个财务指标进行主成分分析，并建立考察各年的综合得分方程，通过差值分析表对我国上市公司并购前后几年的绩效做出比较分析，并就此提出相关建议。程小伟（2007）、李栋华、邱岚和卞鹰（2008）等采用了数据包络分析法，以2000—2002年3年间我国医药上市公司26个并购案例中并购公司的财务数据为基础，通过数据包络分析法分析，获得样本公司并购前后运营效率，从而对其进行比较，结果是：运营效率在并购后的前3年有下降趋势，直到第4年才有所改观，说明并购后未见对公司的运营绩效有提升作用。李敏、袁媛（2004），周毅、曾勇（2005），肖翔、王娟（2009）等都运用了经济增加值（EVA）指标评价方法对我国上市公司并购后绩效变化进行了实证研究。如周毅、曾勇（2005）就对福特并购江铃的案例进行了研究，李福来（2010）用会计指标法对百联集团的并购绩效进行了分析。并购绩效的研究方法呈现出多样化的特点，而每一种方法都有其适用性，故在研究方法的选择上应充分考虑中国上市公司的特点和中国资本市场的实际情况。

（四）并购绩效研究结果出现差异的原因综述

前人对企业并购绩效的研究结果呈现出差异化的特点，很多学者对出现差异化的原因进行了探讨。窦义粟（2007）综合考察分析了国内电子信息业、机械制造业、家电行业、交运行业，得出以下结论：在并购完成的当年，除了电子信息业，其他行业的综合绩效都有所提升，但提升并不显著。但是从长远来看，电子信息业的绩效要高出其他行业，也就是说产业类型的不同会引起企业并购较小的差异。罗永恒（2007）衡量了并购方式与长期超额收益之间的关系，最终得出在这三种并购方式中横向并购的表现最为稳定，总的来说要优于其他并购方式，混合并购的超额收益最小。吴林江（2001）、李琼（2008）的实证结果得出，纵向并购业绩最好。从他们的研究结果可以得出，并购类型也是并购绩效产生差异的原因。国内关于并购的研究文献中，陈海燕和李炎华（1999）以1997年发生并购事件的上市公司为研究对象，发现混合支付的收购效果较好，股权收购的效果优于纯现金收购，现金购股权优于现金购资产。谢军（2003）从资本结构角度对并购支付做了分析，从MM定理、代理成本、信息不对称、公司控制权角度分析并购支付的选择，认为应更关注债券支付方式和杠杆收购方式，由此可以看出并购的支付方式也会影响到并购绩效的好坏。企业的文化差异程度也是影响并购绩效的重要原因，宋耘（2006）针对1999年12月至2002年12月中国上市公司并购事件进行分析，并对文化冲突程度与并购绩效之间的关系进行定量分析，从而得出以下的结论：文化冲突与目标企业的抵制程度之间表现出显著的正相关关系，说明并购双方企业的文化冲突程度越大，被并购方企业的员工抵制程度越大。也就是说文化冲突通过影响目标企业的员工态度这一中间变量影响到并购绩效，而并购方企业的文化吸引力既通过影响目标企业的员工态度影响并购绩效，也直接影响并购绩效。李明、徐强等（2010）经过实证后发现相对于目标企业的文化强度而言，主并方的文化越强并购绩效越好，且在主并方文化较强的前提下相关性并购比非相关并购绩效要好；黄建芳（2010）从理念、行为和制度这三个文化层次定性研究企业文化匹配状况，根据企业文化匹配对跨国并购绩效的影响机制，构建了一个相关的理论模型：当企业文化匹配低时，表现为文化差异较大，带来跨文化冲突和矛盾，对并购绩效的影响是负面的；文化匹配高则可以产生文化协同，并为企业创造价值，给企业绩效带来积极影响。行业相关度也会影响企业并购的绩效。

　　另外并购企业自由现金流量多少、成长性高低、并购动机、交易特征等都会影响到企业并购的绩效。如黄本多、干胜道（2008）利用我国上市公司2001—2003年436次并购事件进行实证分析的结果表明：高自由现金流、低成长性的上市公司并购总体绩效为负，说明并购并没有给这类公司带来价值的提升。范从来、袁静（2002）利用我国上市公司1995—1999年336次并购事件进行实证分析的结果表明：处于成长性行业的公司进行横向并购绩效相对最好，处于成熟性行业的公司进行纵向并购绩效相对最好，处于衰退性行业的公司进行横向并购的绩效最差。谷燕（2010）通过财务绩效研究法对上市公司多元化并购发生后的经营绩效进行实证研究，得出这样的结论：处于不同成长性的公司在进行多元化并购时，其绩效表现显著不同。非成长性公司进行多元化并购的绩效表现最好，中成长性和低成长性公司多元化并购绩效次之，高成长性公司多元化并购绩效表现最差。夏新平、邹朝辉等（2007）以2001—2002年上市公司作为收购公司发生收购兼并的事件进行实证研究，结果表明基于协同动机的收购公司在并购前后绩效显著增加；基于代理动机的收购公司虽然在并购发生当年绩效显著增加，但随后其绩效持续降低，这表明基于代理动机的并购没能创造价值；在对协同动机和代理动机子样本的对比研究中，协同动机的样本公司在并购后一年和并购后第二年的绩效显著优于代理公司，这表明基于协同动机的收购公司长期经营表现要优于代理动机的收购公司。所使用多元判别分析发现，净资产收益率和总资产收益率高的收购公司所进行的并购基于协同动机的可能性要显著大于代理动机的可能性。这表明净资产收益率和总资产收益率是并购动机的重要特征变量。刘云凤、李江（2010）认为支付方式与并购类型的交互项在5%的置信水平下与并购绩效呈正相关；而并购类型与关联属性的交互项与并购绩效呈现了不显著的负相关；程敏（2009）分析了交易特征和并购溢价对并购现金流绩效的影响：并购溢价与并购后现金流业绩显著正相关。

四、对并购研究成果的评价

综上分析，我们可以看到学者对并购绩效的研究结论不甚相同，有的甚至截然相反。有的企业并购绩效似乎并未如并购报告书所言，会给企业带来产业的升级、核心价值力的增强、经营风险的降低或是可观的并购收益，有些并购行为还会使并购企业的效益逐渐降低，有的甚至最终陷入财务困境。笔者认为其原因在于：首先，研究选取的样本差异大，对样本的剔除标准也不相同。其次，采用不同的研究方法也会得到不同的结果，而且即使采用的方法相同，也存在具体指标的选取、时间跨度的选择等的差异，因此研究结果缺乏一定的可比性。再次，并购绩效的好坏会受到如上所述诸多因素的影响，是一个多因素集成的函数，导致研究结果不一致。另外，我国证券市场还处于其发展的初级阶段，还属于弱有效市场，上市公司信息披露的及时性不强，准确性也有一定瑕疵，估价还不能完全反映企业的发展水平，从而导致研究结果不能完全反映真实情况。因此，此领域今后的研究方向在于继续完善其研究方法，对各研究方法进行对比，选择最适合中国证券市场的绩效评估方法；同时，找出其他的影响企业并购绩效的因素，并进一步研究各因素对并购绩效的影响程度，力图找出相关性最强的因素，并重点考察该因素对并购绩效的影响。

从以上的分析中得出，国际国内学术界已从很多角度对企业并购的绩效进行了研究。在对并购企业样本的选取和企业并购绩效进行对比分析时，有些学者是从不同的产业行业进行对比，或是从不同的并购类型进行对比，或是以不同的支付方式为区分标准，或是以不同的地区为区分的标准；或是以不同的时间跨度来选取样本从而进行绩效的比较，但是目前尚未发现有以股东特质、股权性质为区分标准进行并购绩效的对比研究的。从前人研究的成果来看，在对并购绩效产生差异的原因进行分析时，国内的观点已经从多方面进行了解释，如上所述，产业类型、并购类型、并购的支付方式、企业的文化差异、行为相关度、自由现金流量多少、成长性高低、并购动机、交易特征、是否为多元并购等，都会影响公司并购的绩效。但是，目前还尚未有人将股东特质、股权性质、所有者财务和终极控制人等理论作为解释的基础。笔者认为，控股股东的特质及所有者财务决策等也是影响企业并购绩效的重要原因，因而本章将弥补前人研究的缺口，将股东的异质性、所有者财务及股权性质、终极控制人理论应用到企业的并购研究中，将其与企业并购的绩效进行结合，即在股东特质和股权性质等理论下，根据公司不同的股东特质和所有权性质，将上市公司划分为国有上市公司和民营上市公司，采用一定的绩效评价指标，对其在一定年度内的并购绩效进行比较研究，对绩效水平高低的原因进行分析，并提出提高并购绩效的建议，以期为今后的企业并购提供参考。

第二节　控股股东特质与上市公司并购绩效

一、特质与股东特质

所谓特质（Traits），是指我们用来描述个人人格特点的描述词。股东有两种基本形态：自然人和法人。自然人也好，法人也罢，都是有特质的。笔者理解的特质是特点、性质、行为能力、风险偏好的综合词。公司的股东不同，则股东的性质、特点、限制、行为能力和风险偏好等特质都是有差别甚至是大相径庭的。像并购这些重大决策是由股东共同决定的，控股股东的特质往往决定并购的成败。

在探讨股东特质概念时，须将其与股东异质的概念予以区分。股东异质的概念是与股东同质的概念相对的。所谓股东同质是指把企业的所有者视作一个整体，认为所有者之间都是无差异的，他们能像一个人一样行事，有着共同的目标函数——追求企业价值的最大化。企业的所有者作为一个整体，和企业的债权人一样处于企业的外部，与经营者相比，处于信息劣势地位。在这种情况下，所有者和经营者之间存在着利益冲突，经营者可能利用内部人的信息优势，采取有损于所有者利益的行动方式，来满足自身利益的最大化。

在现实中，持股比例相对悬殊的大股东与中小股东之间，其利益具有不能相互抗衡的异质性，这就是股东异质的含义。股东的异质性告诉我们，所有者之间并不是无差异的，股东有大小之分，他们在企业中的地位、与经营者的关系、所拥有的企业经营决策信息等，都是不同的。在"一股一票"的制度安排下，大股东可能凭借其在投票权上的优势以牺牲其他股东和债权人权益的方式来攫取比所持股份相应的资本收益更大的额外收益。在中国，中小股东只有理论上的控制权，更多的中小股东常常只是"搭便车"，真正能行使股东权利的，都是大股东，甚至仅仅是第一大股东。因此股东的异质性让大股东才有真正的资产收益、参与重大决策和选择管理者等权利。并购决策也是大股东和股东大会的财务决策，因此，股东异质性表明，不管股东的性质如何，即不管企业是国有控股还是民营控股，都存在着大小股东的异质性，只有大股东才真正拥有股东的各种权利，包括并购决策权。

　　控股股东的特质是指实际控制公司决策权的大股东，即公司的终极控制人的性质不同时，其表现出来的行为能力也会不同。就并购决策来说，并购动机、并购价格、并购类型、并购程序、并购风险、并购绩效都会因为股东特质的不同而存在差异。本章对并购绩效研究的新视角是根据终极控制人的股权性质不同，将上市公司分为国有上市公司和民营上市公司。在此分类的基础上，研究股东特质和上市公司并购绩效的关系，将不同类别的公司并购的绩效进行对比研究，找出差异存在的原因，并提出相应的对策缩小差异，以期实现并购的高效健康的发展。除了上述股东特质理论的阐述，本章还需要对股权性质，所有者财务和终极控制人等理论进行阐述，使其成为股东特质与并购研究的理论基础。

二、控股股东特质与并购行为研究的相关理论

（一）股权性质理论

　　股权作为一项法律权利，具有自己独特的权利内涵。这种法律权利在我国称为股权。对股权性质的探讨历经了股权债券说──→股权所有权说──→股权社员权说──→股权独立类型说──→公司法权利说──→民事权利说的过程。如于海生（2000）认为股权在性质上应属于社员权范畴，李跃利（1997）认为其是一种新型的独立存在的民事权利。刘凤委、汪辉、孙铮（2005）则认为股权的性质应该跟其控股股东的性质相一致，即可将股权的性质分为国家股权、法人股权和流通股权。而现今的《公司法》规定的上市公司年报里，对股权性质的界定就是将其划分为国家股和其他股。

　　将股东权特质与股权性质进行结合，则股东特质的内涵可以理解为：不仅公司的大股东与中小股东的利益函数不一致，从而他们的期望决策会不一致；而且就股权性质不同的公司来说，其控股股东的利益函数也是不一致的，导致

其期望决策也不一致。具体来说就是不仅所有的公司控股股东与中小股东的利益函数不一致，而且国家控股公司（尤指央企）和民营控股公司的控股股东利益函数也不相同，从而在决策时就会各有侧重。国家控股公司（尤指央企）的控股股东在决定公司进行并购时的动机或并购方法会与民营企业的不同，其风险偏好和并购价格也会不同，从而其并购绩效也会不一样。

（二）所有者财务理论

所有者财务理论是 1996 年干胜道教授在其论文《所有者财务：一个全新的领域》中首次提出来的。因为需要制约内部人控制局面，所以需要所有者财务发挥其监督和调控作用。该理论是相对于经营者财务学平行存在的一门学科体系，与经营者财务学一样，所有者财务也有完整的内容体系，包括筹资、投资和利润分配。首先，所有者用于投资的资本也需要筹资和安排资本结构，国家财务可以发行国家财务债券、利用国外资本、发行股票、银行贷款等融资方式；其次，所有者必须选择经营者进行投资，以期获得回报；最后，所有者从经营者处收缴的收益需要在积累与消费，继续投向原经营者与改变投向之间作选择。所以，所有者财务是一个独立的财务范畴。该体系包括资本来源理论与实务、资本投放理论与实务、经营者任免理论与实务、收益获取与再投放、重大决策参与度与参与方式、所有者财务监督理论与实务、股东财务、国家财务等。而企业兼并与收购的决策就是属于股东财务的范畴。因为并购的决策最终是由股东大会决定，由控股股东，终极控制人决定的。如央企的终极控制人是国资委，那么其并购决策也由国资委决定，国资委在作并购决策时所考虑的问题和民营企业的所有者所考虑的就会不同，如由于央企的资产都是国有资产，肩负国家经济稳定、物价稳定，以及控制着关系国家国计民生的基础性行业，所以国资委在公司并购的时候一定会考虑防止国有资产流失、促进就业、促进社会稳定等的因素，所以其并购的绩效与民营企业一定存在差异。

（三）终极控制人理论

所谓终极控制人就是上市公司的实际控制人，是最高级别的控制人。宋春霞（2007）对终极控制人的概念进行了较全面的解读，认为终极控制人的控制权可以通过两种途径来实现，一是公司发行多种股票，如普通股和优先股对公司的控制权不同。二是金字塔式控股，金字塔式控股结构是一种类似于金字塔的纵向层级控制权增长方式，终极控制者位于金字塔的顶端，控股第一层级公司，再由第一层级公司控股第二层级公司，第二层级公司再控股第三层级公司，依此延续到目标公司。三是交叉持股，La Porta 等人（1999）提供了计算终极控制者控制权的方法，包括单链条法和多链条法。本章采用如下终极股权性质的确定办法来确定终极控制人：通过单链条或多链条的方法确定的上市公司的终极控制人是各级国有资产监督管理委员会、各级国有资产投资管理机构、各级人民政府及其行政机构、中央企业等国有独资企业，则其属于国有控股公司。如果终极控制人是民营企业、自然人、职工持股会或民间基金，那么它就是民营控股企业。

（四）公司治理理论

公司治理是伴随着公司制的出现而出现的。其最早出现在经济学文献中是在 20 世纪 80 年代中期，1975 年威廉姆森首先提出了治理结构概念。而公司治理问题引起中国经济学家的兴趣是在 20 世纪 90 年代中期。1994 年，青木昌彦和钱颖一教授首次将公司治理结构概念引入了对我国国有企业改革的研究。此外，其他的经济学家对公司治理问题也从各个角度进行了研究。张维迎（1994）、吴敬琏（1994）等提出了要在国企改革中借鉴和吸收公司治理理论。其后，在公司治理的内涵（林毅夫，1997）、委托代理问题研究（张维迎，1996）、产权的讨论（张维迎，2000；孙永祥，2001）和治理模式的比较（李维安，2001）等方面取得了一定的进展。

公司治理的内涵可以从狭义和广义两个方面去理解。狭义的公司治理习惯上称为公司治理结构，林毅夫等（1997）认为公司治理结构是指所有者对一个企业的经营管理和绩效进行监督和控制的一整套制度安排。广义的公司治理不仅仅包括公司所有者、董事会和高级执行人员三者之间的利益关系，其还包括其他利益相关者的利益。

公司治理包括内部治理和外部治理（李映东，2007）。内部治理是指股东、管理层、员工等公司内部利益相关者之间形成的监督与制衡机制。通常由股东大会、董事、监事会和经理等内部机构组成，共同作用于公司的日常经营与管理，并力图满足各利益相关者的利益要求。外部治理则是指外部投资者、债权人、机构投资者等公司外部的利益相关者对公司所形成的监督与制衡机制。并购与公司治理是相互作用的，一方面，并购就是一种主要的外部治理机制，故有些学者也将其称之为接管治理与控制权市场机制；另一方面，公司的治理结构不同（表现为股权结构、董事会结构、管理层报酬和选聘机制等方面的差异）会对企业的行为产生重大的影响，导致企业的经营产生不同的绩效水平。故公司治理的差异会影响到公司的绩效，因而本章也将公司治理作为影响并购绩效的一项因素。

三、控股股东特质与上市公司并购行为的实证研究

实证部分的研究以股东特质和股权性质等理论为基础，根据公司不同的股东特质、所有权性质和终极控制人的性质，将上市公司划分为国有上市公司和民营上市公司。本章将选取一定年度进行并购的上市公司作为样本，对其并购前后各两年以及并购当年的企业绩效进行比较研究，得出比较结果，并解释出现这样的结果的原因，以及采取何种措施使公司的并购绩效得以改善。

(一) 样本选取

本章考察的是上市公司并购的短期和中期绩效，故需采集上市公司并购完成当年以及前后各两年的财务数据。因此笔者选取了2008年进行了并购公告的沪深A股的上市公司，共有4052个数据。然后在这些数据中按照以下标准进行筛选。

(1) 成功完成并购的上市公司。

(2) 数据资料在锐思和国泰安数据库中齐全的。

(3) 并购活动的主并方为上市公司。

(4) 并购模式以资产收购和股权转让为主，其余模式（资产置换、吸收合并、股份回购）由于公司数量太少，不便比较，故剔除。

(5) 2008年内同一家公司发生两种及以上并购模式的剔除。

(6) 主并公司是2008年上市的以及2008年并购后不再存续的公司予以剔除。

(7) 2008年为ST、PT的公司剔除。

（8）并购涉及保险金融行业的剔除。

按照以上的标准，本章从中选取了556起并购事件作为实证分析的总体样本。上述的样本数据来源于锐思数据库、CSMAR财务报表数据库及深交所和上交所网站公布的上市公司年报数据，使用Spss和Excel软件对数据进行处理。本章根据控股股东特质、终极控制人理论和股权性质理论，把上述556家样本公司分为国有上市公司350家和民营上市公司206家；其中国有上市公司中并购模式为资产收购的有221家，股权转让的有129家；民营上市公司中资产收购为122家，股权转让为84家。具体样本数据见表8－1。

表8－1   **2008年进行并购的企业样本数**

性质 ＼ 模式	资产收购	股权转让
国有上市公司	221	129
民营上市公司	122	84

（二）研究方法

据前所述，目前对上市公司重组前后业绩好坏的衡量方法有很多种，而国际上常采用事件研究法，即是根据股票价格的变动趋势来判断企业的业绩，具体是用Tobin's Q值法（Tobin，1969）来评价价格的变动，以反映上市公司的未来成长能力。有些学者认为由于中国股市的特殊性，公司的股票市场价格与公司的实际经营业绩的相关性较低，股价变化不能全部反映企业经营状况的改善，因此，Tobin's Q值法的有效性有待提高。但笔者认为，中国资本市场虽然有效性还不强，但它正逐渐走向成熟与规范，逐渐向有效市场迈进，股票的价格也日益反映了股票的价值，所以，凡是国际上通用的理论和方法，我们都可以借鉴和采用，这样更能促进中国经济与世界经济的融合，并找出中国经济与世界经济的差别所在。因此，本章采用的评价重组绩效的方法为Tobin's Q值法。下面是其计算公式：

Tobin's Q ＝ 企业的市场价值/企业资产的重置成本   （1）

该公式中，企业的市场价值包括企业普通股、优先股和债务的市场价值；

企业资产的重置成本为总资产的账面价值。在此需要说明的是，由于中国股市的特殊性，股本构成中普通股包括了非流通股（国有股、法人股）和流通股（A、B、H 股等，但我们重点论述的是 A 股的公司，所以 B、H 股在此忽略不计）。关于股本的构成，在中国证券市场成立之初，上市公司的股本就被人为地分为国家股、法人股和个人股，以及流通股和非流通股。当初对国有股流通问题总体上采取搁置的办法，在事实上形成了股权分置的格局。1998 年下半年到1999 年上半年，由于国有企业改革发展的资金需求和推进完善社会保障机制，开始国有股减持的探索性尝试。但由于实施方案与市场预期存在差距，试点很快被停止。2001 年 6 月 12 日，国务院颁布《减持国有股筹集社会保障资金管理暂行办法》也是该思路的延续。但同样由于市场效果不理想，于当年 10 月22 日宣布暂停。作为推进资本市场改革开放和稳定发展的一项制度性变革，股权分置问题正式被提上日程。2004 年 1 月 31 日，国务院发布《国务院关于推进资本市场改革开放和稳定发展的若干意见》，明确提出"积极稳妥解决股权分置问题"。2005 年 9 月 4 日颁布的"上市公司股权分置改革管理办法"规定对大小非解禁。故上市公司的非流通股正在或者将被改革成为市场上可以流通的股份，今后，随着证券市场的规范与成熟，上市公司的股票将会实现全流通。另外，优先股在我国股市中发行数量很少，我们也不加以考虑。故均衡考虑上述因素后，Tobin's Q 值公式可以简化为以下形式：

Tobin's Q ＝（非流通股市场价值＋A 股市场价值＋负债账面价值）／总资产账面价值　　　　　　　　　　　　　　　　　　　　　　　　　　　　　（2）

进一步地，将非流通股转变为流通股后，公式变成：

Tobin's Q ＝（全部股票市场价值＋负债账面价值）／总资产账面价值　　（3）

在对这 556 家公司的 Tobin's Q 值进行计算的时候，本章主要的参考资料和数据来源是 556 家对象公司 2006—2010 年的年报以及相关的原始资料。全部股票的市场价值计算为：总股数分别与该股票 2006—2010 年最后一个交易日收盘价的乘积；资产重置价值也分别取 2006—2010 年每年 12 月 31 日资产负债表上所记载的资产总额，最后求出该股票的 2006—2010 年的 Tobin's Q 值。本章实证部分将对上述两大类 556 家总体样本公司的并购绩效按照国有和民营两大类企业的并购绩效进行比较分析。

由以上分析，Tobin's　Q 的具体计算公式如下：

$$Q_{2006} = （总股数 * 收盘价_{2006年最后一个交易日} + 负债_{2006.12.31}）/ 资产_{2006.12.31} \quad （4）$$

2007—2010 年各年的 Q 值，也将参照公式（4）的计算方法同理计算。

（三）实证研究结果

利用公式（4），计算出 2006—2010 年各年的 Tobin's Q 值，并对其计算结果按照并购模式分别求出平均数。如 2008 年发生并购行为的国有上市公司共 350 家，其中以股权转让为并购方式的公司有 129 家，其 2005—2010 年的每年平均 Q 值为：1.32、1.67、3.23、1.47、2.48、2.54，其余的数值见表 8 - 2。

表 8 - 2　　　　　　　　2005—2010 年样本公司 Tobin's Q 均值

股东性质	并购模式	上市公司家数	Tobin'sQ 均值					
			2005	2006	2007	2008	2009	2010
国有控股	股权转让	129	1.32	1.67	3.23	1.47	2.48	2.54
	资产收购	221	1.31	1.72	3.15	1.39	2.23	2.25
	合计	350	1.31	1.70	3.18	1.42	2.33	2.35
民营控股	股权转让	84	1.66	2.01	3.71	1.73	3.26	3.62
	资产收购	122	1.67	2.12	3.92	1.77	3.00	3.13
	合计	206	1.67	2.07	3.83	1.75	3.10	3.33

在表 8 - 2 的基础上，将各年的 Q 均值增长率计算出来，以便比较。如 2005—2006 年的 Q 均值增长率 = （2006 年 Q 均值 - 2005 年 Q 均值）/2005 年 Q 均值。计算结果为：股权转让类国有上市公司为 27%，资产收购类国有上市公司为 31%，股权转让类民营上市公司为 21%，资产收购类民营上市公司为 27%，其余年份的数据见表 8 - 3。

为了便于比较并购前后绩效的增长情况，在表 8 - 3 的基础上，将 2008 年的 Q 均值增长作为"并购当年的 Q 均值增长率"；对 2006 和 2007 年的 Q 均值增长率取平均值，代表"并购前 Q 均值增长率"；对 2009 和 2010 年的 Q 均值增长率取平均值，代表"并购后 Q 均值增长率"。具体的计算结果见表 8 - 4。如股权转让类的 129 家国有上市公司，其并购前的 Q 值增长率为 60%，并购当年的为负增长 54%，并购后为 35%。

表 8 - 3　　　　　　　　2006—2010 年样本公司各年 Q 均值增长率

股东性质	并购模式	上市公司家数	平均 Q 值增长率				
			2006 年	2007 年	2008 年	2009 年	2010 年
国有控股	股权转让	129	0.27	0.94	−0.54	0.69	0.02
	资产收购	221	0.31	0.83	−0.56	0.61	0.01
	合计	350	0.30	0.87	−0.55	0.64	0.01
民营控股	股权转让	84	0.21	0.84	−0.53	0.88	0.11
	资产收购	122	0.27	0.85	−0.55	0.69	0.04
	合计	206	0.24	0.85	−0.54	0.77	0.07

表 8 - 4　　　　　　样本公司并购前后和并购当年的 Q 均值增长率

股东性质	并购模式	上市公司家数	并购前后 Q 均值增长率		
			并购前	并购当年	并购后
国有控股	股权转让	129	0.60	−0.54	0.35
	资产收购	221	0.57	−0.56	0.31
	合计	350	0.58	−0.55	0.32
民营控股	股权转让	84	0.53	−0.53	0.50
	资产收购	122	0.56	−0.55	0.37
	合计	206	0.55	−0.54	0.42

得到了样本公司并购前后和并购当年的 Q 均值增长率，就可以对样本公司的并购绩效进行比较了。如用股权转让类国有上市公司并购前的平均 Q 值增长率与股权转让类民营上市公司并购前的平均 Q 值增长率相比，得出比值为 1.14；并购当年的国有 Q 均值增长率与民营 Q 均值增长率的比值计算过程为：〔（并购当年国有控股公司 Q 均值增长率 − 并购前国有控股公司 Q 均值增长

率）/并购前国有控股公司 Q 均值增长率]／[（并购当年民营控股公司的 Q 均值增长率－并购前民营控股公司 Q 均值增长率）/并购前民营控股公司 Q 均值增长率]，得出此比值在股权转让模式下为 0.95，在资产收购模式下为 1.00，所有样本企业合计为 0.98，说明并购当年国企的并购绩效增长率略低于民企。根据表 8－5 的计算结果显示，并购后国企的并购绩效增长率明显低于民企。说明国有企业的并购绩效总体不如民企。

表 8－5　　　国有上市公司与民营上市公司 Q 均值增长率的比值

并购模式	国有控股公司 Q 均值增长率			民营控股公司 Q 均值增长率			国有 Q 均值增长率与民营 Q 均值增长率的比值		
	并购前	并购当年	并购后	并购前	并购当年	并购后	并购前	并购当年	并购后
股权转让	0.60	-0.54	0.35	0.53	-0.53	0.50	1.14	0.95	0.85
资产收购	0.57	-0.56	0.31	0.56	-0.55	0.37	1.02	1.00	0.93
合计	0.58	-0.55	0.32	0.55	-0.54	0.42	1.06	0.98	0.89

由表 8－5 的数据可以看出，不管国有还是民营企业，并购前的 Q 均值增长率都为正值，并购当年（2008 年）为负值，并购后又都为正值，但是并购后的 Q 均值增长率比并购前的低，说明所有的样本公司在并购前平均绩效都比较好，并购当年绩效比较差，而并购后绩效较并购当年实现了提升，但是并没有达到并购前的水平。这是由于国内经济受到 2008 年的国际金融危机的影响而使得并购的短期和中期绩效都不理想。并购行为对国有和民营企业各自的绩效影响又如何呢？通过对上表数据的分析，并购前股权转让类国有公司的 Q 均值增长率是民营公司的 114%，资产收购类国有公司的 Q 均值增长率是民营公司的 102%，所有国有样本公司的 Q 均值增长率是民营公司的 106%，说明并购前国有上市公司的绩效增长率较民营企业高。根据并购当年的数据，股权收购类的数据为 0.95，资产收购类的数据为 1，合计为 0.98，说明并购后当年国有企业的绩效增长率比民营企业略低。并购后的情况更加明显，股权转让类国有公司的 Q 均值增长率是民营公司的 85%，资产收购类国有公司的 Q 均值增长率是民

营公司的 93%，所有国有样本公司的 Q 均值增长率是民营公司的 89%，说明从中期来看，民营企业的并购绩效相对于并购前有所下降，但是相对于国有企业来说，其绩效更好。

四、国有控股企业并购绩效较差的原因分析

本章的实证分析探讨了并购行为对国企和民企的绩效的短期和中期影响。总地来说，样本企业并购后的绩效增长率比并购前低，将国有控股公司和民营控股公司进行对比分析，可以得出这样的结论：无论是短期还是中期，国有企业的并购绩效增长率都比民营企业的低，说明国有企业的并购绩效比民营企业的并购绩效差。对这样的结果，本章将结合股东特质、所有者财务、终极控制人、股权性质等理论与中国的现实经济来解释。

一是看样本企业并购前后绩效差异的原因。2008 年的国际金融危机对中国的经济和企业的影响比较大，外需和内需的锐减影响企业的生产销售和获利水平，使得中国股市出现低迷，各上市公司的股票价格普遍下跌，故以股票价格为基础计算的公司 Tobin'sQ 均值下降。此影响一直延续，致使 2009 年、2010 年甚至 2011 年国内经济都处于经济复苏阶段，股市长期处于盘整阶段，股价持续低迷，并购绩效受到较大影响。

二是看国有企业的并购绩效比民营企业的并购绩效差的原因，本章认为：上市公司的并购是所有者财务的内容，所有者的财务决策主要由公司的控股股东来决定，因此控股股东的性质和行为能力以及风险偏好都会影响并购的绩效。上市公司的控股股东特质不同，股权性质不同，其进行所有者财务决策就会不同。具体到并购决策上，不同特质的股东行为能力不同，并购动机不同，并购风险的偏好不同，并购后的整合效果不同，最终引起并购的绩效不同。具体的分析如下：

（一）国有股东和民营股东的行为能力不同

以各级国资委和政府这种特质的国有股东为例，这些国有股东的代表大多是政府官员，对市场缺乏实地的调查和了解，他们做出并购的决策大多情况下是为了实现政策目标，通过企业并购改进国资布局和管理以及实现公共政策、

产业政策等，但是对并购企业双方的经营状况，营利能力、并购后的整合以及并购风险等问题缺乏研究，而是采取行政或财政的思路做出并购的决策。另外，国资委所管辖的企业数量庞大，国资委对国有企业的管理和对企业经营者的管理也比较粗放，时常出现一刀切的情况。如 2010 年实施的第三届任期考核中，国资委对央企负责人全面推行经济增加值办法进行业绩评价，其中的"资本成本率"也是将其简单化为三种。理论上讲，资本成本率应该有行业差异，这里就淡化了。以上分析表明，国有股东的行为能力比较弱，使得国有并购企业的绩效也不佳。

(二) 国企和民企并购的动机不同

央企和地方国有企业的并购，主要是由国务院国资委和地方政府或地方国资委直接推动的。国务院国资委推动央企之间的并购是为了实现政策目标，通过企业并购改进国资布局和管理，以及实现公共政策、产业政策等。2006—2010 年，央企从国资委成立之时的 196 家，经过几年的并购重组活动，减少了国资委所监管企业的数量，结合向企业董事会授权，一方面使国资委从过于具体的和过于繁杂的监管事项中脱身出来；另一方面，使国资委将精力和资源集中到出资人真正应该履行的重大事项上，从而提高股权行使的效率和质量。再如 2008 年移动、铁通、电信、联通、网通五大运营商的并购重组，就是为了解决电信业一股独大的结构问题，建立有效竞争的市场机制，推进产业技术升级等公共政策目标。

地方政府推动地方国企并购主要是为了落实国家产业政策和提高企业竞争力。如山东省 2008 年 1 月制订的《加快钢铁产业结构调整的意见》，提出在"十一五"期间使山东钢铁集团公司成为布局合理、装备先进、管理水平高、能源消耗低、环境保护好、具有国际竞争力的大型钢铁企业集团。济钢与莱钢合并为山东钢铁集团公司，河南省 7 家企业合并组建两大煤炭化工集团等都是在国家产业政策、地方产业政策的推动下进行的。

国企并购主要是在同一国资委管理下的国企之间进行的，跨区域和跨所有制企业参与较少。部分央企和国企的并购有利于快速实现政策目标，但缺乏对企业发展的全面深入的评估，特别是政府推动的由优效企业兼并亏损或濒临破产的企业，可能不仅难以解决亏损企业的问题，反而会将优效企业拖垮，影响并购的绩效。

民企的并购动机主要体现在以下几个方面：一是重新配置资源，延长和重整产业链，提升核心竞争力；二是获得品牌、核心技术或分销渠道；三是创造规模优势，占据竞争优势地位；四是完善公司治理结构；五是获得企业直接融资平台。以增强市场竞争力这样的动机进行的并购行为，符合企业作为经济人的假设，符合其利润最大化的财务目标，顺应并购的初衷。

(三) 国企和民企控股股东的风险偏好不同

就风险偏好而言，国有企业所处行业大多带有垄断性质，其所有者属于风险厌恶型，希望公司不要面临法律风险、不要面临假账风险、管理层不要因凌驾内部控制制度之上造成操作风险；希望公司具有较强的系统风险防范能力，公司经营风险低，财务风险适度；致力于核心能力提高反对公司多元化经营，投资要适度，反对过度投资和投资不足。而民营控股的企业，其经营运作可以按照市场规律进行，并购的目的一般不带有国家的政策性目的，看中的是并购带给企业的绩效，故其所有者属于风险偏好者，因为高风险总是和高回报相伴而生的，因此，民企的控股股东希望高风险的并购能为企业带来高的回报和好的绩效。

(四) 国企与民企并购后整合难度不同

国企并购大多为直接实现多种政策目标，在这样的背景下，企业竞争力的提升只能作为间接目标或次要目标来考虑。因此，一些国企并购在方案设计阶段缺乏对企业发展全面深入的评估，尽管并购推进快，但是企业并购整合进展缓慢，导致并购流于形式，并购双方缺少良好的沟通，积极性低。如企业对另一方企业认同度低或对并购本身存在不认同，从而导致并购后整合进展缓慢，甚至有些企业并购后数年在多方面仍表现为两个独立的非相关企业，这不仅难以进一步提高企业的竞争力，而且影响企业的正常经营。还有部分国有企业并购的本身就存在协同效应低、文化差异大、财务障碍等问题，在并购后企业整合中上述问题将会更加突出，导致企业难以整合。

民企的并购没有考虑太多的政策目标，而是以提高效率，实现协同效应等作为并购的目标，故其在进行并购之前会对并购对象的经营主业、企业文化、核心能力、企业制度等具体情况进行了解，对并购后企业的发展做较深入的评估，且并购双方会积极沟通，使得并购后企业的整合进展较快。

（五）公司的治理机制不完善

公司的治理机制分为内部治理机制与外部治理机制。内部治理机制是有关公司董事会的功能结构、董事长和经理权力及监督方面的制度安排，实质上是一个关于公司权利安排的契约。内部治理机制具体体现为股东大会、董事会、监事会和经理层组成的一种组织结构。国有企业并购后，其控股股东仍然是各级国资委或各级政府，故公司的权力机构不会发生本质的变化，公司的实际控制人、公司的董事会以及经营者也都不会有本质的变化。公司的监事会组成中，除《公司法》规定必须有三分之一以上的职工监事外，其他内部监事一般由公司的工会主席、纪委书记、党委书记等兼任，他们在行政上是董事长或总经理的下属，工资、职位等都由董事长或总经理决定，处于被领导、被指挥的地位，不可能有效地履行其监督职责。另外，监事会成员多为政工干部，缺乏法律、财务、经济等方面的专业人才，这在一定程度了限制了监事职能的发挥。从这些调查可以看出，国有上市公司的内部治理机制还处于低效的阶段。

就外部治理机制来说，并购作为上市公司的外部治理机制，理论上来说对公司管理层有较强的约束作用，是减少公司代理成本的一种有效的治理手段；但是实际上，对于国有上市公司来说，由于并购后公司的实际控制人不变，故对公司管理层的约束力不强，代理成本难以有效地减少，从而影响公司的绩效水平。

民营控股公司并购后，尤其是股权转让后，公司的实际控制人很可能会发生改变，公司的重大经营决策和人事任免也很可能会发生相应改变。公司的原有经营者为了在并购后不被罢免职务，就必须在并购前有好的经营表现，在并购后保持公司良好的业绩。民企并购后内部治理结构的改变使得其经营者努力工作，尽量做到企业绩效的提高。

（六）国有控股企业"一股独大"现象明显，内部人控制较严重

内部人控制是指现代企业中的所有权与经营权（控制权）相分离的前提下

形成的，由于所有者与经营者利益的不一致，由此导致了经营者控制公司的现象。筹资权、投资权、人事权等都掌握在公司的经营者手中即内部人手中，股东很难对其行为进行有效的监督。由于权力过分集中于内部人，因此经营者的利益将会受到不同程度的损害。根据中国上市公司的实际情况，对内部人控制可从以下两方面理解：股权过度分散导致的内部人控制与所有者缺位产生的内部人控制并存。前者是由于股权过于分散，小股东受成本制约没有动力去监督公司经营者而形成的；后者是因为国有股权人格化代表的缺位，使政府任命的经营者实际控制整个公司。国有控股公司是国有股一股独大，所有者缺位，故会产生较严重的内部人控制现象。内部人控制的不良表现有：利用职权牟取灰色收入；追求短期利益，盲目发展；加大企业投资风险；从关联交易中牟取私利；信息披露不规范。并购后的企业如果仍然是国有控股，一股独大，就会因国有股东很少真正具有公司的决策权，使得股东大会形同虚设，导致"强管理层、弱董事会"现象凸显，使得公司内部人控制严重，影响到企业的并购绩效。

（七）国有控股企业管理层激励机制不尽合理

李善民、张媛春针对1999—2006年上市公司的企业管理层激励数据，通过国有企业和非国有企业之间的比较，发现以下几点不合理之处：

一是我国国有企业管理层激励主要依靠薪酬激励，激励方式单一，缺乏长期激励机制。由于国有企业的管理层面临的风险相对较小，目前的薪酬水平可以满足管理者的参与约束，但相应的激励作用却未能充分发挥，尤其是对管理层的长期激励。这在一定程度上造成了国企管理者积极性不高、企业活力不足的状况。

二是控制权缺乏长期激励效应。拥有控制权不仅意味着拥有分配企业剩余利益的能力，还意味着拥有企业配置资源的权利，这些权利会给管理者带来社会资源、荣誉及个人成就感等个人收益。企业管理者要想在较长的一段时期内维持控制权，就必须付出努力去创造企业价值以获得企业所有者的满意，所有者的满意度越高，管理者维持控制权利益的可能性越大，其预期收益就会越高。这在一定程度上统一了所有者和管理者的价值目标。但是国有控股公司管理层的任免基本上是一种行政程序而非市场程序，这种任免机制加大了企业管理层预期的不确定性。当企业管理者无法预期是否可以在一段较长的时期内拥有控制权时，往往会采取一些短期行为获取控制权利益，比如增加在职消费，增加个人关系投资，通过关联交易转移企业资产等。这些短期行为会造成企业价值下降，使所有者蒙受损失。同时，行政任免程序削弱了竞争对管理层的激励约束作用，管理层获得任用后，缺乏相应的动力和压力去搞好企业，控制权无法起到有效的激励作用。

三是债务机制的约束力不足。银行等金融中介的中长期信贷市场是国有企业的主要融资渠道。但是由于国家通过行政参与和干预，使得债务融资依然存在软约束的问题，由此产生的结果就是企业的高负债与低绩效并存，资本结构的激励机制得不到有效发挥。

从上面的分析可以看出，国有企业管理层激励存在多层面的问题，缺乏一个完备的激励约束体系，这会直接影响到国有企业的效率和发展，影响并购的绩效。

五、提高国有控股企业并购绩效的建议

（一）提高并购企业控股股东的行为能力

1. 改变国资委性质，提高其行为能力和决策水平

国资委成立于2003年，这个机构从原国家劳动保障部接管了央企的劳动关系，国资委的性质具有二重性，即除了作为国家出资人代表外，还具有行政性。具体来说，国资委一方面代表政府履行出资人职责，或者说是所出资企业的股东。另一方面，国资委还具有行政性，具体体现在：①国资委行使对国有资产的监督权力中具有行政性，受国务院委托，国资委对违反国有资产管理法律法规的个人和组织进行检查、揭露和处理，有权制定一些贯彻国有资产基本法的行政规章制度等，这些都属于行政事业性；②国资委与其他政府部门协调合作中体现行政性，国有资产运行遍及国民经济各个领域的开放市场，而不限于一个孤立、封闭的系统内部。为了国有资产的整体利益，国资委必然和计划、财政、税收、金融等其他部门发生联系，从而为国有资产的管理提供宏观指导、协调和信息服务。国资委还必须协调与各个部门之间的关系，使之出台优惠的

配套政策支持国资委制定规划和提供产业政策。显然，这些工作在一定程度上突破了国资委作为国有资产出资人的职能范围，具有公共管理职能的权属。

目前国资委的主要职责也存在一定程度的缺位、越位和错位。《企业国有资产监督管理暂行条例》（简称《条例》）规定国资委的监管范围为中央所属企业（不含金融类企业）的国有资产。具体来说，国有资产监督管理机构的主要职责概括为6项：依照《公司法》等法律法规，对所出资企业履行出资人职责，维护所有者权益；指导推进国有及国有控股企业的改革和重组；依照规定向所出资企业派出监事会；依照法定程序对所出资企业的企业负责人进行任免、考核，并根据考核结果对其进行奖惩；通过统计、稽核等方式对企业国有资产的保值增值情况进行监管；履行出资人的其他职责和承办本级政府交办的其他事项。国务院国有资产监督管理机构除前款规定职责外，可以制定企业国有资产监督管理的规章制度。《条例》虽然明确规定了国资委作为出资人选择管理者的权利，但对国资委重大决策权和决定资产收益分配方案的权利等未进行明确规定，同时去规定了一些按照《公司法》规定不属于股东的权力。《条例》明确表示国资委应指导推进国有及国有控股企业的改革和重组，而由于国资委的行为带有较强的行政性，故其指导决定的国有企业的并购重组行为也会具有较强的行政性和公共目的，这就直接影响到了国有企业并购重组的绩效。

国有企业要提高并购效率，可以尝试将国资委改造成专业化、职业化、市场化的投资主体。其成员必须由资产管理的专业管理者和专业团队组成，使其逐渐回归为国家出资人，严格按照股东的权利义务来参与企业的并购重组活动。在这方面我们可以借鉴国外的经验，尝试将国资委打造成与巴菲特的伯克希尔公司相类似的公司，以市场作为其决策和行为的基础，提高国资委的行为能力和决策水平。或者将国资委规范为纯粹监督角色的机构，只当裁判员，不当运动员。主要功能为接受包括社会公众在内对国有企业国有资产流失、行贿受贿等的举报和查处；对国有企业各种费用的合理性、合法性的事后监督；对国有企业领导人薪酬合理性进行评估监督等。另外，成立国有资本运作总公司，对持有的国有资本进行管理，行使股东的各种权利，承担股东的义务，成为虚拟资本的运作专家，发挥运动员的功能。

2. 鼓励各企业共同参与并购，提高并购企业控股股东的行为能力

目前的国内企业并购，跨所有制的企业并购出现不多，更多的是同种所有制内部企业的并购。如国有控股企业之间的并购、民营控股企业之间的并购较多，而民企和国企之间的并购行为发生较少。目前，关于国有经济布局的领域还没有系统的、能够指导具体工作的规划和政策，仅在若干文献中对国有经济覆盖范围的原则性作了说明和框架性描述。我国有必要明确国有经济须保持控制力的领域，具体明确国有经济"进"和"退"的领域。对国有经济可以退出的领域，应尽量采取多种经济成分共同参与的政策，使国有和民营企业之间进行更多的并购，并鼓励民营企业并购国有企业，实现并购的市场化，提高民营企业在并购中的话语权，在政策上支持民营企业成为企业并购的主力军。上海于 2008 年 9 月公布的《关于进一步推进上海国资国企改革发展的若干意见》中明确了要推行"开放式重组"，即上海国企的改革将吸引中央企业、全国地方企业及外资企业、民营企业等各方的参与，这将在一定程度上增加并购企业的民营控股股东数量，从整体上提高并购后控股股东的行为能力，并使得并购的动机逐渐以市场为基础。

(二) 应注重并购前的企业评估，加强并购后企业整合

企业（尤其是国有企业）在并购前应对拟并购双方企业进行评估。评估的内容包括双方企业的决策机制、组织管理、人事制度、营利模式、核心能力以及企业文化等，评估双方并购后是否会产生协同效应。以行政和财政思维进行企业并购，或者将并购作为实现政策目标，改进国资布局和管理以及实现公共政策、产业政策等的手段，那么在此种背景下进行的并购就失去了其作为资源调配手段的功能，与市场机制相去甚远。故在实际操作中就会导致并购双方缺乏良好沟通、积极性低，会出现并购企业之间的相互认同度低，甚至对并购本身不认同，从而导致并购后企业整合进展缓慢，难以进一步提升并购后企业的竞争力。

加强并购后企业的整合，可以对并购后的企业进行企业流程再造、具体包括企业业务流程再造、企业制度再造、企业财务流程再造、组织结构和人力资源再造、企业文化再造等。从而尽快实现并购后企业的有效整合，提升企业的

竞争力，提高并购绩效。具体来说，企业业务流程再造包括企业供应链流程再造、生产流程再造、品牌的整合等。企业制度再造包括内部控制制度的重建，市场强制力和组织强制力融合的企业制度重建，组织学习与个体学习互动的企业制度基础再造。国有企业并购后重点是要进行企业内部控制管理制度的重建，对企业进行全面的预算管理。国资委副主任孟建民指出：当前不少企业治理结构不健全，决策机制不完善；一些企业战略不清晰，资源配置缺乏战略导向；部分企业内控机制存在缺陷，授权与责任不清晰，有法不依、有章不循的情况仍然存在；部分企业风险意识淡薄，风险识别与防范能力不强，重大资产损失时有发生；少数企业财务基础管理薄弱，重大财务事项管控不力；有的企业会计核算不规范，资产质量和经营成果严重不实，等等。因此国资委将制定下发《中央企业内部控制建设指导意见》，以指导今后并购企业的内部控制制度建设。企业财务流程再造是对财务管理过程和财务决策体制进行重塑，以提高财务运作效率的过程，具体就是将财务工作与业务流程紧密结合，使财务流程的运作渗透到企业整个业务流程当中，使财务的预测决策成为企业业务流程中的关键环节。在财务整合中，并购后的企业可以用内部银行、财务公司等方法提高资金使用效率。组织结构和人力资源再造就是将传统的金字塔式纵向组织转变成横向组织结构，各司其职能部门的责任；各部门经理直接向总经理负责，使管理更有效率，有利于资源的调配和共享，有利于信息的传递和流通，有利于企业的高效运作。企业并购后，并购企业双方的管理人员和员工要进行合理的安排，根据企业新的组织结构把最合适的人安置在最合适的岗位上，如果出现人员的冗余，则应尽量以市场效率为原则，进行适当裁减和安排。企业文化再造是企业并购后成功整合的保证，是对并购后企业的"企业愿景"、"企业理念"等企业文化进行再造。并购后的企业如果不将各种企业文化整合起来，必然造成企业愿景不统一，职工价值观差异大、信念比一、行为多样，极不利于企业的发展。

(三) 改变"一股独大"的股权结构，防止内部人控制

我国国有控股公司的最大特点是国家股或国有法人股占统治地位，其他经济成分和民营企业的参股比例十分微弱，"一股独大"现象比较明显，股权结

构极不合理。我国股权分置改革前，上市公司第一大股东占有绝对控股地位（拥有 50% 以上股权）的占 63%，其中 89% 又是国有股东，同时 75% 的上市公司存在法人股股东。中国证监会于 2005 年颁布的《上市公司股权分置改革管理办法》规定，改革后国有股减持，大小非解禁，这在一定程度上增加了社会流通股总数，但是这项改革并未真正扭转上市公司"一股独大"的现象，这便为上市公司的内部人控制提供了充足的条件。重要的是，国有股东很少真正具有公司的决策权，使得股东大会形同虚设，导致"强管理层、弱董事会"现象凸显，使得并购的外部治理机制不能有效发挥作用。因此，改变"一股独大"的股权结构，改善公司的治理结构，使国有股真正实现市场化的改革，才是解决国有控股公司并购绩效不理想的最根本的途径。首先应允许和鼓励非国有性质的经济成分加入国有企业的并购中来，逐渐改变国有企业所有者虚位的现状；其次，证监会应坚持贯彻股权分置改革，使国家股和国家法人股真正在市场上实现全流通；再次，国资委要加强对所属国有企业的监管，发挥其主观能动性，在进行并购时，要做到对并购对象进行全面考察、物色、尽职调查，并进行可行性分析，尽量杜绝所有者虚位的现象出现，多方努力，尽量防止内部人控制现象的出现。

（四）优化对经营者的考核评价标准

目前国资委对央企经营者的经营绩效考核评价标准引入利润经济增加值（EVA）的评价方法，它是基于税后营业净利润和产生这些利润所需资本投入总成本的一种企业绩效财务评价方法，公司每年创造的经济增加值等于税后净营业利润与全部资本成本之间的差额。其中资本成本包括债务资本的成本，也包括股本资本的成本。从定义上来说，EVA 的可持续性增长将会带来公司市场价值的增值，其是评估经营者业绩的有效方法。但是，目前在对经济增加值进行计算时，资本成本率的标准被简化为三种情况：对于承担国家政策性服务较重的、资产通用性较差的央企，资本成本率定为 4.1%；对于资产负债率在 75% 以上的工业企业和 80% 以上的非工业企业，资本成本率上浮 0.5 个百分点，即为 6%，以引导央企控制财务风险，尽可能稳健经营；其他大量的央企则按 5.5% 计算资本成本率。这样，虽然简化了国资委的工作繁琐程度，但是淡化了不同企业之间资本成本率的差异，从而忽略了个企业取得资本的成本所体现的差别，使得对经营者绩效的评价等级过于简单。笔者认为，国资委应该按照各个企业取得资本时的实际成本率来计算经济附加值，从而对每家企业的经营者业绩都有比较精确的判断。经营者在这样的背景下，才会真正重视资产负债的管理，控制好企业的资本成本，以提高企业的绩效。

在经济附加值评价方法的基础上，对经营者的评价还要结合股东预期、市场预期以及竞争对手的业绩进行综合评价。首先通过市场调查估算出股东的预期利润率、市场的平均利润率水平，以及主要竞争对手的利润水平，并购企业的经济增加值所体现的利润率须尽量超过股东、市场的预期，超过竞争对手的水平。

另外，在对经营者进行评价时还应结合其对资产负债与损益的管理水平，以及对现金流的管理水平。如并购后的国有控股企业其利润增长率应该与同期银行的贷款利率结合起来进行考虑，利润率至少要高于利率；还要考虑企业的现金流量水平，尽量避免企业出现"高存款、高贷款、高资金成本"的现象。

因此，对经营者的考核评价标准应该多元化，避免一刀切，这样才能对公司的经营者起到有效的约束作用，提高公司的业绩。

（五）构建完备的经理人激励约束体系

国有控股公司经理层的激励不是一项或几项单一激励措施的实施，而是一个整体激励体系的构建。这其中既要包括激励机制的构建还要包括约束机制的构建。针对上文对国有企业管理层激励约束机制的现状分析，笔者认为今后的改进策略为：

首先，根据企业的自身特点选择适宜的激励模式。如国有企业除了利润目标之外还要兼顾国家战略目标，因此，对其管理层不能仅仅用与企业业绩挂钩的激励机制，同时要注重非物质的激励机制，如控制权激励、政治前途、声誉和社会影响力等。

其次，应该进行激励手段的创新。截至 2002 年底，我国上市公司已经实施的股权激励模式有近 10 种，主要包括业绩股票、经理层购股、虚拟股票、股票增值权、管理层收购（MBO）、延期支付计划、股票期权和混合模式等。但是这些股权激励方式在国有企业的应用却相对较少，今后可以借鉴这些方法，将公司的长远利益与经理层的利益结合起来；此外，激励约束机制还可以与经济增加值挂钩，设立奖金池和返还制度，实现激励机制的创新。

最后，通过资本结构调整、破产机制强化债务资本的激励约束机制。股权一般被认为是对管理者的"软约束"，债权则被认为是"硬约束"。如果对并购后企业适当调高债务融资比例，可以强化债务对于管理层的"硬约束"。当然，就国有企业而言，债务的激励作用还要依赖国有银行市场化改革的程度。

（六）完善独立董事制度

独立董事又称独立非执行董事。通俗来讲，即不在公司任职、不参与具体事务、不持有公司股份，却参与公司董事会重大决策的人。央企的独立董事指国资委从企业外部聘请的董事。央企财产属于全民所有，所以其独立董事的使命就是保护公众财产。独立董事几乎全由控股股东选拔和聘任。据调查，国有控股上市公司的独立董事呈现出"高年龄、高职位、高薪酬"的"三高"现象。独立董事"三高"现象很不正常，首先，有悖《公务员法》，该法规定：退休官员在离职3年内不得到与原工作业务直接相关的企业任职，不得从事与原工作业务直接相关的营利性活动。其次，有违设立独立董事的宗旨。独立董事是指独立于公司股东且不在公司内部任职，与公司或公司经营管理者没有重要的业务联系或专业联系，并对公司事务作出独立判断的董事。由此可见，独立董事要独立，就不能与上市公司有千丝万缕的关系。也唯有如此，独立董事方能确保其判断问题的独立性、公正性。但在上市公司的实际运作中，独立董事却毫无独立性可言。独立董事的酬金由上市公司发放，其势必看上市公司的脸色行事，唯上市公司而是从，不敢说真话，为投上市公司所好，甚至还不得不说假话，所以独立性无从谈起。

完善独立董事制度需从以下几个方面入手：一是要确保独立董事任职的独立性。独立董事要有独立的利益，能够独立地行使职责，同时不宜兼职过多，以保证有足够的时间和精力做到勤勉尽责。二是完善独立董事的产生办法和结构比例。要扭转现在几乎全由控股股东提名独立董事的状况，制定相应的法规，支持独立董事由中小股东或多方股东同时提名，并经股东大会差额选举，确保独立董事从一开始就独立于大股东。三是完善独立董事的激励约束机制。对独立董事的败德行为应在经济上给予制裁，并让其承担相应的法律后果。建议建立独立董事协会制度，由独立董事协会向公司推荐独立董事，并对独立董事进行评价和考评、激励和约束。

（七）强化监事会的监督约束作用

公司监事会的责任就是认真监督董事会和经理层的行为，制止内部人可能发生的侵害股东或其他利益相关者权益的行为。但在我国，尤其是国有控股公司，监事本身就可能是内部人，因此无法充分发挥其应有的监督作用。要强化监事会的监督约束作用，应做好以下几个方面的工作：一是加强监事的制度建设，要在有关的法律、法规、规章和公司章程中，进一步明确监事会的职权，赋予其独立行使职责的权利，逐步扩大其监督权限；二是建立监事资格认定制度，要促使公司股东大会推选有知识、有能力、懂经营、通财务的专业人士为监事，改变目前监事本身就是内部人的现状；三是增加对监事监督不力的惩戒措施。通过监事会的监督，可以防止经理层通过做假账或者进行关联交易等舞弊行为，欺骗投资者，使投资者的利益受损。

五、本章总结

本章以控股股东特质、股权性质、所有者财务、终级控制人等理论为基础，将 2008 年进行了并购的 556 家上市公司分为国有控股上市公司和民营控股上市公司，并对这两大类上市公司的并购绩效用 Tobin's Q 值法进行了对比分析。分析结果表明：无论是短期还是中期，国有企业的并购绩效增长率都比民营企业的低，说明国有企业的并购绩效比民营企业的并购绩效差。出现这样的结果，其原因在于：国有股东和民营股东的行为能力不同；国企和民企并购的动机不同；国企和民企控股股东的风险偏好不同；国企与民企并购后整合难度不同；公司的治理机制不完善；国有控股企业"一股独大"现象明显，内部人控制较严重；国有控股企业管理层激励机制不尽合理等。本章针对上述原因，提出了相应的对策，以提高国有控股公司的并购绩效。

主要参考文献

【1】DAGGETT, STUART. the Decision on the Union Pacific Merger［M］. New York：Mew York University Press，1913.

【2】RONALD, LEACH. Accounting for Acquisitions and Mergers［J］. Accountancy，1971，2.

【3】麦杰. 自由现金流量的代理成本、公司财务与收购［J］. 美国经济评论，1986.

【4】陈善朴. 企业并购绩效研究［J］. 现代商贸工业，2010（1）.

【5】陈小洪，李兆熙. 中国企业并购重组［M］. 北京：中国发展出版社，2010.

【6】董飞，辛华，王有为. 上市公司并购绩效研究综述［J］. 经济论丛，2010（7）.

【7】干胜道，黄本多. "猎食者"与我国上市公司资本结构优化［J］. 会计师，2009（1）.

【8】黄本多，干胜道. 自由现金流量与我国上市公司并购绩效关系的实证研究［J］. 经济经纬，2008（5）.

【9】蒋少龙. 出让国有股应兼顾各方利益［J］. 证券时报，2008（4）.

【10】李栋华，邱岚，卞鹰. 基于数据包络分析法的我国医药上市公司并购绩效度量［J］. 中国药房，2008（34）.

【11】李福来. 会计指标法分析企业并购绩效——以百联集团为例［J］. 商业流通，2009（11）.

【12】李明，徐强，徐化兵. 文化差异和行业相关度对并购绩效的影响［J］. 价值工程，2010（9）.

【13】李善明，朱滔，等. 收购公司与目标公司配对组合绩效的实证分析［J］. 经济研究，2004（6）.

【14】李琛. 促进上海企业境外并购的对策研究［J］. 财经纵横，2004（12）.

【15】李先瑞. 股东的同质性、异质性与公司治理理论 [J]. 中国农业会计, 2009 (11).

【16】黎平海, 祝文娟, 李瑶. 基于因子分析的我国上市公跨国并购绩效实证 [J]. 产经评论, 2010 (5).

【17】刘云凤, 李江. 交易特征对中国上市公司并购绩效的影响 [J]. 商业经济, 2010 (9).

【18】毛道维, 任佩瑜. 基于管理熵和管理耗散的企业制度再造的理论框架 [J]. 管理世界, 2005 (2).

【19】奇凡. 浅议并购在公司治理中的作用 [J]. 现代经济信息, 2009 (4).

【20】翟启杰. 中国家族企业并购风险与防范研究 [D]. 南京: 南京工业大学, 2006.

【21】时评. 独立董事三高现象何时休 [N]. 上海金融报, 2011 - 06 - 17.

【22】汪冬华. 多元统计分析与 SPSS 应用 [M]. 上海: 华东理工大学出版社, 2010.

【23】王泽霞, 李珍珍. IT 行业上市公司并购绩效实证研究 [J]. 经济论坛, 2009 (2).

【24】叶学平. 基于湖北上市公司的并购重组战略分析 [J]. 湖北社会科学, 2011 (1).

【25】张薇. 论企业流程再造与组织结构变革 [J]. 湖南财经高等专科学校学报, 2006 (6).

【26】朱乾宇. 我国上市公司并购绩效的多元回归分析 [J]. 中南民族大学学报: 自然科学版, 2002 (3).

【27】何丽芬, 张旭蕾. 虚拟企业财务控制研究 [M]. 成都: 西南财经大学出版社, 2011.